LE
GRAND FRÉDÉRIC

PAR

le Colonel **BOURDEAU**

TOME PREMIER

PARIS

LIBRAIRIE MILITAIRE R. CHAPELOT ET Cⁱᵉ

IMPRIMEURS-ÉDITEURS

Successeurs de L. BAUDOIN

30, Rue et Passage Dauphine, 30

1900

LE

GRAND FRÉDÉRIC

I

PARIS. — IMPRIMERIE R. CHAPELOT ET C⁰, 2, RUE CHRISTINE.

LE
GRAND FRÉDÉRIC

PAR

le Colonel BOURDEAU

TOME PREMIER

PARIS

LIBRAIRIE MILITAIRE R. CHAPELOT et Cᵉ
IMPRIMEURS-ÉDITEURS
SUCCESSEURS DE L. BAUDOIN
30, Rue et Passage Dauphine, 30

1900
Tous droits réservés.

LE GRAND FRÉDÉRIC.

AVANT-PROPOS

Peu d'hommes ont tenu autant de place que Frédéric II dans l'histoire de leur pays et exercé une aussi grande influence sur ses destinées : philosophe, historien, poète, homme d'État, écrivain militaire et général, Frédéric a touché à tout et a su donner aux institutions de la Prusse naissante la base large et solide sur laquelle elles reposent encore aujourd'hui. Véritable fondateur de la nation prussienne, il lui a indiqué sa voie, il l'a réellement créée, comme le czar Pierre le Grand a créé la Russie moderne. Frédéric II résume en lui les qualités et les défauts de la race germanique : intelligent sans scrupules, travailleur acharné, âpre au gain, mettant son idéal dans la conquête, toujours prêt à expliquer par des nécessités politiques ce que sa conduite a de louche et de tortueux, il a été un de ces hommes qui marchent au but par tous les moyens, qui mêlent la politique à la guerre, la force à la ruse, et se servent, suivant sa propre expression, tantôt de la peau du lion, tantôt de celle du renard.

Comme la nation, l'armée prussienne est l'œuvre de Frédéric II; il l'a formée à son image, lui a inspiré sa confiance, son énergie, et, à force d'activité, d'intelligence et de ténacité, il est resté vainqueur d'une de ces formidables coalitions dont les grandes guerres de Napoléon nous offrent seules d'autres exemples dans l'histoire moderne.

Cette période militaire, bien qu'éloignée de nous de plus d'un siècle, ne présente pas seulement un intérêt historique et purement rétrospectif; la connaissance de ces événements est indispensable à quiconque veut lire avec fruit les écrivains militaires allemands, depuis Clausewitz jusqu'aux plus récents, comme von

der Goltz et Hohenlohe. Une semblable lecture exige, en effet,
que l'on soit familiarisé avec les faits de guerre et les écrits d'un
homme tel que Frédéric II dont l'influence et la popularité ont été
si grandes en Allemagne, et dont les œuvres sont devenues clas-
siques chez les écrivains d'outre-Rhin.

La grande figure de Frédéric a déjà tenté bien des fois l'historien; ici nous nous contenterons d'étudier l'homme de guerre et
l'écrivain militaire; laissant de côté toutes les autres considérations, nous n'envisagerons Frédéric II qu'à ces deux points de
vue. Notre but est de présenter, dans un cadre restreint, le
tableau des méthodes de guerre employées par le roi et de celles
qu'il a préconisées dans ses nombreux écrits; à cet effet, nous
rechercherons dans l'œuvre considérable qu'il a laissée, les principales idées, règles et maximes relatives à l'art militaire et nous
les classerons méthodiquement de façon à présenter un tableau
abrégé des procédés en usage dans l'armée prussienne à l'époque
de Frédéric II.

Nous conserverons à celles de ces citations qui ont été écrites
en français leur forme et leur saveur particulière, afin que le
lecteur puisse juger du style de Frédéric, que Sainte-Beuve
appelle « un écrivain du plus grand caractère, dont la trempe
n'est qu'à lui, mais qui, par l'habitude et le tour de la pensée,
tient tout à la fois de Polybe, de Lucrèce et de Bayle ».

A côté de ces citations, on trouvera un grand nombre d'exemples tirés des campagnes du roi : en rapprochant l'exemple du
précepte, le lecteur verra comment Frédéric appliquait ses propres maximes et pourra juger le général en même temps que
l'écrivain militaire.

Le sujet est vaste, car l'œuvre de l'écrivain est considérable;
elle ne comprend pas moins de 31 volumes dans lesquels ce
prince a touché à tout, littérature, philosophie, histoire, etc. ; les
questions militaires sont traitées non seulement dans ses *Instructions militaires*, dans l'*Histoire de mon temps* et celle de la
Guerre de Sept ans, mais aussi dans une partie de ses mémoires
et de sa volumineuse correspondance. Extraire d'une œuvre semblable tout ce qui est relatif à l'art de la guerre, il n'y fallait pas
songer; c'eût été dépasser les bornes de cette étude et risquer de
fatiguer et d'égarer le lecteur. Nous avons seulement cherché à
dégager la pensée de l'auteur sur chaque sujet important, de

façon à ne rien omettre d'essentiel dans l'exposé sommaire des idées de Frédéric II sur l'art militaire. Quant aux exemples à mettre à l'appui des maximes du roi, l'étude de ses campagnes nous en fournit une ample moisson ; nous avons dû nous restreindre et faire un choix parmi les plus caractéristiques et les plus connus ; nous espérons donc que le lecteur suivra sans peine ces développements, bien qu'ils se rapportent à une époque un peu éloignée de nous et à des événements étrangers pour la plupart à notre propre histoire militaire.

Nous éviterons autant que possible, dans ce travail, tout ce qui pourrait avoir l'apparence d'une critique proprement dite, qui serait aussi inutile que déplacée sous notre plume ; lorsque l'étude des opérations militaires nécessitera une appréciation ou un jugement, celui-ci ne sera que le commentaire obligé du texte.

On s'inspirera de la méthode habituellement suivie en pareil cas, qui consiste à résoudre théoriquement les divers problèmes d'art militaire, tels qu'ils se présentent à nous aujourd'hui, sans tenir compte des mille incidents qui ont pu surgir à l'imprévu et modifier, à notre insu, les projets ou les décisions du chef : ce sont ces incidents qui, restant ignorés de l'historien, donnent si souvent aux récits des faits de guerre ce caractère d'indécision qui surprend le lecteur. « Nous ne nous proposons pas de rechercher si les généraux en chef ont été bien ou mal renseignés, ni s'ils ont bien ou mal opéré en raison de ce qu'ils savaient de la situation. Nous étudions les opérations militaires pour en déterminer la valeur absolue et en tirer des enseignements. Nous supposons, à cet effet, que les deux adversaires connaissaient la situation comme nous la connaissons nous-mêmes et nous pourrons, par suite, nous mettre en quelque sorte en leur lieu et place, discuter les bases de leurs combinaisons et de leurs conceptions, ainsi que les applications qu'ils ont faites des principes[1]. »

Est-il besoin d'ajouter que, dans cette étude, nous nous tiendrons également en garde contre un dénigrement systématique et contre une admiration de convention ? Le second travers est peut-être plus fréquent que le premier et peu d'auteurs, malgré leur désir d'impartialité, savent résister à une sorte d'engouement

---

[1] Général BERTHAUT, *Principes de Stratégie.*

pour leur héros. C'est cependant à la condition d'éviter ces deux écueils que l'étude raisonnée de l'histoire militaire peut former le jugement et produire un résultat utile.

Avant d'exposer en détail les méthodes de guerre employées par Frédéric II, il est nécessaire d'esquisser à grands traits la physionomie de ce prince et de résumer en quelques mots les progrès considérables qu'il a réalisés dans les diverses branches de l'art militaire.

Notre étude, purement technique, ne comporte pas l'examen du caractère de Frédéric, de son esprit, de ses qualités morales ni de ses défauts; toutefois, il ne sera peut-être pas inutile de dire un mot de l'homme et du roi pour mieux faire comprendre le général.

Un des derniers historiens de Frédéric a tracé de sa jeunesse le portrait suivant :

« Frédéric a grandi dans un étrange milieu, parmi un tumulte de passions vilaines, en la compagnie de ministres et de valets vendus à d'autres qu'à leur maître, dans une atmosphère de commérages, d'intrigues, dans la malpropreté d'une cour où le seul honnête homme peut-être est le roi. Il ne s'y est pas senti dépaysé. Avec les plus roués il joue au plus fin, et il est plus fin que les plus roués... La nature l'avait prédestiné à une maîtrise dans l'art de duper les hommes [1]. »

Hâtons-nous d'ajouter que Frédéric travaille assidûment, qu'il occupe ses loisirs à l'étude de la philosophie, de l'histoire et des langues; chose bizarre, les exercices militaires le tentent peu. L'irréligion dont il fait parade dans ses relations avec Voltaire et les philosophes français, est plutôt à la surface qu'au fond de son âme. Il est modeste et prie ses amis « de ne lui donner ni du grand, ni du sublime dans leurs lettres ». Loin de laisser percer la passion des conquêtes et de la gloire, il condamne « cette fureur brutale des conquérants, l'activité de ces hommes remuants qui semblent être nés pour bouleverser tout le monde. »

Devenu roi à l'âge de 28 ans, il sent naître en lui le désir de s'illustrer, il éprouve comme un besoin de gloire et de renommée

---

[1] Ernest LAVISSE, *La Jeunesse du Grand Frédéric.*

et se jette à corps perdu dans la guerre. Quelquefois il a des retours sur lui-même, il donne « ce métier à tous les diables » ; il avoue que « la satisfaction de voir son nom dans les gazettes et ensuite dans l'histoire l'a séduit ». Mais il revient bientôt à son élément, qui est la guerre, avec ses émotions, ses alternatives de succès et d'échecs ; il y prend goût, il s'y forme lui-même petit à petit, tirant des leçons de ses propres fautes, devenant peu à peu un grand capitaine et réalisant, à force de ténacité, d'intelligence et d'efforts, le rêve de gloire entrevu à l'aurore de son règne : bien différent en cela de Napoléon qui, dès sa première campagne, s'est révélé un génie militaire de premier ordre.

Nous ne parlerons pas de son rôle au point de vue politique : on sait avec quelle finesse, quelle absence de préjugés, tranchons le mot, avec quelle duplicité, il traitait les affaires. Dès son avènement, il subit l'influence de sa nouvelle situation ; sa philosophie fait place tout à coup à une morale toute nouvelle qu'il résume ainsi : « il doit se sacrifier lui-même, à plus forte raison ses engagements, lorsqu'ils commencent à devenir contraires au bien-être de ses peuples. » En d'autres termes, le roi n'est plus tenu de respecter ses engagements dès qu'ils peuvent nuire à la cause de son peuple, aux intérêts de sa nation ; principe dont Frédéric n'a cessé de s'inspirer et qu'il a légué, avec beaucoup d'autres, à ses successeurs.

Si du roi nous passons au général, il convient, pour apprécier le rôle qu'il a joué, de se reporter par la pensée à la tactique des armées de cette époque : celles-ci restent, la plupart du temps, timidement liées à leurs magasins, l'artillerie ne soupçonne pas encore le brillant avenir qui lui est réservé, l'infanterie ne possède pas l'arme qui lui donnera, avec le nombre, la prépondérance sur le champ de bataille, et c'est la cavalerie qui décide le plus souvent du sort de la journée.

Frédéric II a su rendre les armées plus mobiles et il a réalisé en stratégie des progrès considérables, notamment en ce qui concerne la préparation à la guerre, la concentration des armées et leur direction générale sur le théâtre des opérations, les mouvements enveloppants, les marches sur les flancs ou les derrières de l'ennemi, le choix général des positions et l'établissement des lignes de communication.

En tactique, il a donné constamment l'exemple de l'offensive sur le champ de bataille ; il a généralement bien choisi son point d'attaque et, tandis qu'il trompait l'ennemi sur son front, il a su diriger contre l'une de ses ailes une attaque conduite le plus souvent avec une hardiesse voisine de la témérité. Il a toujours tenu son armée dans la main, surtout dans les marches à proximité de l'ennemi, où il était prêt sans cesse à se former en bataille face à son adversaire ; il a fait un bon emploi du canon et a entrevu le rôle de l'artillerie à cheval ; il a compris que la force de l'infanterie à cette époque résidait principalement dans le choc à l'arme blanche ; mais surtout il a tiré un merveilleux parti de sa cavalerie qui était bonne et bien commandée. Elle a été entre ses mains un admirable instrument et elle a plus d'une fois décidé de la victoire ou atténué les conséquences de la défaite ; le rôle prépondérant de la cavalerie sur le champ de bataille est comme la caractéristique de la tactique à cette époque.

Enfin, Frédéric a réalisé dans le service des subsistances des progrès considérables. En un mot, il a réorganisé complètement l'armée prussienne, dont il a fait l'une des armées les plus compactes, les mieux outillées, les plus fortes et les mieux commandées du xviiie siècle. Seul, l'art des sièges a fait peu de progrès, et il faut reconnaître aussi que la poursuite a été fort négligée. Ajoutons que tous les détails de la guerre lui étaient familiers, qu'il s'occupait de tout, surveillait tout : subsistances, camps, bivouacs, marches, ordres de bataille ; qu'il reconnaissait lui-même la position de l'ennemi, arrêtait ses dispositions séance tenante, modifiait ses ordres ou les complétait suivant la tournure de l'engagement, et n'hésitait pas, au besoin, à payer de sa personne. Enfin, il exerçait sur le soldat, comme général et comme souverain, une influence illimitée due à la confiance, au respect et à l'attachement qu'il avait su lui inspirer.

L'histoire impartiale doit reconnaître que les succès de Frédéric II ont été dus en grande partie au défaut absolu d'entente entre ses adversaires ; mais il est juste de dire qu'il a su en tirer parti avec intelligence et exploiter habilement les divergences et la désunion de ses ennemis : « Frédéric a été grand surtout dans les moments critiques : c'est le plus bel éloge qu'on puisse faire de son caractère ; mais tout prouve qu'il n'eût pas résisté une campagne à la France, à l'Autriche et à la Russie, si ces puissances eussent agi de bonne foi ; qu'il n'eût pas pu faire deux campagnes contre l'Autriche et la Russie, si le cabinet de Saint-Pétersbourg avait permis que ses armées hivernassent sur le champ d'opérations. Le merveilleux de la guerre de Sept ans disparaît donc. Mais ce qui est réel justifie cette réputation dont a joui l'armée prussienne pendant les cinquante dernières années du siècle passé, et consolide, au lieu d'ébranler, la grande réputation militaire de Frédéric [1]. »

Tels sont les principaux traits qui caractérisent Frédéric II et qui ont fait de lui un grand général. Comme écrivain militaire, il se place parmi les premiers, entre César et Napoléon. Outre le récit des campagnes auxquelles il a pris part, il a laissé de nombreux écrits où toutes les branches de l'art militaire sont passées en revue et sont étudiées avec une telle sûreté de vues que, aujourd'hui encore, la plupart de ces maximes n'ont rien perdu de leur justesse, malgré leur forme un peu surannée : on en pourra juger par les nombreux extraits cités dans cette étude. Au point de vue purement littéraire, il tient une place des plus honorables parmi les grands écrivains du xviiie siècle et a mérité d'être appelé « le plus littéraire des rois. »

Tel est l'homme qui a réellement fondé la Prusse et qui lui a tracé la voie dans laquelle elle n'a cessé de marcher jusqu'à nos jours ; en voyant d'où elle est partie et où elle est arrivée, grâce aux leçons de Frédéric II, nous comprendrons mieux comment les nations s'élèvent et quel puissant levier l'esprit militaire offre à un peuple qui veut maintenir sa suprématie. Le sentiment de la discipline, l'esprit de sacrifice et de dévouement, le respect de la hiérarchie dans toutes les couches de la nation, dont l'armée n'est que le reflet : telles sont les qualités qui peuvent seules assurer à notre nation l'ordre et la liberté en temps de paix, et qui lui permettront, au jour de la lutte, de reconstituer son patrimoine légitime et de conserver sa place au premier rang parmi les grandes puissances.

Cette étude est divisée en deux parties que nous désignons, pour nous conformer à l'usage, sous la dénomination un peu vague de *Stratégie* et de *Tactique*. Bien qu'on ne soit pas tou-

---

[1] Napoléon, *Mémoires*.

jours d'accord sur le sens exact qu'il convient d'attribuer à ces deux termes, on peut dire d'une façon générale que la stratégie comprend tout ce qui rentre dans la conception et la direction générale des opérations militaires, et la tactique tout ce qui touche, directement ou indirectement, à l'exécution même de la guerre. C'est ainsi que nous étudierons, dans la première partie, le plan de campagne, les lignes d'opérations, de communication et de retraite, les changements de ligne d'opérations, les grands détachements, le rôle des places fortes, etc. Les procédés de combat des diverses armes, leur emploi combiné sur le champ de bataille rentrent dans le cadre de la tactique et feront l'objet de la deuxième partie, ainsi que les reconnaissances, les opérations de nuit, les retraites, les poursuites, le passage des cours d'eau, les sièges, etc.

Mais il est un certain nombre d'opérations qui touchent à la fois à la direction générale et à l'exécution : telles sont les marches et les batailles. Les premières constituent en quelque sorte la charpente des manœuvres stratégiques et, d'autre part, leurs procédés d'exécution forment une des branches de la tactique ; les marches figureront donc, sans faire double emploi, dans les deux parties de cette étude. Il en est de même de la bataille : de nos jours c'est l'acte principal, capital, celui auquel doivent tendre tous les efforts ; il faut donc tout préparer, tout concevoir et diriger dans ce but, et ces diverses opérations sont du ressort de la stratégie. Puis, une fois les armées en présence, la manière de disposer les troupes sur le champ de bataille, de les engager, de les faire agir, en un mot l'exécution même de la bataille ou du combat rentre dans le domaine de la tactique. A l'époque de Frédéric II, la conception de la bataille n'est pas la même qu'aujourd'hui ; c'est souvent une sorte de pis aller, de jugement de Dieu auquel on a recours pour vider la querelle lorsqu'on ne peut atteindre autrement le but poursuivi, qui est, la plupart du temps, la retraite de l'ennemi plutôt que sa destruction. Une des plus grandes révolutions introduites par Napoléon dans l'art militaire est précisément d'avoir supprimé ces guerres traînées en longueur et d'avoir toujours pris pour objectif direct la recherche immédiate et la destruction de la principale armée ennemie. Mais, même réduite à des proportions plus modestes, la bataille présente encore, au xviiie siècle, le double caractère que nous venons de signaler et relève également de la stratégie et de la tactique : c'est pourquoi elle figure aussi dans les deux parties de ce travail.

Au contraire, le rôle des subsistances s'est complètement modifié de nos jours ; si la difficulté matérielle de ravitailler les armées devient de plus en plus grande aujourd'hui, à cause de leurs énormes effectifs et malgré le puissant appui des chemins de fer, du moins cette question reste-t-elle entièrement dans le domaine de la tactique. A l'époque de Frédéric II elle prime tout ; le roi lui-même déclare que le directeur des vivres « dépositaire de son secret, tient par là même à tout ce que la guerre a de plus sublime et l'État de plus important. » N'ose-t-on pas, à la même époque, affirmer en France que les subsistances doivent régler les mouvements de l'armée[1] ? On ne s'étonnera donc pas de voir figurer la question des subsistances dans la première partie de cette étude et non au chapitre de la tactique.

Le lecteur trouvera peut-être que nous nous étendons outre mesure sur certains détails, tels que l'occupation des camps et des positions, les convois, les ruses de guerre, etc. Ces questions offrent aujourd'hui peu d'intérêt, mais il n'en va pas de même au xviiie siècle ; les petites opérations de la guerre ont souvent une influence directe sur les résultats de la campagne, et il n'est pas rare de voir une armée battre en retraite uniquement parce que les partisans ennemis ont coupé ses convois et fait le vide autour d'elle. A cette époque, la question des camps et des positions est capitale ; à chaque instant nous voyons l'un des partis, sur le point d'attaquer l'armée ennemie, y renoncer subitement et se retirer parce qu'il a trouvé celle-ci dans une bonne position ; l'armée qui sait prendre un *camp fort,* comme dit Frédéric, met toutes les chances de son côté.

On a donné à la deuxième partie de ce travail un développement plus grand qu'à la première : c'est qu'en effet Frédéric II est surtout remarquable dans la tactique. Les énormes armées modernes se séparent pour vivre et se réunissent pour combattre ; mais celles de Frédéric marchaient et combattaient réunies ; leur effectif peu considérable, le mode d'alimentation basé presque

---

[1] *Lettre de Paris-Duverney au maréchal d'Estrées.*

exclusivement sur l'emploi des magasins, enfin la nécessité de
surveiller de près des troupes de qualité médiocre, en partie
recrutées de force, imposaient au roi cette manière de combattre.
C'est donc dans les manœuvres du champ de bataille, dans l'habileté avec laquelle il opposait son fort au faible de l'ennemi,
dans le bon emploi de sa cavalerie, qu'il faut chercher la supériorité réelle de Frédéric ; il a surtout innové en tactique, et les
améliorations qu'il a introduites dans la stratégie ne sont, en
quelque sorte, que la conséquence des progrès qu'il a su réaliser
en tactique.

Nous éviterons avec soin dans cette étude, les expressions
techniques imaginées par certains auteurs didactiques, et les
considérations nuageuses qui rendent en particulier si pénible la
lecture des écrivains militaires allemands : « L'art de la guerre
est un art simple », a dit Napoléon, « il n'a rien de vague, tout y
est bon sens. » Pour tirer d'une semblable étude des enseignements utiles, il est nécessaire de raisonner sur des faits concrets,
de s'en tenir aux idées simples, d'employer des mots clairs et
précis et de bannir avec soin ces formules vagues, cette phraséo-
logie creuse qui tendrait à faire de l'art militaire le domaine
particulier de quelques adeptes.

PREMIÈRE PARTIE

STRATÉGIE

CHAPITRE PREMIER.

DE LA GUERRE EN GÉNÉRAL.

La guerre est un mal nécessaire. — Idéal de Frédéric II : la nation armée. —
De la neutralité. — De la guerre en territoire national, en pays neutre, en
pays ennemi. — Parti à tirer de la religion. — De la paix.

La guerre est un mal nécessaire. — La guerre, qui a permis à
Frédéric II de jeter les fondements de la puissance prussienne,
devait lui apparaître non seulement comme le plus sacré de tous
les devoirs, mais même comme une occupation toute naturelle,
comme un mal nécessaire, désirable et utile.

L'un des premiers il a émis cette opinion que la guerre est un
des besoins des peuples, un stimulant pour les nations. C'est une
des formes du combat pour la vie, qui élimine et fait disparaître
les nations les plus faibles au profit des plus fortes et des plus
habiles.

Tout d'abord la guerre, suivant Frédéric, doit être considérée
comme un mal nécessaire, qui a toujours existé et existera toujours :

« Si vous voulez établir une paix perpétuelle, transportez-vous
dans un monde idéal où le tien et le mien soient inconnus, où
les princes, leurs ministres et leurs sujets soient tous sans passions [1]. »

---

[1] Les citations entre guillemets, sans indication d'origine, sont extraites des
Œuvres de Frédéric II.

Idéal de Frédéric II : la nation armée. — Aussi l'idéal de Frédéric II consiste-t-il dans ce qu'on est convenu d'appeler la nation armée :

« Les arts ne se cultivent en paix qu'à l'abri des armes ; tandis que le soldat veille sur les frontières, le cultivateur recueille le fruit de ses travaux ; le commerçant continue à rendre son négoce florissant. »

Nous trouvons déjà en germe dans ces mots le système prussien tout entier, c'est-à-dire la nation armée se livrant aux travaux de la paix une main sur la garde de son épée.

Pour qu'une nation se soumette sans nécessité à ce régime, il faut tenir le peuple sous la menace perpétuelle de la guerre et l'éloigner de toute idée de luxe :

« Jamais le luxe ne s'introduira dans un État où l'on respecte le militaire et où l'on tient les peuples dans cette idée qu'à tout moment ils pourront être obligés de faire la guerre. Cette idée les soutient dans l'industrie et l'activité ; s'ils se croient assurés d'une paix profonde, ils ne s'abandonnent qu'à leur goût pour le luxe, auquel la fainéantise succède immédiatement, puis la ruine des particuliers, et enfin celle de l'État. »

Tels sont les principes légués par Frédéric à ses successeurs : c'est la guerre érigée en règle générale et non plus considérée comme un état transitoire, anormal et exceptionnel. Mirabeau a donc pu dire avec raison que la guerre était l'industrie nationale de la Prusse.

De la neutralité. — Quant à rester neutre, il n'y faut pas songer :

« Un prince neutre expose son pays aux injures des deux partis belligérants ; ses États deviennent le théâtre de la guerre et il perd toujours par la neutralité sans jamais y gagner rien de solide. »

Dans ces conditions, il ne reste plus à un État qu'à s'armer jusqu'aux dents et à attendre une occasion favorable :

« Le nombre des troupes qu'un État entretient doit être en proportion de celles de ses ennemis ; il faut qu'il se trouve en même force, ou le plus faible risque de succomber. »

Mais quels peuvent être les ennemis d'un État en pleine paix ? Frédéric va nous l'apprendre : « Et, pour l'ordinaire, les voisins d'un prince sont ses ennemis. »

Si donc, en plein xviiiᵉ siècle, l'Europe n'a pas donné, comme aujourd'hui, l'exemple de nations occupées avant tout à compléter leurs formidables armements, la faute n'en saurait être imputée à Frédéric II, et ce prince doit être considéré bien réellement comme le précurseur de la *paix armée*.

Au reste, il ne faudrait pas prendre ces idées de Frédéric comme de simples boutades; il les a mises en pratique en plus d'une circonstance; nous en citerons quelques exemples.

Au mois de décembre 1740, le roi de Prusse envahit la Silésie avant toute déclaration de guerre : or, cette province, que Frédéric convoite ardemment, fait partie des États de Marie-Thérèse et doit être considérée, jusqu'à la déclaration de guerre, comme pays neutre. Mais le roi est prêt à faire la guerre; il vient de succéder à son père Frédéric-Guillaume qui lui a laissé une bonne armée de 76,000 hommes et une épargne de 33 millions; il brûle d'intervenir dans la coalition formée contre Marie-Thérèse à la mort de l'empereur Charles VI, et comme celle-ci a refusé de lui céder la Silésie pour prix de son alliance, il s'empare tout d'abord de cette province afin d'avoir une bonne base d'opérations pour le printemps suivant.

En 1756, Frédéric a mis à profit les dix années qui se sont écoulées depuis le traité de Dresde; il a sous les armes 120,000 hommes de bonnes troupes, solides et bien disciplinées; son matériel, ses approvisionnements sont au complet; les places fortes, surtout celles de Silésie, sont en assez bon état. Il est donc prêt à entrer en campagne, mais une coalition formidable va se former contre lui ; l'Autriche ne peut se résoudre à la perte de la Silésie et rassemble sous Vienne des troupes rappelées de Flandre, d'Italie, de la frontière de Turquie; la France s'est engagée à fournir à l'armée des Cercles un contingent de 24,000 hommes; enfin la Suède et la Russie arment, mais leurs troupes sont loin de pouvoir entrer en ligne, celles de la Russie surtout, si lentes à se mouvoir.

Dans cette situation, c'est sur la Saxe, le plus faible de ses voisins, que va fondre Frédéric II. Avant toute déclaration de guerre, il tombe sur l'Électeur de Saxe, Auguste II, roi de Pologne; forte de 18,000 hommes à peine, la petite armée saxonne offre à Frédéric une proie facile; il compte s'emparer sans difficulté de la Saxe, comme autrefois de la Silésie, et arrondir de ce côté ses États. Au point de vue du droit, la brusque annexion d'un État, auquel le roi de Prusse ne pouvait encore reprocher que la sourde hostilité de son prince, était un acte difficile à excuser, mais l'exemple de la Silésie était de nature à encourager Frédéric, et, en politique comme à la guerre, ce prince professait l'opinion que le succès excuse tout. Cette fois il faillit se tromper, car le corps saxon, retiré dans le camp de Pirna, tint ses troupes en échec pendant plus d'un mois et eût peut-être fait échouer son plan sans les lenteurs et les fautes du maréchal Browne, qui opérait en Bohême à la tête de la principale armée autrichienne. Plus heureuse que la Silésie, la Saxe échappa à la domination prussienne, malgré les tentatives réitérées de Frédéric pendant toute la durée de la guerre de Sept ans.

De la guerre en territoire national. — Le principal avantage que procure la guerre faite sur son propre territoire, c'est d'être bien renseigné sur l'ennemi et de trouver un appui dans la population :

« Si je n'avais pour objet que ma gloire, je ne ferais la guerre que dans mon pays, à cause de tous les avantages que j'y trouverais : chacun y sert d'espion et l'ennemi ne saurait faire un pas sans être trahi ; on peut hardiment envoyer de gros détachements et leur faire jouer tous les tours dont la guerre est susceptible. Si l'ennemi vient d'être battu, chaque paysan fait le soldat et court le harceler. »

Ces avantages sont réels, mais ils ne sauraient entrer en ligne de compte avec les graves inconvénients qu'entraîne toujours une guerre en territoire national : effet moral produit par l'invasion, dommages matériels et affaiblissement qui en résultent, et surtout désavantage d'être réduit à la défensive. Du reste, Frédéric a toujours préconisé l'offensive, comme nous le verrons dans la suite.

En pays neutre. — En pays neutre, on cherchera à se concilier les habitants :

« Quand on fait la guerre dans un pays neutre, l'avantage paraît être égal entre les deux parties ; il s'agit alors de voir qui des deux saura se concilier l'amitié et la confiance des habitants.

Pour y parvenir, on observe la plus exacte discipline; on défend
la maraude et tous les pillages, on punit ce crime avec rigueur;
on accuse l'ennemi d'avoir, contre le pays, les desseins les plus
pernicieux. »

En pays ennemi. — En pays ennemi « se concilier l'affection
des pays où l'on fait la guerre, surtout en les flattant de les traiter
avec plus de douceur que leurs maîtres, au cas qu'on ferait la
conquête du pays. »

Ces derniers mots trahissent l'arrière-pensée du roi : accroître
son territoire par une annexion toujours possible en cas de succès, et poser un premier jalon en se conciliant l'esprit de la population.

Outre le pays, il n'était pas rare à cette époque de voir le
vainqueur s'annexer l'armée même qu'il venait de battre et de
faire prisonnière; il incorporait celle-ci tout entière dans les
rangs de ses propres troupes. Au mois d'octobre 1756, le corps
saxon bloqué dans le camp de Pirna est obligé de mettre bas les
armes; tandis que l'Électeur de Saxe se retire dans son royaume
de Pologne, l'armée saxonne, forte de 17,000 hommes, avec
80 canons, est incorporée en entier dans l'armée prussienne dont
elle forme vingt nouveaux bataillons. Ce trait est caractéristique
et montre bien la différence qui existe, au point de vue moral,
entre la guerre au xviiie siècle et celle de nos jours.

Quant aux provinces dont la conquête n'est pas possible et
dont l'esprit est franchement hostile, il faut s'en défier et prendre
ses précautions :

« Dans un pays tout ennemi... il ne faut jouer qu'au sûr... et
n'aventurer jamais ses partis. Il faut faire la guerre à l'œil. »

Parti à tirer de la religion. — Frédéric II n'est pas homme à
négliger de tirer de la religion tout le parti possible :

« Si c'est dans un pays protestant, on joue le rôle de protec-
teur de la religion luthérienne, et on cherche à inspirer le fanatisme dans le cœur du petit peuple, dont la simplicité peut être
facilement trompée.

« Si le pays est catholique, on ne parle que de tolérance; on
prêche la modération; on rejette toute la faute de l'animosité
entre les sectes chrétiennes sur les prêtres. »

Enfin les lignes suivantes résument, avec une franchise cynique, l'opinion du roi sur le parti qu'on peut tirer de la religion à la guerre :

« Tout ce qui vous reste encore, c'est le fanatisme ; lorsqu'on peut animer une nation par la liberté de la religion, lui insinuer adroitement qu'elle est opprimée par les prêtres ou les seigneurs : voilà ce qu'on appelle remuer le ciel et l'enfer pour son intérêt. »

De la paix. — En principe, Frédéric conclut la paix lorsque ses ressources sont épuisées et qu'il a besoin de refaire ses finances et son armée ; mais il n'hésite pas, au besoin, à abandonner ses alliés et à conclure la paix pour son propre compte lorsqu'il y trouve son intérêt.

« Il résulte des usages modernes que nos guerres sont plus courtes qu'autrefois ; nous devons, aux grandes dépenses qu'elles entraînent, des paix passagères que l'épuisement des puissances rendra probablement plus longues ».

En 1741, après la bataille de Mollwitz, Frédéric entame des négociations secrètes avec l'Autriche : l'armée autrichienne se retire en Moravie, le siège de Neisse est entrepris pour la forme et la place se rend au bout de douze jours ; les Prussiens la fortifient et en font le boulevard de leur nouvelle frontière. Frédéric abandonne sans scrupules ses alliés de la veille ; il s'occupe d'utiliser immédiatement les ressources que lui offre la riche province de Silésie, et il porte son armée à 106 bataillons et 191 escadrons.

Mais une année ne s'est pas écoulée que déjà Frédéric a repris les armes ; après la victoire de Czaslau (17 mai 1742), il obtient de Marie-Thérèse, par le traité de Breslau, l'abandon officiel de la haute et de la basse Silésie et de la principauté de Glatz, sauf Troppau et Jægerndorf.

On peut croire cette fois que la paix est assurée ; mais après deux années employées à réparer ses pertes, Frédéric est inquiet des progrès de l'Autriche qui a signé la triple alliance avec l'Angleterre et la Sardaigne, et il intervient de nouveau dans la lutte contre Marie-Thérèse ; deux campagnes heureuses lui permettent enfin de signer la paix de Dresde, qui lui laisse la Silésie (25 décembre 1745). Le roi s'occupe aussitôt de reconstituer son armée en incorporant, suivant son principe, les prisonniers autrichiens et saxons faits pendant la guerre. En même temps, par une bonne administration il refait ses finances, il se prépare à de nouvelles et prochaines luttes.

Pendant la longue et pénible guerre de Sept ans, Frédéric II ne put appliquer avec autant de succès sa politique habituelle qui consistait à entretenir des négociations secrètes avec ses adversaires pour conclure avec eux une paix, tout au moins tacite, qui lui permît de refaire ses forces. C'est dans la continuité même des opérations militaires et dans l'épuisement qui devait fatalement en résulter, qu'il faut chercher surtout les causes qui faillirent amener la ruine complète du royaume naissant de Prusse; celui-ci dut son salut autant à la désunion des coalisés et à leur défaut d'entente, qu'aux grandes qualités déployées par Frédéric, à sa fermeté et à sa constance dans la mauvaise fortune.

Le seul revirement favorable qui se produit pendant cette longue guerre est dû à l'avènement du czar Pierre III qui succède, en janvier 1762, à l'impératrice Élisabeth. Non seulement Pierre III, grand admirateur du roi de Prusse, abandonne la coalition, entraînant avec lui la Suède, mais il signe un traité d'alliance en vertu duquel le général Czernischeff, opposé à Frédéric II, doit immédiatement se joindre à lui. Ce secours inespéré sauve le roi au moment où, acculé dans la basse Silésie, il est près de succomber sous les efforts des Autrichiens et des Russes qui viennent d'opérer leur jonction.

Quelques mois plus tard, l'assassinat de Pierre III et l'avènement de Catherine amènent un nouveau revirement dans la politique russe : Catherine abandonne l'alliance de Frédéric II, et Czernischeff reçoit l'ordre de quitter l'armée prussienne et de rentrer en Pologne. Heureusement pour le roi de Prusse, l'épuisement et la lassitude ont également gagné ses adversaires; tous sont fatigués de cette guerre, en apparence sans résultats, et la paix signée au mois de février 1763 met fin aux opérations militaires et replace les choses dans le même état qu'au début des hostilités.

CHAPITRE II.

DU PLAN DE CAMPAGNE.

> « Tâchez de pénétrer les desseins de
> l'ennemi, réfléchissez longtemps, agissez
> avec vivacité et promptitude, ne manquez
> jamais de vivres et, à la longue, vous serez
> le maître de votre adversaire. »
>
> (FRÉDÉRIC II).

Règles générales : il faut chercher à tout prévoir. — Le plan doit être établi
sur une grande base, être simple. — Nécessité de cacher ses propres desseins. — Le plan ne peut prévoir la suite des hostilités. — Cas où la guerre
a lieu sur plusieurs frontières. — En 1740, Frédéric II commence la guerre
sans aucun plan. — Le défaut d'entente entre les Alliés fait échouer le plan
de Frédéric II en 1742. — En 1744, le roi envahit la Bohême sans plan
arrêté. — Singulier plan de Frédéric au printemps de 1745. — Etude du
plan de campagne de 1756. —] Campagne de 1757. — Etude du plan de
campagne de 1758. — Hésitations du roi en 1759. — Il commet la même
faute en 1760. — Dernières campagnes de Frédéric II.

Règles générales : il faut chercher à tout prévoir. — Les principes généraux qui, suivant Frédéric II, doivent présider à l'établissement du plan de campagne n'ont pas cessé d'être vrais. Ils
sont résumés dans les règles suivantes :

« En général, les projets de campagne doivent être ajustés aux
conjonctures, à l'esprit et au nombre d'ennemis que l'on a ; il ne
faut jamais mépriser l'adversaire dans le cabinet, mais se mettre
en sa place et penser ce qu'on ferait si on était de lui. Plus on
prévoit d'obstacles dans ses desseins, et moins on en trouve
ensuite dans l'exécution. En un mot, il faut tout prévoir, sentir
les difficultés et les résoudre.

« Après avoir supposé ce que vous voulez faire, raisonnez
comme l'ennemi, supputez ce qu'il peut vous opposer et rédigez
votre projet sur les difficultés qu'il vous fera. Il faut que tout soit
calculé d'avance. Ce que l'on pense à tête reposée vaut mieux
cent fois que des résolutions prises sur-le-champ ; celles-ci ne
sont ni digérées ni pesées ; les impromptus peuvent réussir, mais
ils valent toujours mieux lorsqu'on les a faits d'avance [1].

---

[1] Ce ne sont plus alors des impromptus, mais on comprend la pensée de
Frédéric II.

« Dérobez par votre prévoyance tout ce que vous pouvez à la fortune; elle ne conservera encore que trop d'influence dans les opérations militaires; il suffit que votre sagesse partage avec le hasard.

« Prévenez par votre sagesse le mal que l'ennemi peut vous faire ».

Le plan doit être établi sur une grande base, être simple. — Le plan de campagne, devant autant que possible tout prévoir, doit être établi sur une grande base :

« Toutes les dispositions d'un plan de campagne ne réussissent pas également; mais il est certain qu'en adoptant de vastes projets on va plus loin que si l'on se borne à des vues resserrées.

« Il n'est point encore né d'homme dont tous les projets aient réussi; si vous n'en concevez que de petits, vous ne serez jamais qu'un homme médiocre, et si, de dix grandes entreprises où vous vous engagerez, il ne vous en réussit que deux, vous immortaliserez votre nom ».

Le plan de campagne doit être simple :

« Un plan simple, que vous avez dans la tête, qui vous délivre d'inquiétude et concentre vos idées sur le même point, doit renverser tous les projets de l'ennemi ».

Il est difficile, dans la pratique, d'accorder cette maxime avec la précédente, et, si le plan prévoit tout, il est à craindre qu'il cesse d'être simple.

Nécessité de cacher ses propres desseins. — S'il importe de connaître ou de deviner les projets de l'ennemi, il n'est pas moins utile de tenir cachés ses propres desseins :

« Il faut bien cacher à l'ouverture de la campagne ses desseins, donner le change à l'ennemi, connaître le général qui vous est opposé, sa façon d'agir; plus on le pénètre et mieux réussit-on à le tromper.

« Que l'ouverture de votre campagne soit comme une énigme pour l'ennemi qui l'empêche de deviner de quel côté fondront vos forces et quel dessein vous méditez ».

La surprise est, du reste, le mode d'action habituel du roi :

« Tâchez en toute occasion de faire des mouvements et des entreprises auxquels l'ennemi ne s'attend pas; c'est le plus sûr moyen d'avoir des succès ».

Le plan ne peut prévoir la suite des hostilités. — Le plan de campagne ne peut être établi avec quelque certitude que pour le début des hostilités ; une fois celles-ci engagées, il faut compter avec l'ennemi : la suite des opérations dépend des premières rencontres et d'événements qu'il est impossible de prévoir. C'est surtout à ce moment qu'il importe d'être renseigné sur l'ennemi et d'y voir clair dans ses projets :

« Il est bien difficile de faire des projets sur l'avenir, parce que la moindre circonstance qui change oblige de changer de même les dispositions.

« Il faut distinguer les plans qui se font au commencement d'une guerre ou après quelques campagnes ; les premiers peuvent décider de toute la guerre ; les seconds dépendent d'une foule de circonstances et surtout de bons espions auprès des gouvernements ennemis. Alors il est facile de rompre leurs mesures et d'entreprendre hardiment ce qu'ils appréhendent le plus. Le beau d'un projet est qu'en risquant peu, on mette l'adversaire en danger de perdre tout ».

Cas où la guerre a lieu sur plusieurs frontières. — Les plans de campagne offrent des difficultés particulières quand on doit lutter contre plusieurs armées ou sur plusieurs frontières :

« Les projets de campagne dans lesquels on se propose d'attaquer l'ennemi par plusieurs armées, sont plus sujets à ne pas réussir que ceux où une armée seule agit ; il est plus difficile de trouver trois bons généraux qu'un ».

Dans ce cas il faut savoir discerner le point sur lequel doit être dirigé l'effort principal ; on se retourne ensuite contre les autres adversaires. C'est ce qu'a fait Frédéric II pendant toute la guerre de Sept ans.

« Les projets de campagne les plus difficiles à faire, ce sont ceux par lesquels on doit s'opposer à beaucoup d'ennemis puissants ; c'est alors qu'il faut avoir recours à la politique pour les brouiller entre eux et pour en détacher l'un ou l'autre par des avantages qu'on leur procure. Quant au militaire, il faut savoir perdre à propos (qui veut défendre tout ne défendra rien), sacrifier une province à un ennemi ; marcher, en attendant, avec toutes vos forces contre les autres et les obliger à une bataille ; faire les derniers efforts pour les détruire, et détacher alors contre le premier. Ces sortes de guerres ruinent les armées par les fatigues et les marches; si elles durent, elles prennent pourtant une fin malheureuse ».

Ces réflexions ont sans doute été inspirées au roi par la lutte qu'il soutint plusieurs années contre l'armée autrichienne, l'armée russe et les troupes des Cercles. Nous verrons que son plan consistait généralement à marcher avec le gros de ses forces contre les Autrichiens, qui constituaient pour lui le danger le plus immédiat; puis à se retourner contre les troupes russes pour empêcher leur jonction avec les Impériaux. Mais cette succession d'efforts soutenus pendant plusieurs années a fini par épuiser l'armée prussienne qui aurait infailliblement succombé si ses ennemis eussent agi de concert.

Enfin la maxime suivante résume l'esprit dans lequel doit être élaboré le plan de campagne :

« Ne vous flattez jamais, mais représentez-vous avec force toutes les oppositions que l'ennemi pourra mettre à vos desseins, afin que, tout ayant été prévu d'avance, vous ayez déjà des remèdes préparés pour tous les cas ».

Tels sont les principes posés par Frédéric II; il nous reste à voir comment il les a lui-même appliqués. Nous étudierons d'abord les principaux plans de campagne établis pour le début des hostilités; puis, étant admise la situation créée par les premiers engagements, nous aurons à examiner comment le roi a fixé ses projets pour la suite des opérations et comment il a résolu, dans chaque cas, le problème de stratégie qui s'imposait à lui.

En 1740, Frédéric II commence la guerre sans aucun plan. — Lorsque Frédéric II intervient dans la guerre de Succession d'Autriche et se jette dans la coalition formée contre Marie-Thérèse, il n'a d'autre but que de s'emparer de la Silésie et de conserver cette riche province, grâce aux embarras de toute sorte suscités à la Maison d'Autriche; mais le plan défectueux qu'il adopte, ou plutôt l'absence de tout plan de campagne, va compromettre la réussite de ses projets.

En 1740, la Prusse est un petit État de trois millions d'habitants, sans cohésion, sans limites naturelles; mais Frédéric-Guillaume, le *roi-sergent,* a laissé à son fils une armée de 76,000 hommes recrutée avec soin et une épargne de 33 millions. Bien résolu à s'annexer la Silésie, que Marie-Thérèse refuse de lui céder, Frédéric II envahit brusquement cette province, au mois de décembre 1740, s'en empare et prend ses quartiers d'hiver sur les deux rives de la Neisse.

Le roi doit s'attendre à être attaqué, dès le commencement du printemps, par l'armée autrichienne qui cherchera à le rejeter hors de la Silésie; en effet, le maréchal de Neipperg rassemble ses troupes aux environs d'Olmütz et se dirige sur la place de Neisse restée au pouvoir des Impériaux. Il semble que le plan de Frédéric soit tout tracé : il va, sans doute, se fortifier en Silésie, conserver soigneusement ses communications avec ses États et lier ses opérations à celles de ses alliés; tout au contraire, nous le voyons hésitant, ne sachant à quel parti s'arrêter et sur le point d'être coupé de ses États. Tandis que son adversaire prend franchement l'offensive, le roi « se propose de faire le tour de ses quartiers pour se procurer la connaissance d'un pays qui lui était nouveau ». Il arrive à Neustadt après avoir failli être enlevé par un parti ennemi, se heurte à Jægerndorf à l'avant-garde autrichienne, rétrograde sur Neustadt, puis marche sur Steinau, tandis que le maréchal de Neipperg, à la tête de forces supérieures à celles du roi, se trouve placé à Neisse sur les derrières de l'armée prussienne et s'appuie à une bonne place, à cheval sur la rivière de la Neisse. Il ne reste plus à Frédéric qu'une chance de salut, c'est de gagner rapidement la basse Neisse, de la franchir à la hâte et de marcher sur Ohlau, avant que l'Autrichien ne tombe dans son flanc ou ne lui coupe la retraite.

La situation est critique; il faut se hâter; déjà l'ennemi, maître de Grottkau, menace les communications avec Brieg et Ohlau; la neige tombe épaisse, le roi est sans nouvelles et dans un grand embarras : « Les vivres commençaient à devenir rares; il fallait secourir Ohlau et, en cas de malheur, il n'y avait aucune retraite ». La lenteur et les fautes des Autrichiens, couronnées par la bataille de Mollwitz, viennent tirer le roi d'embarras; mais la leçon ne sera pas perdue pour lui et il songera dorénavant à assurer ses communications avec sa base d'opérations. Quant à la morale de ces événements, il l'a fort bien résumée lui-même en quelques mots : « C'était, a-t-il dit, à qui ferait le plus de fautes du roi ou du maréchal de Neipperg ».

Le défaut d'entente entre les Alliés fait échouer le plan de Frédéric II en 1742. — Devenu plus circonspect après cette première campagne, Frédéric essaie de faire adopter par ses alliés, en 1742, un plan rationel en prenant pour objectif commun Vienne et la haute Autriche : l'Électeur de Bavière marcherait directement sur Vienne, tandis que les Français et les Saxons déboucheraient sur cette capitale par la Bohême et la Moravie ; de son côté, Frédéric II achèverait la conquête de la Silésie et se joindrait ensuite à ses alliés.

Ne pouvant amener une entente générale sur ces bases, Frédéric se décide à marcher lui-même sur la Moravie pour s'y réunir aux Saxons qui doivent déboucher sur Iglau ; puis les deux armées prendront pour objectif Vienne. Cette manœuvre forcera la principale armée autrichienne à rétrograder sur le Danube et permettra ainsi au maréchal de Broglie de débloquer Linz et de dégager l'Électeur de Bavière.

Même réduite à ces proportions, l'entente ne peut s'établir entre les alliés. Comme dans toutes les coalitions où une seule volonté ne s'impose pas à tous les partis, les hésitations, les tiraillements, les refus même ne tardent pas à faire échouer l'entreprise. Le roi fait preuve de la plus grande activité ; il se rend à Dresde, puis à Prague pour essayer d'imprimer une direction unique aux opérations ; de là il gagne la Moravie, où Olmütz a ouvert ses portes aux coalisés. Brünn est assiégée, les alliés s'avancent jusqu'à Znaïm, leurs coureurs sont à Stockerau, aux portes de la capitale autrichienne. La cour de Vienne effrayée rappelle 10,000 hommes de Bavière, lève l'arrière-ban en Hongrie et confie au prince de Lorraine la tâche de dégager Brünn. Au moment où Frédéric peut croire qu'il va toucher au but, les troupes saxonnes reçoivent l'ordre de se replier sur la Bohême, et le roi de Prusse suit leur mouvement de retraite, ne voulant ni rester seul exposé loin de ses frontières, ni tenter la conquête de la Moravie pour le compte d'un autre.

Ainsi le manque d'entente entre les Alliés a fait échouer le plan de campagne du roi et celui-ci se décide à vider seul la querelle avec le prince de Lorraine dans les plaines de la Bohême (bataille de Czaslau, 17 mai 1742).

En 1744, le roi envahit la Bohême sans plan arrêté. — Après deux années de repos employées à refaire son armée, le roi reprend les armes pour se mettre à l'abri contre un retour offensif de l'Autriche, car il n'est pas douteux qu'en cas de succès final, cette puissance ne cherche à reprendre la Silésie. Frédéric envahit la Bohême pour faire diversion sur les derrières de l'armée autrichienne et forcer le prince de Lorraine à évacuer l'Alsace; mais il s'avance en Bohême sans plan arrêté, il pousse une pointe inutile jusqu'au sud de cette province, affaiblissant ainsi outre mesure sa ligne de communications, et il se voit obligé de de regagner l'Elbe, puis la Silésie, sans avoir obtenu aucun résultat.

L'armée prussienne, forte de 70,000 hommes, envahit la Bohême en formant trois colonnes qui opèrent séparément; celle de droite, sous les ordres du roi, traverse la Saxe, malgré la mauvaise volonté de l'Électeur qui médite de se joindre aux Autrichiens; elle remonte l'Elbe et arrive à Prague sans résistance. Au centre, le prince Léopold d'Anhalt marche sur Prague par la Lusace et, à l'aile gauche, le maréchal de Schwerin débouche de Silésie par Braunau; enfin, 22,000 hommes restent dans la haute Silésie pour défendre cette place.

L'armée prussienne forme donc quatre groupes qui sont indépendants l'un de l'autre au début de la campagne; trois se donnent rendez-vous sous les murs de la place de Prague qui est au pouvoir de l'ennemi. Pendant ce temps, le maréchal de Batthyani, à la tête d'une armée de 20,000 hommes, accourt en Bohême pour occuper le roi jusqu'à l'arrivée du prince de Lorraine rappelé en toute hâte d'Alsace. Ainsi Frédéric II a devant lui une place forte qui peut lui opposer une résistance sérieuse et une armée ennemie en voie de formation dont il ignore la force exacte; son flanc droit est exposé aux entreprises du prince Charles de Lorraine qui est en marche sur la Bohême; ses derrières sont mal assurés, car la Saxe est sur le point de se tourner contre lui, et c'est dans ces conditions qu'il divise ses forces en quatre fractions, séparées dès le début par des obstacles infranchissables.

Heureusement pour lui, le général Harsch défend mal la place de Prague qui se rend après quelques jours de tranchée. A partir de ce moment et jusqu'à la fin de la campagne, le roi exécute une série de marches et de contre-marches sans avoir un plan bien arrêté : tantôt c'est pour gagner un point de ravitaillement, tantôt pour conserver ses communications avec l'Elbe ou la Silésie, ou pour attaquer l'armée autrichienne qui se dérobe et manœuvre avec habileté en attendant l'arrivée du prince Charles. Une fois celui-ci entré en ligne, Frédéric II se résout à gagner la rive droite de l'Elbe et à y mettre ses troupes en *quartiers de rafraichissement;* mais le prince de Lorraine surprend le passage du fleuve, et ce seul fait oblige le roi à regagner la Silésie, sans avoir obtenu aucun résultat pendant cette campagne de plus de trois mois.

Tels sont les faits; ils prouvent combien il est mauvais d'aller au hasard, sans but précis; ils montrent également combien la pointe poussée dans le sud de la Bohême était inutile et dangereuse. Frédéric II avait pour but immédiat de dégager la ligne du Rhin en forçant à la retraite la principale armée autrichienne; l'invasion de la Bohême par les troupes prussiennes procurait ce premier résultat. Mais une fois aux prises avec le prince de Lorraine, le roi ne pouvait plus se proposer d'autre but que de battre son adversaire : un mouvement de retraite sur la Silésie ou la Lusace n'aurait eu d'autre résultat que de transporter la guerre dans l'une de ces provinces; mieux valait vider la querelle en Bohême et vivre le plus longtemps possible sur le pays ennemi. Il semble donc que la situation doive se dénouer par une bataille en Bohême; mais le roi ne tient pas à livrer bataille, à moins d'avoir mis de son côté toutes les chances de succès. Or, le maréchal Traun, l'habile et prudent conseiller du prince Charles, n'a d'autre but que d'obtenir l'évacuation de la Bohême sans courir les risques d'un engagement; il déjoue avec sagacité tous les projets du roi et toutes les tentatives de surprise. Dans ces conditions, il ne reste plus à Frédéric qu'à s'établir sur une bonne position, avec des communications assurées, à reposer ses troupes en vivant sur le pays, et à attendre que l'approche de l'hiver mette fin à la campagne, suivant les habitudes de cette époque. A ce point de vue, sa position derrière l'Elbe laissait beaucoup à désirer, car une fois le passage du fleuve surpris (et on peut toujours le surprendre), les flancs de l'armée prussienne étaient découverts et sa retraite se trouvait menacée. Mieux valait utiliser la bonne place de Prague, dont la reddition arrivait à propos pour offrir une excellente tête de pont sur les deux rives de la

Moldau et un point d'appui solide pour les opérations ultérieures ; les magasins de Leitmeritz et la ligne de l'Elbe assuraient le ravitaillement et, au besoin, la retraite sur la Saxe et la Lusace.

En résumé, ni au début des hostilités, ni pendant le cours des opérations, Frédéric II ne sut adopter, pour la campagne de 1744, un plan logique et en poursuivre le développement d'après la suite de événements.

Singulier plan de Frédéric au printemps de 1745. — Après l'issue malheureuse de la campagne précédente, il était tout naturel que le roi se tînt sur la défensive en Silésie : bien qu'elle n'eût livré aucune bataille rangée pendant cette campagne, l'armée prussienne avait besoin de repos. Elle n'avait achevé de prendre ses quartiers d'hiver qu'à la fin de février et les hostilités allaient recommencer au printemps ; ils était donc difficile de songer immédiatement à une nouvelle invasion en Bohême, bien qu'en principe l'offensive fût dans les goûts de Frédéric II : « Le roi pouvait prévenir ses ennemis ; il ne dépendait que de lui de fondre sur les quartiers des Autrichiens en Bohême ; mais il risquait plus en s'enfonçant dans le royaume qu'en voyant venir l'ennemi à lui. »

D'un autre côté, la situation politique s'est modifiée du tout au tout, au grand avantage de Marie-Thérèse : le but qu'elle poursuit, l'élection du duc de Toscane, son mari, à la dignité impériale, est sur le point d'être atteint. Charles VII est mort le 20 janvier, et son fils, le jeune électeur de Bavière, a signé le traité de Fuessen ; Marie-Thérèse a signé à Varsovie un autre traité avec l'Angleterre, le Hanovre et la Saxe : ses principaux efforts peuvent donc se porter du côté de la Silésie, dont la perte lui tient tant à cœur ; enfin Louis XV tourne ses armes contre les Pays-Bas et l'appui de la France échappe aussi à Frédéric II qui va lutter seul contre l'Autriche.

C'est alors qu'au lieu de défendre les défilés de la Silésie, où les bonnes positions ne font pas défaut, le roi forme le bizarre projet d'abandonner cette frontière en faisant croire au prince de Lorraine qu'il se retire sous le canon de Breslau ; il espère que celui-ci s'avancera sans défiance et, l'armée prussienne, adroitement dissimulée derrière un obstacle, tombera comme une avalanche sur les colonnes ennemies en marche.

Ce plan constitue donc une sorte de vaste surprise, de ruse stratégique, que nous aurons à examiner à ce titre[1] et qui, chose curieuse, a parfaitement réussi malgré son invraisemblance, peut-être à cause de son invraisemblance même : le prince de Lorraine, surpris à Hohenfriedberg (4 juin 1744), abandonne son mouvement offensif et se retire en Bohême. La conduite de Frédéric II, en cette circonstance, n'est pas à imiter ; elle n'a plus rien de commun avec la stratégie ; c'est, à proprement parler, jouer à la guerre. On sent que le roi n'est pas en possession de tous ses moyens et que l'époque de ses belles conceptions militaires n'est pas encore arrivée.

Étude du plan de campagne de 1756. — Par le succès de ses armes et surtout par l'habileté de sa diplomatie, Frédéric II a réussi, pendant la première guerre de sept années, à reculer les limites de son royaume et à placer la Prusse au nombre des grands États de l'Europe. Mais son ambition est loin d'être satisfaite, et déjà un mécontentement général se fait jour contre lui : l'Autriche ne peut se résoudre à la perte de la Silésie et voit avec crainte la Prusse grandir à ses côtés ; la France se laisse entraîner dans une alliance impolitique avec l'Autriche ; la Russie, avide de jouer un rôle en Europe ; la Suède, désireuse de recouvrer la Poméranie ; l'Électeur de Saxe, qui craint pour sa principauté, complètent la formidable coalition qui va se former contre la Prusse. Le corps germanique entier, à l'exception du Hanovre, de la Hesse et du Brunswick, se déclare contre Frédéric II et, par un revirement complet de la politique européenne, l'Angleterre, la vieille alliée de la maison d'Autriche, passe dans le camp du roi de Prusse.

Dans cette situation difficile, Frédéric prend le parti de prévenir ses adversaires par une offensive hardie et de les attaquer avant qu'ils soient en état d'unir leurs efforts contre lui. Il tombe sur l'Électeur de Saxe pour le mettre hors de combat avant l'arrivée des Autrichiens, il bloque la petite armée saxonne dans le camp de Pirna et il entre en Bohême où il bat l'armée autrichienne du maréchal Browne à Lowositz (1er octobre 1756) ; dès lors la

---

[1] Voir 2e partie, chapitre XX.

capitulation du corps saxon à Pirna n'est plus qu'une affaire de quelques jours (16 octobre).

En 1756, le roi, bien résolu à prendre l'offensive, a le choix entre trois lignes d'opérations : par la Saxe, la Bohême et la Moravie. L'invasion de la Saxe est une opération facile dont le résultat le plus net sera, dans l'esprit du roi, d'arrondir de ce côté ses États par l'annexion d'une riche province et la conquête d'une bonne frontière. Le but à atteindre est visible et en quelque sorte palpable : les 18 ou 19 mille hommes, dont se compose la petite armée saxonne, ne sauraient résister longtemps aux 120,000 hommes de l'armée prussienne. Une fois la Saxe conquise, il faudra, il est vrai, compter avec la coalition, mais le roi aura du moins pour lui la force du fait accompli : il débouchera en Bohême avec le prestige que donne un premier succès et il ira chercher, contre les armées impériales, la solution de la campagne. Toutefois il faut s'attendre à ce que l'invasion de la Saxe active l'entrée en ligne des forces de la coalition; or Frédéric compte bien en avoir fini avec le corps saxon avant que les armées impériales aient eu le temps de se concentrer; mais sur ce point capital, l'événement va lui donner tort, et ce ne sera que grâce aux lenteurs du maréchal Browne que le roi de Prusse se trouvera momentanément hors d'affaire.

Le second plan consiste à laisser devant la Saxe un corps d'observation qui empêchera l'Électeur de se joindre aux Autrichiens, et à jeter en Bohême, par la frontière de Lusace, toutes les forces prussiennes disponibles, soit environ 100,000 hommes. En agissant rapidement, le roi peut espérer surprendre les corps ennemis disséminés et les battre séparément; du reste, même dans le cas d'une concentration rapide, les Autrichiens ne peuvent guère présenter, dès le début, plus de 55,000 hommes sur le champ de bataille. Enfin, si la cour de Vienne concentre ses forces en arrière, par exemple sur le Danube, le roi reste libre de faire à loisir la conquête de la Saxe, et de prendre en Bohême une bonne position d'attente.

Quant à une invasion par la Moravie, si elle ouvre aux troupes prussiennes un chemin direct au cœur de la monarchie autrichienne, elle les oblige à se heurter à deux places fortes, Olmütz et Brünn; elle laisse sur le flanc droit de l'armée prussienne la Bohême avec les 55,000 Autrichiens en voie de rassemblement, et derrière eux l'Électeur de Saxe, libre de ses mouvements, prêt à se joindre aux Autrichiens en Bohême. Éloigné lui-même du centre de ses États, Frédéric abandonnerait ses frontières du nord et de l'est aux entreprises des Suédois et des Russes : un seul échec en Moravie peut décider l'entrée en campagne des autres armées de la coalition, tandis qu'un succès en Moravie laisse subsister, devant les armées prussiennes, la forte barrière du Danube dont les deux rives sont au pouvoir de l'Autriche. Une attaque par la Moravie offre donc peu de chances de succès et fait courir au roi de grands dangers : « une opération aussi téméraire eût évidemment exposé l'armée prussienne à une ruine certaine. » (Napoléon).

Nous ne parlerons pas d'une quatrième ligne d'opérations par la Saxe occidentale et la Franconie, ligne trop excentrique, qui aurait découvert la base d'opérations du roi et laissé ses propres États sans défense, sans autre avantage éventuel que de séparer l'Autriche et la Saxe de leurs futurs alliés de l'Ouest.

En résumé, si le plan d'attaque direct de la Bohême, en masquant la Saxe, paraissait offrir les plus grandes chances de succès, on ne saurait blâmer Frédéric d'avoir préféré l'invasion par la Saxe qui lui assurait la possession d'une belle province convoitée depuis longtemps. Outre l'effet moral que devait produire ce coup de théâtre au début des hostilités, l'occupation de la Saxe assurait la base de Frédéric pendant ses opérations ultérieures en Bohême : « Si l'on ne s'en rendait pas maître, on laissait un ennemi derrière soi, qui, en ôtant la libre navigation de l'Elbe aux Prussiens, les obligeait à quitter la Bohême aussitôt que le roi de Pologne le voudrait. »

Campagne de 1757. — Au printemps de l'année 1757, Frédéric II envahit la Bohême avec quatre colonnes espacées de la haute Mulde, en Saxe, jusqu'à la Neisse en Silésie, et assigne à ces colonnes comme point de concentration la place de Prague au pouvoir de l'ennemi ; l'armée autrichienne, répartie elle-même sur une zone très étendue, ne profite nullement de cette faute et manœuvre avec mollesse en battant en retraite devant les divers corps prussiens. Nous examinerons la conduite de Frédéric en cette circonstance lorsque nous parlerons de la concentration et de la ligne d'opérations (1re partie, chapitres V et XI).

La campagne de 1757 est, sans contredit, l'une des plus brillantes de la guerre de Sept ans au point de vue qui nous occupe : Frédéric II y fait preuve d'une justesse de coup d'œil et d'un esprit de décision qui lui assurent finalement la victoire. A peine a-t-il obtenu sous les murs de Prague le premier résultat assigné aux efforts de l'armée prussienne, qu'il forme immédiatement le projet de marcher contre l'armée du maréchal Daun en formation aux environs de Kollin; ce plan est logique, mais l'exécution laisse beaucoup à désirer : le roi n'amène avec lui que des forces insuffisantes avec lesquelles il attaque le maréchal Daun retranché dans une bonne position et il essuie une défaite complète.

Loin de se laisser abattre par ce revers, Frédéric se retourne contre l'armée franco-impériale qui s'avance en Saxe et la bat complètement à Rosbach; mais un de ses lieutenants vient d'être défait à Breslau et cette place est tombée au pouvoir des Autrichiens; le roi marche sur Breslau, bat l'ennemi à Leuthen, rentre dans la place et délivre ainsi la Silésie. Nous reviendrons à loisir sur ces diverses opérations; remarquons seulement ici avec quelle rapidité le roi modifie ses projets d'après les événements et avec quelle sûreté de vue il forme un nouveau plan de campagne dont il poursuit, séance tenante, la réalisation.

Étude du plan de campagne de 1758. — La campagne de 1757 s'est terminée à l'avantage de la Prusse : l'armée franco-impériale a été battue à Rosbach, l'armée autrichienne à Leuthen; au Nord, les Russes, après leur victoire à Jægerndorf, ont repassé le Niémen, et les Suédois, débarqués en Poméranie, ont été rejetés sur Stralsund par le général Lehwald. Grâce à l'habileté du duc Ferdinand de Brunswick qui opère à l'Ouest, Frédéric II ne sera pas inquiété de ce côté pendant toute la campagne; la lutte se trouve donc circonscrite entre lui et ses deux principaux adversaires, l'Autriche et la Russie, l'intervention des Suédois étant, cette fois encore, de peu d'importance.

Les forces prussiennes forment trois groupes principaux, l'un en Silésie sous les ordres du roi, l'autre en Saxe avec le prince Henri; le troisième, sous les ordres du général Dohna, opère dans la Vieille-Prusse contre les Russes et les Suédois. Les alliés forment également trois armées dont la principale, sous les ordres du maréchal Daun, occupe la Bohême et surveille les

défilés de la Silésie par où le maréchal s'attend à voir déboucher
Frédéric ; les armées de la coalition ont la supériorité numérique, mais elles sont éloignées les unes des autres et le roi peut
espérer les battre successivement.

Frédéric II prend le parti de déboucher en Moravie par les
défilés de la haute Silésie et de mettre le siège devant Olmütz ; de
son côté, Daun se porte au secours de la place et force le roi à
lever le siège : coupé de ses communications avec la haute Silésie, Frédéric prend la résolution hardie de marcher sur la
Bohême en manœuvrant au milieu des armées autrichiennes et
de regagner la Silésie par les défilés des Riesengebirge. Grâce à
la mollesse du maréchal Daun, il accomplit cette dangereuse
retraite sans avoir à livrer un seul combat sérieux.

Les motifs qui rendaient périlleuse une attaque en Moravie au
printemps de 1756 avaient-ils cessé d'exister deux années plus
tard ? Certes, la situation de Frédéric s'est bien améliorée ; le duc
de Brunswick garantit sa frontière occidentale, le prince Henri
occupe la Saxe, et le roi a toute sa liberté d'action contre les
Autrichiens et les Russes ; mais pour tirer parti de cette situation, il faut tout d'abord marcher droit à l'armée autrichienne,
qui serre le roi de plus près, et se retourner ensuite contre
l'armée russe, plus éloignée, plus lente à entrer en campagne.

Or, pour atteindre le maréchal Daun, qui est à Scalitz d'où il
observe les débouchés de la Silésie, il est rationnel de déboucher
contre lui en Bohême ; le roi tient l'entrée des défilés du côté de
la Silésie et peut, par d'adroites démonstrations, tromper son
adversaire sur les points choisis pour franchir les montagnes. Il
peut également déboucher en Bohême par les défilés de la
Lusace, ce qui le rapproche du prince Henri et lui permet, au
besoin de se retourner rapidement contre l'armée russe ; toutefois
cette dernière solution l'oblige à laisser un corps d'observation en
Silésie et affaiblit d'autant son armée principale.

Quant à l'invasion en Moravie, elle offre les mêmes dangers, les
mêmes difficultés qu'en 1756 ; elle éloigne Frédéric de sa frontière Nord-Est sur laquelle il doit s'attendre à voir bientôt apparaître l'armée russe ; elle laisse les 90,000 hommes du maréchal
Daun libres de leurs mouvements en Bohême ; elle offre au roi la
perspective d'un siège difficile qui nécessitera de longs convois
de ravitaillement à travers un pays de montagnes et de défilés.

La prise même d'Olmütz n'est pas une solution et il restera toujours à battre l'armée autrichienne; ne vaut-il pas mieux commencer par là?

Il est intéressant de rechercher les motifs allégués par le roi pour expliquer sa conduite : « Son dessein, a-t-il dit, était de pénétrer dans la Moravie et de prendre Olmütz, non pas pour conserver cette place, car on prévoyait dès lors la diversion que les Russes, qui s'étaient emparés de la Prusse(?), se préparaient à faire en Poméranie et dans les Marches de Brandebourg, mais afin d'amuser durant toute la campagne les Autrichiens dans cette partie éloignée des États du roi pour avoir le temps et l'aisance de s'opposer, en attendant, avec des forces considérables, à l'armée russe ».

C'est à peu près la même idée exprimée par Clausewitz[1] :

« En 1858, voyant ses forces diminuer et se sentant de plus en plus à l'étroit dans le cercle que ses ennemis formaient autour de lui, il voulut encore tenter une petite offensive en Moravie et chercha à s'emparer d'Olmütz. Ce n'est pas qu'en agissant ainsi le roi cherchât à rester en possession de cette ville et à l'utiliser comme point d'appui pour persévérer dans l'offensive, mais il pensait surprendre les Autrichiens par la rapidité de l'opération et, une fois maître de la place, s'en servir contre eux comme d'un ouvrage avancé, une sorte de contre-approche à la reprise de laquelle ils eussent dû consacrer le reste de la campagne et peut-être la campagne suivante ».

Dans le fond de sa pensée, Frédéric espérait donc retenir l'armée autrichienne en Moravie, l'amuser autour d'Olmütz en conservant lui-même ses forces intactes, puis se dérober devant le maréchal Daun et tomber au moment opportun sur l'armée russe. Ce plan de campagne était dangereux : il escomptait la mollesse et les lenteurs de l'armée autrichienne, il supposait qu'Olmütz n'offrirait pas une résistance sérieuse, que le maréchal ne chercherait ni à battre son adversaire, ni à le couper de sa base d'opérations sur les monts Sudètes, ni à prendre à revers le prince Henri en Saxe, ni à se porter à la rencontre des Russes; ce plan supposait également que les 80,000 Russes du général de

---

[1] *Théorie de la Grande Guerre* (traduction DE VATRY).

Fermor, auxquels le comte de Dohna ne pouvait opposer que
20 bataillons et 35 escadrons, ne mettraient aucune hâte à entrer
en campagne et permettraient au roi d'arriver en même temps
qu'eux sur l'Oder. Une seule défaite en Moravie compromettait
gravement le sort de la campagne et faisait écrouler tout l'écha-
faudage sur lequel Frédéric avait étayé son plan : il faudra
toutes les fautes du maréchal Daun pour que le roi, malgré son
insuccès devant Olmütz, puisse regagner la Silésie sans être
entamé, se porter à temps sur l'Oder et y arrêter les Russes par
la sanglante bataille de Zorndorf.

Hésitations du roi en 1759.— Pendant l'année 1759, l'astre de
Frédéric II commence à décliner ; lui-même devient hésitant et
imite les lenteurs et l'inaction de son adversaire. Cette campagne
va être pour lui « la plus funeste de toutes. C'en aurait même été
fait des Prussiens si leurs ennemis, qui savaient vaincre, avaient
su de même profiter de leurs victoires ».

La situation du roi est encore plus difficile qu'au début des
campagnes précédentes ; ses ennemis, éclairés sur la clause de
leurs insuccès, paraissent bien décidés à resserrer autour de lui
le cercle dans lequel ils vont essayer de l'enfermer. Cette fois
encore le roi conserve l'espoir de les battre successivement ;
c'est, avec la possibilité de profiter de leurs fautes, l'unique
chance de salut qui lui reste.

Les forces prussiennes forment trois groupes principaux
répartis comme au printemps de 1758 et comprenant 140,000
hommes. L'armée du maréchal Daun, en Bohême, atteint presque
à elle seule ce chiffre ; en outre, les troupes des Cercles, fortes de
25,000 hommes, opèrent en Franconie sur la frontière de Saxe ;
une armée russe de 70,000 hommes est en Pologne et
15,000 Suédois surveillent la Poméranie.

L'offensive contre le maréchal Daun s'impose donc plus que
jamais au roi de Prusse : en ne laissant en Poméranie, en Saxe
et dans la haute Silésie que les forces strictement nécessaires
pour observer les Suédois, l'armée des Cercles et le corps autrichien de Deville, Frédéric II peut réunir sous son commandement direct 90,000 hommes de bonnes troupes et tomber rapidement en Bohême sur la principale armée autrichienne pour la
mettre hors de cause. Mais jusqu'à la fin de juin, le roi reste dans

l'inaction, il se contente de quelques coups de main et laisse approcher l'armée russe; heureusement pour lui, le maréchal Daun ne se décide que tardivement à marcher vers le nord pour rejoindre ses alliés. Le danger devient pressant : Frédéric hésite encore. Par bonheur, la marche de l'armée autrichienne s'effectue avec une extrême lenteur : le 6 juillet, elle s'arrête à Marklissa, sur le Queiss, et attend des nouvelles de Soltykoff; celui-ci bat, à Zullichau, le corps prussien de Wedell qui essaie d'arrêter sa marche, et le corps autrichien de Laudon rejoint l'armée russe. Cette fois, toute hésitation est impossible; Frédéric se porte contre les Austro-Russes, mais il n'amène avec lui que 45,000 hommes qui viennent se briser, à Kunersdorf, contre les 70,000 Austro-Russes de Soltykoff.

Il commet la même faute en 1760. — Au printemps de 1760, Frédéric II est en Saxe avec le gros de ses forces en face du maréchal Daun et de l'armée des Cercles ; le prince Henri avec 30,000 hommes est sur le Bober, ayant pour objectif l'armée russe; Fouquet, avec 12,000 hommes, occupe le camp de Landshut pour défendre la frontière de Silésie contre les 50,000 Autrichiens de Laudon ; au nord, le prince de Wurtemberg est opposé aux Suédois. Le total des forces prussiennes ne dépasse pas 100,000 hommes ; ces troupes donnent des signes manifestes d'épuisement, le roi paraît fatigué et sa confiance en lui-même un peu ébranlée : il conserve cependant l'espoir de battre séparément ses adversaires qui, à la fin de chaque campagne, se retirent sur leur base d'opérations et mettent ensuite six mois pour essayer de nouveau d'opérer leur jonction à la reprise des hostilités.

Cette fois encore le plan des alliés est à peu près le même que l'année précédente : Soltykoff, avec 60,000 Russes, se dirigera sur l'Oder pour se joindre à Laudon, qui chassera devant lui le petit corps de Fouquet; tous deux feront la conquête de la Silésie, tandis que Daun retiendra le roi en Saxe ou le suivra s'il se porte au secours de la Silésie.

Ce plan bien combiné place le roi dans un péril extrême; une offensive rapide et énergique se présente à lui comme le seul moyen de sortir d'une situation de plus en plus difficile; mais il hésite à prendre un parti, il s'acharne à vouloir reprendre Dresde que

défend une armée supérieure en nombre à la sienne, il laisse
Fouquet en l'air, dans les montagnes de la Silésie, avec des
forces insignifiantes en face d'un adversaire aussi entreprenant
que Laudon, et il prépare ainsi le désastre de Landshut; il ne se
résout ni à manœuvrer sérieusement entre Daun et Laudon pour
attirer le premier hors du canon de Dresde ou pour essayer de
surprendre le second, ni à grouper ses forces dans une bonne
position de flanc, par exemple sur la Katzbach ou le Bober, pour
tomber sur les Russes s'ils débouchent sur la rive gauche de
l'Oder, ou sur les Autrichiens s'ils envahissent la Silésie. A l'approche des Russes, il retrouve enfin toute sa décision et son
énergie : il se porte au secours de Breslau que menace Soltykoff,
et, après une marche difficile et périlleuse, il est assez heureux
pour battre Laudon que Daun laisse écraser près de lui à Lic-
gnitz. La Silésie est sauvée, les opérations se poursuivent mollement en Saxe, et la victoire de Torgau met fin à cette laborieuse
campagne que Clausewitz considère comme un vrai chef-d'œuvre
militaire : « C'est, dit-il, entre toutes ses campagnes, celle où il
sut faire le moins de sacrifices pour tenir tête à un ennemi qui
lui était matériellement si supérieur ».

Dernières campagnes de Frédéric II. — Le plan des alliés, en
1761, diffère peu des précédents : Daun restera sur la défensive
en Saxe et enverra des renforts à Laudon; celui-ci, à la tête de
80.000 hommes agira de concert avec l'armée russe pour faire la
conquête de la Silésie. De son côté, Frédéric II confie à son frère
le soin de défendre la Saxe contre le maréchal Daun et l'armée
des Cercles; lui-même, avec sa principale armée, marchera en
Silésie pour s'opposer à la jonction des armées russe et autrichienne.

Cette fois encore il semble que le meilleur parti à prendre est,
pour le roi, de marcher contre Laudon avec toutes ses forces
disponibles et de l'attaquer franchement pour le rejeter en
Bohême avant l'arrivée des Russes de Butturlin; il peut prélever
10,000 hommes sur le corps de Poméranie, en ne laissant dans
Colberg que le nombre d'hommes strictement nécessaires pour
défendre la place; avec les 15,000 hommes que commande de
Goltz en Silésie et les 50,000 hommes placés sous ses ordres
directs, Frédéric disposerait de forces suffisantes pour attaquer

vigoureusement Laudon. De son côté, le prince Henri, tout en observant Daun, peut prendre position un peu en arrière, par exemple sur la haute Sprée, de façon à détacher momentanément à l'armée du roi une partie de ses forces pour appuyer le coup de main contre Laudon.

On a reproché à Frédéric II, à tort nous semble-t-il, de ne s'être pas joint au prince Henri pour reprendre Dresde dès le début de la campagne et chasser les Autrichiens de la Saxe; cette tentative offrait peu de chances de succès et laissait le champ libre aux Autrichiens et aux Russes en Silésie.

Ayant donc résolu de se porter en Silésie, le roi y reste inactif pendant les mois de mai et de juin; il manœuvre ensuite pour empêcher Laudon de se joindre aux Russes et, après cette jonction, il prend le parti de se fortifier dans le camp de Bunzelwitz. Dès lors il semble acculé à ses derniers retranchements et sur le point de succomber; mais Butturlin refuse de combiner avec Laudon une attaque contre le camp prussien, et l'armée russe repasse l'Oder. Le roi échappe au plus grand danger qu'il ait couru pendant cette longue guerre.

Malgré cette solution inespérée, la situation de Frédéric II à la fin de 1761 est des plus critiques; ses forces s'épuisent de plus en plus, son armée perd de ses qualités, les vieux soldats des premières campagnes ont presque tous disparu. On ne saurait mieux peindre sa situation désespérée qu'il ne l'a fait lui-même :

« La perte de Schweidnitz entraînait pour l'armée du roi celle des montagnes et de la moitié de la Silésie... L'armée était obligée de défendre son front contre les Autrichiens et ses derrières contre les Russes. La communication de Berlin avec Breslau n'était que précaire; mais ce qui achevait surtout de rendre cette situation désespérée, c'était la perte de Colberg. Rien n'empêchait plus les Russes de faire le siège de Stettin à l'ouverture du printemps, ou bien de s'emparer de Berlin et de tout l'Électorat de Brandebourg. Il ne restait au roi que 30,000 hommes en Silésie. Le prince Henri n'en avait guère davantage... La plupart des provinces étaient envahies ou abîmées; on ne savait plus d'où tirer les recrues, d'où prendre les chevaux et les fournitures, où trouver les subsistances, ni comment faire arriver en sûreté les munitions de guerre à l'armée ».

La mort de l'impératrice Élisabeth de Russie et l'avènement

du czar Pierre III, au commencement de l'année 1762, amènent un revirement en faveur de Frédéric II. La lassitude gagne à son tour la cour d'Autriche, les hostilités traînent en longueur, et il ne faut plus chercher, ni d'un côté ni de l'autre, des plans de campagne bien arrêtés. Malgré l'assassinat de Pierre III, qui prive le roi de Prusse d'un puissant allié, la lutte prend fin après quelques opérations dirigées sans plan d'ensemble contre l'armée autrichienne en Silésie. Le roi conserve sa conquête et recouvre le territoire qu'il possédait au début de la guere : « Après sept ans de combats, la paix rétablit les choses telles qu'elles étaient avant la guerre, sans qu'un seul village se trouvât avoir changé de maître ». (NAPOLÉON.)

CHAPITRE III.

DE LA PRÉPARATION A LA GUERRE.

> « Quiconque ne réfléchit pas à ce qu'il y
> a de mieux à faire, n'aura pas le temps d'y
> penser mûrement lorsqu'il faudra entrer en
> action. »
>
> (FRÉDÉRIC II.)

Du mode de recrutement. — De la mobilisation. — De l'instruction des troupes.
Mesures à prendre dès le temps de paix. — Reconnaissances et renseignements. — Tout doit être préparé d'avance. — Il faut se procurer la supériorité numérique. — Des alliances. — Comment on utilise les quartiers
d'hiver. — On se prépare à la guerre aussitôt après avoir conclu la paix.

Du mode de recrutement. — Frédéric II recrutait son armée
de trois manières différentes : 1° par enrôlement volontaire;
2° par le service obligatoire; 3° par enrôlement forcé.

L'enrôlement volontaire s'exerçait à prix d'argent parmi les
étrangers ou les nationaux exempts du service : ce mode de
recrutement fournissait environ les deux tiers des jeunes soldats;
les hommes ainsi enrôlés étaient, pour la plupart, des aventuriers sans patrie qui faisaient métier de la guerre, bons soldats
au demeurant, lorsqu'on savait tirer parti de leurs qualités militaires. Le service obligatoire, dont les riches étaient exempts,
fournissait l'autre tiers du contingent[1]. Pour augmenter
dans son armée la proportion des nationaux, sans obérer les
finances et sans nuire à l'agriculture ni à l'industrie, le roi avait
imaginé le système des réserves tel qu'il fonctionne encore en
grande partie en Allemagne et chez les principales nations européennes : un certain nombre d'hommes désignés d'office, d'après
leurs aptitudes physiques, étaient instruits puis renvoyés en
congé illimité pour être rappelés en cas de guerre ou de manœu-

---

[1] Le maréchal de Saxe avait osé prédire le service obligatoire pour tous :
« Ne vaudrait-il pas mieux établir une loi que tout homme, de quelque condition qu'il fût, serait obligé de servir son prince et sa patrie pendant cinq
ans?... Le pauvre bourgeois serait consolé par l'exemple du riche et celui-là
n'oserait se plaindre en voyant servir le noble. » (*Mes Rêveries.*)

vres. Grâce à ces mesures, la proportion qui n'était avant lui que de deux soldats et demi par cent habitants atteignit, pendant la guerre de Sept ans, 4,2 par cent habitants; elle fut maintenue après la guerre à 3,3 pour cent. Le 3e mode d'enrôlement fournissait un appoint à l'armée prussienne : il consistait à incorporer de force les prisonniers de guerre; d'après Frédéric, il suffit de 7,000 hommes prélevés sur la population de la Prusse pour reconstituer l'armée après la paix de Dresde (1745); le reste aurait été fourni par les prisonniers de guerre. Pendant les deux guerres de Silésie, les Prussiens auraient fait 45,664 prisonniers, d'après le même dire. Souvent même les officiers ennemis faits prisonniers étaient incorporés de force dans l'armée prussienne : nous verrons plus loin[1] que cette pratique n'a pas toujours été sans danger pour le roi.

Il ne suffit pas d'avoir des hommes, il faut de l'argent pour les habiller, les équiper et les nourrir; Frédéric II eut recours aux subsides de l'Angleterre; grâce à toutes ces mesures, il put ainsi entretenir en temps de guerre 4,2 pour cent de la population sous les drapeaux. Pour l'Allemagne de nos jours, dont la population dépasse 45 millions d'habitants, cette proportion donnerait près de 2 millions de soldats; on voit que, sous ce rapport comme sous bien d'autres, Frédéric II avait eu le sentiment des nécessités de la guerre moderne.

De la mobilisation. — Pour la mobilisation comme pour le recrutement, Frédéric II a été un précurseur : il a établi la mobilisation sur des bases qui ont pu être modifiées dans la suite, mais dont le principe subsiste encore de nos jours en Allemagne et a été adopté par les principales armées européennes. Ce principe consiste à munir, dès le temps de paix, les corps de troupe et les divers services de tout le matériel nécessaire à leur passage sur le pied de guerre, et à s'assurer périodiquement que tout est en état de fonctionner. C'est ainsi que le roi fit préparer d'avance l'habillement, l'équipement, le campement, l'armement, les voitures, etc., en un mot tout le matériel nécessaire : deux fois par an les voitures étaient attelées, les

---

[1] IIe partie, chapitre XVIII : *Des Capitulations.*

tentes dressées. Quant aux chevaux, ils étaient désignés d'avance dans les cantons où les corps de troupe tenaient garnison d'une façon permanente ; on les laissait chez les cultivateurs et, en cas de mobilisation, ils arrivaient au régiment avec la plus grande rapidité. Comme on le voit, c'est exactement le système actuel des réquisitions, préparées d'avance, n'imposant aucune charge à l'État en temps de paix et fournissant à l'armée, au moment de la guerre, ses chevaux de complément. Il n'est pas jusqu'à la durée de la mobilisation qui ne se rapprochât, à cette époque, de la durée moyenne fixée de nos jours : grâce, en effet, aux mesures prises par le roi, un régiment prussien devait pouvoir, en principe, se mobiliser en quatre jours.

De l'instruction des troupes. — Frédéric II apportait le plus grand soin à tout ce qui touchait à l'instruction et à l'éducation militaire de ses troupes ; sous ce rapport également, il peut être considéré comme l'inventeur des méthodes d'instruction en usage en Allemagne. Le système des grandes manœuvres lui-même est dû en partie à Frédéric ; car, s'il n'inventa pas les camps d'automne, il leur donna du moins un développement inconnu jusqu'à ce jour en Allemagne. Grâce à lui, la réunion de troupes nombreuses dans les grands camps d'automne permit d'améliorer l'instruction des officiers ; l'académie des nobles, devenue ensuite l'académie de guerre de Berlin, entretint le goût des hautes études parmi les officiers destinés à occuper les premiers grades dans l'armée ; il y eut également un corps et une école d'état-major pour former et instruire les officiers destinés au service d'état-major. La noblesse n'était exigée des officiers que pour les armes autres que l'artillerie et le génie.

Mesures à prendre dès le temps de paix. — Comprenant toute l'importance de la préparation à la guerre dès le temps de paix, Frédéric II prescrit de ne rien négliger de ce qui peut concourir à ce résultat : renseignements de toute sorte à recueillir sur l'ennemi, reconnaissance du théâtre probable des hostilités, mise en œuvre des ressources de toute espèce qu'offre le territoire national, etc...

Grâce aux mesures prises par son père, Frédéric II s'est trouvé, dès le début de son règne, à la tête d'une armée recrutée

avec soin et dont l'effectif pouvait paraître élevé pour un petit
État de 3 millions d'habitants. Ses finances étaient dans une
situation prospère et il pouvait disposer immédiatement d'une
réserve de 33 millions, somme considérable pour l'époque.

Reconnaissances et renseignements. — « Il faut reconnaître la
force du prince auquel on fait la guerre, ses alliés et le pays qui
sera le théâtre de votre honte ou de votre gloire, et quant au
pays où l'on veut porter la guerre, il est aussi nécessaire d'en
avoir une connaissance parfaite, qu'il l'est de connaître l'échiquier si l'on veut jouer aux échecs.

« Envoyer de bons officiers ingénieurs et quartiers-maîtres,
déguisés en marchands, reconnaître tous les lieux importants.

« Il faut connaître le général auquel on a affaire, les places où
il a ses magasins, les villes qui lui sont le plus commodes et
celles d'où il fait venir ses fourrages. »

Tout doit être préparé d'avance. — « Quiconque ne réfléchit
pas à ce qu'il y a de mieux à faire, n'aura pas le temps d'y
penser mûrement lorsqu'il faudra entrer en action. Quand on a
la tête tranquille, on médite avec suite, on envisage toutes les
difficultés, on trouve des expédients pour lever les obstacles que
l'on prévoit. »

Il faut se procurer la supériorité numérique. — La question
des effectifs est une de celles qui préoccupent le plus vivement
Frédéric II. C'est, en effet, dans la supériorité du nombre que
réside une des principales causes du succès ; mais le chiffre de la
population d'une part, l'état du Trésor de l'autre, imposaient
des limites au roi.

Voyons comment on emploiera cette supériorité si l'on a pu se
la procurer :

« Une supériorité du tiers au quart permet, en opposant partout à l'adversaire des forces égales, d'employer un corps
comme bon semble, fût-ce même d'en former une armée indépendante qui agirait sans rencontrer d'ennemis capables de s'opposer à ses entreprises. »

Cette façon d'agir est contraire au principe de la concentration des forces et doit être proscrite; mais telle est la confiance du roi dans ses troupes qu'il ne croit pas nécessaire d'opposer à ses ennemis des forces supérieures. Il ne s'effraye même pas d'un effectif moindre :

« Quant au nombre des troupes, pourvu que vous puissiez opposer 75,000 hommes à 100,000, cela doit vous suffire. »

Cette confiance était pleinement justifiée par l'excellente qualité des troupes prussiennes dans les premières campagnes; mais, à la fin de la guerre de Sept ans, cette qualité laissait fort à désirer, comme le constate lui-même Frédéric : « Les bons généraux se faisaient rares... Les vieux étaient péris (*sic*) dans tant d'occasions meurtrières... Les jeunes officiers, à peine sevrés, étaient dans un âge si débile qu'on ne pouvait pas s'attendre à de grands services de leur part. Ces vieux soldats respectables n'existaient plus et les nouveaux consistaient, le plus grand nombre, en déserteurs ou dans une jeunesse faible au-dessous de 18 ans, incapable de soutenir les fatigues d'une rude campagne. »

La supériorité morale de l'armée prussienne dans les premières campagnes était d'autant plus grande que ses adversaires, Autrichiens, Saxons, troupes des Cercles, étaient loin de présenter la même cohésion; seule, l'armée russe, chaque fois qu'elle a eu à se mesurer avec les Prussiens, a fait preuve d'une ténacité remarquable et d'une solidité à toute épreuve.

En cas d'infériorité numérique, le moyen qui se présente tout naturellement à l'esprit consiste à grouper ses forces contre l'un de ses adversaires de manière à battre l'ennemi en détail : « Une supériorité de l'ennemi d'un sixième n'est pas une affaire, si l'on peut écraser quelques-uns de ses corps sans avoir à les combattre tous à la fois. » C'est pour appliquer ce principe que le roi avait coutume d'aborder l'armée ennemie suivant une ligne oblique qui lui permettait d'écraser l'aile de l'adversaire prise pour objectif avant que l'aile opposée eût le temps d'intervenir.

Des alliances. — Quand on se prépare à la guerre, il ne faut pas négliger de se créer des alliés :

« Il est très avantageux de faire des traités. Les alliés que vous vous assurez sont autant d'ennemis de moins, et s'ils ne vous sont d'aucun secours, vous les réduirez au moins à observer une exacte neutralité. »

Cette réflexion montre quel était le degré de confiance du roi dans ses alliés.

« Quant aux alliances où l'on ménage des princes qui sont sollicités par les ennemis, on les écrase avant qu'ils puissent joindre leurs forces aux autres. »

C'est ce que fit Frédéric au début de la guerre de Sept ans lorsqu'il envahit la Saxe avant que l'Électeur se fût prononcé ouvertement contre lui.

Comment on utilise les quartiers d'hiver. — Le roi utilisait les quelques mois d'hiver, qui séparaient d'habitude deux campagnes successives, pour refaire et réapprovisionner son armée; ainsi, après la laborieuse campagne de 1758, « son attention se tourna uniquement sur son armée; on leva tout le monde qu'on put, on arma, on remonta, on approvisionna les troupes afin de s'opposer, la campagne prochaine, avec une armée bien conditionnée et nombreuse, à la multitude d'ennemis que les Prussiens auraient à combattre [1] ».

On se prépare à la guerre aussitôt après avoir conclu la paix. — Même lorsqu'il a conclu la paix, le roi travaille activement à remettre son armée en état de reprendre au besoin les hostilités. Après la paix de Breslau (1742), « comme le roi s'était toujours défié des ennemis avec lesquels il avait fait la paix, il avait eu une attention particulière à se préparer à tout événement. Une bonne économie avait, en quelque manière, réparé les brèches de la dernière guerre, et l'on avait amassé des hommes qui pouvaient suffire, en les employant avec prudence, aux frais de deux campagnes. A la vérité, les forteresses étaient plutôt ébauchées qu'en état de défense; mais les augmentations dans l'armée étaient achevées, les munitions de guerre et de bouche amassées pour une campagne. »

Remarquons qu'avec de l'argent, on pouvait se procurer facilement des soldats parmi cette tourbe d'aventuriers de tous pays,

---

[1] Voir à la IIe partie le chapitre XIX : *Des quartiers d'hiver.*

hommes sans scrupules et sans patrie, toujours prêts à vendre leurs services au plus offrant et à chercher des moyens d'existence dans la guerre et dans les désordres qu'elle entraîne avec elle. C'est à cette époque surtout que l'argent est le nerf de la guerre, puisqu'il permet de suppléer même à l'insuffisance de combattants. Aussi Frédéric cherche-t-il à augmenter ses ressources par la plus stricte économie, lorsqu'il ne peut recourir aux subsides de l'Angleterre, et nous le verrons se plaindre amèrement des traitants qui le grugent et auxquels il ne peut faire rendre gorge aussi souvent qu'il le voudrait. Lui-même, du reste, donne l'exemple de l'économie : sa table est frugale, ses vêtements simples, son train de maison des plus modestes.

CHAPITRE IV.

DE L'EXÉCUTION DU PLAN DE CAMPAGNE.

> « Nos guerres doivent être courtes et vives. »
>
> (Frédéric II.)

La guerre doit être courte et vive. — Il ne faut entreprendre que le possible. — Il ne faut pas se laisser rebuter par les difficultés. — Hésitations imprimées par la politique aux opérations militaires ; exemple : campagne de 1745. — Exécution des plans de Frédéric II : campagnes de 1742, 1744 et 1745. — Campagnes de 1756 à 1761.

La guerre doit être courte et vive. — La guerre, une fois entreprise, doit être menée à fond et l'on doit chercher à lui faire produire le maximum d'effet utile :

« Entamez l'ennemi dans le vif et ne vous contentez pas de le harceler sur ses frontières. La guerre ne se fait que pour obliger le plus tôt possible l'adversaire à souscrire à une paix avantageuse ; cette idée ne doit pas se perdre de vue.

« Nos guerres doivent être courtes et vives, puisqu'il n'est pas de notre intérêt de traîner l'affaire, qu'une longue guerre ralentit insensiblement notre admirable discipline et ne laisse pas de dépeupler notre pays et d'épuiser nos ressources ».

C'est bien la théorie de la guerre moderne ; mais à l'époque de Frédéric II, on est encore loin de l'appliquer dans toute sa rigueur. La plupart des généraux opposés au roi de Prusse, le maréchal Daun en particulier, paraissent la plupart du temps n'avoir d'autre but que de traîner les opérations en longueur ou de se porter sur une position très forte pour s'y faire attaquer. En cas de succès, ils se retirent après un semblant de poursuite, satisfaits de la gloire acquise, sans songer à forcer l'ennemi dans ses derniers retranchements.

Nous verrons que Frédéric lui-même n'a pas agi autrement en mainte occasion, violant ainsi ses propres maximes. Il a cherché plusieurs fois à expliquer sa conduite par des raisons politiques ; mais le plus sûr moyen d'obtenir un résultat politique, par exemple, de forcer un allié à se déclarer ou de détacher un État

de la coalition, ne consiste-t-il pas précisément à pousser activement la guerre, à ne pas ralentir les opérations après un avantage sérieux ?

Il ne faut entreprendre que le possible. — S'il convient de
former de grands projets, il ne faut entreprendre que le possible :

« Ayez un grand but; n'entreprenez cependant que le possible,
rejetez le chimérique. Si vous n'êtes pas assez heureux de mener
un grand projet à sa perfection, vous irez cependant plus loin
que les généraux qui font la guerre au jour la journée.

« Profiter des avantages qu'on a et ne rien entreprendre au
delà de ses forces, c'est le conseil de la sagesse. »

Il ne faut pas se laisser rebuter par les difficultés. — On ne se
laissera pas rebuter par les difficultés, mais on les combattra une
à une en ayant confiance dans la fortune :

« Lorsqu'on est acculé à beaucoup d'entreprises toutes combi-
nées avec de grandes difficultés, que le genre de guerre de l'ennemi, le nombre de ses troupes, la force de ses postes présentent
de tous côtés des obstacles à surmonter, un brave homme ne
doit pas encore se décourager : avec de la sagesse, il trouvera
des expédients qui lui donneront la supériorité.

« Il est difficile que les opérations d'un plan ne soient pas
toutes sujettes à de grandes difficultés; mais avec un peu de fortune, on peut les mener à une fin heureuse.

« Soit en politique, soit en guerre, soit en toutes les opérations
humaines fondées sur des contingents futurs et sur le calcul des
probabilités, aucun ne réussit dans ses entreprises, à moins qu'il
ne soit secondé de la fortune ».

Cet espoir dans le succès final n'a jamais abandonné Frédéric :
dans les circonstances les plus critiques, après Kolin, après
Kunersdorf, à la fin de 1761, nous le voyons faire preuve d'une
confiance et d'une ténacité qui finissent par lui assurer la victoire.

*Hésitations imprimées par la politique aux opérations mili-
taires.* — Il faut bien se garder de laisser la politique exercer
son action dissolvante sur les opérations militaires. Si le but

qu'on se propose en faisant la guerre est purement politique, les moyens à employer sont du domaine exclusif de l'art militaire. Des négociations politiques sont-elles entamées avec l'ennemi, c'est encore par une action énergique qu'on obtiendra le plus sûrement une solution favorable. L'histoire des campagnes de Frédéric II nous offre des exemples à l'appui de cette maxime : le principal nous est fourni par la campagne de Bohême pendant l'été de 1745.

Exemple : campagne de 1745.— Au mois de juin 1745, l'armée autrichienne, commandée par le prince de Lorraine, pénètre en Silésie par les défilés de la Bohême, croyant l'armée prussienne en retraite sur Breslau ; Frédéric tombe à l'improviste sur son adversaire et le bat à Hohenfriedberg. Avant ce succès, le roi espérait surprendre l'armée autrichienne et la détruire, ou tout au moins lui infliger une telle défaite que la cour de Vienne s'empresserait de signer la paix : « L'état de mes affaires, écrivait-il, veut ce coup décisif ; si je les bats, comme je l'espère, je ne ferai pas comme par le passé, je suivrai ma victoire ».

Or, il laisse le prince de Lorraine repasser en Bohême, y reconstituer son armée et il le retrouve devant Kœnigingrætz, campé dans une situation naturellement forte, renforcée encore par des travaux de campagne. Loin d'imprimer aux opérations de Frédéric une vigueur plus grande, la victoire de Hohenlinden est le signal des lenteurs et des hésitations. C'est que les opérations militaires se ressentent des préoccupations politiques du roi : pendant qu'il continue la campagne, il poursuit des négociations en partie double. D'une part, il pousse la France à entreprendre une nouvelle campagne en Allemagne pour venir en aide aux armées prussiennes, et il s'appuie, à cet effet, sur le traité qui lie les deux puissances ; d'autre part, il négocie sous main avec l'Angleterre, afin de décider par son intermédiaire la cour de Vienne à signer la paix en renonçant à la Silésie. Ces négociations expliquent la conduite du roi pendant toute la deuxième moitié de l'année 1745 : la politique réagit sur les opérations militaires et imprime à celles-ci un cachet d'hésitation qui se traduit par des lenteurs, des temps d'arrêt, en un mot par des fautes stratégiques.

« Au lieu d'entrer résolument en Saxe ou de s'avancer en

Bohême, on le vit, après deux ou trois jours de marche, s'arrêter sur la lisière de cette dernière province, dans le voisinage de Kœniggrætz, et s'établir à quelque distance en arrière de l'Elbe, mettant son camp dans la petite ville de Chlum où il ne passe pas, l'arme au bras et sans bouger, moins de six semaines. Il a donné... plus d'une raison de cette immobilité inattendue, entre autres la crainte, s'il passait la frontière de Saxe, de déterminer l'intervention de la Russie... et l'intérêt d'obtenir ses ressources de l'Autriche en *mangeant* les plus fertiles contrées de ses meilleures provinces. La vérité est que, voulant éviter toute démarche qui lui aurait fermé le retour vers une voie pacifique, il marquait, pour ainsi dire, le pas, regardant alternativement des deux côtés de l'horizon pour voir ce qui lui arriverait, soit d'Angleterre en fait de propositions d'accommodement, soit de France en fait de secours pécuniaires ou militaires [1] ».

Mais bientôt ces espérances s'évanouissent : l'armée française du prince de Conti repasse sur la rive gauche du Rhin, l'Autriche reste sourde aux avances de Frédéric II, enfin la couronne impériale est placée sur la tête de François de Lorraine. Le roi n'a plus à compter que sur lui-même pour obtenir la paix. Il a fait vivre en partie son armée sur le pays ennemi pendant trois mois, mais les détachements qu'il a dû faire pour assurer ses communications et pour exploiter les ressources de la contrée ont affaibli singulièrement son armée; ajoutons que les troupes tenues si longtemps dans l'inaction perdent nécessairement de leur ardeur et de leur discipline. En somme, Frédéric n'a tiré aucun fruit de la victoire de Hohenfriedberg et il se retrouve, trois mois et demi plus tard, dans une situation précaire, aventuré en Bohême en face d'une armée ennemie supérieure en nombre. Cet exemple montre le danger de mêler la politique à la guerre et de subordonner aux négociations les opérations militaires. Résolu à gagner au plus tôt la frontière de Silésie, Frédéric se met en retraite sur Trautenau, suivi par le prince de Lorraine qui se fait battre auprès de cette ville, à Soor (30 septembre).

---

[1] De Broglie, *Études diplomatiques.*

Exécution des plans de Frédéric II : campagne de 1742. — Au mois de décembre 1740, Frédéric envahit brusquement la Silésie, mettant ainsi avec vigueur son plan de campagne à exécution ; mais au printemps suivant, il hésite, laisse l'armée ennemie se concentrer, menacer ses communications et il lui livre bataille dans des conditions qu'il aurait pu rendre meilleures.

En 1742, le défaut d'entente entre les Alliés amène nécessairement du décousu dans les opérations de Frédéric II. L'Électeur de Bavière songe plutôt à se faire élire empereur et roi qu'à conquérir réellement sa couronne ; le maréchal de Broglie ne fait rien, tiraillé entre le roi de Prusse qui veut lui faire prendre l'offensive et le cardinal de Fleury qui, de Versailles, prétend diriger son armée et lui mesure parcimonieusement les ressources en hommes et en argent ; les Saxons ne songent guère qu'à se rapprocher de leurs frontières et à se retirer de la lutte. Il n'est donc pas surprenant que les opérations militaires se ressentent de ce conflit d'intérêts et que Frédéric ne puisse faire preuve de décision dans l'exécution d'un plan qui n'existe qu'à l'état de projet.

Campagnes de 1744 *et de* 1745. — Bien qu'aucun engagement sérieux n'ait signalé la campagne de 1744, celle-ci présente un intérêt réel, au point de vue qui nous occupe, parce que Frédéric II est libre de ses mouvements et opère seul en Bohême contre l'armée austro-saxonne. Le plan du roi, qui consiste à diriger trois colonnes en Bohême et à les faire converger sur Prague, est exécuté tout d'abord avec décision et amène la reddition de cette place forte ; il est vrai que les armées autrichiennes sont encore éloignées ou en voie de formation, ce qui facilite singulièrement la tâche du roi. Mais à partir de ce moment, il devient hésitant parce qu'il n'a pas de plan bien arrêté ; il va au hasard, sans but précis, pousse dans le sud de la Bohême une pointe inutile, sinon dangereuse, revient sur ses pas en abandonnant des garnisons qui sont faites prisonnières, et la campagne prend fin sans qu'il ait obtenu aucun résultat.

L'exécution du singulier plan de campagne de 1745 demandait de la part du roi beaucoup d'habileté, puisqu'il s'agissait de simuler une retraite et d'attirer l'armée autrichienne tout entière dans une vaste embuscade. Par une marche de nuit et en utili-

sant habilement les couverts du terrain, Frédéric porte son armée
sur le front de marche des Austro-Saxons, à l'insu de ceux-ci, et
les attaque au débouché des montagnes. Nous n'avons pas à
apprécier ici cette tactique en elle-même; constatons seulement
que l'exécution du plan formé par Frédéric a été bien dirigée et
lui a fait gagner la bataille de Hohenfriedberg. Cette victoire est
suivie d'une période d'inaction; comme nous l'avons vu plus
haut, Frédéric négocie secrètement avec la cour de Vienne, et
les opérations militaires s'en ressentent; son succès inespéré à
Soor le tire d'affaire. Pendant la campagne d'hiver de 1745, le
décousu des opérations trahit de part et d'autre une lassitude
morale qu'expliquent les négociations entamées depuis longtemps et l'approche de plus en plus certaine de la paix.

Campagne de 1756. — En 1756, Frédéric II met rapidement à
exécution son plan de campagne contre les Austro-Saxons : la
brusque invasion de la Saxe force le corps saxon à se renfermer
dans le camp de Pirna. Le 29 août, l'armée prussienne envahit la
Saxe sur trois colonnes qui prennent Dresde pour objectif; le
6 septembre, ces colonnes se donnent la main sur les deux rives
de l'Elbe. Dresde se rend, mais Frédéric, qui avait espéré en
finir d'un coup avec la petite armée saxonne, est obligé de laisser
devant elle 38 bataillons et 30 escadrons; il n'a plus, pour pénétrer en Bohême, que 29 bataillons et 70 escadrons. Sans perdre
de temps, le roi marche à la rencontre du maréchal Browne dont
l'armée, concentrée au camp de Kolin, s'avance sur l'Éger pour
débloquer les Saxons; l'heureuse issue de la bataille de Lowositz
amène la retraite des Autrichiens, et les Saxons capitulent dans le
camp de Pirna. La campagne a été rondement menée : com-
mencée à la fin du mois d'août, elle est terminée au milieu d'octobre.

Campagne de 1757. — La campagne de 1757, fertile en incidents de toute sorte, débute par un succès pour Frédéric II : les
quatre colonnes prussiennes, chargées d'envahir la Bohême en
convergeant sur Prague, parviennent à se réunir sous les murs
de cette place et battent l'armée autrichienne. Ce succès, obtenu
malgré un plan de campagne vicieux, est dû principalement à la
rapidité avec laquelle celui-ci a été mis à exécution. En pénétrant

en Bohême sur quatre points de la frontière éloignés l'un de l'autre, le roi trompait l'ennemi sur ses intentions, puis, concentrant ses forces avec rapidité, il espérait surprendre les corps autrichiens disséminés en Bohême; il s'en explique lui-même dans les termes suivants :

« On pouvait se promettre que ce grand mouvement jetterait une confusion étonnante dans les différents corps des ennemis répandus dans leurs quartiers; on pouvait espérer en surprendre quelques-uns et d'avoir occasion d'engager des affaires particulières avec les autres qui, en en faisant périr une partie en détail, donneraient un ascendant et une supériorité aux Prussiens pour le reste de la campagne, ce qui pouvait mener à une action décisive dont le succès fixerait le sort de la guerre ».

Nous trouvons ici un des traits principaux du génie de Frédéric II : c'est l'audace avec laquelle il concevait et exécutait une opération, contraire quelquefois aux règles de la guerre, mais qu'il menait à bonne fin en mettant à profit les défauts de ses adversaires, leur lenteur, leur indécision, leur habitude de mal s'éclairer, etc. De fait, la concentration projetée sous les murs de Prague réussit parfaitement, et l'armée du prince de Lorraine fut battue; toutefois, les prévisions du roi ne se réalisèrent pas : la bataille de Prague ne fut pas décisive, et la défaite complète de l'armée prussienne à Kolin lui fit perdre tous les fruits de cette victoire. Mais loin de se laisser abattre par ce revers, Frédéric abandonne la Bohême et poursuit immédiatement la réalisation de son nouveau plan, qui consiste à se débarrasser d'abord de l'armée franco-impériale dont le voisinage devient inquiétant, puis à marcher sur Breslau pour chercher sous les murs de cette place le salut de la Silésie et la fin de la campagne.

Campagnes de 1758 *et de* 1759. — Nous avons vu les dangers d'une invasion en Moravie au printemps de 1758; l'exécution de ce plan laisse elle-même à désirer. En effet, dès le 19 avril, lendemain de la capitulation de Schweidnitz, l'armée prussienne quitte ses cantonnements, près de Landshut, et se dirige par Neisse et Troppau sur Olmütz, dont elle ne commence l'investissement que le 5 mai; elle met donc 17 jours à exécuter une marche d'environ 220 kilomètres, soit une moyenne de 13 kilomètres seulement par jour. Cette lenteur permettait à Daun, posté vers Kœnigingrætz, d'atteindre avant le roi les défilés de la haute Silésie et de faire échouer son plan; mais Daun commet la faute de ne pas prendre l'offensive et celle, plus grande encore, de ne pas inquiéter la retraite de l'armée prussienne après la levée du siège d'Olmütz.

Le plan de campagne de Frédéric, difficile à réaliser, échoue complètement par suite des mesures défectueuses prises par le roi pour couvrir le siège d'Olmütz et pour conserver en même temps ses communications avec la haute Silésie.

Les hésitations du roi, en 1759, ont pour conséquences des lenteurs et des tâtonnements dans l'exécution de son plan de campagne et finalement le désastre de Kunersdorf. Cette fois, le roi retrouve toute son énergie, toute sa décision. La jonction des deux armées ennemies paraît imminente : Soltykoff et Daun vont se donner la main et marcher sur Berlin que menace de son côté l'armée des Cercles; la perte du roi, peut être celle de la monarchie prussienne, paraît certaine. Dans cette situation critique, Frédéric forme le projet de réunir à la hâte les tronçons épars de son armée et de manœuvrer sans relâche contre ses adversaires pour empêcher leur réunion. Ce projet, il le met aussitôt à exécution et déploie une activité qui va le sauver : la bataille de Kunersdorf est du 12 août; le 18, le roi est à Fürstenwald, sur la Sprée, d'où il couvre Berlin; il rappelle à lui le corps de Kleist qui observe les Suédois, il réorganise son artillerie et ses parcs en tirant du canon de l'arsenal de Berlin et des places, et il refait une armée de 30,000 hommes. La belle conduite du prince Henri, qui se porte hardiment sur les derrières de l'armée autrichienne pour arrêter sa marche en avant, vient en aide à Frédéric et le dégage de l'étreinte de ses ennemis.

Campagnes de 1760 *et* 1761. — Les hésitations de Frédéric II au début de la campagne de 1760, ses efforts infructueux contre la place de Dresde, ses marches et contremarches pendant six semaines donnent aux Russes le temps d'arriver sur l'Oder et de menacer Breslau. Frédéric forme alors un plan hardi : il va se jeter en Silésie pour devancer l'armée autrichienne sous les murs de Breslau et empêcher la jonction des deux armées. Il met immédiatement ce plan à exécution; dans ces circonstances difficiles, il conserve toute sa présence d'esprit et rachète, par sa fermeté et son énergie, les fautes commises en Saxe depuis le début de la campagne; avec 30,000 à 35,000 hommes, il manœuvre au milieu de 90,000 Autrichiens, bat le corps de Laudon et atteint Breslau sans s'être laissé entamer.

L'épuisement de l'armée prussienne, en 1761, laissait peu de marge à l'exécution hardie d'un plan de campagne; il faut bien reconnaître cependant qu'en restant inactif en Silésie pendant les mois de mai et de juin et en laissant échapper l'occasion d'attaquer Laudon avant l'arrivée des Russes, le roi s'acculait lui-même à une impasse dont un événement imprévu, tel que l'avènement du czar Pierre III, pouvait seul lui permettre de sortir heureusement.

Nous ne dirons rien de la conduite des opérations en 1762; de part et d'autre, la lassitude est égale : Frédéric manœuvre mollement en Silésie contre l'armée autrichienne; le petit succès de Peilau et la reprise de Schweidnitz jettent du moins un dernier éclat sur les armes prussiennes à la fin de cette longue guerre.

CHAPITRE V.

DE LA CONCENTRATION.

> « *Le rassemblement des divers corps*
> *doit se faire assez en arrière pour que l'en-*
> *nemi ne puisse les attaquer et les battre*
> *séparément.* »
>
> (Frédéric II.)

Où doit-on concentrer l'armée ? — Résumé des règles à suivre. — Comment Frédéric II applique ces principes. — Concentration de l'armée prussienne en 1756. — En 1757, Frédéric opère sa concentration contrairement à tous les principes. — Concentration insuffisante des forces prussiennes en 1759.

Où doit-on concentrer l'armée ? — Le principe qui domine la concentration des armées au début d'une campagne, ou à la reprise des hostilités, a été nettement posé par Frédéric II :

« Le rassemblement des divers corps d'armée doit se faire assez en arrière pour que l'ennemi ne puisse les attaquer et les battre séparément au fur et à mesure de leur arrivée ».

Résumé des règles à suivre. — Quant aux règles à suivre, Frédéric les résume dans les lignes suivantes qui contiennent en germe l'organisation, rudimentaire à cette époque, aujourd'hui si compliquée, du service de l'arrière :

« Assembler l'armée au centre d'où l'on peut diriger les opérations et de manière à couvrir une espèce de première parallèle, rivière, chaîne de montagnes ou de forteresses ; pour la défensive, à l'endroit qui couvre le mieux le pays, ses places, ses magasins ; pour l'offensive, se porter d'abord au lieu qui assure les convois, inquiète l'ennemi ou facilite de grandes entreprises ; à mesure qu'on avance et après les premiers succès, on établit de distance en distance une suite de parallèles pour assurer ses derrières, ses convois et sa retraite.

« Dans les sièges, dans les batailles, dans la guerre en grand, on avance méthodiquement, soutenu par des espèces de parallèles jusqu'au but ; personne ne s'avise de commencer par la dernière ».

Comment Frédéric II applique ces principes. — Frédéric II a

violé plusieurs fois le principe de la concentration des armées
établi par lui-même, notamment au début de la campagne de
1756 et surtout lors de l'invasion de la Bohême en 1757. Nous
allons jeter un coup d'œil sur ces deux opérations; nous verrons
également, au cours de la campagne de 1759, comment le roi, en
effectuant une concentration insuffisante de ses forces, a préparé
le désastre de Kunersdorf.

Concentration de l'armée prussienne en 1756. — Au début de
la guerre de Sept ans, Frédéric II, décidé à prévenir ses ennemis par une offensive hardie, tombe sur l'Électeur de Saxe,
Auguste II, roi de Pologne, pour le mettre hors de combat
avant l'intervention des Autrichiens. Voyons comment il opère
sa concentration.

Les forces prussiennes forment trois groupes principaux :
25,000 hommes observent la Poméranie et le bas Oder; un
deuxième corps d'observation, fort d'environ 30,000 hommes, se
réunit en Silésie sous les ordres du maréchal de Schwerin; le
reste des troupes disponibles, sous le commandement direct du
roi, se dispose à envahir la Saxe sur trois colonnes. La colonne
de droite, formée à Magdebourg sous les ordres du duc Ferdinand de Brunswick, marche par Leipzig, Chemnitz, Freyberg et
Dippoldiswalda; au centre, le prince Maurice de Dessau, maître
de Wittenberg, se réunit à la colonne dirigée par le roi en personne : celui-ci marche sur Pretsch, passe l'Elbe à Torgau et
remonte la rive gauche du fleuve. La colonne de gauche est sous
les ordres du duc de Bevern, qui part de Francfort-sur-l'Oder,
se porte sur Elsterwerda, où il est rejoint par 25 escadrons
venant de Silésie, puis sur Bautzen, Stolpen et Lohmen; la
colonne campe sur la rive droite de l'Elbe. On sait la suite :
Dresde ouvre ses portes, mais le petit corps saxon, surpris par
cette brusque agression, se renferme dans le camp de Pirna où
il tient en échec pendant un mois la moitié des forces prussiennes, de telle sorte que Frédéric entre en Bohême avec une
armée un peu inférieure à celle dont dispose son adversaire le
maréchal Browne.

Ainsi les trois colonnes de la principale armée prussienne ont
été dirigées concentriquement vers Dresde, place forte au pouvoir de l'Électeur de Saxe ; commencé le 29 août, ce mouvement

est terminé le 6 septembre. Les points de départ des deux colonnes extrêmes sont distants d'environ 200 kilomètres ; de plus, la colonne de gauche est séparée des deux autres par l'Elbe. Une semblable manœuvre, en présence d'un ennemi entreprenant, eût été pleine de dangers ; le petit corps saxon lui-même, inférieur à l'ensemble des trois colonnes prussiennes, mais supérieur à chacune d'elles prise séparément, pouvait peut-être surprendre l'une de ces colonnes en marche. On a même prétendu que les Autrichiens cantonnés en Bohême auraient pu se concentrer rapidement sur la frontière de Saxe et se joindre aux Saxons pour constituer une armée d'environ 60,000 hommes qui aurait manœuvré entre les trois colonnes prussiennes isolées [1]. Cette hypothèse était difficilement réalisable : il eût fallu que le maréchal Browne fût concentré vers Aussig dès le 29 août, date du début des opérations, qu'il se mît en marche sans perdre une minute et qu'il ralliât le corps saxon à Dresde le 1er septembre, de façon à tomber sur la colonne du centre trop éloignée des deux autres pour être secourue à temps. Or, l'armée autrichienne n'était nullement prête à marcher sur Dresde aussi rapidement ; 50,000 à 55,000 hommes, dispersés en Bohême, formaient le noyau des forces opposées en première ligne aux Prussiens ; ces forces formaient deux groupes principaux : l'un sous les ordres du prince Piccolomini se concentrait à Kœnigingrætz pour tenir tête au corps de Schwerin ; l'autre sous le maréchal Browne se réunissait au camp de Kolin pour marcher de là sur l'Eger. Il était donc impossible que Browne se trouvât dans les premiers jours de septembre sous les murs de Dresde ; du reste, dans cette hypothèse, Frédéric aurait certainement modifié son plan de campagne et opéré plus tôt la jonction de ses colonnes.

En résumé, le plan de Frédéric était contraire aux principes et l'on doit bien se garder de l'approuver, comme le fait Jomini. Il était plus rationnel de concentrer les colonnes prussiennes sur un point central, Torgau par exemple, et de marcher sur Dresde, ce qui parait à toute éventualité sans apporter aucun retard dans les opérations de l'armée prussienne.

L'étude du mode de concentration adopté en 1757 par Fré-

---

[1] Général BERTHAUT, *Principes de Stratégie.*

déric II va nous montrer d'une façon encore plus saisissante le
danger de faire converger, vers une place au pouvoir de l'ennemi, plusieurs colonnes séparées entre elles par des obstacles
infranchissables.

*En 1757, Frédéric opère sa concentration contrairement à tous
les principes.* — Au printémps de l'année 1757, l'armée prussienne pénètre en Bohême en formant quatre colonnes qui
prennent pour objectif la place forte de Prague. A droite, le
prince Maurice est aux environs de Zwickau; au centre, le roi,
avec le gros de l'armée, est entre Dresde et Lockwitz; le duc de
Bevern occupe Zittau et, à l'extrême gauche, le corps de
Schwerin se réunit entre Landshut et Glatz.

Le mouvement de la droite commence le 20 et le 21 avril; le
prince Maurice fait des démonstrations sur l'Eger, puis se replie
sur Auerbach et traverse les montagnes sur deux colonnes qui se
réunissent à Commotau, l'une par Schneeberg, Schlettau et Bas-
berg, l'autre par Eibenstock, Gottsgabe et Kupferberg. De son
côté, Frédéric fait exécuter des travaux autour de Dresde pour
faire croire qu'il veut rester sur la défensive en Saxe; puis il
débouche subitement par Nollendorf et Aussig sur Linay où il
fait sa jonction, le 23 avril, avec le prince Maurice qui vient de
Brix. Toute l'aile droite prussienne, ainsi concentrée sous les
ordres du roi, marche sur Lowositz, Trebnitz, et passe l'Eger à
Koschitz pour tourner le maréchal Browne qui occupe fortement
le camp de Budin : ce dernier se retire par Welwarn sur Prague
où il arrive le 2 mai.

Au centre, le duc de Bevern s'avance de Zittau par la haute
Neisse pour déboucher dans la vallée de l'Iser; il se heurte, le
21 avril, au comte de Kœnigseck qui occupe, avec 28,000 Autrichiens, une bonne position à Reichenberg; rejetés sur Liebenau,
les Autrichiens y prennent une deuxième position, mais l'approche du corps de Schwerin sur leurs derrières les force à se
replier sur l'Elbe. A l'extrême gauche, Schwerin a pris l'offensive le 18 avril; il débouche des montagnes sur cinq colonnes
qui se réunissent à Kœniginhof, franchit l'Elbe, marche sur
Gitschin et donne la main au duc de Bevern sur l'Eger, à Iung-
Bunzlau : le 4 mai, les deux généraux franchissent l'Elbe et
arrivent en vue de Prague. Le 5 mai, à la pointe du jour, Fré-

déric franchit la Moldau un peu en aval de Prague, laissant Keith
sur la rive gauche pour observer la place ; il s'établit à Czimitz.
Schwerin s'est avancé jusqu'à Mieschitz : la jonction n'a lieu que
le lendemain.

La concentration de l'armée prussienne s'est donc accomplie
sans encombre ; ses quatre colonnes, dont les deux extrêmes
étaient distantes de soixante lieues au début, ont traversé un
pays de montagne et débouché par des défilés où l'ennemi avec
des forces moindres eût pu les tenir en échec : une seule a dû se
frayer un passage les armes à la main. Quant à l'ennemi, réparti
lui-même sur un front très étendu, il n'a rien tenté de sérieux ;
il n'a su ni se concentrer à temps, ni manœuvrer par les lignes
intérieures contre les colonnes prussiennes. Jamais occasion plus
favorable ne fut offerte à un général entreprenant et actif : le
27 avril, Frédéric est à Budin, et Schwerin près de Iung-Bunzlau,
ils sont séparés par un grand fleuve et distants de quinze lieues ;
le 4 mai, Frédéric est encore sur la rive gauche de la Moldau,
Schwerin est sur la rive droite à six lieues. Le prince Charles de
Lorraine, à la tête de 70,000 hommes, est à Prague ; il peut déboucher à volonté sur l'une ou l'autre rive, attaquer l'une des
armées avec une supériorité énorme et se retourner contre
l'autre. L'occasion est encore belle le 5 mai : Keith est seul sur
la rive gauche avec 22,000 hommes, le roi passe la Moldau sur
des ponts de bateaux presque en vue de Prague, et Schwerin est
encore à trois lieues ; le prince de Lorraine ne bouge pas et laisse
opérer la jonction des deux ailes prussiennes. Concluons donc
que la concentration de l'armée prussienne, effectuée contrairement aux principes, a été favorisée par l'inertie de ses adversaires et n'a pu réussir que grâce aux fautes des généraux autrichiens.

Concentration insuffisante des forces prussiennes en 1759. —
Au mois de juillet 1759, Frédéric II occupe avec le gros de ses
forces les défilés de la Silésie, hésitant à se porter soit contre le
maréchal Daun, qui observe les débouchés de ces défilés en
Bohême, soit contre les Russes en marche vers l'Oder. Le
10 juillet, il est à Smotseifen, dans une forte position entre le
Bober et la Queiss ; il se résout enfin à concentrer ses forces
pour marcher contre les Russes : il prescrit au général de We-

dell, qui vient d'être battu par les Russes à Kay, de marcher sur Muhlrose avec les débris de son corps d'armée ; il envoie le même ordre au général Finck qui est près de Bautzen avec 12 bataillons et 10 escadrons ; le prince Henri, qui est à Kœnigswartha, marche sur Sagan avec 20 bataillons et 35 escadrons : il y est rejoint par le duc de Wurtemberg qui lui amène 6 bataillons et 15 escadrons. Frédéric arrive lui-même à Sagan dans la nuit du 29 juillet et prend le commandement des troupes qui s'y trouvent réunies ; le prince Henri part pour aller le remplacer en Silésie. Le 4 août, le roi arrive à Muhlrose où il rallie les débris du corps de Wedell ; sa concentration est terminée, il a sous ses ordres 62 bataillons et 91 escadrons, soit environ 45,000 hommes, avec lesquels il va affronter l'armée russe, grossie du corps de Laudon, soit au total 70,000 hommes.

Cette infériorité numérique, qui constitue un grand désavantage en face d'un adversaire comme Soltykoff et d'une armée tenace et brave comme l'armée russe, Frédéric pouvait l'éviter en concentrant toutes ses forces : il fallait puiser largement dans l'armée de Silésie, rappeler Fouquet, ne laisser pour la défense du pays que des troupes volantes appuyées sur les défilés et les places fortes, et tromper Daun le plus longtemps à l'aide d'un rideau de troupes. Dans l'hypothèse même où l'Autrichien eût déchiré ce voile et pris l'offensive, le roi avait tout intérêt à réunir ses forces pour agir contre les Russes et se retourner ensuite contre le maréchal ; la concentration incomplète de l'armée prussienne au commencement du mois d'août 1759 va causer l'insuccès de Kunersdorf : « Il avait trop peu de monde à la bataille de Kunersdorf. Qui l'empêchait d'appeler à lui une vingtaine de mille hommes des 50,000 du prince Henri? Ils l'eussent joint à la veille de la bataille et seraient repartis le lendemain de la victoire. » (Napoléon.)

CHAPITRE VI.

DE L'OFFENSIVE.

> « Il vaut toujours mieux agir offensi-
> vement quand même on est inférieur en
> nombre. »
>
> (Frédéric II.)

Supériorité de l'offensive stratégique. — Quel est le véritable agresseur ? — Il faut tromper l'ennemi sur les points qu'on ne peut attaquer. — Le pays favorise plus ou moins l'offensive. — Il faut prendre l'offensive quand l'ennemi commet une faute. — Qualités qu'exige l'offensive. — Frédéric II a dû ses plus beaux succès à l'offensive. — Exemples : pendant la guerre de la succession d'Autriche. — En 1757, Frédéric prend quatre fois l'offensive contre ses adversaires. — Il prend encore l'offensive pendant la campagne de 1758. — Dernières campagnes du roi.

Supériorité de l'offensive stratégique. — Frédéric II a hautement proclamé la supériorité de l'offensive et en a donné maintes fois l'exemple ; en prenant l'offensive, on dirige les opérations, on impose sa volonté à l'ennemi, on peut le surprendre, on agit sur son moral.

« Un homme raisonnable n'entreprend jamais une guerre où il est obligé de débuter par la défensive ; toute guerre qui ne mène pas à des conquêtes affaiblit le victorieux et énerve l'État.

« Il vaut toujours mieux agir offensivement quand même on est inférieur en nombre ; souvent la témérité étonne l'ennemi et donne lieu à remporter des avantages sur lui.

« Toute la force de nos troupes consiste dans l'attaque, et nous ne serions pas sages si nous y renoncions sans raison.

« Celui qui, à l'entrée d'une campagne, assemblera le premier ses troupes, marchera en avant pour attaquer une ville ou pour occuper un poste, obligera toujours l'autre de se régler sur ses mouvements et de se tenir sur la défensive.

« Je conclus que nous n'avons rien à gagner en attendant, mais tout à perdre ; qu'il faut donc faire la guerre et qu'il vaut mieux, s'il le faut, périr avec honneur que de se laisser accabler avec honte quand on ne peut plus se défendre ».

Quel est le véritable agresseur ? — Le véritable agresseur n'est pas celui qui prend l'offensive, mais bien celui qui rend la guerre inévitable.

« Et quant à ce nom si terrible d'agresseur, c'est un vain épouvantail qui ne pouvait en imposer qu'à des esprits timides, auquel il ne fallait donner aucune attention dans une conjoncture importante où il s'agissait du salut de la patrie, puisque le véritable agresseur est sans doute celui qui oblige l'autre à s'armer et à le prévenir par l'entreprise d'une guerre moins difficile pour en éviter une plus dangereuse, parce que de deux maux il faut savoir choisir le moindre (1756) ».

On voit avec quelle habileté Frédéric essayait de mettre le beau rôle de son côté et de faire croire qu'en 1756 il n'était pas l'agresseur, alors qu'il envahissait la Saxe sans déclaration de guerre.

Il faut tromper l'ennemi sur les points qu'on ne peut attaquer. — Si l'on a devant soi des adversaires en nombre, il faut savoir borner ses efforts, concentrer ses forces sur un ou plusieurs points et tromper l'ennemi à l'aide de démonstrations dirigées sur ceux qu'on ne peut attaquer.

« Dans la guerre à puissances égales, il faut borner ses desseins à ses forces et ne point se hasarder d'entreprendre ce qu'on n'a pas les moyens d'exécuter. Faire plus usage de la peau du renard que de celle du lion.

« Si l'on recherche de grands avantages, il ne faut s'attaquer qu'à un ennemi et faire tous ses efforts contre lui, mais les conjonctures imposent quelquefois d'autres nécessités ».

Entouré d'ennemis qui pressaient de tous côtés les frontières, Frédéric a généralement pris l'offensive contre l'un d'eux, tandis qu'il détachait des corps d'observation contre ceux de ses adversaires qui étaient plus éloignés du théâtre de la guerre ou plus longs à se mouvoir, comme les Russes. Chaque fois que Frédéric a su appliquer cette stratégie avec décision, il en a été récompensé par le succès final, malgré des revers passagers.

Le pays favorise plus ou moins l'offensive. — La nature du pays se prête plus ou moins à l'offensive :

« Il y a des pays ouverts où, avec des forces égales, on peut

se promettre de grands succès; il y en a d'autres, pleins de
défilés ou de postes, qui demandent une grande supériorité de
forces pour y faire une guerre offensive ».

D'où il suit qu'une armée, obligée de se tenir momentanément
sur la défensive, recherchera de préférence les pays de montagnes et de défilés où elle pourra arrêter plus facilement la
marche de l'ennemi. Toutefois, on remarquera qu'il est facile de
masquer ces positions et de les tourner, tandis que les mouvements de cette nature peuvent difficilement échapper à l'adversaire dans un pays de plaine.

Il faut prendre l'offensive quand l'ennemi commet une faute. —
Il faut prendre l'offensive sans hésiter quand l'ennemi commet
une faute :

« N'attaquez point l'ennemi quand il est en règle, mais profi-
tez, sans perdre de temps, de ses moindres fautes; qui laisse
échapper l'occasion, n'était pas digne de la saisir ».

C'est ainsi qu'au mois de juin 1745, le roi profite de la confiance avec laquelle les Autrichiens s'avancent en Silésie sans
s'éclairer pour prendre vigoureusement l'offensive contre eux et
tomber sur leurs colonnes qui débouchent dans la plaine de
Hohenfriedberg. C'est ainsi également qu'il passe brusquement
de la défensive à l'offensive à Rosbach pour surprendre l'armée
ennemie, qui exécute devant lui une dangereuse marche de flanc
sans être ni couverte ni éclairée.

Qualités qu'exige l'offensive. — L'offensive exige de la part du
chef des qualités spéciales qu'on trouve rarement réunies dans
le même homme :

« Il faut de bonnes têtes et des généraux qui aient de la
valeur pour agir offensivement. Le nombre en est petit; je n'en
ai tout au plus que quatre dans mon armée ».

Parmi ceux-ci, il faut citer en première ligne le duc Ferdinand
de Brunswick qui a tenu tête aux adversaires de Frédéric II dans
l'Ouest et a remporté sur eux plusieurs victoires. Au nombre de
ceux qui commandaient sous les ordres directs du roi, nous citerons surtout son frère, le prince Henri de Prusse, dont l'intelligence et l'esprit de décision sont plus d'une fois venus en aide à
Frédéric.

Frédéric II a dû ses plus beaux succès à l'offensive. — Si nous jetons un coup d'œil rapide sur les principales campagnes de Frédéric II, nous verrons qu'il a dû ses plus beaux succès à l'offensive ; chaque fois qu'il hésite et se tient sur la défensive, sa situation devient critique, il est sur le point d'être accablé par ses adversaires et détruit.

Cette conduite s'imposait d'autant plus au roi que ses adversaires étaient éloignés les uns des autres au début de chaque campagne et ne pouvaient agir de concert pour l'écraser sous le nombre ; il était donc urgent pour lui de prendre l'offensive contre le plus rapproché ou le plus menaçant et de le mettre hors de combat avant l'intervention des autres.

Exemples : pendant la guerre de Succession d'Autriche. — Au début des hostilités, pendant l'hiver de 1740-1741, le roi de Prusse prend nettement l'offensive et envahit la Silésie avant toute déclaration de guerre, bien résolu à lutter jusqu'à la dernière extrémité pour conserver cette riche province.

En 1742, il rompt la trève conclue avec Marie-Thérèse et prend encore l'offensive ; il veut déboucher en Moravie et marcher sur Vienne, pendant que les Saxons prendront le même objectif par la Bohême. Ceux-ci se replient sur l'Elbe. Frédéric, resté seul, persiste à prendre l'offensive en Bohême et à livrer bataille au prince de Lorraine. A l'approche de l'armée autrichienne, il peut ou se retirer derrière l'Elbe et y attendre l'ennemi dans une bonne position avec ses derrières assurés, ou marcher à sa rencontre et lui livrer bataille sur la rive gauche du fleuve. Le premier parti réduisait l'armée prussienne à la défensive, le second devait sourire davantage à un prince qui avait hâte de se signaler par une nouvelle victoire : « Ce dernier parti prévalut, non seulement comme le plus glorieux, mais encore comme le plus utile, parce qu'il devait hâter la paix, les négociations demandant un coup décisif ». La victoire de Czaslau, ou Chotusitz, suivie du traité de Breslau, donne raison au roi.

En 1744, après deux années de repos, Frédéric II reprend l'offensive et envahit la Bohême ; s'il n'obtient aucun résultat, c'est qu'il a devant lui un adversaire expérimenté et plein de prudence, le maréchal de Traun, véritable homme de guerre auquel le roi a rendu pleinement justice : « La conduite de M. de Traun est un modèle de perfection, que tout homme qui aime son métier doit étudier pour l'imiter, s'il en a les talents. Le roi est convenu lui-même qu'il regardait cette campagne comme son école de l'art de la guerre et M. de Traun comme son précepteur ».

Il est à remarquer que l'esprit d'offensive de Frédéric II est beaucoup plus sensible dans ses premières campagnes que dans les dernières, comme si la jeunesse et l'inexpérience eussent surtout excité son initiative; à la fin de la guerre, la fatigue, la désillusion, l'épuisement de ses ressources l'obligent, peut-être malgré lui, à la défensive.

En 1757, Frédéric prend quatre fois l'offensive contre ses adversaires. — La guerre de Sept ans débute aussi par l'offensive des armées prussiennes; une courte campagne de six semaines rend Frédéric II maître de la Saxe et arrête l'armée autrichienne en Bohême.

L'admirable campagne de 1757 fait encore ressortir plus nettement l'esprit d'offensive du roi. Il envahit la Bohême, concentre son armée sous les murs de Prague, bat le prince de Lorraine et investit la place. Une nouvelle armée autrichienne s'avance sous les ordres du maréchal Daun pour délivrer la place; le roi prend immédiatement l'offensive contre elle et lui livre la malheureuse bataille de Kolin. Cet insuccès n'abat pas le courage de Frédéric; forcé d'abandonner le siège de Prague et de battre en retraite sur la frontière de Lusace, il prend une troisième fois l'offensive et se retourne contre l'armée franco-impériale qu'il disperse à Rosbach. Pendant ce temps, un de ses lieutenants, le duc de Bevern, qui couvre la Silésie contre l'armée autrichienne, est battu près de Breslau, perd cette place et tombe lui-même au pouvoir de l'ennemi. Frédéric accourt, recueille les débris de son armée, relève son moral et la ramène contre les Autrichiens qui sont battus à Leuthen. Breslau ouvre ses portes, la Silésie est sauvée. Ainsi quatre fois pendant la même campagne, Frédéric a pris l'offensive contre ses adversaires; il en est récompensé par le succès final : l'ennemi est rejeté au delà de ses frontières et la Silésie reste au pouvoir du roi.

Il prend encore l'offensive pendant la campagne de 1758. — L'année suivante, il prend encore l'offensive et envahit la Moravie; après un échec sous les murs d'Olmütz et une fière retraite à travers la Bohême, il n'hésite pas, à peine de retour en Silésie, à reprendre l'offensive pour marcher contre les Russes qui arrivent sur l'Oder; la sanglante journée de Zorndorf reste presque indécise. Ce demi-échec ou plutôt cette victoire incomplète n'arrête pas son ardeur; il prend à peine le temps de refaire son armée et se retourne contre les Autrichiens qu'il atteint à Hochkirch en Lusace; cette fois, le sort des armes lui est défavorable, mais cet insuccès ne parvient pas à l'ébranler. Il marche résolument en Silésie, prenant encore une fois l'offensive contre les Autrichiens qui assiègent Neisse; son approche délivre la place, de nouveau la Silésie est sauvée.

Cette campagne de 1758 fournit un des exemples les plus frappants des avantages qu'offre l'offensive; malgré plusieurs revers, malgré les pertes énormes qu'il a subies, le roi reste maître de la situation à la fin de l'année 1758; ses ennemis se sont retirés, le territoire prussien est entièrement évacué. On peut affirmer que Frédéric II, s'il s'était résolu à la défensive, eût été accablé par ses nombreux adversaires et réduit à la dernière extrémité.

Dernières campagnes du roi. — Dans les dernières années de cette longue et pénible guerre, l'ardeur offensive du roi s'est sensiblement ralentie. En 1759, il laisse l'armée russe s'avancer jusqu'à Francfort et les Autrichiens menacer la Lusace et la Silésie; il en est puni par la défaite de Kunersdorf. Mêmes hésitations en 1760, même résultat négatif malgré le succès inespéré de Liegnitz; il n'échappe que par miracle à l'action combinée des armées russe et autrichienne, et il ne retrouve la victoire à Torgau que grâce à une franche et vigoureuse offensive.

C'est sa dernière grande victoire; dans les campagnes suivantes, l'épuisement de son armée semble lui interdire les vastes projets et les brillants faits d'armes qui ont signalé les premières années de la guerre de Sept ans; le roi en est réduit à la défensive et paraît à chaque instant sur le point de succomber sous les efforts combinés de ses adversaires.

CHAPITRE VII.

DE LA DÉFENSIVE.

> « Ayez toujours pour maxime de chan-
> ger, sitôt que l'occasion se présente, la
> guerre en offensive de votre part. »
> (FRÉDÉRIC II.)

Cas où l'on se tient sur la défensive. — Danger de la défensive passive. — Exemple : En 1761, Frédéric est sur le point d'être écrasé. — Comment la défensive doit être conduite. — Mouvements qui précèdent la bataille de Rosbach. — Il faut éviter de fractionner ses forces. — On utilise le terrain. — Cas où l'on a une grande infériorité numérique. — Exemple : bataille de Soor. — Il faut reprendre l'offensive le plus rapidement possible. — Comment on reprend le dessus sur l'ennemi. — Exemples : après la défaite de Hochkirch ; après la bataille de Kunersdorf.

Cas où l'on se tient sur la défensive. — « La guerre défensive demande plus d'art que les autres ; elle a lieu à cause de l'infériorité des forces, de leur découragement, ou des secours attendus. »

C'est surtout dans ce dernier cas que la défensive peut s'imposer momentanément. Frédéric développe cette idée :

« Si vous attendez des secours, vous hasardez tout en vous engageant en quelque entreprise avant la jonction de vos forces, qui vous rendront sûr de ce que vous voudrez entreprendre quand elles vous auront joint ; ainsi il faut vous resserrer, durant l'intervalle de leur marche, dans la sphère de la plus rigide défense. »

Les armées autrichienne et russe ont violé ce principe en attaquant toujours successivement leur adversaire commun ; si les deux armées avaient franchi la frontière en même temps, sur des points aussi rapprochés que possible, l'une d'elles ayant soin de rester sur une forte défensive jusqu'à sa jonction avec l'autre, l'armée prussienne aurait couru les plus grands dangers. Ce plan, adopté en partie pendant la campagne de 1761, a mis le roi à deux doigts de sa perte.

Danger de la défensive passive. — Frédéric II condamne la défensive passive et en fait ressortir avec force tous les dangers :

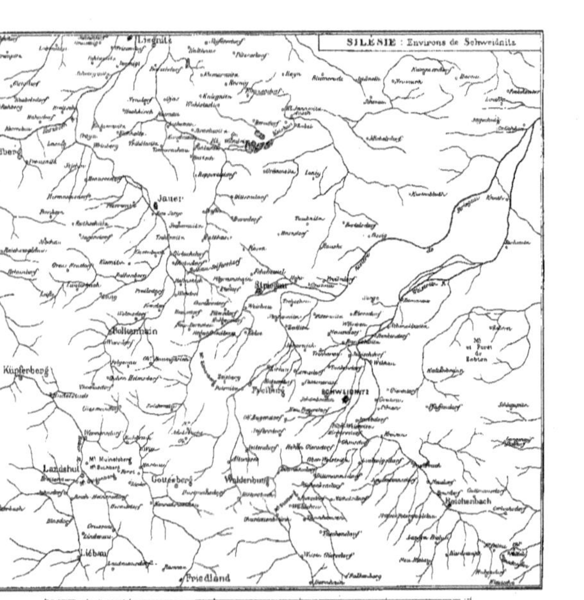

SILÉSIE : Environs de Schweidnitz
Liegnitz
Jauer
Goldberg
Bolkenhain
Kupferberg
Landshut
Gotzsberg
Waldenburg
Freiburg
SCHWEIDNITZ
Reichenbach
Liebau
Friedland

« Un projet de défensive absolue vous réduit à prendre des
camps forts ; l'ennemi vous tourne, vous n'osez pas combattre,
vous vous retirez. L'ennemi vous tourne encore ; compte fait,
par votre retraite vous cédez plus de terrain, et la désertion fondra davantage votre armée qu'après l'action la plus sanglante.
Une défensive aussi restreinte ne vaut rien, car il y a tout à
perdre, rien à espérer ; l'audace d'un général, qui risque une
bataille à propos, a tout à espérer et, dans son malheur même,
il lui reste toujours la ressource de la défensive. »

Exemple : en 1761, *Frédéric II est sur le point d'être écrasé.*
— Frédéric a violé cette maxime en 1761 ; il n'a pas su prendre
franchement l'offensive contre l'un de ses adversaires, il s'est
enfermé dans le camp de Bunzelwitz après la jonction des deux
principales armées ennemies, il s'y est trouvé réduit à la défensive passive et a failli succomber. Cet exemple est remarquable,
nous allons le traiter avec quelques développements.

Au mois de mai 1761, le roi opère en Silésie contre le général
autrichien de Laudon en face duquel il reste inactif jusqu'à la fin
de juin. Le rôle de Laudon est d'attendre l'arrivée des Russes en
Silésie pour accabler Frédéric ; celui-ci, au contraire, a intérêt à
manœuvrer sans perdre de temps pour rejeter l'armée autrichienne en Bohême ; les six semaines perdues par le roi vont
donner aux Russes le temps d'arriver et imposer à Frédéric la
défensive pour le reste de la campagne.

Au milieu de juillet, les Russes atteignent la frontière orien-
tale de la Silésie, et Laudon a reçu des renforts qui portent son
armée à près de 80,000 hommes ; la situation du roi devient singulièrement critique, il se résout enfin à marcher contre les
Autrichiens qui menacent Neisse. Il part de Pilzen, près de
Schweidnitz, pour venir camper à Siegroth et s'opposer à la
jonction des deux armées ennemies, qui paraît devoir s'opérer
vers Oppeln ; puis, craignant que les Alliés se donnent rendez-
vous sous les murs de Neisse, il cherche à devancer Laudon à
Gross-Nossen, afin de conserver ses communications avec Neisse
et de faire, de cette place bien ravitaillée, le pivot de ses opérations. L'armée prussienne et l'armée autrichienne se mettent en
marche en même temps pour se diriger sur Gross-Nossen (22 juillet) ; le roi gagne le flanc des Autrichiens, enlève leurs campe-

ments à Gross-Nossen et les laisse se replier derrière la Neisse. Ce jour-là Frédéric pouvait attaquer l'armée autrichienne isolée en Silésie; un succès sur Laudon arrêtait net la marche des Russes; un insuccès offrait à ce moment moins de dangers pour le roi que plus tard, lorsque le maréchal de Butturlin aura pris pied sur la rive gauche de l'Oder : le quadrilatère Schweidnitz — Neisse — Brieg — Breslau était encore intact et la retraite libre dans toutes les directions; mais le roi a perdu son esprit d'offensive, il hésite à livrer bataille, il espère toujours arriver par des manœuvres au même résultat; le temps passe et l'occasion perdue ne se retrouve plus.

Cependant les Russes approchent; après une pointe contre Breslau, ils franchissent l'Oder près de Leubus, dans le but d'opérer leur jonction avec Laudon dans la basse Silésie, vers Jauer. Le 10 août, Frédéric II se porte à Kanth, dans une position centrale; Laudon est fortement campé dans la montagne, vers Hohenfriedberg. Les Russes sont en marche sur la Katzbach, un corps autrichien s'avance vers Striegau. Frédéric est toujours hésitant; il s'approche de Jauer, puis revient sur Lonig; il est toujours décidé à ne pas attaquer les Russes et il voudrait bien attirer Laudon dans la plaine, mais celui-ci ne bouge pas et se contente de pousser des reconnaissances au nord et à l'est. Enfin, le 15 août, le roi envoie le général Platten avec 10 bataillons et 40 escadrons en reconnaissance sur Wahlstadt; celui-ci rencontre un détachement russe et le refoule sur Gross-Wandriss; Zieten l'appuie avec 6 bataillons et 10 escadrons, le reste de l'armée prussienne est prête à suivre. A ce moment Laudon débouche sur l'aile gauche de l'armée prussienne avec 40 escadrons; il marche par Barsdorf sur Profen et rejoint la cavalerie russe près de Strachwitz. Le roi, surpris par cette apparition, s'avance pour dégager Zieten qui est menacé d'être pris entre les deux cavaleries ennemies; après un léger engagement, Frédéric reste maître du terrain et se fortifie, pendant la nuit du 15 au 16 août, sur les hauteurs de Wahlstadt; le reste de l'armée prussienne est à Lonig, sous les ordres du margrave Charles. Pendant ce temps, les têtes de colonne de l'armée russe, parties de Parchwitz, arrivent à Klemmerwitz, et la jonction des deux armées est un fait accompli. Le roi, qui a sous la main 24 bataillons et 58 escadrons, a laissé cette jonction s'effectuer sous ses yeux.

Les journées des 16, 17 et 18 août sont employées à rectifier les positions occupées de part et d'autre ; le 19, Frédéric tente timidement de séparer les deux armées, il essaie de gagner les défilés sur les derrières de Laudon pour le couper de ses magasins et le contraindre à la retraite ; mais Laudon prévient les Prussiens et ceux-ci trouvent les défilés fortement occupés par les troupes autrichiennes. C'est alors que Frédéric, renonçant à toute idée d'offensive, choisit dans le voisinage de Schweidnitz une position naturellement forte qu'il va renforcer par tous les moyens possibles : c'est le camp de Bunzelwitz. Le 20 août, il s'établit dans le vaste quadrilatère compris entre Tschechen, Zedlitz, Jauernick et Würben, et y reste sur la défensive passive. Il semble qu'un dernier effort de ses adversaires va le réduire aux abois ; déjà Laudon prépare un plan d'attaque par Jauernick pour la journée du 3 septembre, la ruine de l'armée prussienne est imminente, son chef lui-même va peut-être tomber entre les mains de ses ennemis ; mais la mauvaise volonté du maréchal de Butturlin fait échouer ce projet : les Russes lèvent le camp et repassent l'Oder, l'armée prussienne est sauvée. Les deux armées alliées, qui depuis si longtemps travaillent à se réunir, se séparent aussitôt leur jonction opérée et sans avoir rien tenté contre leur adversaire commun, comme si le but poursuivi par l'armée russe était de donner des craintes au roi, puis de le sauver en s'éloignant dès que le danger devenait trop pressant pour lui.

Clausewitz a essayé de disculper Frédéric II de la faute commise en se réduisant à la défensive passive dans le camp de Bunzelwitz : « Si cependant, dit-il, on ne voulait voir en cela que du manque de caractère et d'énergie de la part du roi, on se tromperait fort et l'on porterait le jugement le plus inconsidéré. Il est certain que le camp retranché de Bunzelwitz et les positions prises par le roi en Silésie ne constitueraient pas de nos jours des dispositions suffisantes pour la sûreté d'une armée, et qu'un Bonaparte, par exemple, n'en tiendrait aucun compte ; mais il faut considérer que, depuis lors, la guerre a subi bien des changements, qu'elle est animée d'une tout autre énergie et que des positions qui pouvaient être efficaces à cette époque ne le seraient plus aujourd'hui. Il faut enfin songer au caractère des adversaires, et reconnaître que ces dispositions eussent pu être impru-

dentes contre Frédéric, mais que, prises par lui et contre l'armée
de l'empire, contre Daun et contre Butturlin, elles pouvaient être
le comble de la sagesse. »

Nous avons vu comment Frédéric lui-même s'est chargé de
fournir la réponse à ces arguments en nous dépeignant la triste
situation dans laquelle il s'est trouvé après la prise de Schweidnitz, car pour comble de malheur cette place est tombée au pouvoir des Autrichiens le 1er octobre par un coup de main qui fait
le plus grand honneur à Laudon. Concluons donc qu'en restant
sur la défensive, Frédéric II a laissé accomplir la jonction des
deux armées alliées et s'est réduit lui-même à un rôle purement
passif qui devait entraîner sa perte : un miracle seul pouvait le
sauver, et ce miracle s'est produit sous la forme d'un mouvement
de retraite subit et volontaire des Russes.

Comment la défensive doit être conduite. — La défensive doit
toujours être active :

« Une défensive bien conduite doit avoir toutes les apparences
de l'offensive ; elle n'en diffère que par les camps forts et le soin
d'éviter les affaires non assurées. Des détachements sur les flancs
de l'ennemi enlèvent ses vivres, battent ses fourrageurs, le
ruinent petit à petit, lui donnent lieu de faire quelques fautes
dont on profite aussitôt pour changer l'état de la guerre. Il faut
chicanes, ruses et supériorité de troupes légères. »

Dans la défensive, il faut faire preuve de ténacité, de patience,
ne négliger aucun avantage, si léger qu'il paraisse ; c'est dans ce
sens qu'il faut comprendre la maxime citée au début de ce chapitre : « La guerre défensive demande plus d'art que les autres ».
Frédéric développe cette pensée :

« Accumulez beaucoup de petits avantages qui, tous réunis,
équivalent aux grands ; tâchez de vous faire respecter de l'adversaire pour le contenir par la crainte des armes. »

« Les petits succès multipliés font l'équivalent d'une bataille
gagnée et décident, à la longue, de la supériorité. »

« Raffinez sans cesse, inventez de nouveaux moyens et des
ressources pour vous soutenir, changez de méthode pour tromper l'ennemi ; vous serez souvent obligé de faire la guerre d'os-
tentation plutôt qu'une guerre réelle. »

Frédéric II excellait dans cette guerre de ruses et de chicanes ;

il voilait de la sorte son infériorité numérique sous les apparences d'une véritable offensive jusqu'au moment où l'ennemi lui offrait une occasion favorable d'intervenir avec toutes ses forces. Les mouvements qui précèdent la bataille de Rosbach nous offrent un exemple de l'application de ces principes.

Mouvements qui précèdent la bataille de Rosbach. — Les mouvements qui précèdent la bataille de Rosbach vont nous montrer comment Frédéric II passe de l'offensive à la défensive et réciproquement, suivant qu'il trouve son adversaire dans une bonne position et sur ses gardes, ou que celui-ci commet une faute dont le roi s'empresse de profiter.

Le 3 novembre 1757, Frédéric a concentré son armée sur la rive gauche de la Saale, en face de l'armée franco-impériale; celle-ci est placée sous les ordres du prince de Saxe-Hildburghausen, général sans instruction militaire, sans expérience de la guerre. Voyant son adversaire campé près de Micheln dans une position défectueuse, face au sud, l'aile gauche en l'air, le roi se porte résolument en avant pour l'attaquer; mais, dans la nuit du 3 au 4, l'ennemi a levé le camp et pris une forte position. Le roi se trouve trop faible « pour brusquer un poste aussi formidable »; quant à le tourner, il n'y faut pas songer : « La droite s'appuyait à un bois fortifié d'abatis et de trois redoutes garnies d'artillerie; la gauche était environnée par un étang assez spacieux pour qu'on ne le pût pas tourner ». Frédéric n'hésite pas à battre en retraite et à choisir une position d'attente qui lui permette de reprendre à volonté l'offensive dès que l'ennemi lui en offrira l'occasion. Il lève donc le camp, le 4 novembre, se replie en arrière de Schorten et s'établit entre Braunsdorf et Rosbach, sur un terrain défilé des vues de l'ennemi dont il épie les mouvements. Ce mouvement de recul paraît, du reste, avoir coûté à son amour-propre, s'il faut en croire son propre récit : « Dès que les Français virent que les troupes prussiennes se retiraient, ils firent avancer leurs piquiers avec de l'artillerie et canonnèrent beaucoup, mais sans effet. Tout ce qu'ils avaient de musiciens et de trompettes faisaient des fanfares; leurs tambours et leurs fifres faisaient des réjouissances, comme s'ils avaient gagné une victoire. Quelque fâcheux que fût ce spectacle pour des gens qui n'avaient jamais craint l'ennemi, il fallut dans ces circonstances

le considérer avec des yeux indifférents et opposer le flegme alle-
mand à l'étourderie et à la fanfaronnade françaises ».

Remarquons, en passant, que Frédéric II affecte toujours de
parler des Français comme s'ils eussent eu la direction des opérations militaires ; en réalité, le prince de Soubise était sous les
ordres du général de l'armée des Cercles et n'a aucune responsabilité dans l'échauffourée de Rosbach. Nous reviendrons sur ce
sujet en parlant de la bataille de Rosbach [1].

Il faut éviter de fractionner ses forces. — Il ne faut pas chercher à résister sur tous les points à la fois en fractionnant ses
forces ; mieux vaut conserver sous la main une masse avec
laquelle on cherchera à frapper un grand coup :

« Lorsqu'on est menacé de plusieurs côtés à la fois, le besoin
le plus pressant doit l'emporter sur celui que l'on ne voit que
dans l'éloignement ; il faut considérer qu'en partageant avec trop
d'égalité l'armée en plusieurs corps, aucun d'eux n'est assez fort
pour frapper un coup décisif et vigoureux, au lieu qu'en rassem-
blant une grosse masse sur un des points les plus pressants, on
peut espérer d'y remporter, dès le commencement de la campagne, un avantage assez considérable pour que les Alliés en
soient étourdis ; que même quelques-uns d'entre eux se désistent
des desseins de guerre et de conquête qu'enfantait leur ambition.

« Qui veut défendre tout ne défendra rien ».

On utilise le terrain. — On utilise le terrain en choisissant de
fortes positions que l'on occupe jusqu'à la dernière extrémité,
principalement lorsqu'on a des défilés pour se couvrir :

« Une partie essentielle de la guerre défensive est de savoir
choisir de bons postes et de ne les abandonner que dans la dernière extrémité ; alors la seconde ligne commence à se retirer,
suivie insensiblement de la première, et, comme vous avez des
défilés devant vous, l'ennemi ne pourra trouver d'occasion de
profiter de votre retraite ».

Cas où l'on a une grande infériorité numérique. — Dans le cas
où le défenseur a une infériorité numérique considérable, par

---

[1] Voir Iʳᵉ partie, chap. XVII et IIᵉ partie, chap. XXII.

exemple, si cette infériorité est de moitié, on agit de la façon
suivante :

« Il est impossible, avec la moitié des forces, de rétablir une
espèce d'égalité entre les deux armées. Alors, on doit prendre
successivement des postes inexpugnables, les changer sitôt qu'on
en est menacé, faire la guerre d'un partisan plutôt que d'un
général d'armée, enfin tirer parti de tout.

« Battez et ruinez l'ennemi en détail, pour peu que cela soit
possible, mais ne vous commettez pas à une bataille rangée,
votre faiblesse vous ferait succomber; gagnez du temps, c'est ce
qu'on peut prétendre du plus habile général ».

Exemple : bataille de Soor. — Rappelons cependant qu'à la
bataille de Soor, Frédéric II n'avait sous la main que des forces
égales à la moitié de l'armée autrichienne; en prenant l'offensive, le roi choisissait donc le parti en apparence le plus téméraire, mais cette audace était en même temps de l'habileté, et
l'événement ne tarda pas à lui donner raison; tant il est vrai
qu'en art militaire les principes eux-mêmes demandent à être
appliqués avec mesure et discernement, en tenant compte d'une
foule de circonstances dont la prévision échappe à tout raisonne-
ment et à toute étude antérieure, ce qui fait que la pratique de la
guerre a été considérée de tous temps comme le plus difficile et
le plus périlleux de tous les arts.

Voyons donc quelle était la situation du roi le 30 septembre
1745.

Après avoir envahi la Bohême, au mois de juin 1745, et après
être resté inactif pendant deux mois sur les bords de l'Elbe, Frédéric s'est enfin décidé à battre en retraite pour se rapprocher
des frontières de Silésie. L'armée autrichienne forte de 40,000
hommes, sous les ordres du prince de Lorraine, le suit et cherche
à inquiéter sa marche. Le roi a pris son camp près de Staudenz,
et, bien que ses forces s'élèvent à 65,000 ou 70,000 hommes, il
n'a plus sous la main que 20,000 hommes à opposer au prince de
Lorraine; il a commis la faute de faire de nombreux détachements qui assurent, il est vrai, ses communications, mais qui
vont lui faire défaut sur le champ de bataille. En outre, la position qu'il occupe est défectueuse; aussi, le 29 septembre, craignant que l'ennemi gagne Trautenau avant lui, Frédéric donne-

t-il l'ordre de marcher le lendemain dans cette direction. Mais le 30, au point du jour, il aperçoit l'armée autrichienne qui se forme en bataille pour l'attaquer au moment où il commencera son mouvement de retraite. Il prend aussitôt le parti de se déployer et, par une offensive hardie, de marcher à l'ennemi malgré sa grande infériorité numérique. Il attaque l'armée autrichienne et la culbute dans les ravins à l'ouest de Soor, grâce aux mauvaises dispositions prises par le prince de Lorraine.

Cet exemple constitue donc en quelque sorte une exception qui n'infirme en rien la règle tracée par Frédéric II.

Il faut reprendre l'offensive le plus rapidement possible. — Le principe même de la défensive active comporte la reprise de l'offensive aussitôt que faire se peut :

« Ayez toujours pour maxime de changer, sitôt que l'occasion se présente, la guerre en offensive de votre part ; c'est où doivent tendre toutes vos manœuvres.

« La défensive ne doit pas être restreinte, elle attend l'occasion de devenir offensive.

« Proposez-vous de mettre toutes vos ressources en œuvre pour changer la nature de cette guerre.

« Usez de ruses, de stratagèmes, de fausses nouvelles que vous donnez à l'adversaire pour attendre l'heureux moment de lui rendre avec usure tout le mal qu'il vous a fait ».

La bataille de Soor, que nous venons de citer, celle de Rosbach, dont il a été question plus haut, sont des exemples de la rapidité avec laquelle Frédéric II passait de la défensive à l'offensive ; ses campagnes abondent en opérations de cette nature. Au début de la campagne de 1745, il abandonne, sans les défendre, les défilés de la Silésie, puis il reprend vigoureusement l'offensive et accable les colonnes autrichiennes à Hohenfriedberg ; au mois de décembre 1756, l'armée du duc de Bevern ayant été battue à Breslau, il ranime sa confiance et la ramène aussitôt à l'ennemi qu'il bat dans la plaine de Leuthen.

Comment on reprend le dessus sur l'ennemi.— Après un insuccès, il ne faut pas laisser aux troupes le temps de la réflexion ; on cherche à reprendre l'avantage sur l'ennemi dans des opérations de petite guerre qui tiennent le soldat en haleine et lui rendent confiance :

« On gagne la supériorité sur l'ennemi tant par la guerre des partis, qu'en battant ses escortes, beaucoup de ses partis, quelques-uns de ses détachements ou son arrière-garde, soit en surprenant ses quartiers, s'il n'a pas pourvu à leur sûreté, soit par une bataille décisive, s'il est faible et mal posté, soit en lui enlevant ses vivres, ses magasins, soit en se mettant sur ses communications, soit en l'obligeant, par des détachements simulés, à se disséminer pour l'attaquer aussitôt avec ses forces réunies ».

Exemples : après la défaite de Hochkirch. — La conduite de Frédéric II après sa défaite à Hochkirch nous montre avec quelle rapidité une armée battue peut se refaire complètement, quand elle a à sa tête un chef plein d'audace et de confiance, reprendre l'offensive et ramener la victoire sous ses drapeaux.

Le 14 octobre 1758, Frédéric, posté à Hochkirch, est attaqué par l'armée autrichienne qui surprend la nuit son aile droite et force toute l'armée prussienne à battre en retraite. Le roi se retire dans une bonne position, sur la rive droite de la Sprée, et occupe les hauteurs de Doberschütz et de Kreckwitz; mais la proximité de l'ennemi lui fait craindre une nouvelle attaque que la supériorité numérique des Autrichiens et le prestige de leur victoire à Hochkirch peuvent rendre dangereuse; de plus, l'aile gauche autrichienne menace Bautzen qui est le centre d'approvisionnement du roi.

Pendant ce temps, les Autrichiens poussent activement le siège de Neisse, qui ne saurait tenir longtemps; or, la perte de Neisse, à cette époque de l'année, entraînerait celle d'une grande partie de la Silésie, et la campagne, s'achevant par un double insuccès, peut avoir pour le roi les plus graves conséquences au point de vue politique. D'un autre côté, s'éloigner de la Saxe, c'est laisser le champ libre au maréchal Daun et compromettre le corps d'armée du prince Henri qui défend Dresde contre l'armée des Cercles. Il faut prendre un parti sans tarder; dans cette situation délicate, Frédéric retrouve toute sa présence d'esprit; jugeant avec raison que Dresde peut tenir quelque temps, qu'il importe de frapper un grand coup en délivrant Neisse et la haute Silésie, il prend le parti de manœuvrer contre le maréchal Daun pour le gagner de vitesse sur la route de Silésie et faire lever le siège de Neisse; après quoi, une marche en sens inverse le ramènera en Saxe où il délivrera Dresde, ce qui, vu la saison avancée, mettra fin à la campagne.

Ce plan hardi et bien conçu est mis à exécution avec beaucoup d'habileté ; par une marche de nuit exécutée à l'insu de son adversaire, le roi tourne l'aile droite du maréchal Daun, gagne Gœrlitz et franchit la Neisse sur les derrières de l'ennemi. L'armée autrichienne perd le fruit de la victoire de Hochkirch ; Frédéric, qu'elle croit avoir réduit à l'impuissance, la devance sur la route de Silésie et son approche fait lever le siège de Neisse. La Silésie est délivrée, Frédéric gagne ensuite la Saxe et fait lever le siège de Dresde ; la campagne est terminée à l'avantage des Prussiens.

Après la bataille de Kunersdorf. — Après la défaite de Frédéric II à Kunersdorf, la réunion des deux principales armées ennemies paraît certaine ; Soltykoff et Daun vont se donner la main et marcher sur Berlin, que menace de son côté l'armée des Cercles. L'armée prussienne a subi des pertes énormes ; elle a abandonné sur le champ de bataille la plus grande partie de son artillerie, 165 pièces de canon ; le roi lui-même a été blessé et sur le point d'être fait prisonnier ; il a repassé l'Oder et campe sur la rive gauche avec 10,000 hommes à peine.

Sans se laisser abattre par un si grand revers, Frédéric réorganise rapidement son armée et reprend fièrement la campagne. Le prince Henri lui vient en aide en se portant avec audace sur les derrières de l'armée autrichienne ; inquiète pour ses communications, celle-ci bat en retraite ; les Russes mécontents se retirent sur la rive droite de l'Oder, et la monarchie prussienne est sauvée.

En résumé, quiconque se tient sur la défensive est battu d'avance s'il ne sait reprendre à propos une énergique offensive ; les meilleures positions elles-mêmes succombent tôt ou tard sous les attaques dirigées contre elles par un ennemi que surexcite l'offensive : « Il n'y a pas, en effet, de position, si forte qu'on l'imagine, qui ne soit condamnée à succomber sous une attaque concentrique. Les positions ne sont rien ; ce sont les directions qui sont tout. Si nous faisons agir nos forces dans des directions convergentes, si nous agissons par masses, nous nous donnons tous les éléments du succès. » (Général Pierron.)

CHAPITRE VIII.

DE LA BASE D'OPÉRATIONS.

> « On doit toujours établir de bonne heure
> ses magasins pour être pourvu de toutes les
> provisions nécessaires lorsque l'armée sort
> de ses quartiers pour entrer en campagne. »
> (FRÉDÉRIC II.)

Importance de la base d'opérations au xviiie siècle. — Comment procédait
Frédéric II. — Danger des bases qui peuvent être tournées. — Exemples :
en 1741, en 1758. — Avantages d'une base en équerre. — Exemples : en
1744, 1757 et 1756. — Des bases intérieures : l'armée prussienne avant
Rosbach. — Cas où l'armée est coupée de sa base : Frédéric II en 1758.

Importance de la base d'opérations au XVIIIe siècle. — La
base d'opérations, pour une armée qui prend l'offensive, est
constituée au début par la portion de la frontière que franchit
cette armée; c'est par cette frontière qu'elle assure ses communications avec son propre territoire. Si l'armée reste sur la défensive, sa base est formée par les places qui abritent ses magasins, protègent son ravitaillement et lui permettent, au besoin,
de battre en retraite. Cette base se déplace, du reste, en même
temps que l'armée d'opérations, suivant que celle-ci s'avance ou
se retire, tandis que dans le cas de l'offensive, la même frontière
sert généralement de base d'opérations.

La difficulté et les lenteurs des communications au XVIIIe siècle
donnaient aux bases d'opérations une importance considérable;
souvent le mouvement offensif d'une armée se trouvait ralenti,
arrêté même, par suite des difficultés qu'elle éprouvait à communiquer avec sa base : les chemins étaient peu nombreux, mal
entretenus et devenaient parfois impraticables pendant la mauvaise saison; les charrois étaient difficiles, les moyens de transport rares, et les réquisitions étaient insuffisantes, dans certaines
régions, pour nourrir l'armée.

Comment procédait Frédéric II. — Pour tous ces motifs, l'organisation de la base d'opérations offrait des difficultés particulières; aussi Frédéric avait-il le plus grand soin de réunir dans

les places frontières les ressources de toute espèce, vivres, munitions de guerre, équipement, matériel, nécessaires pour ravitailler et entretenir son armée pendant la durée moyenne d'une campagne, huit ou dix mois habituellement. Le retour de la mauvaise saison interrompait les opérations militaires, celles-ci reprenaient au printemps suivant sur un autre point de la frontière qui devenait à son tour la base d'opérations de l'armée prussienne pendant la nouvelle campagne. Cette méthode offrait le grave inconvénient de donner l'éveil à l'ennemi et de lui indiquer sur quel point de la frontière se porterait le principal effort ; aussi le roi avait-il soin de dissimuler le plus possible ces préparatifs, et de donner le change à l'ennemi en faisant répandre adroitement de faux bruits.

Danger des bases qui peuvent être tournées. Exemples : en 1741, *en* 1758. — La première condition que doit remplir une base d'opérations c'est de ne pouvoir être tournée par l'ennemi ; il convient donc de ne pas la choisir à l'extrémité de la frontière, ni près d'un obstacle naturel, tel qu'un fleuve, à moins que les deux rives ne soient au pouvoir de l'armée et que plusieurs ponts fixes n'établissent une communication prompte et sûre d'une rive à l'autre.

Au début des opérations, en 1741, le roi a failli être coupé de ses États ; il a pris pour base d'opérations la frontière sud-est de la Silésie, depuis la place forte de Neisse, qui était au pouvoir des Autrichiens, jusqu'à l'Oder. Dans cette situation, sa base peut être facilement tournée par les Autrichiens maîtres du cours supérieur de la Neisse ; en outre, l'Oder forme sur son flanc gauche un obstacle auquel l'armée prussienne peut se trouver acculée. Le choix de cette base d'opérations était donc des plus défectueux et a failli amener la ruine de l'armée prussienne. Celle-ci a dû renoncer à l'offensive et rétrograder en toute hâte sur la rive gauche de la Neisse aussitôt que l'armée autrichienne s'est portée en avant.

Au printemps de l'année 1758, Frédéric se décide à envahir la Moravie par la frontière de Silésie ; il prend sa base sur les défilés de la haute Silésie, pénètre dans le bassin de la Morawa par Troppau, et marche sur Olmütz. Mais la base qu'il a choisie est trop étroite et d'un accès difficile : les convois prussiens fran-

chissent avec peine les défilés des monts Sudètes et sont à chaque
instant assaillis par des corps ennemis. Le siège d'Olmütz absorbe
une grande quantité de munitions ; l'armée prussienne est sur le
point de manquer de vivres : elle attend un grand convoi de
4,000 chariots qui lui est indispensable pour continuer le siège.
Ce convoi, parti de Kosel et de Neisse le 21 juin, est attaqué une
première fois par Laudon le 28. Zieten se porte à son secours et
parvient à le rejoindre ; mais, le 30 juin, le convoi est attaqué de
nouveau près du défilé de Domstadtel par Laudon et Ziskowitz,
l'escorte est dispersée, le convoi coupé et pris en partie ; une
faible fraction seulement parvient à rejoindre le roi, et le reste se
replie sur Troppau avec Zieten. Frédéric est contraint de lever
le siège d'Olmütz.

Avantages d'une base en équerre. — Les conditions les plus
favorables pour l'établissement d'une base d'opérations consistent
dans une frontière en équerre dont l'angle rentrant englobe le
territoire ennemi : c'est le cas de la frontière de Bohême au nord ;
celle-ci offrait donc à Frédéric II une excellente base dans le cas
d'une attaque contre l'Autriche. Aussi le roi de Prusse s'em-
pressa-t-il, dès le début de la guerre de Sept ans, d'envahir la
Saxe et de s'emparer ainsi des deux côtés de l'angle qui lui donnaient accès en Bohême. Maître de cette base, Frédéric pouvait
déboucher à sa guise par les défilés de la Saxe, par ceux de la
Lusace ou de la Silésie, suivant la position des armées autrichiennes, et cherche à tourner celles-ci ou à les prendre en flanc,
sans perdre lui-même ses communications avec sa base. Toutefois la base en équerre doit avoir ses ailes bien appuyées, soit à
des obstacles naturels faciles à défendre, soit à des États neutres,
de telle sorte que ces ailes ne puissent être prises à revers ; en
outre, l'avantage qu'offre une base en équerre ne doit pas entraîner l'assaillant à disséminer son armée sur un front étendu, ce
qui exposerait ses divers corps à être attaqués séparément par
des forces supérieures ; cette faute, Frédéric n'a pas toujours su
l'éviter.

Exemples : en 1744, 1757 et 1756. — En 1744, Frédéric a envahi la Bohême à la fois par les frontières de Saxe, de Lusace et
de Silésie, en faisant converger ses corps d'armée vers Prague.

Cette tactique peut dérouter un instant l'adversaire, mais elle expose l'envahisseur à être battu en détail. En 1757, ce n'est plus sur trois colonnes, mais bien sur quatre que l'armée prussienne envahit la Bohême ; cette fois encore une fausse appréciation des avantages que présente la frontière de Bohême aurait pu amener la ruine des corps prussiens s'ils avaient eu devant eux un adversaire actif et entreprenant. En 1756, Frédéric choisit d'une façon plus rationnelle sa base d'opérations : après avoir mis hors de cause les Saxons, il envahit la Bohême par les défilés de la Saxe et marche avec le gros de ses forces contre le maréchal Browne, tandis que Schwerin, avec un corps d'armée, prenant sa base sur les défilés de la Silésie, retient le prince Piccolomini sur le haut Elbe ; toutefois, le maréchal de Schwerin est trop éloigné du roi et il en est séparé par deux armées ennemies, il ne peut donc combiner son action avec celle de Frédéric et le roi perd ainsi tous les avantages que pouvait lui offrir la base en équerre.

Concluons donc que l'emploi le plus judicieux d'une base en équerre consiste à tromper l'ennemi par des démonstrations sur son front et ses flancs, afin d'empêcher sa concentration sur un point central d'où il tomberait en forces sur les corps qui franchissent séparément la frontière ; une fois ce premier résultat obtenu, l'assaillant doit se présenter devant son adversaire avec la plus grande partie de ses forces et chercher à le surprendre et à menacer ses communications en l'abordant sur l'un de ses flancs.

Des bases intérieures : l'armée prussienne avant Rosbach. — L'armée qui opère sur son propre territoire peut choisir une base d'opérations centrale autour de laquelle elle rayonnera de façon à tenir tête au besoin à plusieurs ennemis à la fois. Berlin a joué plusieurs fois ce rôle à l'égard des armées prussiennes lorsque celles-ci paraissaient sur le point de succomber sous les coups de leurs nombreux adversaires.

Si jamais situation dut paraître compromise, c'est assurément celle de Frédéric II à l'automne de 1757, avant la bataille de Rosbach. Chassé de la Bohême après sa défaite complète à Kolin, il a sur ses derrières l'armée victorieuse du prince de Lorraine ;

il est pressé sur son front par l'armée des Cercles avec laquelle les 30,000 Français de Soubise ont fait leur jonction; son flanc, découvert par l'insuccès du duc de Cumberland qui a signé la capitulation de Closter-Seven, peut être attaqué d'un moment à l'autre par le duc de Richelieu; enfin sa frontière est menacée au nord par les Suédois et les Russes vainqueurs à Jœgendorf. Un autre que Frédéric II chercherait à négocier, lui n'y songe pas un instant. Démêlant avec sagacité tout le parti qu'il peut tirer de la divergence de vues de ses adversaires, de leur manque d'entente, de la diversité de leurs intérêts, il prend le parti de marcher droit à l'armée des Cercles qui le serre de plus près et dont il connaît la composition défectueuse, le manque d'homogénéité; après quoi, s'appuyant toujours sur le centre de ses États, il se tournera contre un autre adversaire. La victoire de Rosbach le tire d'embarras; il était temps, car le duc de Bevern n'a pu tenir devant les Autrichiens et s'est retiré par Gœrlitz et Liegnitz sur Breslau, découvrant ainsi la base d'opérations du roi; de son côté, le prince Maurice, détaché à l'aile droite vers Torgau, n'a pu barrer la route aux Autrichiens, et le corps de Haddick est entré à Berlin. Le roi peut même craindre un instant que les Autrichiens donnent la main aux Suédois, mais ils se contentent de rançonner Berlin qu'ils évacuent après une courte occupation. Frédéric, libre de se retourner contre le prince de Lorraine qui vient de remporter la victoire de Breslau, l'atteint et le bat à son tour à Leuthen. Pendant ce temps, les Russes prennent leurs quartiers d'hiver; les Suédois, restés seuls, sont facilement maintenus par Lehwald, tandis que Richelieu s'attarde en Hanovre et aux environs de Magdebourg, se souciant fort peu de lier ses opérations à celles de l'armée des Cercles. La campagne de 1757 se termine par le succès des armes prussiennes.

Cas où l'armée est coupée de sa base : Frédéric II en 1758. — L'armée qui est coupée de sa base d'opérations n'a d'autre ressources que de vivre sur le pays jusqu'à ce qu'elle soit parvenue à rétablir ses communications; Frédéric II s'est trouvé dans cette situation difficile en 1758, après la levée du siège d'Olmütz, et il a fait preuve, dans ces circonstances, d'un coup d'œil et d'une fermeté qui lui font le plus grand honneur; il est juste d'ajouter que son adversaire, le maréchal Daun, a montré de son côté sa lenteur et son indécision habituelles.

Coupé de sa base d'opérations sur la haute Silésie, embarrassé par le matériel de siège qu'il traîne à sa suite, le roi quitte les environs d'Olmütz et se dirige sur la Bohême pour gagner la frontière de Silésie. Pendant plus d'un mois il manœuvre au milieu de l'armée autrichienne qui peut tomber en forces dans l'un de ses flancs, ou le devancer au passage de l'Adler, ou le couper des défilés de la Silésie. Il vit au jour le jour, sur le pays, grâce à la négligence des Autrichiens qui laissent tomber en son pouvoir la plupart des magasins situés sur sa route, notamment ceux de Leutomischel où le roi trouve des approvisionnements de toute sorte ; enfin, il atteint la frontière et rentre en Silésie sans s'être laissé entamer.

CHAPITRE IX.

DE LA LIGNE DE COMMUNICATIONS.

> « Pensez plutôt à vos derrières qu'à ce
> que vous avez en avant, pour ne point être
> enveloppé. »
>
> (Frédéric II.)

Règle principale de la stratégie. — Il faut assurer sa ligne de communications
contre les entreprises de l'ennemi. — Détachements nécessaires pour assurer
cette ligne. — En territoire ami, on ne craint pas de hasarder sa ligne de
communications. — Belle conduite du prince Henri après Kunersdorf. —
En 1745, Frédéric force le prince de Lorraine à la retraite en menaçant ses
communications. — Manœuvre du roi avant la bataille de Torgau. — Choix
défectueux de la ligne de communications en 1744.

Règle principale de la stratégie. — Frédéric II a résumé en
termes simples et précis la règle principale de la stratégie :

« Un axiome de la guerre est d'assurer ses derrières et ses
flancs et de tourner ceux de l'ennemi. »

Cette maxime se retrouve sous différentes formes dans les
écrits de Frédéric; menacer les communications de l'ennemi
tout en assurant les siennes propres : tel est le principe qui domine la plupart du temps la conduite des opérations. On en
trouve des exemples à chaque pas dans les campagnes de Frédéric II; dans toutes les opérations qu'il a dirigées, on le voit
constamment chercher à gagner les flancs ou à menacer les derrières de son adversaire, ou s'efforcer de couvrir les siens. Sauf
de rares exceptions, il n'a eu recours à une attaque directe que
dans le cas où il lui paraissait impossible d'obtenir autrement la
solution.

Il faut assurer sa ligne de communications contre les entre-
prises de l'ennemi. — « Pensez plutôt à vos derrières qu'à ce que
vous avez en avant, pour ne pas être enveloppé. » En 1741,
avant la bataille de Mollwitz, Frédéric a perdu de vue cette
maxime et s'est avancé par la frontière sud de la Silésie en
laissant sur son flanc droit les places de la Neisse occupées par

l'ennemi ; il a été obligé de rétrograder rapidement pour éviter d'être coupé de ses États. Cette faute commise à ses débuts dans la carrière des armes, va profiter à Frédéric qui évitera, dans les campagnes suivantes, de retomber dans la même erreur.

Lorsqu'on pénètre assez avant sur le territoire ennemi, la difficulté de maintenir ses communications libres augmente très vite et devient souvent un obstacle à la marche en avant. Au mois de septembre 1744, le roi, maître de Prague, quitte cette place pour se diriger vers le sud de la Bohême ; mais ses communications se trouvent bientôt menacées par les partis ennemis qui coupent ses convois et interceptent ses ravitaillements : il est obligé de battre en retraite et de regagner rapidement les bords de l'Elbe pour échapper aux Autrichiens du maréchal de Traun qui menacent son flanc.

Détachements nécessaires pour assurer cette ligne. — Lorque l'ennemi occupe une place forte ou une position sur les derrières de l'armée assaillante, il devient nécessaire, si celle-ci veut poursuivre son mouvement offensif, de détacher des forces suffisantes pour neutraliser ces corps ennemis. Si ces détachements doivent affaiblir outre mesure l'armée, il sera souvent préférable de suspendre la marche en avant jusqu'à ce que la solution de cette difficulté ait été obtenue. C'est ainsi qu'avec les faibles armées de cette époque il suffisait souvent d'une place forte située sur la ligne de communications pour arrêter l'armée et l'obliger à un long siège.

Lorsque l'armée prussienne débouche des monts Sudètes pour envahir la Moravie, en 1758, la place forte d'Olmütz arrête son mouvement offensif et l'oblige à passer par les lenteurs d'un siège ; la difficulté d'assurer la ligne de communications dans un pays de montagnes et de défilés amène la levée du siège après deux mois d'efforts inutiles.

En 1756, les 17,000 Saxons retirés dans le camp de Pirna obligent Frédéric II à distraire de son armée des forces considérables pour bloquer Pirna ; il envahit la Bohême et vient se heurter à Lowositz contre les forces un peu supérieures du maréchal Browne ; les résultats de cette victoire eussent été bien plus décisifs si le roi eût amené sur le champ de bataille la majeure partie de son armée, ne laissant qu'un rideau de troupes pour observer le camp de Pirna ; l'armée autrichienne battue, le corps saxon eût été à la merci de Frédéric.

Remarquons que le seul fait de pénétrer plus avant sur le territoire ennemi et d'étendre ainsi sa ligne de communications, rend celle-ci plus faible et l'expose davantage aux entreprises de l'adversaire ; de là l'obligation de détacher des forces de plus en plus considérables pour assurer la sécurité de cette ligne. Il semblerait donc que l'armée d'invasion a intérêt à s'avancer le moins possible sur le territoire de son adversaire ; mais il faut tenir compte de l'effet moral produit en sens inverse sur les deux armées, et aussi de la diminution des ressources, des pertes matérielles subies par la nation envahie : de telle sorte que l'offensive offre, en fin de compte, les plus grands avantages tant au point de vue matériel qu'au point de vue moral.

En territoire ami on ne craint pas de risquer sa ligne de communications. — Quand on opère sur son propre territoire on peut à volonté prendre sa ligne de communications dans telle ou telle direction, en la couvrant par une place forte, une rivière, etc. De là une grande liberté d'allures pour l'armée qui opère dans ces conditions ; elle n'a plus besoin d'assurer ses derrières avec le même soin, elle peut menacer elle-même les communications de l'ennemi ou le tromper en changeant sa propre ligne à l'insu de son adversaire.

Le prince Henri de Prusse a fait, en 1759, une brillante application de ce principe en venant en aide à son frère après la bataille de Kunersdorf, au moment où la situation de *Frédéric II* était des plus compromises.

Belle conduite du prince Henri après Kunersdorf. — La défaite subie par le roi sur les bords de l'Oder rendait possible, probable même, la réunion des Russes et des Autrichiens, et cette jonction c'était la ruine des Prussiens. Éloigné du prince Henri qui opérait en Lusace, Frédéric ne pouvait combiner ses opérations avec celles de son frère. Celui-ci, agissant avec une audace et une sûreté de vues remarquables, se porte hardiment en avant pour rejoindre l'armée royale en passant entre les Autrichiens et les Russes : opérant au centre même des États prussiens, le prince Henri n'a pas à craindre pour ses communications; le seul danger qu'il puisse courir, c'est d'être pris entre les deux armées alliées, mais il compte sur les fautes de ses adversaires pour échapper à leur étreinte et faire sa jonction avec le roi.

Le projet audacieux formé par le prince Henri échoue tout d'abord par suite des mouvements exécutés par les deux armées ennemies; au moment où il marche résolument sur Sagan, le maréchal Daun s'avance jusqu'à Triebel et Soltykoff arrive à Liebrose.

Les alliés ne sont plus qu'à 70 kilomètres l'un de l'autre, et le prince Henri ne peut plus, sans risquer d'être détruit, s'engager entre les deux armées. C'est alors qu'il conçoit le plan hardi de forcer l'armée autrichienne à la retraite en menaçant ses communications; il se porte par Bunzlau et Gœrlitz sur les derrières du maréchal Daun qui se laisse intimider par cette manœuvre. Malgré sa grande supériorité numérique, le maréchal craignant de voir sa ligne de communications avec la Bohême coupée, rétrograde sur Bautzen; Soltykoff mécontent s'éloigne à son tour; le roi et la monarchie prussienne sont sauvés.

En 1745, Frédéric force le prince de Lorraine à la retraite en menaçant ses communications. — La tactique habituelle de Frédéric, consistant à menacer les communications de son adversaire pour le forcer à la retraite, est très simple en théorie, mais présente dans l'application de sérieuses difficultés, car il faut parer à une tentative semblable de la part de l'ennemi.

A la fin de l'année 1745, après la victoire de Soor, l'armée prussienne a évacué la Bohême et pris ses quartiers d'hiver sur la frontière de Silésie. Cependant un dernier effort est nécessaire pour obliger l'Autriche à la paix; le roi craint que le prince de Lorraine, malgré la saison avancée, se joigne aux troupes de l'Électeur de Saxe pour marcher sur Berlin; le temps presse, car déjà l'avant-garde autrichienne atteint Zittau, en Lusace (15 novembre).

Le roi se résout à une campagne d'hiver; il forme le projet de couper la ligne de communications de l'armée autrichienne avec la Bohême en jetant sur les derrières de cette armée les 30,000 hommes de bonnes troupes qui cantonnent en Silésie. Pendant ce temps, le prince d'Anhalt, avec 24,000 hommes, se rassemblera à Halle pour tenir les Saxons en respect. Le 23 novembre, l'armée prussienne franchit la Queiss à Naumburg et bat un détachement ennemi à Catholisch-Hennersdorf : à cette nouvelle, le prince de Lorraine, dont l'avant-garde dépasse Gœrlitz, concentre son armée et se met en retraite sur Ostritz et Zittau. Le 25, le roi entre à Gœrlitz, le 27 à Ostritz, mais déjà les Autrichiens ont franchi les défilés et regagné la Bohême.

Manœuvre du roi avant la bataille de Tórgau. — Les opérations de Frédéric II avant la bataille de Torgau vont nous montrer comment il procède pour menacer les communications de l'ennemi tout en conservant les siennes.

Au mois d'octobre 1760, Frédéric a manœuvré habilement entre les trois armées alliées pour empêcher leur jonction et il a pleinement réussi : les Russes attendent passivement sur la Wartha la suite des événements; le maréchal Daun, avec le gros des forces autrichiennes, s'est d'abord avancé sur l'Elbe, puis a rétrogradé jusqu'à Torgau et pris position près de cette place ; l'armée des Cercles a battu en retraite sur la Saxe sans chercher sérieusement à rejoindre Daun. Mais le danger peut, d'un moment à l'autre, redevenir pressant ; il faut absolument éloigner la principale armée autrichienne qui, par sa position à Torgau, menace les communications du roi avec le centre de ses États. Daun a commis la faute d'envoyer en Silésie le corps de Laudon, tandis que le sort de la campagne va se décider sur les bords de l'Elbe; les forces dont dispose Frédéric sont sensiblement égales à celles du maréchal : dans ces conditions, s'il ne parvient pas à éloigner Daun en manœuvrant contre lui, il lui restera toujours la ressource de lui livrer bataille.

Le roi explique dans les termes suivants de quelle importance était pour lui sa ligne de communications avec Berlin :

« Par cette position ils coupaient l'armée du roi non seulement de la Silésie et de la Poméranie, mais encore de Berlin, cette mère nourricière qui fournissait uniformes, armes, bagages et tous les besoins aux troupes; qu'on ajoute à ces considérations qu'il ne restait de quartiers à prendre pour l'armée du roi qu'au delà de la Mulde, entre la Pleisse, la Saale, l'Elster et l'Unstrutt. Ce terrain trop resserré ne pouvait pas fournir à la subsistance de tant de troupes pendant l'hiver. D'où seraient venus les magasins pour le printemps? D'où les uniformes? D'où les recrues?... Ayant bien mûrement examiné et pesé toutes ces raisons, il fut résolu de commettre la fortune de la Prusse au sort d'une bataille, si toutefois on ne pouvait parvenir par des manœuvres à déposter le maréchal Daun du poste de Torgau, qu'il occupait. »

Le moyen de déposter Daun de Torgau était évidemment de menacer ses communications avec Dresde; mais, dans ce mouvement, le roi avait lui-même à craindre de découvrir ses magasins qui étaient à Düben, sur la Mulde : c'est, en effet, le principal danger d'une semblable manœuvre, danger auquel on peut faire face en exécutant un changement de ligne d'opérations, comme nous le verrons plus loin[1]. Dans la situation où se trouvait le roi, ce changement de ligne lui était interdit, puisqu'il n'aurait pu trouver dans une autre direction les ressources et les avantages de toute espèce que lui offrait la ligne Düben—Dessau, aboutissant à la base Berlin—Magdebourg.

Frédéric prend un moyen terme : il va se porter à Schilda, d'où il pourra conserver ses communications avec Düben tout en menaçant déjà celles de Daun avec Dresde; puis, suivant la conduite du maréchal, il avisera.

« Ce qui se rencontra de plus difficile dans l'exécution de ce plan fut de concilier deux choses presque contradictoires : la marche de l'armée sur l'Elbe et la sûreté du dépôt de vivres. Pour ne point s'écarter des règles, l'armée du roi, en avançant, ne devait point s'éloigner de sa ligne de défense, par laquelle elle couvrait ses subsistances, et ce mouvement qu'il fallait faire sur l'Elbe l'écartait tout à fait à droite, en découvrant ses derrières. On tâcha cependant de concilier l'entreprise sur l'ennemi avec la sûreté du dépôt. Le roi se proposa de se porter à Schilda. »

En face d'un ennemi plus entreprenant que Daun, ce mouvevent n'eût pas été sans danger pour l'armée prussienne : de Torgau à Düben la distance est à peu près la même que de Schilda à Düben, une dizaine de lieues, soit une forte journée de marche. Daun pouvait donc tenter, sur les magasins de l'armée

---

[1]. Voir chapitre XII.

prussienne, un coup de main : celui-ci eût été facilité par la nature du pays, couvert de grandes forêts qui masquent les mouvements des troupes.

Cet exemple fait bien ressortir le rôle que jouait la ligne de communications à cette époque. Ce rôle n'a pas été sans influence sur la bataille même de Torgau ; en effet, Daun n'ayant pas quitté sa position, le roi prend la résolution de l'attaquer et marche de Schilda contre lui. Il est probable que la nécessité de maintenir intacte sa ligne de communications sur Düben n'a pas été étrangère au mode d'attaque adopté par le roi : on sait que Frédéric a fait opérer par Zieten une diversion sur le front de l'armée autrichienne, tandis que lui-même exécutait à travers la forêt de Dommitsch un vaste mouvement tournant pour attaquer l'aile droite autrichienne en flanc et à revers. Cette manœuvre dangereuse exposait l'armée prussienne à être battue en détail, mais elle la rapprochait de sa ligne de communications sur Düben. C'est ainsi qu'une idée stratégique, bonne en elle-même, a fait commettre au roi une faute tactique dont le maréchal Daun n'a tiré, du reste, aucun profit.

Choix défectueux de la ligne de communications en 1744. — Lorsque Frédéric II s'avance vers le sud de la Bohême, en 1744, il prend l'Elbe pour principale ligne de communications et Leitmeritz comme base de ravitaillement. Or cette ligne était mal choisie, car elle pouvait être coupée soit par les Saxons, dont l'hostilité ne faisait plus doute, soit par le prince de Lorraine qui pouvait, d'un instant à l'autre, déboucher sur le haut Eger. En prenant sa ligne de communications sur les défilés qui mènent de Bohême en Silésie et en choisissant, par exemple, pour centre de ravitaillement, Pardubitz, où étaient déjà réunis des approvisionnements, le roi se fût ménagé une retraite sûre et eût mis ses magasins à l'abri d'un coup de main ; les 22,000 hommes laissés dans la haute Silésie sous les ordres du général de Marwitz pouvaient, dans cette dernière hypothèse, coopérer aux opérations de l'armée prussienne, surveiller les défilés et la base d'opérations du roi et, au besoin, intervenir pour assurer sa retraite. Les habiles manœuvres du maréchal de Traun forcent bientôt Frédéric à abandonner sa ligne de communications sur Prague et à se rejeter derrière l'Elbe ; puis, l'armée autrichienne surprend le passage du fleuve, et le roi bat précipitamment en retraite sur la Silésie, abandonnant ses magasins de l'Elbe et la petite garnison de Prague qui parvient à regagner les défilés de la Lusace.

De l'étude de ces opérations nous conclurons donc la règle suivante :

Prenez pour ligne de communications celle qui présente le plus de sécurité, fût-elle la plus longue, et organisez-la fortement ; cela vaudra mieux que d'en choisir deux établies moins solidement.

CHAPITRE X.

DE LA LIGNE DE RETRAITE.

> « Occupez quelques postes qui couvrent le pays en arrière. »
>
> (FRÉDÉRIC II.)

Elle se confond généralement avec la ligne de communications. — Conditions à remplir. — Camps de Pirna et de Bunzelwitz. — Ligne de retraite défectueuse en 1741. — Retraite de Bohême en 1744. — Ligne de retraite après le siège d'Olmütz en 1758. — Des lignes de retraite multiples. — Lignes de retraite parallèles. — Exemple : retraite après Kolin. — Lignes de retraite divergentes. — Lignes de retraite en pays ami. — Il faut se retirer à temps pour ne pas être cerné.

Elle se confond généralement avec la ligne de communications. — La ligne de retraite se confond le plus souvent avec la ligne de communications, l'armée qui bat en retraite ayant tout intérêt à se replier sur ses réserves et ses magasins. Il peut arriver cependant que ces deux lignes soient distinctes : ce sera le cas, par exemple, lorsque l'ennemi victorieux parviendra à couper la ligne de communications de l'armée battue ; celle-ci devra se retirer dans une autre direction ; il en résultera un grand danger pour elle, surtout si elle opère en pays ennemi, puisqu'elle courra le risque d'être affamée. Ce danger était encore plus grand à l'époque de Frédéric II : les routes étaient peu nombreuses, leur état d'entretien rendait souvent les charrois difficiles et aucun corps régulier de transports n'existait à la suite des armées.

Conditions à remplir ; camps de Pirna et de Bunzelwitz. — La ligne de retraite doit remplir, d'une façon générale, les mêmes conditions que la ligne de communications : elle doit être dirigée à peu près perpendiculairement à la base d'opérations, ne pas prêter le flanc aux entreprises de l'ennemi et utiliser, autant que possible, les points d'appui naturels du terrain, places fortes, cours d'eau, etc. Mais, on évitera avec le plus grand soin de s'attarder sous le canon des places fortes ou dans des camps fortifiés que l'ennemi ne manquerait pas de cerner, et où l'armée risquerait fort de se voir réduite à la dernière extrémité.

En 1756, le corps saxon bat en retraite dans le camp retranché de Pirna, au lieu de rejoindre les Autrichiens qui se rassemblent en Bohême ; il y est investi et obligé de mettre bas les armes, après une tentative infructueuse pour rejoindre, par la rive droite de l'Elbe, un corps de secours envoyé par le maréchal Browne, qui, de son côté, manœuvre mollement.

En 1757, l'armée du prince de Lorraine, battue sous les murs de Prague, se réfugie en grande partie dans cette place, au lieu de se diriger sur l'Elbe, où le maréchal Daun réunit les éléments d'une nouvelle armée ; la bataille de Kolin sauve seule le prince de Lorraine d'une capitulation inévitable.

En 1761, Frédéric cherche en vain à empêcher la jonction des Russes et des Autrichiens en Silésie ; il est coupé de sa ligne de retraite sur le centre de ses États, et acculé au camp de Bunzelwitz, où il se retranche dans la crainte d'une attaque de vive force. Sa situation paraît désespérée, mais ses adversaires ne peuvent s'entendre pour combiner une action contre lui, et ces dissentiments le sauvent d'une ruine complète.

Ligne de retraite défectueuse en 1741. — Lorsque la ligne de retraite traverse un cours d'eau, il importe d'assurer le passage, soit à l'aide d'une place forte, soit par une tête de pont. En 1741, Frédéric, aventuré sur la rive droite de la Neisse, bat précipitamment en retraite sur Breslau ; il est obligé de traverser la basse Neisse entre les places fortes de Neisse et de Brieg, toutes les deux au pouvoir de l'ennemi. Les Autrichiens n'interviennent pas à temps et laissent l'armée prussienne effectuer sans encombre le passage de la rivière ; ils vont se faire battre sous les murs de Brieg, et la victoire de Mollwitz tire le roi d'un mauvais pas.

Retraite de Bohême en 1744. — En 1744, l'armée prussienne, après s'être aventurée dans le sud de la Bohême, est obligée de battre en retraite sur la Sazawa, puis sur l'Elbe, dont elle craint d'être coupée. Nous avons vu que Frédéric, décidé à abandonner la Bohême, avait le choix entre deux lignes de retraite : l'une par Prague, Leitmeritz et les défilés de l'Elbe ; l'autre sur Pardubitz et la frontière de Silésie ; il se décide à prendre position sur la rive droite de l'Elbe et fait occuper tous les passages du fleuve, de Pardubitz à Brandeis.

Mais cette longue ligne est facilement percée par l'ennemi, et l'armée prussienne se met définitivement en retraite sur les défilés de la Silésie.

Ligne de retraite après le siège d'Olmütz, en 1758. — La retraite de Frédéric à travers la Bohême en 1758, après le siège d'Olmütz, nous montre comment un général hardi supplée à la perte de sa ligne de retraite, quand celle-ci a été coupée par l'ennemi.

Forcé de lever le siège d'Olmütz, le roi se trouve séparé de sa base d'opérations par une partie de l'armée autrichienne ; au lieu de chercher à rétablir de vive force ses communications avec les défilés des monts Sudètes, où son armée pourrait difficilement se frayer un passage, il prend audacieusement la route de Bohême, gagne l'Elbe, atteint Kœnigingraetz et franchit les défilés de la Silésie, non sans avoir infligé plusieurs leçons aux corps ennemis qui le serrent de trop près. Le succès de cette retraite a été dû, en partie, à l'inconcevable inertie du maréchal Daun, qui a laissé exécuter sous ses yeux une opération aussi délicate que la levée du siège d'Olmütz : un convoi prussien de 5,000 chariots, réunis dans la nuit du 5 juillet près de Krenau, se met en marche le 6, à 5 heures du matin, par la route d'Olmütz à Littau, sans être inquiété. Bien plus, le maréchal ne tente rien lui-même, avec le gros de son armée, contre cet ennemi en retraite, embarrassé d'un gros convoi et presque réduit à la famine ; il laisse les Prussiens enlever les magasins de Leutomischel, où ils se ravitaillent largement ; il n'essaye de leur disputer ni le passage de l'Adler ni celui de la Mettau ; il ne cherche pas à arrêter leur marche en tombant, avec toutes ses forces, dans le flanc des colonnes prussiennes.

Clausewitz a expliqué, de la façon suivante, la conduite du maréchal Daun :

« Si Daun n'attaqua pas le roi dans ces conditions, ce fut uniquement dans la crainte qu'avec la deuxième moitié de son armée, celui-ci ne le forçât à une bataille dont il ne voulait pas courir les risques. Mais pourquoi du moins Laudon, qui ne cessa de marcher sur l'un des flancs de ce monstrueux convoi, ne l'attaqua-t-il pas lui-même plus promptement et plus vigoureusement qu'il ne le fit à Zischbowitz? Ce fut également dans la crainte d'être attaqué lui-même. Il se trouvait, en effet, à dix milles (74 kilomètres) et séparé par l'armée prussienne du gros de ses troupes, et, voyant que Daun n'occupait en rien le roi, il avait à redouter que celui-ci ne se tournât contre lui avec la plus grande partie de ses forces et ne lui infligeât une défaite complète. »

Ces observations sont très judicieuses : le rôle de Laudon consistait à harceler l'avant-garde et le flanc de l'armée prussienne pour retarder sa marche, et non à livrer bataille à toute l'armée du roi ; Laudon s'est acquitté de cette tâche avec sa vigueur habituelle et a failli plusieurs fois être entamé lui-même sérieusement. Quant à Daun, il a fait preuve de la plus grande faiblesse ; rien ne l'empêchait de s'engager à fond contre un adversaire en retraite, embarrassé d'un long convoi et obligé de franchir plusieurs passages difficiles. En permettant à cette armée de rentrer intacte en Silésie, il s'exposait à la retrouver sur un autre champ de bataille, comme l'expérience allait bientôt le lui prouver, et il renvoyait à plus tard la solution d'une affaire qui s'offrait à lui, en ce moment, avec les plus grandes chances de succès.

En résumé, si l'on peut reprocher au roi d'avoir laissé couper sa ligne de communications et de retraite sur la haute Silésie, il faut le louer pour l'audace avec laquelle il a effectué sa retraite à travers le territoire ennemi, sous les yeux de l'armée autrichienne tout entière. Cette fois encore, Frédéric II a fait preuve, dans la mauvaise fortune, des plus brillantes qualités : la promptitude à prendre son parti, le coup d'œil juste de la situation et, surtout, cette inébranlable confiance dans l'avenir, qui est un des gages les plus sûrs du succès.

Des lignes de retraite multiples ; lignes de retraite parallèles. — Il convient, en général, de ne pas prendre plusieurs lignes de retraite, à moins qu'elles ne soient assez rapprochées l'une de l'autre pour que les diverses fractions puissent se prêter un mutuel appui. Si cette condition est remplie et qu'on puisse utiliser plusieurs routes parallèles, la retraite s'effectuera plus rapidement et avec ordre ; on devra veiller, en outre, à ce que les diverses colonnes marchent à peu près à la même hauteur.

Il est entendu qu'il ne devra pas exister, entre ces lignes de retraite parallèles, d'obstacles tels que cours d'eau, montagnes, défilés, de nature à empêcher la prompte concentration des diverses fractions de l'armée.

Exemple : retraite après Kolin. — Les deux lignes de retraite parallèles choisies par Frédéric, après sa défaite à Kolin, ne remplissaient pas ces conditions.

L'armée prussienne, au moment où le roi était battu à Kolin, formait deux groupes principaux : l'un, chargé d'observer le prince de Lorraine, bloqué dans Prague, occupait les deux rives de la Moldau ; l'autre était sous les ordres immédiats du roi. Deux jours après la bataille de Kolin, Frédéric lève le siège de Prague (20 juin 1757) et réunit le corps d'observation de la rive droite aux débris de sa propre armée, dont il laisse le commandement au prince Henri ; le corps d'observation de la rive gauche, sous les ordres de Keith, bat en retraite par la rive gauche de la Moldau, après un assez vif engagement d'arrière-garde, à Russin, près de Prague ; ce corps marche sur Welwarn et Leitmeritz, où Frédéric le rejoint. Pendant ce temps, le prince Henri marche sur Jung-Bunzlau, franchit l'Iser, séjourne pendant six jours sur la rive droite sans être inquiété, puis se dirige sur Böhm-Leipa, où il s'attarde encore inutilement, dans l'espoir de faire sa jonction avec le roi. Il reprend sa marche, mais il est arrêté par les Autrichiens et se jette dans de mauvais chemins, où il perd toute son artillerie ; il arrive enfin, le 22 juillet, à Zittau, trouve l'ennemi en position sur les hauteurs et, après une lutte inégale, il se met en retraite par Lœbau, sur Bautzen, où il arrive le 27. Quant à Frédéric, il gagne la Saxe avec la colonne de gauche, par Nollendorf et Pirna, et rejoint son aile droite à Bautzen, le 29 juillet.

Ainsi, les deux colonnes prussiennes en retraite [n'ont pas su combiner leurs mouvements : avec plus d'activité, l'armée autrichienne victorieuse pouvait se jeter sur l'une ou l'autre de ces colonnes et l'accabler. S'il est contraire aux principes d'employer sans nécessité deux lignes d'opérations, la faute est encore plus grande lorsqu'il s'agit d'effectuer une retraite en présence d'un ennemi victorieux et supérieur en nombre. Frédéric n'a pas indiqué pour quel motif il prit le parti de scinder son armée en deux groupes principaux : il semble qu'il ait conçu l'espoir de diviser ainsi la poursuite des Autrichiens. C'est du moins ce qui ressort de la phrase suivante : « L'on supposait que le maréchal Daun agirait contre l'armée du roi, et le prince de Lorraine contre celle du maréchal Keith, et l'on se trompa ». En d'autres termes, Frédéric commettait une faute dans l'espoir que l'ennemi l'imiterait : heureusement pour lui, le prince de Lorraine, agissant avec mollesse, laissa échapper l'occasion d'anéantir l'armée du prince Henri.

 « Frédéric le Grand, a dit Clausewitz, après avoir perdu la bataille de Kolin et levé le siège de Prague, ne se retira sur trois colonnes que parce que la position de ses forces et la nécessité de couvrir la Saxe ne lui permirent pas d'agir autrement. » Mais rien n'empêchait de faire converger l'un vers l'autre les trois groupes que formait l'armée prussienne au début de la retraite, et la meilleure manière de couvrir la Saxe et d'arrêter net les projets d'invasion des Autrichiens consistait précisément dans la prompte concentration de tous les corps prussiens.

A la guerre, une faute en entraîne souvent une autre ; pour remédier au danger que lui fait courir la division de ses forces, Frédéric essaye de maintenir les communications entre son camp de Leitmeritz et celui de Leipa ; il envoie, dans ce but, un détachement à Trébotschau et affaiblit d'autant sa propre armée. De son côté, le prince Henri s'attarde à Leipa, retenu par le voisinage de Frédéric ; il compromet sa ligne de retraite sur la Lusace et n'échappe à un désastre que grâce à la lenteur du prince de Lorraine.

Lignes de retraite divergentes. — Les lignes de retraite divergentes peuvent tromper pendant quelque temps l'ennemi sur les intentions de l'armée qui se retire, mais elles sont dangereuses pour cette armée dont elles exposent les divers corps à être écrasés séparément.

On ne les emploie, en général, que pour franchir un obstacle, fleuve, chaîne de montagne, etc., en arrière duquel l'armée peut se reconstituer. C'est ainsi que Frédéric II, battant en retraite de Bohême en Silésie, pouvait donner à ses différents corps des directions divergentes pour les engager en même temps dans plusieurs défilés, et les réunir à la sortie de ces défilés et à l'abri des mon-

tagnes. En cas d'attaque, chaque colonne est assez forte pour
défendre elle-même l'entrée du défilé pendant le temps nécessaire à son écoulement; dans ces conditions, on peut sans danger
interrompre momentanément la liaison entre les lignes de retraite
divergentes.

Lignes de retraite en pays ami. — Sur le territoire national ou
en pays ami, la ligne de retraite est dirigée soit sur une armée
voisine, soit sur un point du territoire qu'il importe de couvrir et
d'où l'on pourra tirer des renforts, du matériel, des approvisionnements : ce point devra être choisi de telle sorte que les communications restent ouvertes avec les autres armées et avec l'intérieur du pays.

Ainsi, en 1759, après le désastre de Kunersdorf, Frédéric bat
en retraite sur Berlin, ville ouverte, où il trouve les ressources
nécessaires pour reconstituer son artillerie presque entièrement
perdue, et refaire son armée. Il laisse au prince Henri, qui opère
dans le Sud, le soin de le rejoindre, si c'est possible, sinon d'agir
suivant son inspiration. Le besoin le plus pressant était, en effet,
de reprendre la campagne en face des Russes et d'arrêter à tout
prix leurs progrès.

Il faut se retirer à temps pour ne pas être cerné. — Quand on
a le dessous, il faut se retirer à temps pour ne pas exposer sa
ligne de retraite à être coupée, l'ennemi qui a la supériorité
cherchant toujours à gagner les flancs ou les derrières de l'armée
qui bat en retraite.

En novembre 1759, le général Finck, détaché à Maxen, pour
couvrir le siège de Dresde entrepris par Frédéric II, se laisse
cerner par des forces considérables et met bas les armes. Le
même sort faillit échoir à Fouquet l'année suivante : chargé de
défendre les défilés de la Silésie au mois de juin 1760, il est
assailli par Laudon, qui coupe sa ligne de retraite. Presque tout
le corps de Finck est pris ou détruit; une faible partie parvient
à se dégager et à rejoindre l'armée prussienne sous Dresde.
Nous avons vu enfin que Frédéric lui-même s'est laissé cerner en
Silésie par les armées autrichienne et russe, en 1761, et qu'il a
été acculé au camp de Bunzelwitz où il risquait d'être détruit.

CHAPITRE XI.

DE LA LIGNE D'OPÉRATIONS.

> « L'art de la guerre, pris dans le grand,
> consiste à déposter son ennemi. »
>
> (FRÉDÉRIC II.)

Définition. — But essentiel à atteindre. — Ligne d'opérations unique. — Exemple : invasion de la Bohême en 1745, de la Moravie en 1758. — Des *lignes d'opérations multiples* ; exemples : campagne de 1744. — Double ligne d'opérations en 1756. — Choix de quatre lignes d'opérations en 1757. — Avis de Frédéric II. — Des lignes intérieures. — Exemple : après la bataille de Prague. — L'emploi des lignes intérieures en 1758 assure le succès des Prussiens. — En 1759, Frédéric manœuvre mollement par les lignes intérieures. — Campagne de 1760 : Frédéric ne tire pas tout le parti possible des lignes intérieures. — En 1761, il ne peut empêcher la jonction des Autrichiens et des Russes.

Définition. — Nous appellerons *ligne d'opérations* d'une armée le lieu des positions successives que cette armée occupe en avant de sa base : pour une armée en cours d'opérations, cette ligne comprend deux parties, l'une formée par la route suivie jusqu'à ce moment ; l'autre est purement hypothétique et désigne la direction que l'armée a l'intention de prendre pour continuer les opérations, cette deuxième partie pouvant, du reste, se modifier de jour en jour, quelquefois d'heure en heure, suivant les nouvelles de l'ennemi et les mille incidents qui surgissent en campagne. Au début de la guerre, la ligne d'opérations est tout entière fictive et désigne la route, ou le faisceau de routes voisines, par lesquelles le général en chef a l'intention de prononcer son mouvement ; cette ligne ne représente qu'une direction générale dont tous les points ne sauraient être fixés d'avance, puisqu'il faut compter à chaque instant avec l'intervention de l'adversaire.

Quand l'armée bat en retraite, la ligne d'opérations prend le nom de *ligne de retraite* ; nous l'avons étudiée au chapitre précédent.

But essentiel à atteindre. — La ligne d'opérations a pour

objectif principal le gros des forces ennemies. Frédéric II est
très catégorique à cet égard :

« Le point essentiel, auquel il faut s'attacher, est l'armée
ennemie. »

Cette maxime ne veut pas dire qu'on devra marcher droit à
l'armée ennemie, mais qu'il faut manœuvrer contre elle et ne pas
perdre de vue que sa ruine est le but essentiel à atteindre.

De ce principe découle immédiatement l'une des règles principales de la stratégie : l'unité de ligne d'opérations.

Ligne d'opérations unique. — Il convient d'adopter une seule
ligne d'opérations principale, afin de ne pas diviser ses forces et
d'aborder l'armée ennemie, au moment propice, avec la supériorité du nombre.

Cette règle implique la nécessité de diriger les diverses fractions de l'armée par des routes assez rapprochées pour que ces
fractions puissent se prêter un mutuel appui dans le cas d'une
attaque inopinée; c'est l'ensemble de ces routes qui peut être
considéré comme formant un seul faisceau, une seule ligne d'opérations; elles ne devront pas être séparées par des obstacles
tels que défilés, montagnes, etc., ni par des cours d'eau ne pré-
sentant que de rares points de passage. Quant à la distance qui
peut séparer ces routes, elle dépend, en principe, de l'effectif
des colonnes et du temps nécessaire à leur déploiement.

A l'époque de Frédéric II, l'effectif des armées était peu élevé,
la portée des canons très faible, les avant-gardes couvraient de
près les têtes des colonnes, enfin celles-ci avaient une profondeur
peu considérable; aussi, la plupart du temps, une seule route
suffisait-elle à l'armée tout entière. D'ailleurs, les bonnes routes
étaient peu nombreuses, il était rare d'en trouver plusieurs assez
voisines pour être utilisées par la même armée; de là la tentation, à laquelle l'armée prussienne n'a pas toujours su résister,
d'employer plusieurs lignes d'opérations, ce qui lui faisait courir
les risques d'être battue en détail.

*Exemples : invasion de la Bohême en 1745, de la Moravie en
1758.* — Dans les premières campagnes, Frédéric II dispose de
forces peu considérables, pour lesquelles une seule ligne d'opérations lui suffit largement : en 1741, il ne met en ligne, à

Mollwitz, que 20,000 hommes ; l'année suivante, à Czaslau, il en a environ 26,000.

En 1745, après sa victoire à Hohenfriedberg (4 juin), il pénètre de Silésie en Bohême, à la suite du prince de Lorraine ; la proximité de l'armée ennemie lui interdit l'emploi de plusieurs lignes d'opérations. Bien que battue, l'armée autrichienne effectue sa retraite par les défilés de la Silésie en faisant bonne contenance ; elle gagne Trautenau et prend position d'abord derrière l'Elbe, entre Jaromir et Smirsitz, puis elle s'établit solidement au confluent de l'Elbe et de l'Adler. Frédéric s'avance à sa suite avec précaution : le 6 juin, il se porte sur Landshut, précédé par le corps de Du Moulin, et marche sur Friedland et Nachod pour déboucher sur la Mettau ; son avant-garde le couvre sur Starkstadt et Skalitz. Les deux armées se retrouvent donc de nouveau en présence sur les bords de l'Elbe, après une courte marche à travers les défilés de la Silésie.

En 1758, Frédéric II envahit la Moravie en prenant également une seule ligne d'opérations sur Olmütz ; mais cette ligne traverse des défilés faciles à intercepter, et bientôt l'armée royale est obligée de lever le siège et de battre en retraite. La ligne d'opérations était si mal choisie, qu'au début de l'investissement d'Olmütz, le roi, privé de son matériel de siège et des renforts que doit lui amener Fouquet, se trouve déjà lui-même dans une situation précaire. Heureusement pour lui, Daun reste immobile près de la frontière de Bohême, pendant dix-huit jours, sans rien tenter contre les divers corps prussiens échelonnés autour de la place ; et cependant le maréchal a une armée supérieure en nombre, il s'appuie à Leutomischel, qui est un centre important de ravitaillement, il a ses communications libres avec Vienne, et au besoin avec la Hongrie. Rien ne démontre mieux combien la ligne d'opérations du roi était mal choisie puisque, ayant en face de lui un adversaire qui ne l'a pas attaqué sérieusement, Frédéric a dû lever le siège par cette seule raison qu'il ne pouvait plus se ravitailler en vivres ni en munitions.

Des lignes d'opérations multiples. Exemples : campagne de 1744. — Les lignes d'opérations multiples sont mauvaises et dangereuses, surtout lorsqu'elles sont séparées par des obstacles

sérieux, tels que chaînes de montagnes, rivières, défilés, etc.
Frédéric II a souvent commis la faute de les employer.

Nous avons vu qu'en 1744 il envahit la Bohême en prenant
trois lignes d'opérations distinctes, séparées par des montagnes,
et trop éloignées l'une de l'autre pour s'appuyer mutuellement :
la colonne de droite pénètre par la Saxe ; celle du centre, par les
défilés de la Lusace ; celle de gauche, par la frontière de Silésie.
Les trois lignes d'opérations convergent vers la place de Prague,
au pouvoir des Autrichiens.

Cette manière d'opérer est dangereuse et contraire aux règles.
Le roi espérait bien, il est vrai, ne pas se heurter à des forces
ennemies considérables, puisque l'armée autrichienne du prince
de Lorraine était encore éloignée ; mais en dehors de cette armée
principale, il pouvait rencontrer d'autres adversaires. La Saxe
s'agitait et montrait beaucoup de mauvaise volonté à laisser
passer l'armée prussienne : « On doubla la garnison (de Dresde),
les canons furent mis en batterie, les portes fermées et barri-
cadées, et l'on en refusa l'entrée aux officiers prussiens ». On
pouvait donc craindre quelque entreprise des Saxons qui, de
fait, ne tardèrent pas à se joindre aux Autrichiens. Frédéric II
attachait, semble-t-il, peu d'importance à ces velléités de résistance : « S'il avait voulu s'emparer de ce pays, cette besogne
aurait été expédiée en huit jours ». Certes, la prise de Dresde
eût exigé plus de huit jours, et, en tout cas, la colonne de droite,
conduite par Frédéric, ne serait pas arrivée sous les murs de
Prague en même temps que les deux autres.

Mais le danger ne venait pas seulement de ce côté. Le
maréchal de Batthyani était arrivé de Bavière sur la Beraun
avec 12,000 hommes ; 3,000 hommes de l'armée régulière et
12,000 hommes de la milice étaient à Prague ; des corps hongrois se rassemblaient dans le Sud. Toutes ces troupes, dont le
roi ignorait la force exacte, l'emplacement et les projets, pouvaient, en manœuvrant autour de Prague, tomber sur l'une des
colonnes prussiennes et la détruire avant l'intervention des
autres. Concluons donc que l'invasion d'un pays ennemi par
trois colonnes isolées qui se donnent rendez-vous sous les murs
d'une place forte au pouvoir de l'adversaire, est toujours une
opération stratégique défectueuse, surtout lorsque ces corps ne
peuvent se secourir l'un l'autre en temps opportun.

Double ligne d'opérations en 1756. — Au début de la campagne de 1756, Frédéric prend pour premier objectif la conquête de la Saxe et envahit l'Électorat par trois lignes d'opérations qui convergent vers Dresde ; ce premier résultat obtenu, il pénètre en Bohême, à la rencontre du maréchal Browne, et choisit cette fois une double ligne d'opérations. Pendant que lui-même franchit les défilés de l'Elbe, il dirige le maréchal de Schwerin, de Silésie en Bohême ; celui-ci franchit le défilé de Nachod avec 30,000 hommes, et marche sur l'Elbe. Le but du roi est de détourner l'attention des Autrichiens, de les attirer vers l'Elbe supérieur, tandis que lui-même tombera sur leurs derrières par les défilés de la Saxe.

Le choix de ces deux lignes d'opérations appuyées l'une sur la Saxe, l'autre sur la Silésie, est essentiellement défectueux ; la distance qui sépare les deux groupes de l'armée prussienne au début de leur mouvement est énorme ; le fait que ces deux lignes convergent l'une vers l'autre atténue à peine la faute commise par le roi. Les Autrichiens, placés entre les deux armées prussiennes, ont pour eux les avantages inhérents aux lignes intérieures ; ils peuvent se concentrer rapidement et accabler l'une de ces armées avant l'intervention de l'autre. En outre, Frédéric a laissé en Saxe une partie notable de ses forces : au début de la campagne il disposait d'une belle armée de 160,000 hommes, dont 120,000 pouvaient être amenés sur le même champ de bataille ; or, telle est la dispersion de ses forces qu'il va se présenter à Lowositz, devant le maréchal Browne, avec 25,000 hommes seulement.

Quant aux Autrichiens, ils ne tirent aucun parti de cette faute, et ils ne savent utiliser ni leur position centrale, ni la configuration particulière de la Bohême, qui forme un vaste camp retranché, chargé de défendre les approches de la monarchie autrichienne. Le maréchal Browne laisse Piccolomini en observation devant Schwerin avec la moitié des forces dont il dispose ; avec le reste, soit environ 30,000 hommes, il marche lui-même contre Frédéric et se fait battre à Lowositz.

Choix de quatre lignes d'opérations en 1757 ; *avis de Frédéric II.* — L'année suivante, Frédéric commet encore la faute d'envahir la Bohême en prenant plusieurs lignes d'opérations ;

son armée forme quatre colonnes qui franchissent les défilés de la Saxe, de la Lusace et de la Silésie, se réunissent deux à deux et convergent vers Prague ; c'est sous les murs même de cette place, et presque en vue de l'armée ennemie, que les deux groupes principaux formés par l'armée prussienne opèrent enfin leur jonction le matin de la bataille de Prague.

Nous avons déjà fait ressortir les défauts du plan adopté par Frédéric II ; la réussite en était basée sur le succès de plusieurs colonnes qui opéraient séparément ; que l'une d'elles vienne à être arrêtée dans son mouvement, comme cela a failli arriver au duc de Bevern à Reichenberg, et la marche des autres colonnes est compromise. Le choix de quatre lignes d'opérations exige, en outre, pendant un certain temps, la surveillance et la conservation de quatre lignes de communications, puisque chacune des colonnes doit être en mesure, en cas d'échec, de battre en retraite sur sa propre base. Enfin, une fois le mouvement commencé, comment le modifier, si la nécessité s'en fait sentir ? Comment accélérer ou retarder la marche des colonnes qui se trouvent en retard ou en avance, de façon qu'elles aboutissent en même temps devant Prague ? Comment même savoir si elles sont en avance ou en retard, puisqu'elles sont séparées par des défilés et des rivières ? C'est évidemment se mettre à la merci du premier incident venu.

Il semble que Frédéric II n'ait pas cru au danger des lignes d'opérations multiples ; peut-être escomptait-il la lenteur et l'indécision de ses adversaires. Voici comment il concevait un plan offensif contre l'Autriche : « Le plus sûr moyen, quoique difficile, est de porter directement, vers la mi-mai, la guerre par la Moravie sur le Danube. En deux campagnes, si l'armée prussienne remporte un succès bien marqué en Moravie, les Autrichiens de Bohême seront obligés de détacher incessamment pour l'Autriche, et l'armée prussienne pourra faire en Bohême, par la Saxe et la Silésie, telle entreprise qu'elle voudra, sans rien appréhender de l'ennemi, et, dès lors, notre armée de Moravie, poussant de son côté ses opérations vers le Danube, mettra aux Autrichiens la corde au cou ». Ce plan est basé sur l'emploi de plusieurs lignes d'opérations, espacées depuis la haute Silésie jusqu'à la Saxe ; il eût présenté encore plus de dangers que le plan d'invasion de la Bohême en 1757 ; on sait, du reste, que la tentative sur la Moravie échoua complètement l'année suivante.

Des lignes intérieures. — L'armée qui occupe une position centrale par rapport à plusieurs adversaires peut se porter, avec la plus grande partie de ses forces, contre l'un d'eux et le battre avant l'arrivée des autres, puis se retourner contre ceux-ci en opérant par les lignes intérieures. Cette manière d'agir exige beaucoup d'activité et d'adresse, car il faut tromper l'ennemi par des démonstrations habiles et lui laisser ignorer, jusqu'au dernier moment, ses véritables intentions.

Il ne faudrait pas croire que l'emploi des lignes intérieures constituât toujours un avantage réel et fût lui-même sans dangers ; si les groupes ennemis sont éloignés les uns des autres, il sera difficile de les maintenir à distance et, pendant qu'on s'attachera à l'un d'eux, les autres pourront continuer leur mouvement offensif ; le succès deviendra alors une question de vitesse, et l'armée qui opère concentrée, ne pouvant plus cacher ses projets, devra s'empresser de mettre l'un de ses adversaires hors de combat avant l'intervention de l'autre. C'était le cas de Frédéric II lorsqu'il cherchait, au début de chaque campagne, à battre tout d'abord l'armée autrichienne, sachant que l'armée russe commençait à se réunir en Pologne pour marcher sur l'Oder. Si, au contraire, les groupes ennemis sont rapprochés les uns des autres, l'armée unique qui opère contre eux par les lignes intérieures pourra facilement leur donner le change sur ses propres intentions, mais elle risquera finalement d'être écrasée entre elles. « Il faut donc, pour faire un usage heureux de ces lignes, que les distances soient moyennes pour pouvoir encore battre une des fractions avant que les autres ne soient là... A cause de cela, le temps favorable à l'action sur les lignes d'opérations intérieures est très limité. Marche-t-on prématurément, on risque de frapper un coup dans l'eau ; marche-t-on trop tard, on se voit pris, pendant la lutte, entre les fractions ennemies qui s'avancent de toutes parts [1]. »

Cette stratégie aura d'autant plus de chances de réussir que

---

[1] Von der Goltz, *La Nation armée.*

les armées alliées seront moins mobiles et moins animées du désir d'en venir aux mains, de brusquer une solution ; c'était précisément le cas des armées de la coalition : Autrichiens, armée des Cercles, Russes, Suédois, tous marchaient avec la plus grande lenteur, et Frédéric pouvait espérer qu'un succès remporté sur l'une de ces armées rendrait les autres encore plus circonspectes et arrêterait peut-être leur mouvement en avant. L'emploi des lignes intérieures était donc tout indiqué pour le roi ; nous allons voir comment il a fait l'application de ces principes.

Exemple : après la bataille de Prague. — Au début de la guerre de Sept ans, les adversaires de la Prusse ne sont pas encore prêts à entrer en campagne, et le roi peut facilement, en 1756 et 1757, envahir la Bohême, en prenant pour unique objectif l'armée autrichienne. Mais après la bataille de Prague (6 mai 1757), il se trouve lui-même placé entre le prince de Lorraine, qui occupe Prague avec la plus grande partie de son armée, et une nouvelle armée autrichienne en formation sur l'Elbe, sous les ordres du maréchal Daun. La résistance inopinée de Prague crée à Frédéric, malgré sa victoire, une situation assez difficile. Obligé de maintenir, sur les deux rives de la Moldau, la plus grande partie de ses forces pour observer les 50,000 hommes du prince de Lorraine, il voyait grossir, à quelques jours de marche, l'armée du maréchal Daun. Fallait-il abandonner le blocus de Prague, pour tomber avec toutes ses forces sur Daun ? Le prince de Lorraine ne profiterait-il pas de ce mouvement pour opérer une diversion sur les derrières ou les flancs de l'armée prussienne, ou pour faire sa jonction avec le maréchal ? N'était-il pas préférable d'attendre, sous les murs de Prague, dans une position solidement retranchée, l'approche du maréchal Daun, et de tomber alors sur lui en maintenant les défenseurs pendant le temps nécessaire pour culbuter ce dernier ? Frédéric s'arrêta à un moyen terme : marcher à la rencontre du maréchal et laisser, sur les deux rives de la Moldau, un corps d'observation suffisant pour maintenir en respect la garnison de Prague. Cette demi-mesure présentait le grave inconvénient d'affaiblir beaucoup l'armée d'opérations, de telle sorte que le roi va se présenter à Kolin, devant le maréchal Daun, avec une infériorité numérique considérable ; de plus, les deux groupes laissés devant Prague sont séparés par la Moldau et peuvent être battus séparément par le prince de Lorraine.

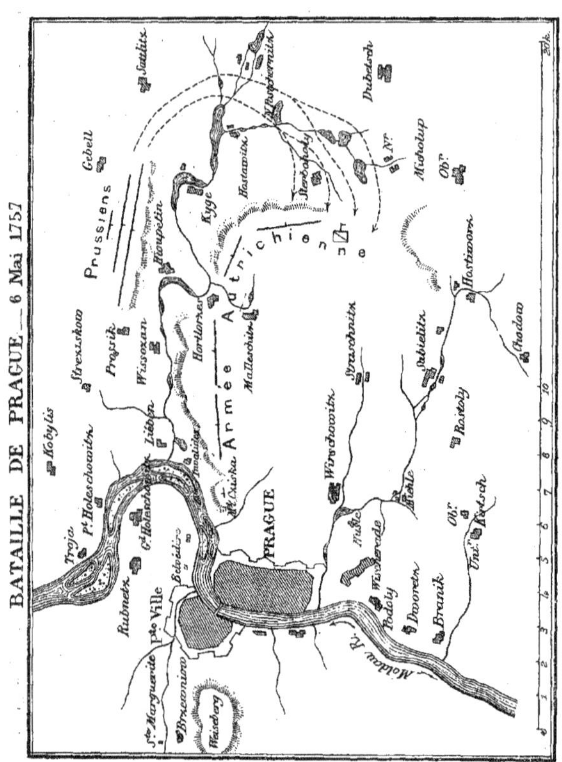

Frédéric II a expliqué sa conduite ainsi qu'il suit :

« Pour que l'on prit Prague et l'armée qui la défendait, il était indispensable d'éloigner le maréchal Daun de cette contrée, parce

que les troupes employées à en faire la circonvallation, quoique
bien postées pour repousser les sorties, n'étaient que sur une
ligne et ne pouvaient défendre leur front et leur dos en même
temps, parce qu'en se laissant resserrer autour de Prague, la
subsistance aurait manqué aux Prussiens..... Ces considérations
importantes déterminèrent le roi à se mettre en personne à la
tête de ce détachement pour joindre le prince de Bevern et juger,
sur les lieux, du parti qu'il serait le plus convenable de prendre. »

Il semble que le duc de Bevern, qui observait Daun avec
25,000 hommes, eût pu manœuvrer de façon à se rapprocher de
Prague jusqu'à une journée de marche, tout en maintenant en
respect l'armée du maréchal ; par une marche forcée, le roi pouvait se joindre à son lieutenant pour attaquer Daun avec la plus
grande partie de ses forces, après quoi la capitulation de Prague
n'était plus qu'une question de temps ; le prince de Lorraine,
maintenu pendant vingt-quatre heures dans la place, eût été dans
l'impossibilité d'intervenir en temps opportun. En un mot, Frédéric eût conservé l'avantage de manœuvrer, par une ligne intérieure, contre ses deux adversaires, avec assez de rapidité pour
accabler l'un avant l'intervention de l'autre. « Son projet de
prendre position sous Kolin, à quatorze lieues de Prague, le mettait hors d'état d'être secouru, dans une marche, par une partie
de l'armée du blocus, et *vice versa* (NAPOLÉON). » On connaît la
suite : Frédéric, vaincu à Kolin, lève le siège de Prague et bat en
retraite en évacuant la Bohême.

*L'emploi des lignes intérieures, en 1758, assure le succès des
Prussiens.* — L'année suivante, après son échec devant Olmütz,
le roi regagne la frontière de Silésie par la Bohême, suivi mollement par l'armée autrichienne (août 1758). Mais à ce moment
l'armée russe s'apprête à entrer en ligne : forte de 70,000 hommes
sous les ordres du général de Fermor, elle s'est mise en marche
dès le mois de février ; au commencement de mars elle atteint la
Vistule, puis elle prend ses cantonnements aux environs de
Marienwerder, et ce n'est que le 1er juillet qu'elle franchit la
Wartha et occupe Posen. Devant ce nouveau danger, le comte
de Dohna, qui opère contre les Suédois, abandonne le blocus de
Stralsund et se concentre, le 6 août, près de Francfort pour disputer aux Russes le passage de l'Oder ; le 10 août, ceux-ci

débouchent de Landsberg; le 13, ils investissent Custrin et bombardent la place par la rive droite de l'Oder : Dohna s'est établi en face de Custrin, sur la rive gauche, en attendant l'arrivée du roi. Telle est la situation lorsque Frédéric II quitte en toute hâte la Silésie et arrive sur l'Oder où il prend le commandement des forces prussiennes (21 août); il devance le prince Maurice qui lui amène en toute hâte des renforts de la Silésie; parti de Landshut le 11 août, celui-ci rejoint le roi par Liegnitz, Wartenberg et Krossen, après avoir parcouru en dix jours 350 kilomètres. La bataille de Zorndorf inflige aux deux partis des pertes énormes, mais le roi a atteint son but : l'armée russe se retire sur Landsberg.

Le départ de Frédéric a laissé le champ libre au maréchal Daun en Silésie; au lieu d'agir avec vigueur, le maréchal se contente de faire bloquer Neisse par le général Deville, et surveiller la Silésie par le corps de Harsch, fort de 10,000 à 12,000 hommes; puis il envoie Laudon sur les frontières de la Marche pour faire une diversion en faveur des Russes. Ayant ainsi affaibli son armée principale, il s'apprête à envahir la Saxe pour prendre à revers le prince Henri, tandis que le duc de Deux-Ponts pénétrera en Saxe au sud par la rive gauche de l'Elbe. Lorsque Frédéric quitte Custrin pour marcher au secours de son frère, au commencement de septembre, la Silésie n'est pas sérieusement menacée. Laudon a dû battre en retraite sur le gros de l'armée autrichienne et Daun médite de franchir l'Elbe pour tomber sur les derrières du prince Henri pendant que l'armée des Cercles le maintiendra de front. Ainsi le maréchal a perdu un mois entier sans rien tenter de sérieux et cette inaction permet au roi, débarrassé des Russes, d'arriver à temps sur l'Elbe pour arrêter l'armée autrichienne.

Frédéric part de Custrin, le 3 septembre, laissant Dohna observer les Russes; il arrive le 9 en Saxe et rappelle à lui le margrave Charles, qui défend la Silésie. Le 11, l'armée prussienne campe à Reichenberg, près de Dresde, communiquant avec le prince Henri qui est à Gamich; l'armée autrichienne occupe à Stolpen une bonne position d'où elle couvre ses communications avec la Bohême et se relie avec l'armée des Cercles qui est à Pirna; elle peut se porter dans le flanc des Prussiens ou les gagner de vitesse s'ils marchent sur la Silésie. Daun a sous ses ordres 60,000 hommes, tandis que le roi n'en a que 30,000, la plupart fatigués par de pénibles marches ; de son côté, l'armée des Cercles est supérieure à celle du prince Henri.

Frédéric II quitte Reichenberg le 13 septembre, son avant-garde entre le 29 à Bautzen après avoir replié le corps de Laudon ; le 1er octobre, le roi pousse jusqu'à Weissenberg : son but est de manœuvrer contre l'armée autrichienne pour la forcer à la retraite ou pour l'attaquer dans une mauvaise position ; mais il est battu à Hochkirch le 14 octobre. Toutefois, Daun perd tout le fruit de sa victoire en laissant l'armée royale gagner la Silésie et faire lever le siège de Neisse.

Ainsi, pendant cette campagne, Frédéric II a manœuvré par les lignes intérieures contre les Autrichiens et les Russes ; tantôt vainqueur, tantôt battu, il les a maintenus éloignés les uns des autres, tandis que ses lieutenants tenaient tête aux Suédois et aux contingents des Cercles ; il est parvenu finalement à rejeter ses ennemis au delà de ses frontières et ce résultat il l'a obtenu grâce à une offensive hardie appuyée sur un emploi judicieux des lignes intérieures.

En 1759, Frédéric manœuvre mollement par les lignes intérieures. — La situation du roi, au début de la campagne de 1759, est des plus difficiles ; les armées de la coalition pressent de tous côtés ses frontières et ses propres ressources s'épuisent. Sa principale armée opère en Silésie sous ses ordres, le prince Henri est en Saxe, et Dohna en Poméranie. Le maréchal Daun, avec le gros de ses forces, observe les défilés qui conduisent de Bohême en Silésie ; il est aux environs de Gitschin avec détachements à Nachod, Politz et Trautenau ; Deville est en Moravie avec 25,000 hommes et 10,000 Autrichiens surveillent la frontière de Saxe, sur l'Eger. Enfin, l'armée des Cercles opère sur la frontière de Saxe et de Franconie ; 70,000 Russes occupent la Pologne, et 15,000 Suédois la Poméranie. Les forces de la coalition sont donc bien supérieures à celles dont dispose Frédéric II ; mais les Russes sont éloignés et ne peuvent commencer les opérations avant l'été, vu l'état des routes en Pologne pendant la mauvaise saison ; il est probable qu'ils n'arriveront pas sur l'Oder avant la fin de juin ou le commencement de juillet ; les Suédois et l'armée des Cercles sont peu à craindre. Frédéric a donc un répit de trois mois pour mettre l'armée autrichienne hors de cause ; il semble qu'il n'ait pas un moment à perdre pour tomber avec le gros de ses forces sur l'armée de Bohême, tandis que le prince Henri maintiendra les contingents des Cercles, et que Dohna tiendra tête aux Suédois. Le problème se présente, cette fois encore, sous la forme d'une manœuvre par les lignes intérieures contre Daun et l'armée des Cercles, d'une part, puis contre Daun et les Russes, lorsque ceux-ci prononceront leur mouvement offensif.

Au lieu de marcher franchement en Bohême, comme les circonstances semblent l'indiquer, Frédéric reste immobile sur la frontière de Silésie, faisant ainsi le jeu des Autrichiens qui ont tout intérêt à attendre l'arrivée des Russes sur l'Oder. Sa conduite, en cette occasion, est contraire à son tempérament et à ses habitudes d'offensive ; lui-même, reconnaissant peut-être la faute commise, passe légèrement sur ce point : « L'armée du roi retenue, par le voisinage des Russes en Pologne, sur les frontières de la Marche et de la Silésie, ne pouvait pas entreprendre d'expéditions qui l'auraient écartée d'une ligne de défense de laquelle elle ne pouvait s'éloigner sans risque, et l'armée autrichienne différait de commencer ses opérations pour donner aux Russes le temps de se mettre en campagne ; ce qui retardait ordinairement le mouvement des troupes jusqu'à la fin de juillet ». Cette inaction constitue une faute grave qui va peser lourdement sur toute la campagne de 1759.

Jusqu'à la fin de juin, les armées restent en présence sans rien entreprendre de sérieux : le roi se contente de quelques coups de main soit en Moravie, soit en Pologne, contre les magasins ennemis. Cependant l'armée russe approche : au milieu de juin ses coureurs arrivent sur la Neisse ; de son côté Daun se met en marche pour se porter à la rencontre de ses alliés ; si Frédéric s'attarde encore il va se trouver coupé de Berlin et attaqué en même temps par ses deux adversaires, l'avantage des lignes intérieures se retournera contre lui. Heureusement pour le roi, Daun opère son mouvement très lentement ; à la fin de juin il marche de Gitschin par Turnau, Reichenberg et Friedland sur Marklissa, où il attend des nouvelles des Russes (6 juillet). Frédéric se décide enfin à lever le camp de Landshut et à marcher vers le Nord ; mais il hésite soit à se porter franchement contre les Russes, soit à tomber dans le flanc des Autrichiens pour arrêter leur marche : le 10 juillet il campe à Smotseifen, dans une forte position entre le Bober et la Queiss, et attend les événements. C'est dans cette situation qu'il apprend la défaite du général de Wedell, envoyé contre les Russes ; ceux-ci arrivent à Krossen (28 juillet), menaçant Francfort et Berlin. Daun reste immobile à Marklissa, mais son lieutenant Laudon se dirige vers l'armée russe et fait sa jonction avec elle, le 3 août, à Francfort. Frédéric se décide à marcher contre les Russes ; il est battu à Kunersdorf, mais grâce au sang-froid et à l'habileté du prince Henri, l'armée autrichienne bat en retraite, et Soltykoff, mécontent, se retire en Pologne.

Ainsi, le manque de décision du roi, ses longs retards, ses hésitations lui ont fait perdre les avantages des lignes intérieures ; avec un peu plus d'activité ses adversaires parvenaient à faire leur jonction et à l'écraser ; après Kunersdorf, cette jonction paraissait imminente et le roi n'a été sauvé de ce grand danger que grâce à la mollesse du maréchal Daun, grâce aussi à l'intelligence et à l'habileté du prince Henri.

Campagne de 1760 : *Frédéric ne tire pas tout le parti possible des lignes intérieures.* — Comme dans les campagnes précédentes Frédéric II va se trouver placé entre les armées alliées ; un bon emploi des lignes intérieures lui permettrait donc encore de les attaquer séparément dans de bonnes conditions. Cette fois encore les Russes sont très éloignés et les autres armées ennemies sont disséminées à des distances considérables les unes des autres ; mais pour obtenir un succès appréciable il faut prendre énergiquement l'offensive, et l'état d'épuisement des troupes prussiennes s'y oppose en partie : le roi lui-même paraît fatigué et sa confiance dans ses troupes est bien diminuée par suite de la disparition de ses meilleurs soldats.

Aussi, le voyons-nous rester tout d'abord sur la défensive en manœuvrant timidement contre ses adversaires ; il cherche à reprendre la Saxe, puis il défend la Silésie. Heureusement pour lui, ses ennemis montrent encore plus d'hésitations, leurs armées s'éloignent le plus possible l'une de l'autre pendant l'hiver, sous prétexte de prendre leurs cantonnements et de se ravitailler sur leurs bases respectives : « Il semblerait », a-t-on remarqué avec raison, « que leurs généraux aient pris plaisir à cette guerre singulière, car ils préférèrent bénévolement donner au roi le temps de bien se refaire pendant l'hiver afin d'avoir, au printemps, une nouvelle armée à cambattre; du moins, il serait difficile d'expliquer cette étonnante manie de prendre tous les ans, pendant six mois, une ligne divergente de 150 lieues et de passer les six autres mois à tenter une réunion [1] ».

Cette année, les alliés désireux de faciliter la jonction de leurs armées ont pris pour rendez-vous la Silésie : Soltykoff se dirigera sur l'Oder, en aval de Breslau; Laudon, avec 50,000 hommes, refoulera facilement le corps de Fouquet, posté en face de lui, à Landshut, avec 12,000 hommes, pour défendre les défilés de la Silésie; Daun et l'armée des Cercles tiendront tête à Frédéric qui opère en Saxe; enfin, le prince Henri est sur le Bober pour observer les Russes. Quant au roi, au lieu de conserver sous ses ordres la majeure partie de ses forces pour prendre l'offensive contre les Autrichiens avant l'arrivée des Russes, il a scindé son armée en trois groupes et fait face à ses adversaires de tous côtés; il renonce ainsi au principal avantage que lui offre l'emploi des lignes intérieures avec le gros de ses forces contre un seul ennemi à la fois; il s'expose à être faible partout et à n'obtenir aucune solution contre les Autrichiens avant l'intervention de l'armée russe.

Cette faute porte bientôt ses fruits. Fouquet est écrasé à Landshut (23 juin), Glatz est prise (25 juillet) et les Russes approchent de l'Oder. Pendant ce temps, que fait Frédéric? Il manœuvre en Saxe, tantôt cherchant à reprendre Dresde, tantôt faisant mine de se diriger vers la Silésie, dans l'espoir que les Autrichiens s'éloigneront de Dresde et qu'il pourra reprendre cette place dont la perte lui tient au cœur; finalement il perd six semaines pendant lesquelles il n'a ni battu les Autrichiens, ni repris la Saxe, ni secouru la Silésie; heureux encore d'avoir en face de lui un adversaire tel que Daun, qui n'inquiète même pas la retraite de la faible armée prussienne, obligée de lever le siège de Dresde en face des 80,000 hommes de l'armée combinée.

Cependant, 67,000 Russes se sont concentrés le 17 juillet à Posen, et mis en route le 24 pour Breslau, dans le but de faire

---

[1] Jomini, *Histoire critique et militaire des guerres de Frédéric II.*

leur jonction sous les murs de cette place avec les 45,000 hommes
de Laudon. De son côté, le prince Henri, après une longue
inaction, s'est porté sur Landsberg et campe sur la rive gauche
de la Wartha, pensant tenir les Russes en échec. A la nouvelle
que ceux-ci marchent sur Breslau, il se dirige au Sud, franchit
l'Oder à Glogau (1er août), et arrive à temps pour délivrer
Breslau, que Laudon a déjà investie. Celui-ci se retire sur
Striegau, et lorsque les Russes arrivent devant Breslau, ils
trouvent la place au pouvoir des Prussiens. C'est alors que
Frédéric se décide enfin à marcher sur la Silésie pour se
réunir au prince Henri et délivrer cette province ; mais cette
opération n'offre plus les mêmes facilités qu'au début de la
campagne : le roi a devant lui Soltykoff et Laudon, prêts à
opérer leur jonction, et sur ses derrières, l'armée de Daun,
qui peut lui couper la retraite, en cas d'insuccès, ou l'attaquer
en queue pendant sa marche. Les trois groupes ennemis sont
donc assez rapprochés pour combiner leurs opérations, et l'emploi de la ligne intérieure contre eux devient difficile et dangereux ; c'est le résultat de la mollesse avec laquelle le roi a
manœuvré depuis le commencement de la campagne, et du
temps qu'il a perdu.

Frédéric retrouve dans ce grand danger toute sa présence
d'esprit ; il marche hardiment sur la Silésie, rencontre le corps
de Laudon à Liegnitz et le bat, malgré la proximité de Daun,
qui laisse écraser son lieutenant (15 août) ; enfin il atteint Breslau et se joint au prince Henri. Les Russes, qui ont déjà jeté un
corps sur la rive gauche de l'Oder, repassent sur la rive droite.
Mais le danger, un instant éloigné, n'a pas disparu complètement ; l'armée russe est indécise sur la rive droite de l'Oder,
entre Breslau et Glogau ; les Autrichiens sont campés au cœur de
la Silésie et assiègent Schweidnitz. Cette fois, Frédéric est placé
avec toutes ses forces entre ses deux principaux adversaires : il
se décide à marcher contre l'armée autrichienne, qui constitue
pour lui le danger le plus pressant, et il détache 12,000 hommes
sur Glogau pour observer les Russes qui menacent cette place.
De la fin d'août au commencement d'octobre, le roi manœuvre
en Silésie contre Daun, sans obtenir aucun résultat décisif, laissant ainsi le champ libre à ses adversaires dans le centre de ses
États ; il a perdu cinq semaines que ses ennemis, avec un peu

plus d'activité, auraient pu utiliser à combiner leurs mouvements et à pousser rapidement les opérations.

De leur côté, les alliés, après beaucoup d'hésitations, se décident à porter un corps russe, sous les ordres de Czernischeff, sur Berlin, par Guben et Beeskow, tandis que Romanzow, avec le reste de l'armée russe, restera en observation sur l'Oder à Krossen ; Daun détachera Lascy avec 25,000 hommes pour se joindre aux Russes. Le 3 octobre, l'avant-garde russe paraît devant Berlin, qui capitule le 9 ; mais déjà Frédéric II marche au secours de sa capitale, et son approche force le corps russe à la retraite. Les alliés se séparent et rejoignent à la hâte leurs bases d'opérations. Cette entreprise, conçue hâtivement, n'a donc d'autre résultat que de mettre fin aux marches et contre-marches du roi en Silésie, et de le déterminer à se porter par les lignes intérieures contre le groupe ennemi qui, en marchant sur Berlin, menace la source même des renforts et des ravitaillements de l'armée prussienne.

Le dernier épisode de cette campagne nous montre Frédéric II se jetant entre les deux groupes ennemis qui le menacent de plus près, et se décidant, pour en finir, à livrer à son principal adversaire une bataille qu'il a trop longtemps différée. Cette stratégie, basée sur l'emploi de la ligne intérieure, lui réussit cette fois, grâce à l'abstention de l'armée russe, qui n'essaye plus d'intervenir dans la lutte.

Après le départ du roi, le maréchal Daun laisse Laudon en Silésie et suit à distance le mouvement de l'armée prussienne ; il franchit la Neisse au nord de Gœrlitz, et la Sprée au-dessous de Bautzen ; il est rejoint, près de Torgau, par le corps de Lascy, et il se décide à passer sur la rive gauche de l'Elbe pour agir de concert avec l'armée des Cercles (fin octobre). Frédéric marche aussitôt sur la Saxe ; il passe l'Elbe à Roslau, rappelle à lui le prince de Wurtemberg et Hülsen, envoyés en ravitaillement à Magdebourg, et vient à Düben pour empêcher la réunion des deux armées alliées. Daun rétrograde sur Torgau, renonçant ainsi à faire sa jonction avec le duc de Deux-Ponts. Frédéric envoie contre celui-ci un corps d'observation sous les ordres de Hülsen, et lui-même, avec le reste de ses forces, attaque le maréchal à Torgau pour terminer la campagne (3 novembre).

L'année 1760 peut être considérée comme clôturant les grandes campagnes de Frédéric II. Après de nombreuses hésitations, que l'épuisement de son armée explique en partie, il recouvre toute son énergie, se jette avec résolution entre ses adversaires et manœuvre habilement au milieu d'eux au moment où ils paraissent sur le point de l'accabler. Le succès final récompense ses efforts. « Ce qui nous paraît admirable dans cette campagne... c'est la sagesse avec laquelle, poursuivant un grand but et ne disposant que de forces limitées, il ne tenta jamais rien qui fût au-dessus de ses moyens, et cependant précisément assez pour arriver à ses fins... Bien longtemps après, des écrivains militaires, témoins oculaires, ne parlaient encore qu'avec effroi de l'imprévoyante insouciance avec laquelle le roi faisait camper ses troupes, et du danger auquel il s'exposait. On en pourrait dire autant des marches qu'il faisait exécuter à son armée sous les yeux, souvent même sous le canon de l'ennemi... L'esprit de décision, la hardiesse et la force de volonté du roi lui permettaient d'envisager clairement des situations dont on signalait encore le danger trente ans plus tard ! Il est certain que, dans de pareilles circonstances, peu de généraux en chef eussent osé recourir à des moyens statégiques si simples [1]. »

En 1761, il ne peut empêcher la jonction des Autrichiens et des Russes. — Au mois de mai 1761, le roi se porte en Silésie et y reste inactif en face de Laudon jusqu'à la fin de juin ; le rôle de celui-ci est de rester sur la défensive en attendant l'arrivée des Russes : le roi a donc intérêt à manœuvrer sans perdre de temps contre l'armée autrichienne pour l'entamer et la rejeter en Bohême, puis à se retourner contre l'armée russe ; l'emploi de la ligne intérieure lui permettra cette fois encore d'atteindre le but, mais à la condition d'agir avec décision et vigueur, sinon, à l'approche des Russes, le roi perdra tous les avantages que lui offre sa situation entre ses deux adversaires, et risquera d'être écrasé entre eux.

Les six semaines perdues par Frédéric donnent aux Russes le temps d'arriver. Au milieu de juillet ceux-ci atteignent la frontière de Silésie ; Laudon a reçu des renforts, et son armée s'élève

---

[1] CLAUSEWITZ, *loc. cit,*

à près de 80,000 hommes. Les circonstances sont déjà moins favorables pour le roi ; il se décide à prendre l'offensive contre les Autrichiens ; il marche sur Neisse, prend le contact avec Laudon, côtoie même son armée un instant, le 22 juillet, et la devance sur la route de Neisse. Il dépend de lui d'attaquer l'armée autrichienne seule, mais il se contente de l'avantage obtenu en arrêtant sa marche sur Oppeln, et en empêchant ainsi, pour le moment, la jonction des deux armées alliées dans la haute Silésie. On conçoit qu'en présence de l'épuisement croissant de son armée, Frédéric II ait hésité à livrer bataille ; mais il y a des circonstances où le moyen le plus sûr de ménager ses forces est encore de les engager sans hésitation : c'était le cas le 22 juillet. L'occasion favorable ne devait plus se présenter jusqu'à la fin de la campagne.

Dès lors les événements se précipitent ; les Alliés se donnent rendez-vous dans la basse Silésie, vers Jauer ; les Russes franchissent l'Oder à Leubus, marchent sur Katzbach, et Laudon manœuvre avec habileté pour se rapprocher d'eux sans livrer combat. Le 20 août, la jonction des deux armées est un fait accompli, et un corps prussien a failli être pris entre leur cavalerie. Frédéric, réduit aux abois, n'est sauvé que par les dissentiments qui surviennent entre ses adversaires.

En 1762, les Russes sont devenus les alliés de Frédéric II, qui n'a plus devant lui que les Autrichiens et l'armée des Cercles. Le roi a donc ses derrières libres et peut porter tous ses efforts sur la Silésie. Lorque l'assassinat du czar Pierre III amène une nouvelle défection de la Russie, le corps de Czernischeff quitte la Silésie et rentre en Pologne. Frédéric n'a donc plus à manœuvrer par les lignes intérieures contre des adversaires qui le pressent de toutes parts. Au reste, la lassitude gagne tout le monde, et la paix s'impose aux deux partis.

En résumé, Frédéric II est resté vainqueur de la formidable coalition formée contre lui, et c'est en grande partie à l'emploi des lignes intérieures qu'il a dû ce résultat ; s'il n'a pas toujours tiré de ce moyen stratégique tout le parti que l'on en pouvait espérer, c'est qu'il a dû compter avec des difficultés d'un ordre matériel, telles que l'épuisement de ses ressources en hommes, en vivres et en munitions, difficultés qui échappent le plus souvent au lecteur dans l'étude d'une campagne, et dont il est juste cependant de tenir compte dans l'examen impartial des faits de guerre.

Quant aux conditions mêmes dans lesquelles il convient de faire usage des lignes intérieures, on peut les résumer de la façon suivante :

« La possession des lignes intérieures est donc précieuse pour une armée ; mais elle n'a conduit les hommes de guerre au succès qu'à certaines conditions que l'on peut résumer ainsi : 1º manœuvrer toujours offensivement et en forces ; 2º ne prendre l'offensive que sur un point à la fois. Il est certain, en effet, que si l'on attend l'ennemi de pied ferme, il rassemblera ses troupes, choisira son point d'attaque, obtiendra la supériorité numérique et réussira à acculer son adversaire ou à l'envelopper. D'un autre côté, en attaquant sur plusieurs points à la fois, on est faible partout. On n'est donc fort qu'en attaquant sur un seul point avec ses troupes disponibles, en choisissant son point d'attaque et en restant sur la défensive partout ailleurs [1]. »

« Ne vous effrayez pas, a dit Napoléon, si l'ennemi tend à se mettre sur vos derrières. Abandonnez de suite toutes les positions qu'il veut attaquer, pour vous trouver vous-même, avec toutes vos forces, sur une de ses ailes [2]. »

---

[1] Général DERRÉCAGAIX, *La Guerre moderne.*
[2] Général PIERRON, *Les Méthodes de guerre actuelles.*

CHAPITRE XII.

> « Si vous pouvez vous porter sur la com-
> munication de l'ennemi sans hasarder vos
> magasins, faites-le. »
>
> (Frédéric II.)

Ce qu'on entend par changement de ligne d'opérations. — Difficultés de cette
manœuvre. — Principaux changements de ligne exécutés par Frédéric II :
avant la bataille de Czaslau. — Dédoublement de la ligne d'opérations avant la
bataille de Prague. — Changement de ligne d'opérations après la levée du siége
d'Olmütz. — Mouvements avant la bataille de Hochkirch. — Après cette
bataille, Frédéric prend une nouvelle ligne d'opérations sur la Silésie. — Il
ne faut pas confondre les marches de flanc avec les changements de ligne.
— Exemples : avant la bataille de Kolin ; manœuvre du roi avant la bataille de Leuthen ; changement de ligne d'opérations avant Zorndorf et Kunersdorf. — Conclusion.

Ce qu'on entend par changement de ligne d'opérations. —
Supposons qu'une armée A, ayant sa base en C, marche contre
une armée ennemie B, dont la base est en B_1 ; si elle se porte
directement contre son adversaire, l'armée A établira généralement ses magasins sur sa ligne d'opérations, de telle sorte que
celle-ci constituera en même temps sa ligne de communications
et, suivant toute probabilité, sa ligne de retraite. C'est le cas le
plus simple.

Supposons maintenant que cette armée ait à sa disposition
une ligne oblique MN avec points d'appui D, F ; par exemple,
un cours d'eau avec têtes de pont en D et en F ; au lieu de marcher directement contre son adversaire, elle pourra gagner son
flanc droit et menacer sa ligne de communications en prenant
elle-même pour ligne d'opérations la ligne CEGA. Parvenue
en E, elle se ravitaillera sur la place D, de telle sorte que la
ligne DE, plus courte, deviendra sa nouvelle ligne de communications ; de même, parvenue en G, elle prendra GF pour ligne
de communications. Non seulement ces nouvelles lignes sont
plus courtes que la première, mais elles permettent à l'armée A
de gagner peu à peu le flanc droit de l'ennemi, sans compro-

mettre ses propres communications. En un mot, l'armée aura
exécuté un changement de ligne d'opérations en reportant successivement sa base de C en D et en F. En cas de retraite, elle
pourra rétrograder soit suivant sa ligne primitive G E C, soit
suivant l'une des lignes plus courtes G F ou E D.

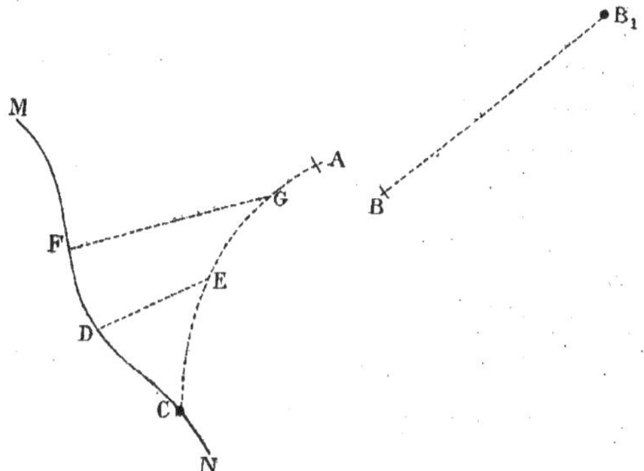

La manœuvre stratégique, ainsi exécutée, est désignée d'habitude sous le nom de *changement de ligne d'opérations ;* il serait
peut-être plus exact de dire « changement de ligne de communications » ; nous emploierons la première expression, qui est d'un
usage courant, mais en y attachant le sens qui vient d'être
indiqué. C'est dans ce sens que Napoléon a dit, en parlant de la
bataille de Leuthen : « L'armée qui change sa ligne d'opérations
trompe l'ennemi qui ne sait plus où sont ses derrières et les
points délicats par où il peut les menacer[1]. »

Difficultés de cette manœuvre. — Le changement de ligne
d'opérations est une manœuvre relativement facile pour une

---

[1] La phrase suivante de Napoléon indique nettement sa pensée en ce qui
concerne la ligne de communications et la ligne d'opérations : « Quand on est
dans une place assiégée, on a perdu sa ligne de communications, mais non sa
ligne d'opérations, parce que la ligne d'opérations est du glacis au centre de la
place où sont les hôpitaux, les magasins et les moyens de subsistance. »

armée qui opère sur son propre territoire, puisqu'elle peut
généralement établir ses communications et se ravitailler dans
plusieurs directions à son choix. L'ennemi, au contraire, a
d'habitude pour base d'opérations une zone de frontière assez
étroite par laquelle il a pris l'offensive. Cette situation se prête
mal à un changement de ligne, car il lui faut créer de nouveaux
postes pour relier l'armée à sa nouvelle base, y faire arriver les
ravitaillements, pourvoir à leur sécurité. Aujourd'hui les chemins
de fer facilitent beaucoup cette opération ; des troupes spéciales,
prises parmi les moins aptes à faire campagne, sont affectées à
ce service : du temps de Frédéric II, les communications étaient
plus longues et plus difficiles, il fallait puiser les troupes de surveillance dans l'armée d'opérations, ce qui diminuait son effectif
dans des proportions très sensibles et constituait un véritable
danger.

Même en pays ami le changement de ligne offre quelquefois
des difficultés particulières et devient des plus dangereux : par
exemple, dans le voisinage de la frontière ou d'un obstacle tel
qu'un cours d'eau, une chaîne de montagne ; il faut, en effet,
prévoir le cas où l'ennemi prendrait lui-même l'initiative d'une
semblable manœuvre et chercherait à acculer son adversaire à
cet obstacle.

Le changement de ligne entrepris dans un but offensif a pour
objet de menacer les communications de l'ennemi et constitue un
vaste mouvement tournant stratégique ; or, d'après cet axiome
que, quiconque cherche à tourner son adversaire, peut être
tourné lui-même, il convient de parer à cette éventualité soit en
trompant l'ennemi par d'habiles démonstrations, ce qui est souvent difficile, soit en couvrant l'exécution de cette manœuvre à
l'aide de corps détachés, ce qui risque d'affaiblir l'armée en cas
de rencontre avec l'ennemi ; le secret de l'opération et la rapidité
d'exécution sont donc des conditions essentielles de succès.

Les changements de ligne n'ont pas toujours un caractère
offensif ; l'armée dont les communications sont menacées peut
elle-même parer à ce danger en exécutant une manœuvre semblable ; mais si elle opère en territoire ennemi, si sa base est
étroite ou éloignée d'elle, elle éprouvera peut-être de telles difficultés à changer de ligne d'opérations qu'elle devra tout d'abord
se rapprocher de sa base, c'est-à-dire battre en retraite.

*Principaux changements de ligne exécutés par Frédéric II.
— Avant la bataille de Czaslau.* — Au début de la campagne
de 1742, Frédéric II marche sur la Moravie, où il doit se joindre
aux Saxons qui déboucheront de la Bavière, puis menacer
Vienne ; la jonction a lieu, en effet, à Trebitsch sur l'Iglawa ;
mais les Saxons reçoivent l'ordre de se replier sur la Bohême, et
Frédéric, ne voulant pas rester seul exposé si loin de ses frontières, abandonne sa ligne de communications sur la haute Silésie
et se décide à passer lui-même en Bohême. Il va donc exécuter
un véritable changement de ligne et reporter sa base d'abord sur
l'Elbe, puis sur la frontière de Lusace ou sur celle de la basse
Silésie.

Dans la situation où se trouvait Frédéric II, cette conduite
était logique ; en effet, l'apparition du prince de Lorraine avec
30,000 hommes venait de dégager la haute Autriche et les abords
de Vienne ; avec ses 26,000 hommes, le roi de Prusse ne pouvait
songer à lui livrer bataille en Moravie ; la retraite sur la haute
Silésie était plus prudente, mais ne menait à rien ; elle exposait
la petite armée française aventurée en Bohême sous le maréchal
de Broglie à être écrasée, après quoi le prince de Lorraine restait
libre de se retourner contre les Prussiens. L'intérêt du roi était
donc de se rapprocher de ses alliés de Bohême ; ce mouvement
ne compromettait en rien ses communications avec les frontières
de son royaume, à la condition toutefois de se hâter, sous peine
de se voir coupé de l'Elbe.

Frédéric marche donc par Zwittau et Leutomischel sur Chrudim, où il arrive le 27 avril ; il laisse le prince Thierry d'Anhalt
pour couvrir les défilés de la haute Silésie ; mais à l'approche de
l'armée autrichienne, celui-ci se retire entre Troppau et Jœgendorf, et Frédéric se trouve ainsi privé d'une partie notable de ses
forces. La Silésie ne pouvait être menacée sérieusement par le
prince de Lorraine, puisqu'il aurait eu sur son flanc les armées
de Bohême et sur son front les places de Neisse et de Glatz ; le
roi le comprit et fit demander des renforts au prince d'Anhalt,
mais ils arrivèrent trop tard.

Cependant les Saxons se retirent sur l'Eger, les Français sont
à Pisek, sur la Wottawa, et Frédéric II cantonne ses troupes sur
la rive gauche de l'Elbe « en quartiers de rafraîchissement »,
lorsque le prince Charles de Lorraine débouche en Bohême par

Zwittau, décidé à attaquer le roi et à le couper de ses alliés. A son approche, Frédéric se concentre à Chrudim (13 mai); il marche avec l'avant-garde pour gagner Kuttenberg avant l'ennemi, dont les coureurs atteignent déjà l'Elbe; le 15, il campe sur une bonne position à Podhoran, le gros de l'armée le suit sous les ordres du prince Léopold d'Anhalt; l'avant-garde autrichienne, arrivée à Willimow, s'arrête. Le 16, le gros de l'armée prussienne ayant franchi le défilé de Hermanmestec, le roi repart avec l'avant-garde et prend position entre Kuttenberg et Neuhof; il envoie l'ordre au prince Léopold de s'établir la droite à Czaslau, la gauche vers Chotusitz; mais celui-ci est retardé dans sa marche par l'artillerie et les bagages, il n'atteint que Chotusitz dans la soirée; l'armée autrichienne gagne Czaslau dans la nuit du 16 au 17 mai. La bataille étant imminente; le roi part, le 17 à 4 heures du matin, et fait sa jonction avec le gros de son armée sur le champ de bataille même.

En résumé, le changement de ligne d'opérations, en 1742, était facile à exécuter, et Frédéric II, en cas d'insuccès à Czaslau, avait ses communications assurées avec la frontière de Lusace ou celle de Silésie.

Dédoublement de la ligne d'opérations avant la bataille de Prague. — Il peut arriver qu'une armée opérant sur une seule ligne se dédouble, on fasse un fort détachement et se trouve ainsi avoir deux lignes d'opérations partielles. Tel a été le cas de la principale armée prussienne placée sous les ordres de Frédéric II, en 1757, avant la bataille de Prague.

Dans les premiers jours du mois de mai 1757, le roi, qui a envahi la Bohême en marchant sur Prague, campe sur la rive gauche de la Moldau et a sa ligne de communications avec la Saxe par Budin et les autres ponts de l'Eger. Le 5 mai, il passe sur la rive droite de la Moldau, laissant Keith avec 22,000 hommes sur la rive gauche; il fait sa jonction avec le maréchal de Schwerin le lendemain, au moment même de livrer la bataille de Prague. Par cette manœuvre, le roi prend une nouvelle ligne de communications par les ponts de Brandeis et de Kostelctz, sur la Lusace, sans toutefois abandonner sa ligne primitive, puisqu'il reste maître des ponts de la Moldau au-dessous de Prague et des ponts de l'Eger. Il a donc exécuté un dédoublement de ligne d'opérations qui lui permettra de battre directement en retraite vers le nord, en cas d'insuccès, et il ne sera pas obligé de repasser sur la rive gauche de la Moldau pour reprendre ses communications sur un pays hostile comme la Saxe. On conçoit, en effet, que le passage d'une rivière comme la Moldau eût été une opération difficile et dangereuse en présence d'une armée ennemie victorieuse, et le seul reproche qu'on puisse adresser au roi, c'est d'avoir maintenu sur la rive gauche une partie notable de son armée qui lui a fait défaut sur le champ de bataille de Prague.

En résumé, le dédoublement de ligne s'est opéré par le fait seul du passage de la majeure partie de l'armée royale sur la rive droite de la Moldau; la marche de flanc, exécutée au début de la bataille de Prague, n'a fait qu'accentuer ce changement de ligne, mais celui-ci n'en aurait pas moins existé de fait si le roi avait attaqué de front, le 6 mai, la position occupée sous Prague par l'armée autrichienne, sans chercher à tourner son aile droite par un mouvement de flanc. Cette marche de flanc, purement tactique, exécutée pour ainsi dire sur le champ de bataille même, aurait fort bien pu n'avoir pas lieu, le changement de ligne d'opérations n'en restait pas moins un fait accompli. Nous insistons sur ce point, parce qu'on a voulu voir dans cette marche de flanc elle-même le changement de ligne d'opérations; nous en trouverons d'autres exemples plus loin, notamment à Kolin et à Leuthen, ce qui nous donnera l'occasion de revenir sur ce sujet et de préciser notre pensée.

Changement de ligne d'opérations après la levée du siège d'Ol-mütz. — On est convenu de dire qu'après la levée du siège d'Ol-mütz, en 1758, Frédéric II a exécuté un changement de ligne d'opérations très hardi, en abandonnant sa base sur la haute Silésie pour en prendre une nouvelle sur le comté de Glatz et le cercle de Landshut à travers toute la Bohême, en présence d'une armée autrichienne intacte et supérieure en nombre. En réalité, Frédéric a abandonné, à son corps défendant du reste, sa base primitive pour se diriger en pays ennemi sur un point de sa propre frontière avec lequel il n'était pas en communication et qui ne pouvait en conséquence constituer pour lui, à proprement parler, une nouvelle base d'opérations. Pendant cette marche d'un mois environ, il a vécu, d'une part, des ressources très restreintes qu'il possédait encore à son départ d'Olmütz; d'autre part, des contributions levées sur le pays et des magasins enlevés à l'ennemi. Comme il l'explique lui-même, il a « enlevé dans sa marche tous les dépôts que les Autrichiens avaient en Bohême et a consommé les fourrages du cercle de Kœnigingrætz ». Le roi a donc exécuté une retraite en pays ennemi sans aucune base ni aucune ligne de communications, opération beaucoup plus difficile et plus dangereuse qu'un changement de ligne. Pendant cette marche hardie, Frédéric n'avait pas d'autre objectif que de regagner sa frontière par les moyens les plus faciles et les plus rapides, en manœuvrant de son mieux à travers les corps autrichiens; il n'aurait pas hésité à abandonner la direction de Landshut, s'il eût rencontré de ce côté des difficultés sérieuses, et à prendre un autre objectif, par exemple, les défilés de la Lusace. C'est donc une retraite sans ligne de communications que Frédéric II a opérée après Olmütz, plutôt qu'un changement de ligne d'opérations; toutefois, pour nous conformer à l'usage, nous continuerons à désigner sous cette dénomination la manœuvre très remarquable accomplie par le roi. Ceci posé, il nous reste à indiquer brièvement comment il a opéré en cette circonstance.

Le 2 juillet 1758, l'armée prussienne lève le siège d'Olmütz et se met en retraite sur la Bohême; le prince Maurice forme l'avant-garde et marche sur Gewitz; le roi, posté avec le gros de ses forces aux environs de Prosnitz, le suit, tandis que Keith va camper à Littau avec tout le matériel de siège sans être inquiété sérieusement pendant cette délicate opération; il rejoint le roi à Tribau, le 4, et forme l'arrière-garde. Daun, établi avec le gros de ses forces à Gross-Teinitz, essaie timidement de poursuivre l'armée prussienne en envoyant des détachements chargés de gagner ses flancs; le 3 juillet, Laudon se porte au nord sur Eulenbourg et Ziskowitz sur Blandendorf, tandis qu'au sud Buccow tente en vain d'arrêter l'avant-garde prussienne au défilé de Johnsdorf. Le prince Maurice maintient Buccow et gagne même avant lui Leutomischel où il s'empare des magasins autrichiens. La retraite continue avec le prince Maurice en avant-garde, le roi au centre et Keith en arrière-garde; celui-ci soutient, le 8 juillet, un combat assez vif au défilé de Krenau contre les grenadiers de Lascy. Quant à Daun, il se contente de suivre avec le gros de ses forces sans intervenir sérieusement. Après un nouvel engagement près de Holitz, le 12 juillet, entre Keith d'une part, Laudon et Ziskowitz d'autre part, l'armée prussienne se trouve concentrée, le 14, à Kœnigingrætz que les 7,000 Autrichiens de Buccow ont évacuée; elle est couverte par l'Elbe et l'Adler, tandis que les trains et le matériel gagnent Hohenbrück sous la conduite de Fouquet qui doit marcher directement sur Glatz. Encore un effort et l'armée prussienne tout entière aura franchi la frontière de Silésie.

Le 16 juillet, Frédéric II marche contre Laudon qui s'est posté à Opotschna, sur la route de Glatz, et dirige en même temps Fouquet sur Dobruschka pour lui couper la retraite; Laudon se retire à temps et Fouquet conduit le matériel de siège à Glatz d'où il ramène des vivres. L'armée prussienne a donc rouvert ses communications avec la Silésie et sa retraite va s'achever sans incident notable. Daun a passé l'Elbe, le 17, à Pardubitz; il arrive, le 22, sur les hauteurs de Chlum en face de l'armée prussienne et déjà Frédéric fait jeter des ponts sur l'Elbe pour l'attaquer; mais à la nouvelle que l'armée russe s'approche de ses frontières, il se décide à brusquer la retraite. Dans la nuit du 25 au 26 juillet, il évacue Kœnigingrætz, suivi par une partie de l'armée autrichienne qui harcèle son arrière-garde, notamment au passage de la Mettau; en même temps, le général Retzow occupe Neustadt pour couvrir le flanc droit des Prussiens contre les entreprises de Laudon, puis Kosteletz et Starkstadt; la retraite s'achève par Wisoka, Politz et Wernersdorf; le 8 et le 9 août, l'armée prussienne occupe les camps de Grüssau et de Landshut en Silésie. Ainsi s'achève cette mémorable retraite, l'une des plus belles opérations militaires de Frédéric II.

Mouvements avant la bataille de Hochkirch. — Nous avons dit que l'armée, opérant sur son propre territoire, peut facilement exécuter des changements de ligne d'opérations qui constituent de véritables mouvements tournants stratégiques dont le but est de menacer les communications de l'armée ennemie. Frédéric II a souvent employé ce procédé et en a obtenu d'excellents résultats. Nous en donnerons comme exemples les opérations qui ont précédé et suivi la bataille de Hochkirch.

Au mois de septembre 1758, le maréchal Daun a envahi la
Lusace et occupe à Stolpen une position d'où il peut à volonté
marcher sur la Saxe pour y donner la main à l'armée des Cercles
ou se diriger sur la Silésie, si le roi, qui est auprès de Dresde,
marche lui-même sur cette province; en même temps, Daun con-

BATAILLE DE HOCHKIRCH — 14 Octobre 1758

serve sa ligne de communications sur la Bohême par les défilés
de la Lusace. Frédéric prend le parti de marcher contre lui pour
déborder son aile droite et le rejeter dans les montagnes de la
Lusace, ce qui déterminera probablement sa retraite sur la
Bohême; si le maréchal, pour éviter ce danger, se dirige sur la

Silésie, Frédéric le gagnera de vitesse en débordant son aile extérieure ou cherchera à le prendre en flanc pour l'attaquer; un succès sur l'armée de Daun délivrera en même temps la Saxe et la Silésie, et mettra fin à la campagne, car la saison est avancée.

Frédéric II part de Reichenberg, près de Dresde, le 13 septembre, précédé par le général Retzow; celui-ci entre à Radeberg, puis à Bautzen (27 septembre), en repliant devant lui le corps avancé de Laudon et, le 1er octobre, il pousse jusqu'à Weissenberg. Daun se décide à abandonner le camp de Stolpen et à prendre position plus en arrière vers Lœbau; le 7 octobre, l'armée autrichienne campe à Kittlitz; elle porte sa droite sur le Stromberg que Retzow a négligé d'occuper solidement, et appuie sa gauche aux hauteurs boisées situées au sud de Hochkirch. Le Roi occupe Bautzen dont il fait son centre de ravitaillement : il a déjà obtenu un premier résultat, c'est d'éloigner le maréchal de l'armée des Cercles qui est en Saxe; il va continuer son mouvement tournant contre l'aile droite autrichienne.

Le 10 octobre, Frédéric lève le camp et marche sur quatre colonnes vers Lœbau, persuadé que l'ennemi continue son mouvement de retraite; mais le brouillard, en se dispersant, laisse voir l'armée autrichienne en position en avant de Kittlich, face au nord-ouest; l'avant-garde prussienne prend elle-même position près de Hochkirch. Le roi se trouve en présence d'une armée de 60,000 hommes qui barre la route de Lœbau, en appuyant son aile droite au Stromberg, son aile gauche au Hochkirchberg; il songe un instant à reprendre de vive force le Stromberg, dans la nuit du 10 au 11 août, mais il renonce à ce projet en présence des forces considérables que l'ennemi a massées sur la rive gauche de la rivière de Lœbau. Ne croyant pas à une attaque de la part du maréchal, mais plutôt à une démonstration pour couvrir un mouvement de retraite, il se décide à marcher par sa gauche sur Weissenberg, à passer la rivière vers Graditz et à se joindre à Retzow pour tomber sur le corps du prince de Durlach placé à l'extrême droite autrichienne : c'est le développement logique du plan adopté par le roi et qui consiste à déborder l'aile extérieure de l'armée ennemie pour la rejeter dans les montagnes. Mais pour que ce plan réussisse, il faut tromper le maréchal en lui faisant croire à une attaque contre ses positions, puis se porter rapidement sur Weissenberg à la faveur de la nuit ; en conséquence, Frédéric déploie ses troupes en face des Autrichiens, dans une assez mauvaise position où il ne compte pas, du reste, s'attarder ; toutefois il lui faut attendre, pour reprendre l'offensive, le retour d'un détachement qui doit lui apporter la farine dont l'armée prussienne a besoin pour s'éloigner de Bautzen. Il remet donc l'exécution de sa marche contre l'aile droite ennemie à la nuit du 14 au 15 octobre, mais il est attaqué lui-même, contre toutes ses prévisions, et battu dans la nuit du 13 au 14.

Après cette bataille, Frédéric prend une nouvelle ligne d'opérations sur la Silésie. — Après sa victoire à Hochkirch, le maréchal Daun reste plusieurs jours immobile dans son camp ; enfin, le 17 octobre, il se rapproche de l'armée prussienne qui occupe sur les bords de la Sprée une position défensive couvrant ses magasins de Bautzen. Frédéric II, au contraire, fait preuve de la plus grande activité : il rappelle à lui le prince Henri qui le rejoint avec dix bataillons et du canon pour remplacer celui qui a été perdu à Hochkirch, et il reprend aussitôt l'exécution du mouvement tournant projeté contre l'armée autrichienne. A cet effet, le roi va utiliser la nuit pour marcher sur Gœrlitz, sans donner l'éveil au maréchal, et pour se porter au secours de la Silésie ; il fait évacuer sur l'intérieur tous les *impedimenta* qui ne sont pas strictement indispensables et il prépare un convoi de vivres suffisant pour gagner la Silésie.

Cette manœuvre hardie s'exécute dans la nuit du 24 au 25 octobre. Le 22 au soir, les malades et les bagages inutiles quittent Bautzen pour gagner Dresde ; mais la route est interceptée par l'ennemi, et le convoi est forcé de gagner Hoyerswerda, puis de se rabattre sur Glogau. Le 23 au soir, le convoi de vivres qui doit accompagner l'armée prussienne part de Bautzen, escorté par la garnison de cette ville, se dirige au nord sur Comerau et bivouaque sur la rive droite de la Neisse ; le 24, à dix heures du soir, l'armée prussienne lève le camp, laisse sur son front ses avant-postes et se dirige vers le nord sur trois colonnes en marchant par lignes et par la gauche ; le convoi part de Comerau, passe la petite Sprée à Neudorf, file sur Tauer, Sproitz et vient camper à Jenkendorf le 25 à midi ; la première colonne formant avant-garde passe par Drehsa, traverse la petite Neisse à Geislitz et marche sur Weigersdorf, Gross-Raditz et Diesa où elle campe; la deuxième, composée de l'infanterie, suit le même itinéraire et campe entre Diesa et Baarsdorf; la troisième, composée de la cavalerie et des bagages, marche sur Neudorf, Tauban et Kolm, et s'établit à Ullersdof où le roi porte son quartier général; enfin, l'arrière-garde, sous le prince Henri, occupe les hauteurs de Doberschütz et du moulin de Malschwitz au pied duquel défile l'armée, puis elle prend la queue de la colonne. Cette marche s'achève dans la matinée du 25 sans avoir été inquiétée par l'ennemi. Une deuxième marche de nuit permet à l'armée prussienne d'achever son mouvement; dans la nuit du 25 au 26, l'avantgarde lève le camp, à deux heures du matin, et gagne Gœrlitz, suivie de près par toute l'armée; le convoi fait un détour au nord par Krauschke et Ludwigsdorf. Daun ne s'oppose pas sérieusement à cette marche, bien qu'il en ait connaissance dès le 25 au matin; il se contente d'envoyer de la cavalerie qui a un engagement avec les Prussiens près d'Ebersbach.

Ainsi, le roi a réparé sa défaite de Hochkirch : il est maître de la route de Silésie sans avoir livré de combat, et il a obtenu ce résultat en exécutant autour de l'aile droite et sur les derrières de l'armée ennemie une marche de 60 kilomètres; il a abandonné ses communications avec la Saxe et reporté sa ligne d'opérations sur la Silésie. Ce changement de ligne, exécuté sur son propre territoire, ne compromet en rien ses communications, puisque, en cas d'insuccès, il peut toujours s'appuyer sur la Marche et sur le centre de ses États. Cette opération bien conçue et menée hardiment fait perdre aux Autrichiens tout le fruit de la victoire de Hochkirch : la Silésie est délivrée et la campagne terminée honorablement pour les armes prussiennes.

Il ne faut pas confondre les marches de flanc avec les changements de ligne. — Une des manœuvres favorites de Frédéric II consiste à exécuter avant la bataille un vaste mouvement de flanc dans le but de porter le gros de ses forces contre l'une des ailes ennemies. On a voulu voir dans cette manœuvre un changement de ligne : nous allons donc examiner, à ce point de vue, les batailles de Kolin, Leuthen, Zorndorf et Kunersdorf qui sont, avec celle de Prague dont nous avons parlé plus haut, les prin-

<table><tr><td>Bourdeau.</td><td>9</td></tr></table>

cipales batailles où Frédéric ait appliqué ce mode d'attaque ;
quant au mouvement exécuté avant la bataille de Torgau, nous
en avons parlé à propos des lignes de communications [1].

Exemples : avant la bataille de Kolin. — Il est d'usage de dire
que Frédéric II a exécuté un changement de ligne d'opérations
avant la bataille de Kolin ; or, la situation est celle-ci : Le prince
de Lorraine, battu sous les murs de Prague, s'est réfugié avec
une grande partie de son armée dans cette place ; le reste de
ses forces a gagné l'armée que le maréchal Daun réunit sur
l'Elbe, pour venir à son secours. Le roi a détaché Bevern avec
25,000 hommes contre Daun qui manœuvre aux environs de
Kuttenberg ; mais l'armée du maréchal grossit, et le roi, menacé
d'être pris entre ses deux adversaires, se décide à renforcer le
duc de Bevern et à livrer bataille à Daun. Voyons comment
Frédéric va opérer.

Le 13 juin il se met en marche, avec dix bataillons et vingt
escadrons, sur Schwartz-Kosteletz ; le 14, il fait sa jonction à
Kaurschim avec Bevern qui a dû battre en retraite devant les
50,000 hommes du maréchal Daun. L'armée séjourne le 15 pour
compléter ses approvisionnements et attendre un renfort de six
bataillons et dix escadrons que lui amène le prince Maurice ;
le 16, le roi se décide à prendre l'offensive, mais il ne connaît
pas exactement la position du maréchal ; il apprend le lendemain
que celui-ci campe sur les hauteurs près de Krichenau, barrant
la route de Kaurschim à Sudhol, que le roi se propose de suivre.
Frédéric appuie alors sa gauche près de Planian, pour conserver
ses communications avec Brandeis et Nimburg, et il laisse un
bataillon à Kaurschim pour surveiller son extrême droite : cette
position choisie judicieusement assure ses communications tant
au nord, sur les ponts de l'Elbe, qu'à l'ouest sur le corps d'observation de Prague. Mais, dans la nuit du 17 au 18, Daun
change de position et s'établit face au nord, sa droite vers Krezor,
sa gauche à Brezan ; le 18 au matin, l'armée prussienne rompt
par la gauche, débouche sur Planian et prend la route de Kolin,
exécutant ainsi un mouvement de flanc à faible distance de

---

[1] Voir ci-dessus chapitre IX.

l'armée autrichienne qui occupe une ligne de coteaux et une série de villages retranchés. Les Prussiens, inférieurs en nombre, attaquent ces positions, sont complètement battus et se retirent par Nimburg sur la rive droite de l'Elbe.

Dans ces conditions peut-on dire que le roi ait exécuté un changement de ligne le 18 juin ? En marchant directement de Planian contre les hauteurs occupées par les Autrichiens il conservait ses deux lignes de communications, sur Prague et sur Nimburg : en exécutant sa marche de flanc il risquait d'être coupé de Prague et acculé à l'Elbe : cette marche constituait une simple manœuvre tactique, dangereuse en face d'un adversaire plus actif que Daun ; la proximité de l'Elbe et l'infériorité numérique des Prussiens rendaient cette opération encore plus délicate, mais on ne saurait en aucun cas y voir un changement de ligne d'opérations. Le roi amenant de Prague des renforts, du reste insuffisants, au duc de Bevern, manœuvrait par la ligne intérieure et ne modifiait en rien, au point de vue stratégique, la situation de l'armée opposée à Daun : celle-ci avait toujours sa ligne de retraite éventuelle au nord, sur l'Elbe et à l'ouest, sur Prague ; la marche de flanc de Planian vers Kolin ne lui ouvrait pas de nouvelles communications, mais compromettait seulement ses relations avec l'armée restée devant Prague. En un mot, cette marche plaçait tactiquement l'armée de Frédéric dans une position désavantageuse, et elle constituait une simple manœuvre du champ de bataille qui n'a rien de commun avec le changement de ligne.

On ne saurait désigner sous le nom de changement de ligne d'opérations que la manœuvre stratégique, exécutée plus ou moins loin de l'ennemi, mais toujours en dehors de ses atteintes directes, ayant pour effet de modifier la direction suivant laquelle l'armée peut se ravitailler et se retirer. Pour l'armée qui prend l'offensive, cette manœuvre est une sorte d'enveloppement stratégique qui la mènera droit à une attaque sur le flanc de l'ennemi ou sur ses derrières ; pour l'armée sur la défensive, le changement de ligne a pour but le plus souvent de parer à la menace dirigée contre sa ligne de communications. Une fois les deux armées en présence, les mouvements de flanc, les changements de direction, soit partiels, soit exécutés par toute l'armée, constituent des manœuvres tactiques dont le but est de placer l'adversaire dans des conditions désavantageuses sur le champ de bataille. Sans doute ces mouvements peuvent compromettre les derrières de l'armée qui les exécute imprudemment, mais cela ne suffit pas à leur donner le caractère d'une opération stratégique, d'un changement de ligne : un faux mouvement exécuté sur le champ de bataille, par exemple une attaque d'aile mal dirigée, peut amener une retraite excentrique de l'assaillant; il suffit que celui-ci se trouve lui-même débordé ou tourné; il pourra perdre sa ligne de communications primitive et sera peut-être obligé de se retirer dans une autre direction, sans que l'on puisse dire que cette attaque d'aile ait constitué un changement de ligne d'opérations.

Manœuvre du roi avant la bataille de Leuthen. — Le 5 décembre 1757, l'armée autrichienne est rangée en bataille à l'ouest de Breslau, sur la rive gauche de la Weistritz, son centre à Leuthen et face à l'ouest. Frédéric II quitte son cantonnement de Neumark au point du jour, surprend la cavalerie ennemie à Borna et exécute, à partir de ce village, une marche de flanc pour se porter obliquement contre l'aile gauche autrichienne et la déborder. Nous verrons plus loin les détails de cette manœuvre[1]; contentons-nous de rechercher ici quel est le sens qu'il faut lui attribuer au point de vue stratégique.

Napoléon apprécie de la façon suivante la conduite de Frédéric II à Leuthen :

« Toutes ses manœuvres à cette bataille sont conformes aux principes de la guerre; il ne fait pas de marche de flanc devant l'ennemi, car les deux armées ne se sont pas vues en bataille. L'armée autrichienne, qui connaît l'approche de l'armée du roi par les combats de Neumarkt et de Borna, s'attend à le voir prendre position sur les hauteurs qui lui sont opposées, et c'est pendant ce temps que, protégé par des mamelons et des brouillards et masqué par son avant-garde, le roi continue sa marche et va attaquer l'extrême gauche de l'armée autrichienne ».

Il faut bien reconnaître cependant que la marche exécutée par toute l'armée prussienne à faible distance d'une armée ennemie

---

[1] Voir 2e partie, chapitre XXII.

en position et supérieure en nombre, eût offert de graves dangers en présence d'un adversaire plus entreprenant que le maréchal Daun; le brouillard ne devait pas former un voile bien
épais puisque Frédéric II déclare qu'il apercevait parfaitement
les lignes autrichiennes. Celles-ci, de leur côté, devaient distinguer tout au moins les flanqueurs de cavalerie qui côtoyaient
l'armée prussienne « sur une chaîne de tertres ». Frédéric dit en

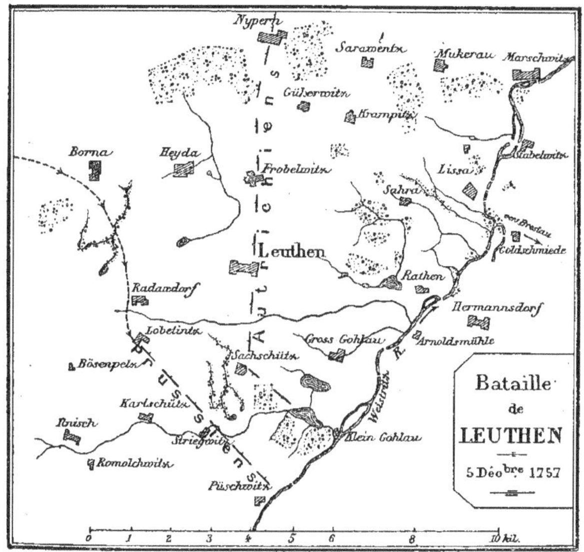

propres termes : « Le maréchal Daun prit le mouvement des
Prussiens pour une retraite et dit au prince de Lorraine : « Ces
« gens-là s'en vont, laissons-les faire ». Ainsi les Autrichiens ont vu
que l'armée prussienne exécutait un mouvement à proximité
d'eux, mais ils n'ont pas cherché à savoir quel était ce mouvement, ce que leur nombreuse cavalerie aurait pu facilement découvrir, et ils n'ont même pas songé à intervenir.

« Il ne viole pas non plus un deuxième principe non moins

sacré, celui de ne point abandonner sa ligne d'opérations; mais il en change, ce qui est considéré comme la manœuvre la plus habile qu'enseigne l'art de la guerre. En effet, l'armée qui change sa ligne d'opérations trompe l'ennemi, qui ne sait plus où sont ses derrières et les points délicats par où il peut les menacer. Par sa marche, Frédéric abandonna sa ligne d'opérations de Neumarkt et prit celle de la haute Silésie; l'audace et la rapidité de l'exécution, l'intrépidité des généraux et des soldats ont répondu à l'habileté de la manœuvre [1]. »

Le changement de ligne est une manœuvre des plus brillantes, une de celles qui peuvent produire les plus beaux résultats; mais ce n'est pas lorsque deux armées sont en présence, lorsque leurs avant-gardes ont pris le contact, qu'il y a lieu d'exécuter cette opération. A ce moment l'ennemi doit savoir où sont les magasins de l'adversaire; en cas d'échec, l'armée qui a opéré le mouvement de flanc abandonne les ressources situées sur sa ligne de communications et rend ainsi sa situation encore plus critique, ou bien elle rejoint cette ligne primitive, soit directement si elle n'a pas été coupée, soit en faisant un détour, et c'est probablement ce qu'aurait fait le roi en cas d'insuccès; l'armée battue ne saurait d'ailleurs tromper l'ennemi sur sa véritable ligne de retraite, puisque celui-ci possède, comme vainqueur, tous les moyens de se renseigner à cet égard.

Le changement de ligne, pour produire tous ses effets, exige deux conditions : la première c'est d'être exécuté à une distance suffisante de l'ennemi pour que celui-ci ne puisse tomber dans le flanc de son adversaire pendant l'exécution de cette manœuvre, ni modifier lui-même ses dispositions, par exemple en changeant de front; la deuxième, c'est que l'armée qui exécute le changement de ligne ait une nouvelle ligne toute prête et ne puisse, en cas d'insuccès, être coupée de sa base. Aucune de ces deux conditions n'était remplie à Leuthen : la manœuvre s'est exécutée tout près de l'armée autrichienne et celle-ci pouvait prendre l'offensive pendant l'exécution même du mouvement, au lieu de rester immobile en formation de combat sur une position choisie d'avance, et si le roi, en cas d'échec, avait pris une nouvelle

---

[1] Napoléon, *Précis des guerres de Frédéric II.*

base sur la haute Silésie, il risquait d'être coupé du centre de
ses États et de ses principales ressources.

Il est fort probable que Frédéric II ne songeait guère à changer sa ligne d'opérations lorsqu'il prit le parti d'attaquer l'aile
gauche du prince de Lorraine en se portant contre elle de façon
à prendre une formation oblique au front de l'ennemi ; lui-même
ne fait aucune allusion à un semblable projet : il ne vit sans
doute que la possibilité de tromper l'ennemi sur son véritable
point d'attaque et d'accabler l'aile gauche autrichienne avant
que la droite pût intervenir, et de fait le maréchal Daun, trompé
par une démonstration contre son aile droite, porta toute sa
réserve de ce côté et fut battu. Le projet du roi était hardi, mais
pour le mener à bien il suffisait de beaucoup d'audace et de vigueur, qualités que possédait Frédéric II ; il n'est nullement
besoin, pour expliquer sa conduite, de lui prêter l'intention de
changer de ligne d'opérations, manœuvre statégique qui nécessite des mesures préparatoires et ne saurait être conçue et exécutée sur le champ de bataille même. Il est bien probable que
s'il eût échoué à Leuthen, le roi se serait dégagé en se dirigeant
d'abord au sud-ouest pour reprendre ensuite sa base sur la Lusace ou sur la Marche, afin de rester en communication avec le
centre de ses États d'où il tirait ses ressources de toute espèce.

*Changement de ligne d'opérations avant Zorndorf et Kuners-
dorf.* — Au mois d'août 1758, Frédéric II se porte sur l'Oder à
la rencontre des Russes qui investissent Custrin par la rive
droite du fleuve ; leur gauche s'appuie à la route de Landsberg,
leur droite au village de Drewitz, en amont de la place. Le
21 août, le roi prend le commandement de l'armée prussienne
campée sur la rive gauche vis-à-vis Custrin : il forme le projet de
franchir l'Oder en aval de la place et de se rabattre par la rive
droite, pour couper l'armée russe et ses communications avec
Landsberg, en exécutant à l'est un vaste mouvement de conversion.

Le 22 août, l'avant-garde, sous les ordres de Manteuffel, prend
position sur la rive gauche à hauteur de Schaumburg, couvrant
l'armée prussienne qui file, dans la nuit du 22 au 23, jusqu'à
hauteur du Gustebize où elle jette un pont le 23 au matin ; le soir,
l'armée campe sur la rive droite de l'Oder, face au sud, la droite

vers Zellin. A cette nouvelle, le général de Fermor lève le siège
de Custrin et prend position sur la rive gauche de la Mitzel, face
au nord-ouest, direction dans laquelle il s'attend à voir apparaître l'armée prussienne ; le corps autrichien de Browne, qui

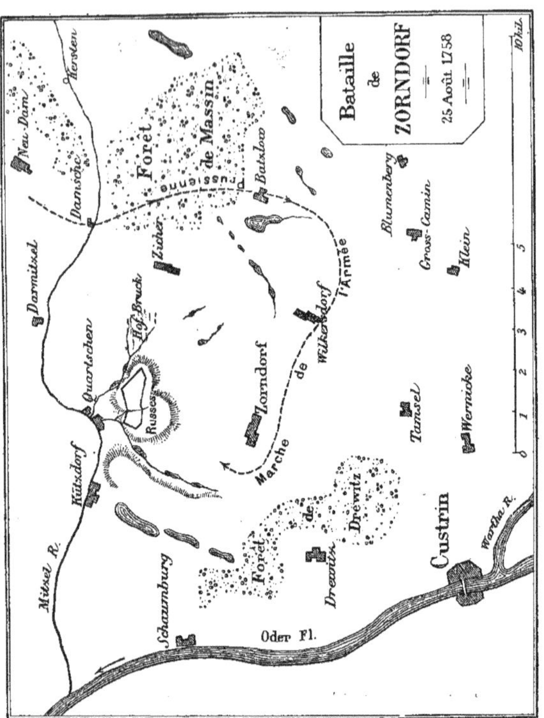

renforce l'armée russe, forme un crochet à droite vers Quartschen ; les trains et le convoi s'établissent sur la ligne de communications des Russes, et campent à Camin sous la protection de
4,000 grenadiers et de 20 canons (24 août). Le même jour, dans

l'après-midi, l'armée prussienne se met en marche; son avant-garde franchit la Mitzel à Damsche et s'établit sur la rive gauche pour former tête de pont; l'armée passe la nuit sur la rive droite du ruisseau. Menacé d'être pris à revers, le général de Fermor fait faire demi-tour à son armée dans la nuit du 24 au 25 et prend sa formation de combat sur les hauteurs au sud de Quartschen; le convoi russe reste à Camin. Enfin, le 25 août, Frédéric achève sa manœuvre et exécute vers l'est et au sud de l'armée russe, un mouvement tournant qui l'amène près de Zorndorf où il prend sa formation en bataille, face au nord.

Ainsi placé entre Custrin et l'armée ennemie, le roi conserve sa ligne de retraite assurée sur la place forte et se trouve, en apparence, dans la même situation que s'il avait simplement franchi l'Oder à Custrin et déployé son armée sous les murs de cette place; mais, en réalité, la manœuvre exécutée autour de l'armée russe a eu pour résultat de menacer la ligne de communications de cette armée et de l'acculer à la Mitzel. En se contentant de déboucher à Custrin pour marcher droit à l'ennemi, comme l'eût fait un général ordinaire, Frédéric rejetait l'armée russe sur sa ligne de communications et de retraite, et ne pouvait espérer un résultat décisif; au contraire, l'enveloppement stratégique de l'armée russe, exécuté avec une grande hardiesse et un rare bonheur, pendant les journées des 23, 24 et 25 août, plaçait cette armée dans l'alternative de vaincre ou d'être détruite. Si les résultats tactiques de la bataille de Zorndorf n'ont pas confirmé ces prévisions, c'est que l'énergie et la force de résistance des Russes les ont sauvés d'un désastre et ont épuisé les efforts de leurs vainqueurs. Il n'en faut pas moins admirer et louer sans restriction la manœuvre de Frédéric II avant Zorndorf.

Remarquons que le roi aurait pu arrêter son mouvement tournant de façon à faire face à l'ouest, en s'établissant, par exemple, entre Zicher et Wilkersdorf; il se plaçait ainsi sur les communications mêmes de l'ennemi, mais il courait les risques d'être coupé lui-même de Custrin en cas d'insuccès; tandis qu'en se déployant entre Wilkersdorf et Zorndorf et en faisant effort par son aile droite contre la gauche des Russes, il menaçait les communications de ceux-ci tout en conservant les siennes propres.

La manœuvre de Frédéric II avant Zorndorf ne constitue pas, à proprement parler, un changement de ligne, puisque le roi conservait toujours sa ligne d'opérations par Custrin sur l'intérieur de ses Etats; il faut plutôt y voir un vaste mouvement tournant ayant pour objet de placer l'armée ennemie dans une situation défectueuse au point de vue stratégique. Cette manœuvre hardie n'était pas sans dangers pour l'armée prussienne qui courait les risques d'être attaquée pendant l'exécution de cette marche et rejetée en dehors de sa ligne d'opérations; mais Frédéric II connaissait les qualités peu manœuvrières de l'armée russe, sa lourdeur, sa rigidité et, en général adroit, il exploitait habilement les défauts de son adversaire.

Nous verrons plus loin[1] qu'à Kunersdorf, Frédéric fait décrire à son armée un vaste demi-cercle autour de l'aile gauche des Russes qui ont pris position sur la rive droite de l'Oder, près de Francfort; l'armée prussienne se porte ensuite à l'attaque des positions russes, échoue complètement et bat en retraite par le pont de l'Oder jeté près de Lebus et gardé par un fort détachement. Cette fois encore le roi conserve ses communications avec la rive gauche du fleuve et avec Berlin, et sa manœuvre n'a pas d'autre but que de menacer la ligne de retraite des Russes; quant à sa propre ligne de communications, il n'en change pas, mais il l'expose aux entreprises de l'ennemi qui peut, en cas de succès, lui couper la retraite par le pont de l'Oder. Frédéric comptait sur la lenteur des Russes et, de fait, ceux-ci ne tentèrent pas, après leur victoire, d'inquiéter la retraite de l'armée prussienne.

La conduite du roi à Kunersdorf offre donc beaucoup d'analogie avec celle qu'il a tenue à Zorndorf; en août 1758, le roi avait pour déboucher contre les Russes la tête de pont de Custrin : dédaignant de livrer une bataille de front, il attaque l'armée russe en menaçant ses communications; à Kunersdorf, il pouvait à sa guise franchir l'Oder en amont ou en aval de Francfort, dont le pont était au pouvoir de l'ennemi, et prononcer son attaque en appuyant l'une de ses ailes au fleuve; mais il laissait ainsi aux Russes la retraite libre et il a préféré se porter, par une marche de flanc, sur leur ligne d'opérations pour les placer dans une situation très délicate au point de vue stratégique. On

---

[1] 2e partie, chapitre IV.

peut donc dire qu'en ces deux circonstances Frédéric a manœuvré d'une façon remarquable, avec une parfaite entente de
la situation et avec une hardiesse que justifiaient entièrement la
lenteur de l'armée russe et sa faible aptitude à manœuvrer sur
le champ de bataille.

Conclusion. — Frédéric II a donc fait usage, moins souvent
qu'on ne l'a écrit, du changement de ligne d'opérations proprement dit; mais il a exécuté fréquemment, et toujours avec intelligence et habileté, une manœuvre qui consistait soit à gagner
directement le flanc de son adversaire, soit à menacer l'une de
ses ailes par un vaste mouvement de conversion.

En résumé, qu'ils s'exécutent par des changements successifs
de direction, ce qui est le cas général, ou par des marches de
flanc loin de l'ennemi, les changements de ligne d'opérations
sont des manœuvres stratégiques qui ont pour objet de menacer
les flancs ou les derrières de l'ennemi ou d'assurer ses propres
derrières si l'adversaire a pris l'initiative d'une manœuvre de
cette nature. Plus ils sont entrepris loin de l'ennemi, plus ils
sont faciles à exécuter, mais aussi moins ils ont d'efficacité,
l'adversaire pouvant y parer en temps opportun. Au contraire,
les marches de flanc à proximité de l'ennemi, sont du domaine
de la tactique et nous aurons à les étudier à ce titre[1]. On conçoit
qu'elles constituent une opération des plus dangereuses, précisément à cause de cette proximité; l'assaillant doit, en outre, se
résoudre aux inconvénients d'une retraite excentrique en cas
d'insuccès, à moins qu'il n'ait une autre ligne de communications toute prête. Même dans ce dernier cas, les dangers des
marches de flanc près de l'ennemi sont tels qu'elles doivent être
proscrites : elles étaient possibles du temps de Frédéric II, elles
ne l'étaient plus à l'époque de Napoléon.

---

[1] Voir 2ᵉ partie, chapitre XVII.

CHAPITRE XIII.

DES MARCHES STRATÉGIQUES OU MARCHES-MANŒUVRES.

> « On ne doit remuer une armée que par
> de bonnes raisons. »
>
> (Frédéric II.)

Prescriptions générales. — Pourquoi et comment on exécute des marches-manœuvres. — Il faut essayer de surprendre ou de tromper l'ennemi. — Comment on déroute un ennemi supérieur en nombre. — Cas où l'ennemi manœuvre : Rosbach. — Principales marches-manœuvres de cette époque : avant les batailles de Zorndorf et de Kunersdorf ; belle manœuvre du prince Henri après Kunersdorf ; marches avant et après la bataille de Liegnitz. — Manœuvres du roi en Silésie, du 30 août au 1ᵉʳ septembre 1760 ; marches de l'armée prussienne, du 1ᵉʳ au 18 septembre 1760. — Dernières manœuvres du roi en Silésie, en 1762.

Prescriptions générales. — Les marches doivent être bien préparées, entreprises dans un but précis et non pas seulement pour tâter l'ennemi.

« Un général ne doit jamais mouvoir son armée sans être bien instruit du lieu où il la conduit et comment il la fera arriver en sûreté sur le terrain où il veut exécuter son projet. »

« On ne doit remuer une armée que par de bonnes raisons. »

« Si l'on croit qu'il suffira de faire des mouvements avec une armée pour obliger l'armée d'en faire aussi, on se trompe beaucoup. Ce n'est pas le mouvement seul qui l'y forcera, mais la manière dont il sera fait. Des mouvements spécieux ne feront pas prendre le change à un ennemi savant ; il faut l'y contraindre par des dispositions solides qui l'engagent à faire des réflexions et le réduisent à la nécessité de décamper. »

Pourquoi et comment on exécute des marches manœuvres. — « Lorsque, dans le cours d'une campagne, on conçoit le projet de forcer l'ennemi à changer de camp, il faut s'y décider par les raisons suivantes, soit que l'on se propose de prendre une ville à la portée de laquelle il a choisi sa position, soit qu'on veuille le rejeter dans un pays stérile où il ne pourra vivre qu'avec peine, soit enfin que l'on espère l'amener à une affaire grave et qui doit procurer des avantages. Si vous avez de semblables raisons, vous travaillerez à en former le projet, mais en le faisant vous examinerez avec attention si les marches que vous ferez et les camps que vous occuperez ne vous mettront pas dans un plus grand embarras que celui où il sera lui-même, comme par exemple en vous éloignant d'une place mal fortifiée où vous avez votre dépôt et que les troupes légères peuvent emporter d'emblée dans votre absence; ou en prenant une position dans laquelle vous pourriez être coupé de votre pays et de vos places; ou bien en venant occuper un pays que vous serez obligé d'abandonner bientôt après, faute de subsistances.

« Après avoir réfléchi mûrement sur tous ces projets et calculé la possibilité des entreprises que l'ennemi pourrait faire, vous formerez le projet soit de venir vous camper sur un de ses flancs, soit de le couper de sa capitale, soit de menacer ses dépôts, soit enfin de prendre des positions par lesquelles vous lui retrancherez les vivres.

« Pour en donner un exemple, je formerai le plan sur lequel nous aurions dû espérer d'obliger le prince Charles de Lorraine à abandonner Kœnigingraetz et Pardubitz l'année 1745.

« En partant du camp de Dubletz, nous aurions dû prendre à gauche, côtoyer le comté de Glatz et marcher sur Hohenmauth. Par cette manœuvre, nous aurions forcé les Autrichiens, qui avaient leur magasin à Deutschbrod et qui tiraient la plus grande partie de leur vivres de la Moravie, de marcher sur Landscron et de nous abandonner Kœnigingraetz et Pardubitz. Les Saxons, coupés alors de leur pays, auraient été contraints de se séparer des Autrichiens pour couvrir leur pays.

« Mais ce qui m'empêcha alors de faire ce mouvement fut que, en gagnant Kœnigingraetz, je n'aurais rien gagné, puisque j'aurais été obligé de faire des détachements pour renforcer le prince d'Anhalt si les Saxons étaient retournés chez eux. Outre cela, les magasins de Glatz n'étaient pas suffisants pour me faire subsister toute la campagne. »

En résumé, les marches stratégiques ont pour but principal soit de menacer les communications de l'ennemi en gagnant ses derrières ou ses flancs, soit de tomber sur lui à l'improviste et de le contraindre à battre en retraite ou à recevoir la bataille dans des conditions défavorables.

Il faut essayer de surprendre ou de tromper l'ennemi. — On peut essayer de surprendre l'ennemi, par exemple à l'aide d'une diversion sur ses derrières; toutefois cette opération n'est pas sans danger pour le corps, généralement assez faible, qui opère la diversion, témoin le général Finck à Maxen.

Il est plus avantageux de tromper l'ennemi, lorsque les circonstances s'y prêtent, en exécutant des opérations auxquelles il ne s'attend pas.

« Les diversions que l'on fait en détachant des troupes, obligent encore l'ennemi à décamper. Généralement toutes les entreprises auxquelles l'ennemi n'a pas été préparé le dérangent et le forcent à quitter sa position.

« De cette espèce sont les passages des montagnes que l'ennemi croit impraticables et que l'on peut presque toutes passer, et aussi les passages des rivières, qui se font sans que l'ennemi s'en soit aperçu.

« Je finirai en disant que l'exécution de ces sortes d'entreprises doit toujours répondre au projet, et que, tant qu'un général fera de sages dispositions et fondées sur des maximes solides, il forcera toujours son ennemi de se tenir sur la défensive et de se régler sur lui. »

Comment on déroute un ennemi supérieur en nombre. — « Le seul moyen de contenir un ennemi triple en forces est de changer souvent de position, sans toutefois en prendre une trop éloignée de lui. Cela le déroute; il veut reconnaître le camp qu'on a pris, fait ses dispositions; lorsqu'il les veut exécuter, il ne trouve plus personne devant lui, et il est obligé de recommencer ces formalités; en un mot, il faut contrebalancer sa faiblesse par l'adresse et la vigilance. »

Avec une armée souple et bien en main, Frédéric II a fréquemment appliqué cette maxime et il a dû contrebalancer, par d'habiles manœuvres, la supériorité numérique des armées coalisées contre lui.

C'est ainsi que nous le voyons, en 1760, se porter de Saxe en Silésie, menacé pendant cette longue marche par l'armée autrichienne bien supérieure en nombre; il craint, en outre, un autre ennemi, l'armée russe qui est sur l'Oder, aux environs de Breslau : « Il comprenait bien qu'avec 30,000 hommes, qui fai-

saient le fond de son armée, il ne lui convenait pas de lutter
contre 90,000 hommes, pour le moins, dont les forces de l'ennemi étaient composées. Dans la situation où il se trouvait, il
n'imagina pas d'expédient plus convenable que celui d'imiter la
conduite d'un partisan qui change et varie de position toutes les
nuits, pour se dérober aux coups qu'une armée pourrait lui
porter, s'il manquait d'activité et de diligence. Cette attention
devenait importante et nécessaire par la quantité de choses difficiles qu'il fallait combiner pour réussir ; il fallait changer de
postes pour la sûreté de l'armée, et, en même temps, contenir un
ennemi plus fort du triple et ne pas s'éloigner de lui pour qu'il
ne se tournât pas contre le prince Henri qui avait déjà en tête
une armée de 80,000 Russes ».

Cas où l'ennemi manœuvre : Rosbach. — « Lorsqu'un ennemi

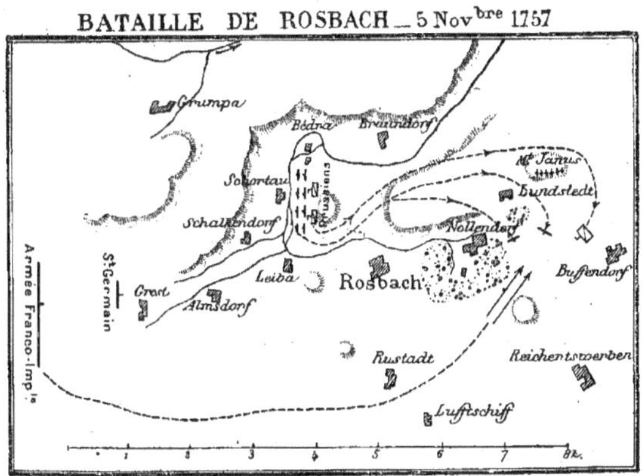

manœuvre, il faut attendre tranquillement dans son camp que
ses intentions soient clairement développées; un mouvement précipité ou fait à contre-temps peut alors tout gâter ».

La bataille de Rosbach nous offre un exemple de l'application
de cette maxime : l'armée combinée franco-impériale s'étant mise
en mouvement vers onze heures du matin pour exécuter, malgré

les instances des généraux français, une marche de flanc à proximité du camp prussien, Frédéric II attendit que les intentions de ses adversaires fussent nettement indiquées et que le mouvement fût en pleine exécution. A deux heures de l'après-midi seulement, il lance la cavalerie de Seydlitz contre les têtes de colonne de l'armée combinée : une partie de l'infanterie prussienne suit le mouvement en toute hâte. On sait quel fut le résultat de cette manœuvre.

La maxime précédente demande, comme toutes les règles de l'art militaire, à être appliquée avec circonspection et opportunité : l'occasion se présentera maintes fois d'intervenir dès le début d'une manœuvre de cette nature sans attendre, comme à Rosbach, que le mouvement soit entièrement en voie d'exécution.

Principales marches-manœuvres de cette époque. — Nous allons jeter un coup d'œil rapide sur les principales marches stratégiques exécutées par Frédéric II et nous chercherons à faire ressortir le but poursuivi par le roi, les moyens mis en action, les résultats obtenus; nous insisterons sur les plus intéressantes, telles que les marches de l'armée prussienne avant et après la bataille de Liegnitz, qui constituent l'une des opérations militaires les plus remarquables des guerres de Frédéric II. On verra comment la faible armée prussienne, menacée de tous côtés pardes forces supérieures, a repris plusieurs fois l'avantage par le seul fait d'une marche exécutée avec intelligence et à-propos.

Avant les batailles de Zorndorf et de Kunersdorf. — Nous avons vu, au chapitre précédent, la marche hardie exécutée par Frédéric II avant la bataille de Zorndorf autour de l'armée russe en position devant Custrin. Cette manœuvre dénote, de la part du roi, du coup d'œil et de l'audace : par cette marche stratégique, il prend l'offensive, franchit l'Oder à proximité d'une armée supérieure en nombre et, malgré la proximité d'une division de cavalerie détachée à Schwedt sous les ordres de Romanzow, il force l'ennemi à lever le siège de Custrin et à livrer bataille dans des conditions désavantageuses. Le succès couronne cette belle manœuvre : la victoire de Zorndorf, quoique chèrement achetée, détermine la retraite des Russes.

Même manœuvre avant Kunersdorf, mais, cette fois, le roi n'amène avec lui que des forces insuffisantes ; aux 70,000 Russes de Soltikoff renforcés par le corps de Laudon et postés près de Francfort dans une position très forte, il n'oppose que 45,000 hommes ; encore en laisse-t-il 6,000 à la garde des ponts de l'Oder et du convoi. Cette fois encore Frédéric II a franchi l'Oder en aval de l'armée ennemie et s'est placé, par une marche hardie, sur les communications de celle-ci ; parti de Mühlrose, il franchit le fleuve près de Lebus, marche vers le sud-est et vient se former face aux hauteurs fortifiées qu'occupent les Austro-Russes. Dans cette position, il coupe leur ligne de retraite sur la Wartha par Sonnenberg et Drossen, ne leur laissant, en cas de défaite, que la direction excentrique de Krossen. Ce plan, bien conçu, vient échouer contre la ténacité des Russes, et l'armée prussienne, battue malgré des prodiges de valeur, perd, dans cette lutte inégale, la moitié de son effectif.

Les marches-manœuvres, comme tous les mouvements stratégiques, ont pour but de procurer la victoire en plaçant l'ennemi dans des conditions inférieures sur le champ de bataille : l'exemple de Kunersdorf montre que les opérations stratégiques les mieux conçues et les mieux exécutées ne produisent aucun résultat lorsqu'elles n'ont pas pour effet immédiat de procurer la supériorité tactique sur l'adversaire, toutes les conceptions de la stratégie ayant, en définitive, pour résultante finale, la bataille.

Belle manœuvre du prince Henri après Kunersdorf. — On a vu combien la situation de Frédéric II était critique après cette bataille de Kunersdorf et quel secours puissant le prince Henri sut apporter à son frère en exécutant sur les derrières de l'armée autrichienne une marche audacieuse couronnée d'un plein succès : c'est le moment d'entrer dans quelques détails à cet égard.

Rappelons sommairement la situation. Frédéric II, complètement battu, refait à la hâte son armée, tire du canon de Berlin et des places fortes, rappelle Kleist qui observe les Suédois, et reprend hardiment la campagne, afin d'empêcher à tout prix la jonction des Autrichiens et des Russes qui menacent Berlin. Daun s'attarde, tout le mois de juillet, dans son camp de Marklissa, puis marche timidement sur Triebel (8 août) pour se rapprocher des Russes : Soltikoff, mécontent de cette attitude passive, reste lui-même inactif entre Francfort et Muhlrose, près de Lossow.

C'est alors que le prince Henri, qui opère en Saxe contre l'armée des Cercles, forme le projet de se jeter hardiment entre les Russes et les Autrichiens pour rejoindre le roi. Le 18 août, il apprend la défaite de Kunersdorf; le 29, il est à Sagan, sur le Bober, et porte Zieten à Sorau; mais, la veille, Soltykoff s'est décidé à reprendre sa marche en avant et il est déjà à Liebrose : Frédéric le suit et vient camper à Woldau (31 août). Le prince Henri renonce à opérer sa jonction avec son frère et se décide à manœuvrer contre l'armée autrichienne pour la forcer à la retraite; le 4 septembre, il quitte Sagan; le 9, il entre à Lauban, et, le 12, à Gœrlitz, après avoir replié le général Deville resté à Marklissa. Cette menace, contre les derrières de l'armée autrichienne, détermine Daun à se mettre en retraite sur Bautzen. Soltikoff, outré de cette conduite, veut se retirer sur la rive droite de l'Oder : il s'arrête cependant sur le Bober où Daun lui envoie un renfort de 10,000 hommes (21 septembre). Ainsi dégagé par l'intelligente intervention de son frère, Frédéric II s'empresse de marcher par Cottbus sur Forst et Sagan : le 21 septembre, les deux armées prussiennes se donnent la main de Sagan à Gœrlitz, les Russes sont à Christianstadt, sur le Bober, et les Autrichiens à Bautzen, sur la Sprée. La belle manœuvre du prince Henri a porté ses fruits : par une simple marche, sans livrer aucun combat, il a empêché la jonction des deux armées alliées.

Au reste, le maréchal Daun n'est pas au bout de ses fautes. Jugeant avec raison que le maréchal tient surtout à la possession de la Saxe, dont la capitale, Dresde, vient de tomber en son pouvoir, le prince Henri part de Gœrlitz, le 23 septembre, gagne Hoyerswerda par une marche forcée, et surprend même un détachement autrichien en observation sur le Schwarz-Elster. A cette nouvelle, Daun s'empresse de marcher sur l'Elbe et arrive, le 29 septembre, à Dresde, sans se préoccuper de l'armée russe qui, cette fois, se met définitivement en retraite sur l'Oder. L'armée autrichienne, restée seule, en est réduite à la défensive, après s'être avancée jusqu'à 70 kilomètres de l'armée russe, c'est-à-dire à une distance telle qu'une journée de marche de part et d'autre eût suffi à réunir au centre même des États prussiens les deux puissants adversaires de Frédéric.

Marches avant et après la bataille de Liegnitz. — En 1760, les alliés se donnent rendez-vous en Silésie : Soltykoff se dirigera sur l'Oder en aval de Breslau, et Laudon pénétrera par la Bohême en Silésie où il donnera la main aux Russes; Daun et l'armée des Cercles tiendront tête à Frédéric II en Saxe. Le 22 juin, l'armée des Cercles fait sa jonction sous Dresde avec le maréchal qui a ainsi sous ses ordres 80,000 hommes. Quant au roi, il est indécis entre deux partis : reprendre Dresde ou secourir la Silésie. Le 25 juin, on reçoit la nouvelle du désastre éprouvé par le corps de Fouquet à Landshut; le roi renonce à gagner la Silésie et revient à son projet d'attaque contre Dresde : comme cette opération paraît difficile à mener à bonne fin tant que l'armée autrichienne campera dans le rayon de la place, Frédéric va essayer d'éloigner Daun en se portant lui-même contre Lascy qui opère sur la rive droite; il espère entraîner à sa suite le maréchal et surprendre Dresde par un brusque retour.

En conséquence, le roi feint de se retirer de Radeburg sur Gross-Dobritz, mais Daun reste dans son comp fortifié de Boxdorf; Frédéric marche alors contre Lascy qui s'est porté à Krakau, mais celui-ci se dérobe et vient prendre position à Bischofswerda. Le roi fait courir le bruit qu'il marche sur la Silésie et il gagne la Sprée : Daun, craignant d'être devancé sur la route de Silésie, fait occuper Bautzen (4 juillet) et marche sur Reichenbach. Frédéric se retourna contre Lascy qui se dérobe de nouveau et passe sur la rive gauche de l'Elbe (10 juillet); c'est le moment de tenter un coup de main contre Dresde avant le retour du maréchal. Le 13 juillet Frédéric II franchit l'Elbe et menace Dresde, il commence même le siège de la place, mais avec des moyens insuffisants. Daun accourt, son avant-garde est déjà à Weissig : le 27 juillet, le roi lève le siège et se replie, sans être inquiété, sur Meissen, après avoir perdu six semaines en marches inutiles.

Cependant les Russes approchent de l'Oder : le prince Henri, qui occupe Breslau, va se trouver pris entre les 67,000 Russes de Soltykoff et les 45,000 Autrichiens de Laudon qui sont aux environs de Striegau. Frédéric II n'espère plus conquérir la Saxe; il s'agit maintenant de sauver la Silésie en gagnant rapidement Breslau. Cette opération est d'autant plus délicate que le maréchal Daun reste libre de suivre l'armée prussienne, ou de la devancer, ou de se jeter dans son flanc en combinant une attaque contre elle avec Laudon.

Le 1er août, le roi franchit l'Elbe près de Meissen avec 64 bataillons et 109 escadrons; il laisse le général de Hülsen en Saxe avec 19 bataillons et 20 escadrons. Le 3, il arrive à Kœnigsbrück; le maréchal Daun, qui occupe Bischofswerda, se dirige sur Bautzen pour le devancer sur la route de Silésie. L'armée royale se porte à marches forcées sur Bunzlau par Ratibor et Dobschütz, elle y arrive le 7 et y séjourne le 8. Daun fait suivre le roi par le corps de Lascy et marche lui-même parallèlement à l'armée prussienne : le 7, il occupe le camp de Schmotseifen; il envoie à Laudon l'ordre de marcher sur la Katzbach et dirige le général Beck sur les hauteurs de Goldberg. Laudon part de Striegau, le 8 août, et vient camper à Seichau. Daun s'est avancé à Löwenberg : dans cette position, les divers corps de l'armée autrichienne barrent au roi la route de Schweidnitz et menacent celle de Breslau par Liegnitz.

Frédéric II, assez mal renseigné sur les mouvements de l'ennemi, veut gagner Liegnitz. Le 8 au soir, il dirige ses équipages sur Haynau et se met en marche, le lendemain matin, sur la route de Liegnitz; mais son avant-garde aperçoit le corps de Beck et, bientôt après, le gros de l'armée autrichienne en marche sur Prausnitz et Lasnitz. Il ne faut pas songer à franchir la Katzbach en présence de toute l'armée ennemie : le roi s'établit sur la rive gauche entre Hohendorf et Kroïtsch, et fait reconnaître les passages de la rivière. Le 10, Daun franchit la Wüthende-Wasser et prend position sur le plateau de Hochkirch ; un corps occupe Dohna, Lascy campe entre Goldberg et Seichau, Beck forme arrière-garde à Cosendau, et Laudon, qui marche en tête, pousse une avant-garde sur Parchwitz. De son côté, Soltykoff a promis de jeter 20,000 hommes sur la rive gauche de l'Oder, il a rétabli le pont de Leubus et en a construit deux autres à Auras.

Ainsi, de tous côtés, surgissent des corps ennemis qui barrent le passage à l'armée prussienne; la situation du roi est des plus graves : les approvisionnements qu'il traîne à sa suite sont presque épuisés; s'il n'atteint pas Breslau dans le plus bref délai, il lui faudra abandonner le prince Henri et se rabattre sur Glogau pour se ravitailler. Dans ces circonstances difficiles, Frédéric ne perd pas espoir : avec une faible armée de 35,000 hommes, il va se frayer un passage au milieu de 90,000 Autrichiens, en battre une partie, gagner les autres de vitesse et délivrer Breslau.

Le roi va d'abord marcher sur Jauer en essayant de tourner l'aile gauche autrichienne et de gagner Schweidnitz, où il se ravitaillera et d'où il pourra gagner Breslau. Le 11 août, au matin, il aperçoit Lascy qui occupe les hauteurs de Prausnitz et de Goldberg; il dirige donc ses colonnes sur ce dernier point pour déborder l'aile gauche ennemie; Lascy se met en retraite, abandonnant ses équipages, et le roi vient camper à Seichau. Mais Daun porte aussitôt une partie de son armée sur la rive gauche de la Wüthende-Wasser et occupe les hauteurs de Hermansdorf: le roi est contraint de renoncer à son mouvement sur Jauer et il reprend la direction de Liegnitz.

Dans la nuit du 12 au 13, l'armée prussienne se retire sur la rive gauche de la Katzbach sans être inquiétée; elle s'établit, le 13, à Liegnitz, entre la Katzbach et la Schwarz-Wasser. Sur ces entrefaites, le roi apprend qu'un corps russe s'apprête à passer sur la rive gauche de l'Oder. Il se décide à franchir la Schwarz-Wasser dans la nuit du 14 au 15, et à s'établir sur le plateau de Pfaffendorf; son but est de rester sur la défensive dans cette bonne position, pendant qu'il dirigera un ravitaillement sur Glogau; puis il reprendra sa marche sur Parchwitz et Breslau. Mais, à peine installé sur le plateau de Pfaffendorf, il est attaqué en pleine nuit par le corps de Laudon, qui croit n'avoir affaire qu'à l'arrière-garde prussienne. Daun laisse écraser son lieutenant : par une coïncidence singulière, son propre projet était d'attaquer le roi, le 15 au matin, dans son camp de Liegnitz; ses éclaireurs ayant trouvé le camp prussien vide, le maréchal s'empresse de jeter toute son armée sur la rive gauche de la Katzbach; il occupe Liegnitz, se déploie entre Dornigt et Weishof pour attaquer le plateau de Pfaffendorf, tandis que Lascy remonte la rive droite de la Schwarz-Wasser à la recherche d'un gué pour prendre le plateau à revers. Pendant ce temps, le corps de Laudon, battu, est en pleine retraite, et Daun, renonçant à recommencer la lutte, reprend sa position sur la rive droite de la Katzbach.

Après le combat de Liegnitz, l'armée prussienne reprend immédiatement sa marche sur Breslau; il n'y a pas de temps à

perdre, car le gros de l'armée autrichienne est intact et les
Russes peuvent apparaître d'un moment à l'autre. Le jour même,
à dix heures du matin, le roi prend les devants avec l'aile droite
de son armée, qui n'a pas combattu, et arrive à Parchwitz; le
16 août, il marche vers Neumark sur trois colonnes, craignant
toujours de voir apparaître sur son flanc droit les Autrichiens, et
sur son flanc gauche les Russes. Daun, en effet, marche aussi sur
Neumarck, et ses têtes de colonnes se montrent sur la droite de
l'armée prussienne; quant à Soltykoff, il a bien porté un corps
sur la rive gauche de l'Oder, mais le général Czernischef qui le
commande, apprenant la victoire de Frédéric II à Liegnitz,
repasse l'Oder dont il détruit les ponts. Soltikoff, peu satisfait
de la tournure que prennent les événements, se met en retraite,
et Frédéric entre à Breslau où il fait sa jonction avec le prince
Henri.

Telle est cette marche de Saxe en Silésie qui est restée justement célèbre; avec un bonheur inouï, Frédéric II a su manœuvrer entre les armées de ses adversaires, échapper à leurs coups,
détruire même l'une de ces armées et atteindre enfin le but qu'il
s'était proposé. Ce résultat est dû en grande partie à l'activité du
roi, aux bonnes dispositions qu'il a sû prendre, à son énergie, à
sa persévérance; il est dû également aux fautes du maréchal
Daun, à la lenteur et au mauvais vouloir des Russes. On a
reproché à Frédéric II d'avoir perdu une journée à Bunzlau.
Dans la situation où il se trouvait, une avance de vingt-quatre
heures pouvait assurer le succès de ses opérations; mais ce repos
était peut-être nécessaire à ses troupes fatiguées par de pénibles
marches. On peut remarquer également que la tentative sur
Jauer avait bien peu de chances de réussite le 11 août; pour
percer par Goldberg sur Jauer et de là sur Schweidnitz, il fallait
traverser ou tourner les divers corps de l'armée autrichienne, ce
qui exposait les Prussiens, bien inférieurs en nombre, à être
enveloppés ou attaqués de flanc. Il est donc heureux pour le roi
qu'il ait rencontré sur les hauteurs de Hennersdorf une partie de
l'armée autrichienne lui barrant le passage. Ce faux mouvement
sur Jauer a eu le grave inconvénient de retarder la marche du
roi : aussi, quand il reprend son mouvement sur Liegnitz, se
trouve-t-il précédé du corps de Laudon, escorté par le gros des
forces autrichiennes et suivi par le corps de Lascy; il semble que

sa perte soit certaine, mais, par un singulier revirement de la fortune, c'est précisément cet ensemble de circonstances qui le sauve en offrant à ses coups une fraction isolée des troupes autrichiennes.

Napoléon a jugé sévèrement les opérations que nous venons d'étudier : « Toutes les manœuvres du roi pendant août, autour de Liegnitz, étaient bien périlleuses pour lui; il n'avait aucune base, aucun point d'appui; il était environné par des forces triples des siennes; le hasard seul l'a sauvé. Il n'a dû sa victoire sur Laudon qu'à sa fortune; elle le tira de la fâcheuse position où il se trouvait. Il fut ici plus heureux que sage ».

Que Frédéric II ait montré quelques hésitations pendant ces quinze jours de marche, au milieu d'ennemis si nombreux et sans point d'appui sérieux, on ne saurait s'en étonner; mais on ne peut lui refuser le mérite d'avoir manœuvré constamment sans se laisser entamer, tantôt menaçant l'un des corps ennemis, tantôt se dérobant devant les autres, guettant toujours le moment où l'un de ses adversaires commettrait une faute qui le tirerait d'embarras. Sans doute le hasard a joué à Liegnitz un rôle important, mais il en est toujours ainsi à la guerre, et il faut du moins reconnaître que Frédéric II a singulièrement aidé ce hasard par son activité, sa persévérance et son inébranlable confiance dans le succès final.

Manœuvres du roi en Silésie du 30 août au 1er septembre 1760. — Les manœuvres du roi en Silésie après sa jonction avec le prince Henri, bien qu'elles n'aient donné lieu à aucune rencontre sérieuse, méritent une étude spéciale puisqu'elles montrent comment procédait habituellement Frédéric II pour déposter l'ennemi en menaçant ses flancs ou ses derrières par des marches stratégiques.

Tout danger est loin d'avoir disparu pour le roi après son entrée à Breslau : l'armée russe menace Glogau dans le but de pousser ensuite sur Berlin et de forcer Frédéric II à abandonner la Silésie; l'armée autrichienne a pris position au nord de Schweidnitz, Lascy occupe la droite, Laudon la gauche et Brentano est posté sur les hauteurs retranchées de Zobten. Le roi détache 17 bataillons et 33 escadrons, sous les ordres du général de Goltz, sur Glogau pour observer les Russes; il ne lui reste que 60 bataillons et 116 escadrons pour tenir tête à toute l'armée autrichienne.

Le 30 août, l'armée prussienne se met en marche par la route de Breslau à Schweidnitz, dans le but de déloger les Autrichiens de leurs positions et de s'opposer au siège de Schweidnitz. Le maréchal Daun occupe Domanze et a renforcé le Zobtenberg en y portant Lascy; n'osant attaquer de front les positions ennemies, le roi tente de les tourner par le sud-est; il va donc appuyer à sa gauche en marchant sur Mellendorf de façon à contourner la forêt de Zobten; le même jour, dans la soirée, il se remet en marche et vient occuper Mellendorf et Langenseiffersdorf; son avant-garde pousse jusqu'à Pfaffendorf et se met en communication avec la place de Schweidnitz. Le 31 au matin, le maréchal, débordé sur sa droite, évacue ses positions sans songer à se porter dans le flanc de l'armée prussienne, et va camper en arrière de Schweidnitz sur les hauteurs de Bogendorf, sa droite appuyée à Birkersdorf, sa gauche s'étendant vers Hohenfriedberg.

Ainsi une seule marche de jour, suivie d'une marche de nuit, de l'armée prussienne a suffi pour dégager Schweidnitz et forcer Daun à la retraite. On a reproché à Frédéric de n'avoir pas attaqué le maréchal le 30 août; la victoire de Liegnitz avait relevé le moral de l'armée prussienne et un succès remporté sur les Autrichiens à Domanze pouvait terminer la campagne en faveur du roi. Sans doute les bonnes raisons ne manquaient pas pour éviter un engagement avec les Autrichiens : ceux-ci avaient la supériorité numérique, ils occupaient de bonnes positions, un succès était donc très problématique pour le roi; en cas d'échec, Frédéric eût pu difficilement continuer à tenir la campagne; il eût été contraint, peut-être, de s'enfermer dans les murs d'une place forte, ou d'abandonner la Silésie pour se rapprocher du centre de ses États, ce qui facilitait la jonction des Autrichiens et des Russes, qu'il fallait à tout prix empêcher. Quelle que fût la force de ces raisons, une bataille livrée à l'armée autrichienne apparaissait comme la seule solution possible, car il était peu probable que le maréchal se résoudrait à battre constamment en retraite devant une armée inférieure, et il était à craindre que l'occasion perdue le 30 et le 31 août ne se retrouvât pas. De son côté, Frédéric ne veut pas courir les chances d'une bataille et préfère manœuvrer contre ses adversaires pour les forcer à la retraite, ou dans le secret espoir de les surprendre en faute, comme à Liegnitz. Il va donc traîner les opérations en longueur et chercher uniquement dans des marches-manœuvres, la solution de la campagne.

Marches de l'armée prussienne du 1er au 18 septembre 1760. — L'armée prussienne campe à Pilzen les 1er et 2 septembre, sans rien tenter contre l'ennemi ; la situation du roi, au point de vue stratégique, est meilleure que le 30 août : il s'appuie à Schweidnitz et peut pivoter autour de cette place pour menacer les communications de l'ennemi, par exemple en portant sa gauche par Bogendorf sur Freiburg.

Le 3 septembre, l'armée royale va camper près de Bunzelwitz, après quelques engagements de peu d'importance, rendus inévitables par la proximité de l'ennemi ; elle établit sa droite sur la hauteur de Zedlitz, sa gauche est près de Bunzelwitz et la forêt du Nonnenwald couvre son centre ; tout le front est protégé par des abatis ou des travaux de campagne ; Zieten avec l'avant-garde se prolonge à droite vers Striegau. L'armée reste dans cette position jusqu'au 11 septembre.

La marche du 3 septembre peut être considérée comme la manœuvre inverse de celle du 30 au 31 août ; cette dernière avait porté l'armée royale sur le flanc droit des Autrichiens, la marche du 3 septembre ramenait le roi en face de son adversaire et laissait celui-ci appuyé sur les montagnes avec sa ligne de communications assurée. Dans cette position, toute attaque contre l'armée autrichienne devait avoir pour effet de resserrer celle-ci sur son centre et d'amener sa concentration. Le roi eut certainement conscience de la fausse manœuvre qu'il venait d'exécuter, car il constate lui-même, de la façon suivante, combien sa situation était devenue défavorable : « L'ennemi occupait un terrain énorme dont il était difficile de faire le circuit, parce que le maréchal Daun pouvait prévenir les Prussiens par un petit mouvement de son centre ; il avait la corde et le roi l'arc à décrire ».

Après huit jours passés dans le camp de Bunzelwitz, Frédéric sent le besoin d'agir et se décide à tenter un nouveau mouvement tournant en prenant pour objectif l'aile gauche ennemie ; il ne paraît pas, du reste, avoir grande confiance dans le succès de cette manœuvre : « Néanmoins, quelque obstacle que l'on prévît, la nécessité d'agir et le besoin présent des affaires l'emportèrent sur toutes les considérations et l'on abandonna l'événement à la fortune ». Ce tableau de deux armées en présence, qui manœuvrent mollement l'une contre l'autre sans pouvoir se décider à attaquer et qui vont terminer la campagne sans livrer de bataille, est certainement caractéristique et donne une juste idée de la guerre au XVIIIᵉ siècle.

Le projet de tourner l'aile gauche des Autrichiens en prenant la route de Striegau pour se rabattre par Bolkenhain sur Landshut, n'offrait de chances de succès qu'à la condition de disposer de forces suffisantes pour maintenir de front l'armée autrichienne et gagner en même temps sa gauche. Tel n'était pas le cas de Frédéric : il ne pouvait exécuter ce projet qu'en manœuvrant avec toute son armée sur le flanc et les derrières des Autrichiens, ce qui l'exposait lui-même à être acculé dans les montagnes et coupé de sa base. Quant au maréchal, maître des défilés conduisant en Bohême, il a peu à redouter des tentatives dirigées contre lui par un adversaire inférieur en nombre ; l'avantage stratégique appartient donc tout entier à l'armée autrichienne.

Dans la nuit du 11 septembre, l'armée royale se met en route par lignes et par la droite pour tourner Hohenfriedberg : Laudon, que ce mouvement menace, se retire à temps sur Reichenau. Le lendemain, Zieten, qui doit marcher à la pointe du jour sur Landshut, entend le canon derrière lui : c'est une fraction de l'armée prussienne qui a donné sur un corps autrichien, celui du général Beck ; Zieten diffère son départ et trouve ensuite Landshut fortement occupé. Le mouvement tournant de l'armée autrichienne a complètement échoué.

Frédéric reste jusqu'au 16 septembre sur la position Reichenau—Baumgarten ; le 16 au soir, il se décide à « tourner avec sa gauche la droite du maréchal Daun, à contresens du mouvement qu'il avait exécuté avec sa droite contre M. de Laudon ». Mais, pour exécuter ce mouvement, il faut défiler devant le front de l'armée autrichienne afin de gagner l'aile opposée, et le maréchal, impassible, le laissera manœuvrer devant lui sans lui faire payer cher cette succession de faux mouvements. On dirait que les deux adversaires, obligés de se battre l'un contre l'autre, se sont entendus pour se faire le moins de mal possible.

Donc, le 16 septembre au soir, l'armée prussienne gagne Kunzendorf, que son avant-garde trouve occupé par l'ennemi. Celui-ci suit de près les mouvements des Prussiens, mais se contente de harceler leur arrière-garde et de retarder leur marche; quelques petits engagements ont lieu : ainsi 30 escadrons autrichiens, profitant d'un à-coup dans la marche des Prussiens, tombent sur un détachement d'infanterie près de Schœnbrünn. Le roi atteint Bogendorf et dirige aussitôt son avant-garde sur les hauteurs de Hohengiersdorf; il lui faut livrer un petit combat pour en chasser l'ennemi. Enfin, le 17, à 9 heures du soir, l'armée prussienne harassée dresse ses tentes après avoir marché toute la nuit précédente et toute la journée, et avoir livré une série de petits engagements.

Le 18, Frédéric II reprend son mouvement et veut gagner Waldenburg où les Autrichiens ont établi une boulangerie; mais, cette fois, il trouve toute l'armée autrichienne qui lui barre la route, la droite appuyée à Tannhausen, le centre à Seitendorf, la gauche s'étendant vers Freiburg. Il renonce à son projet, établit son centre et son quartier général à Dittmannsdorf, sa gauche à Schenkendorf, sa droite vers Nieder-Bogendorf, et reste dans cette position jusqu'au moment de son départ pour la Saxe (7 octobre).

Ainsi, le 18 septembre, les deux armées se retrouvent en face l'une de l'autre, à peu près dans la même situation relative qu'au commencement du mois. Frédéric II a d'abord cherché, à la fin d'août, à tourner l'aile droite des Autrichiens, puis il a menacé leur aile gauche, enfin il a défilé devant leur front pour se porter de nouveau contre leur droite, et le maréchal a laissé exécuter toutes ces manœuvres sans intervenir sérieusement. En résumé, le roi n'a obtenu aucun résultat; depuis son entrée à Breslau, il a perdu sept semaines que les alliés, avec un peu d'activité, auraient pu utiliser pour combiner leurs mouvements et pousser vivement les opérations : « Après la bataille de Liegnitz et sa réunion au prince Henri, il eût dû attaquer franchement Daun, le battre, le jeter en Bohême ». (NAPOLÉON).

Dernières manœuvres du roi en Silésie en 1762. — Au com-

mencement de l'année 1762, l'avènement du tzar Pierre III
détache la Russie de la coalition et en fait l'alliée de la Prusse.
Frédéric II n'a plus devant lui que la principale armée autrichienne contre laquelle il va diriger un dernier effort ; son but
est de reprendre Schweidnitz et de rejeter les Autrichiens hors
de la Silésie.

Au milieu du mois de mai, l'armée autrichienne débouche en
Silésie et s'établit derrière la forêt de Zobten, la droite à Kalten-
brünn, la gauche vers Stephanhain, appuyée à un affluent de la
Weistritz. L'armée prussienne est concentrée sur la Lohe, couvrant Breslau ; Frédéric attend, pour prendre l'offensive, l'arrivée du détachement russe placé sous les ordres de Czernischeff.
Les deux armées restent sur leurs positions jusqu'au 1er juillet,
date de l'arrivée des Russes ; Frédéric II réunit alors sous ses
ordres directs 82 bataillons, 135 escadrons et 316 canons ; il va
manœuvrer pour menacer les communications du maréchal
Daun, le forcer à battre en retraite et à découvrir ainsi Schweidnitz, ou à livrer bataille ; cette dernière solution est, du reste, la
moins probable, étant donné le caractère du maréchal et ses
habitudes de traîner les opérations en longueur.

Le 1er juillet au soir, le roi s'établit sur les hauteurs de
Sachwitz pour gagner Freiburg dans la nuit et tourner l'aile
gauche autrichienne par Ossig et Tchechen ; le général de Wied
le précède d'une journée et doit se porter de nuit sur Bertelsdorf
pour occuper les hauteurs de Ziskenberg, en arrière de Freiburg. Daun, averti à temps, se retire à l'entrée des défilés et
s'établit : la droite à Ober-Bogendorf, la gauche vers Polsnitz.
Frédéric II campe à Bunzelwitz ; de Wied est à Striegau.

Le 5 juillet au soir, le roi dirige de Wied sur Hohenfriedberg
et, de là, sur Reichenau, pour tenter de nouveau de déborder
l'aile gauche ennemie et menacer les grands magasins de
Braunau. Mais Daun a prévu ce mouvement et il a porté le corps
de Brentano sur les hauteurs d'Adelsbach qui barrent la route
de Braunau ; de Wied se heurte à ces hauteurs ; le roi, qui a
quitté Bunzelwitz dans la nuit du 5 au 6, accourt avec de la
cavalerie, mais il n'ose attaquer cette forte position : il tente de
déborder Brentano en marchant sur Friedland. Celui-ci se retire
au sud ; de Wied, qui l'atteint près de Friedland, hésite à l'attaquer, ce qui permet à Brentano de gagner le camp de Ditters-

bach, près de Braunau, où le général Haddick le rejoint avec
10,000 hommes. A ce moment le maréchal Daun a achevé son
changement de front en arrière; il campe parallèlement à la
rivière de Schweidnitz, la gauche vers Charlottenbrünn, la
droite se reliant par Birkersdorf avec la place de Schweidnitz.
Le 7 juillet, le roi occupe les hauteurs entre Seifersdorf et
Altwasser; Zieten avec l'aile gauche est vers Kunzendorf, et de
Wied tente avec les Cosaques en Bohême une diversion qui
échoue. Le corps autrichien de Brentano occupe Politz, et le
maréchal Daun fait transporter les approvisionnements de
Braunau dans le comté de Glatz. Ainsi la tentative du roi contre
l'aile gauche autrichienne dans le but de dégager Schweidnitz
n'a pas réussi : l'armée autrichienne s'est repliée en pivotant
autour de sa droite qui continue à s'appuyer à la place, et elle
conserve ses communications avec la Moravie et la haute Silésie.

Frédéric forme alors le projet de couper l'armée ennemie de
Schweidnitz et d'entreprendre le siège de la place en maintenant
l'ennemi à distance; il va profiter de ce que le maréchal a dû
dégarnir son aile droite afin de reporter ses troupes à l'aile
gauche menacée, et le roi va diriger son principal effort contre
cette aile droite dégarnie. En conséquence, le 13 juillet, Zieten
se porte en avant et vient appuyer sa droite aux hauteurs de
Hohen-Giersdorf et sa gauche à Bogendorf; de Wied rétrograde
sur Reichenau et marche sur Bunzelwitz, d'où il doit se porter
sur la rive droite de la Weistritz. Mais, à ce moment, une grave
nouvelle parvient à Frédéric II, l'assassinat de Pierre III et l'avènement de Catherine au trône de Russie; Czernischeff reçoit
l'ordre de quitter l'armée prussienne et de rentrer en Pologne.
Le roi obtient de lui qu'il diffère son départ de quelques jours et
il hâte la marche des colonnes prussiennes; de Wied se porte à
Faulbrück dans la nuit du 19 au 20 juillet; il est suivi par la
brigade Mollendorf qui marche de Bunzelwitz sur Kreisau et
Pöln-Weistritz. Cette brigade se joint au détachement de
Knobloch venu directement de Hohen-Giersdorf et complète l'investissement de Schweidnitz. De son côté, Daun fait occuper par
9 bataillons la bonne position de Birkersdorf et porte en toute
hâte la division Brentano sur les hauteurs de Leutmannsdorf. Le
roi se décide à faire attaquer ces hauteurs par de Wied; il fait
établir de fortes batteries sur le plateau de Hohen-Giersdorf et

lance Mollendorf et Knobloch à l'attaque de la position de Birkersdorf; enfin, des démonstrations sont dirigées vers Braunau pour détourner l'attention du maréchal.

Dans la nuit du 20 au 21 juillet, le château d'Ohmsdorf est emporté par les Prussiens et garni d'artillerie. Le 21, à la pointe du jour, de Wied attaque les hauteurs de Leutmansdorf et les emporte après une résistance assez vive; les Autrichiens évacuent Birkersdorf, et une sortie de la garnison de Schweidnitz échoue. Les Prussiens occupent les hauteurs et les bois de Michelsdorf, menaçant de couper l'aile droite autrichienne : le maréchal se décide à prendre position plus en arrière et, dans la nuit, il porte sa droite à Falkenberg, son centre à Wüste-Giersdorf, sa gauche vers Tannhausen. A ce moment, Czernischeff quitte l'armée prussienne et celle-ci s'établit fortement sur les positions au sud-ouest de Schweidnitz, dans l'intention de pousser vigoureusement le siège de la place. En même temps le roi rappelle le duc de Bevern qui opère en Moravie contre le général Beck; Bevern arrivera juste à temps pour livrer le combat de Peilau, le dernier engagement sérieux en Silésie (16 août). Quant à la place de Schweidnitz, investie le 4 août, elle se rend le 9 octobre; le 24 novembre, un armistice signé en Silésie met fin aux hostilités.

En résumé, les manœuvres du roi contre l'aile droite autrichienne pour la séparer de Schweidnitz étaient hardies et eussent présenté peu de chance de réussite en face d'un adversaire vigoureux et actif; mais le maréchal Daun voulait, avant tout, éviter une action générale. Le mouvement offensif prononcé le 13 juillet par Zieten dans la direction de Bogendorf aurait dû éclairer le maréchal sur le danger qui menaçait son aile droite; il était encore temps de la renforcer à ce moment, le 21 juillet il était trop tard : l'aile droite autrichienne, prise de front et à revers, était obligée de se replier, abandonnant la place de Schweidnitz à elle-même. La manœuvre de Frédéric II a donc pleinement réussi : la victoire de Peilau et la reddition de Schweidnitz complètent le succès du roi en Silésie et mettent fin à la guerre de ce côté.

CHAPITRE XIV.

DES DÉTACHEMENTS.

> « Une ancienne règle de la guerre… est
> que celui qui partagera ses forces sera battu
> en détail. »
>
> (Frédéric II.)

Principe posé par Frédéric II. — Cas de l'offensive, de la défensive. — Cas
où les troupes sont jeunes. — Comment on facilite la rentrée d'un détachement ; exemple. — Eviter les détachements surtout à la veille d'une action.
— Exemple : avant la bataille de Soor. — Autres exemples : Lowositz,
Prague, Kunersdorf, Hochkirch. — Détachements pendant et après la bataille. — Qualités nécessaires à un chef de détachement. — Conduite à
tenir. — Danger provenant de l'indécision du chef : Finck à Maxen. —
Affaire de Landshut ; responsabilités engagées dans cette affaire ; manque
d'initiative de Fouquet ; enseignements à en tirer.

Principe posé par Frédéric II. — La question des détachements
a été tranchée en principe par Frédéric II, conformément aux
règles de la stratégie, mais, dans la pratique, il a souvent violé
ces règles, et il s'en est presque toujours mal trouvé :

« Ne détachez aucun corps, vous vous feriez battre en détail;
n'agissez qu'avec toute votre masse. »

Frédéric n'autorise que les détachements destinés à assurer
les ravitaillements, ce qu'il appelle les *partis :*

« Toutes les fois que vous ferez la guerre en Bohême ou en
Moravie, vous serez absolument contraints de détacher des corps
pour faire arriver sûrement les vivres. »

Cas de l'offensive, de la défensive. — Le roi blâme les détachements dans le cas de l'offensive :

« Ne faites jamais de détachements lorsque vous agissez offensivement. Si vous êtes dans un pays ouvert, et maître de quelques
places, vous ne détacherez d'autres troupes que celles qu'il faut
pour assurer vos convois. »

Quand on reste sur la défensive, on se trouve souvent entraîné
à faire des détachements, par la nécessité de surveiller plus
étroitement ses flancs et ses derrières :

« La guerre défensive nous mène naturellement aux détachements. Les généraux peu expérimentés veulent conserver tout; ceux qui sont sages n'envisagent que le point capital, ils cherchent à parer les grands coups et souffrent patiemment un petit mal pour en éviter un de plus de conséquence; qui veut conserver tout ne conserve rien. »

Cas où les troupes sont jeunes. — Avec de jeunes troupes, il faut éviter soigneusement de faire des détachements :

« De jeunes soldats, de mauvaises troupes, une armée délabrée doivent être employés avec beaucoup de circonspection : alors il n'est guère à propos d'agir par détachements; avant tout, il faut se proposer de faire une guerre serrée. »

Comment on facilite la rentrée d'un détachement; exemple. — Une bonne méthode pour faciliter la rentrée d'un détachement ou l'arrivée d'un secours, c'est de se porter à sa rencontre :

« Lorsqu'on veut qu'un secours joigne l'armée, le moyen le plus sûr est de marcher à sa rencontre, par un terrain difficile, en se retirant devant l'ennemi pour éviter la bataille, et l'on regagne bientôt, par la supériorité de cette jonction, le terrain que l'on a, pour ainsi dire, prêté à l'ennemi. »

Au mois de novembre 1744, le roi bat en retraite de l'Elbe sur la frontière de Silésie : le prince de Nassau, qui est à Kolin, doit rejoindre vers Nechanitz le gros de l'armée prussienne en marche entre Pardubitz et Kœnigingrætz :

« Le 20 de novembre, le roi s'approche de Schlumetz pour seconder le mouvement de M. de Nassau; il demeure en panne dans ce poste, pour laisser à ce détachement le temps de gagner Bidschow et Nechanitz. Le 22, l'armée se mit entre Pardubitz et Kœnigingrætz, au village de Wosnitz qui couvrait le défilé de Nechanitz. Le 24, toute la cavalerie marcha à la rencontre de M. de Nassau et l'amena rejoindre l'armée. »

Éviter les détachements, surtout à la veille d'une action. — C'est surtout à la veille d'un engagement qu'il faut éviter les détachements :

« Une ancienne règle de la guerre, que je ne fais que répéter ici, est que celui qui partagera ses forces sera battu en détail. Si vous voulez donner bataille, tâchez de rassembler toutes vos troupes ; on ne saurait jamais les employer plus utilement. Cette règle est si bien constatée que tous les généraux qui y ont manqué s'en sont presque toujours mal trouvés.

« Un jour de bataille, il ne faut jamais faire de détachements. »

Frédéric II ne s'est pas conformé, en plusieurs circonstances, à ces sages prescriptions, notamment à Soor, à Lowositz, à Prague, à Kunersdorf ; lorsqu'il n'a pas été battu, son succès a été incomplet et sa victoire est restée stérile.

Exemple : Avant la bataille de Soor. — Au mois de juin 1745, Frédéric II envahit la Bohème, après sa victoire à Hohenfriedberg et reste deux mois inactif sur les bords de l'Adler, en face de son adversaire, le prince de Lorraine. Le 18 septembre, il marche sur Staudenz et détache le général de Polentz avec 1000 chevaux et 3 bataillons dans la Nouvelle-Marche ; en outre, il dirige le général Du Moulin sur Trautenau, où se trouve un dépôt de vivres, et il porte le général Lehwald à Starkstadt, pour surveiller les défilés de la Silésie sur ses derrières. Le prince de Lorraine suit l'armée prussienne, qui bat en retraite, et il cherche à inquiéter ses flancs ; le roi porte alors Du Moulin à Schatzlar et le remplace à Trautenau par le corps de Lehwald. Il n'a plus, sous ses ordres immédiats, au camp de Staudenz, que 20,000 hommes environ en face de 40,000 Autrichiens du prince de Lorraine ; le 30 septembre, il bat celui-ci à Soor, mais il perd lui-même 3,000 hommes et achève sa retraite par les défilés de la Silésie.

Le roi pouvait s'attendre à être attaqué pendant son mouvement de retraite sur la frontière de Silésie : il paraissait probable que le prince de Lorraine saisirait cette occasion de reprendre sa revanche de Hohenfriedberg et qu'il tenterait, soit d'acculer l'armée prussienne aux défilés, soit de la surprendre en marche. Le devoir de Frédéric était donc de conserver toutes ses forces sous la main ; or, le 30 septembre, le prince d'Anhalt opère en Saxe avec 12,000 hommes et le roi lui envoie un renfort de 4 régiments d'infanterie et 3 de cavalerie, sous les ordres du général de Gessler ; il détache Polentz avec 3,000 hommes dans la Nouvelle-Marche ; déjà, le prince de Nassau a été envoyé avec 12,000 hommes dans la haute Silésie; enfin, Du Moulin est à Schatzlar, et Lehwald à Trautenau. C'est ainsi que sur 65,000 à 70,000 hommes que compte l'armée prussienne, non compris les troupes de garnison, Frédéric II en présente à peine 20,000 sur le champ de bataille de Soor. Trautenau est si près de Staudenz qu'il était inutile d'y détacher le corps de Lehwald, et, en admettant que la possession de ce point fût indispensable, il était préférable d'y placer le camp de l'armée prussienne. Lehwald accourut, il est vrai, de Trautenau, mais trop tard pour empêcher la cavalerie hongroise de piller le camp prussien. Quant au prince de Nassau, il avait repris Kosel dès le 6 septembre, et son rôle se bornait à empêcher les incursions des Hongrois en Silésie; il semble qu'un corps moins nombreux eût suffi à cette tâche.

Enfin, les renforts envoyés à l'armée de Saxe n'étaient pas indispensables; le rôle de cette armée était secondaire. Une partie du corps saxon venait, il est vrai, de quitter l'armée du prince de Lorraine pour rentrer en Saxe, et Frédéric explique que « le corps de Gessler et de Polentz, qui alla rejoindre le prince d'Anhalt, pouvait être évalué contre les Saxons, qui s'en retournèrent chez eux »; mais le prince de Lorraine recevait en compensation un renfort de 8 régiments tirés de la Bavière et de l'armée du Rhin; ce n'était donc pas le moment pour Frédéric de s'affaiblir en face de la principale armée ennemie. En résumé, le roi aurait pu mettre en ligne à Soor 35,000 hommes, tout en conservant ses communications, en faisant observer les Saxons et respecter les frontières de la haute Silésie. Il a reconnu lui-même ses torts dans les termes suivants, qui font honneur à sa modestie, car ses bonnes dispositions tactiques à Soor ont été la principale cause du succès : « J'aurais mérité d'être battu à Soor, si l'habileté de mes généraux et la valeur de mes troupes ne m'eussent préservé de ce malheur ».

Autres exemples : Lowositz, Prague, Kunersdorf, Hochkirch. — A la bataille de Lowositz, Frédéric II ne peut opposer que 25,000 hommes aux 30,000 Autrichiens du maréchal Browne; ses forces forment à ce moment trois groupes principaux : Keith, avec 38 bataillons et 30 escadrons, bloque le corps saxon dans le camp de Pirna; Schwerin, venant de Silésie, s'avance par

Nachod avec 30,000 hommes; le reste est sous les ordres du roi
à Lowositz; nous laissons de côté le corps d'observation qui
opère en Poméranie et sur le bas Oder. Aussi, la victoire de
Lowositz ne produit-elle que de faibles résultats : le roi n'ose poursuivre les Autrichiens, il n'ose même franchir l'Elbe et se fortifie
dans son camp de Lowositz. Browne, libre de ses mouvements,
tente de secourir les Saxons par la rive droite de l'Elbe, projet
qui devait, en cas de succès, annuler complètement les résultats
de la victoire de Lowositz et forcer le roi à battre en retraite sur
la Saxe. Heureusement pour Frédéric, le maréchal n'envoie que
des forces insuffisantes, 8,000 hommes environ, au secours des
Saxons, et sa tentative échoue complètement.

A la bataille de Prague, les 22,000 hommes du maréchal Keith,
laissés en observation sur la rive gauche de la Moldau, constituent un véritable détachement, puisqu'ils ne peuvent prendre
part à l'action. Un corps beaucoup plus faible eût suffi à observer les débouchés de la place sur la rive gauche, pendant que le
sort de l'armée prussienne se décidait sur la rive droite. De son
côté, le prince de Lorraine a laissé 10,000 hommes inactifs dans
Prague, pendant qu'à quelques kilomètres son aile droite était
écrasée par l'armée prussienne. Après cette victoire, Frédéric se
porte contre le maréchal Daun, mais il n'amène que des forces
insuffisantes, et les troupes qu'il laisse devant Prague, sur les
deux rives de la Moldau, forment de véritables détachements qui
n'ont qu'un rôle d'observation tout à fait secondaire, pendant
que l'action principale se déroule dans les plaines de Kolin. La
défaite du roi lui fait perdre le fruit de sa victoire précédente, et la
dissémination de ses forces, dans cette situation critique, compromet gravement sa retraite.

Après la levée du siège d'Olmutz, au mois de juillet 1758, pendant la marche périlleuse de l'armée prussienne à travers la
Moravie et la Bohême, Frédéric II ne fait aucun détachement et
garde toute son armée dans la main : l'avant-garde et l'arrière-
garde sont à portée de la colonne principale et toutes les troupes
marchent bien concentrées. Arrivé à proximité de la frontière, il
détache les forces nécessaires pour accompagner les impedimenta
qui prennent les devants, et pour ravitailler le plus tôt possible
son armée.

A Zorndorf, Frédéric II n'oppose que 35,000 hommes environ

aux 46,000 Austro-Russes du général de Fermor ; mais il a mis
en ligne toutes les forces dont il peut disposer immédiatement,
tandis que son adversaire a détaché 8,000 chevaux pour observer le bas Oder.

L'infériorité numérique des Prussiens à Hochkirch est énorme :
environ 30,000 hommes contre 60,000 Autrichiens ; sans doute,
les ressources de Frédéric II s'épuisaient, et il ne dépendait pas
de lui d'amener sur ce nouveau champ de bataille des forces
égales à celles des Autrichiens ; mais le détachement laissé à
Bautzen pour garder sa boulangerie eût pu être moins considérable, le détachement envoyé sous les ordres du général de Wedell
contre les Suédois pouvait être retardé jusqu'après la bataille ;
enfin, le corps de Retzow, composé de 14 bataillons et 30 escadrons, peut être considéré comme détaché de l'armée, puisqu'il
était trop éloigné du champ de bataille pour prendre part à
l'action et séparé du reste de l'armée par un cours d'eau.

Enfin, dans les opérations dirigées contre le maréchal Daun, en
Silésie, au mois d'août 1760, nous avons vu que Frédéric II
détache le général de Goltz, avec 17 bataillons et 33 escadrons
sur Glogau pour observer les Russes ; or ce détachement est
insuffisant pour arrêter toute l'armée russe en rase campagne, et,
s'il s'agit simplement d'empêcher un coup de main sur Glogau,
quelques bataillons eussent suffi à cette tâche, à l'abri des remparts.

Détachements pendant et après la bataille. — Pendant la bataille
même, Frédéric II blâme les grands mouvements tournants exécutés en dehors de l'attaque principale et sans liaison avec elle ;
les troupes employées à ces mouvements constituent de véritables
détachements qui échappent à la direction du général en chef.

Cependant le roi a souvent commis cette faute, dont les conséquences étaient moindres qu'elles ne le seraient de nos jours, à
cause du peu de mobilité des armées autrichiennes et russes de
cette époque.

Même après une victoire, il ne faut faire de détachement qu'avec
une extrême prudence :

« Il ne faut détacher des troupes qu'après la bataille gagnée,
pour assurer ses convois, ou il faudrait que les détachements ne
s'éloignassent qu'à une demi-lieue de l'armée.

« Les détachements qui affaiblissent l'armée du tiers ou de la moitié sont très dangereux et condamnables. »

Qualités nécessaires à un chef de détachement. — « Les officiers qui commandent un détachement doivent être fermes, hardis et prudents.

« Il faut de bonnes têtes et des génies offensifs pour les détachements.

« Un général qui conduit bien des détachements donne des marques évidentes de ses talents ; c'est le chemin qui le conduit au commandement des armées, parce qu'en petit il s'est rendu familiers les principes qui servent de fondement à la conduite des plus grandes armées. Il faut qu'il soit entreprenant avec réflexion, c'est-à-dire qu'il tâche de faire le plus de mal à l'ennemi, après avoir bien médité son projet et l'avoir soutenu d'une bonne disposition. »

Conduite à tenir. — Les commandants de détachements doivent avoir beaucoup d'initiative :

« Leur chef leur donnera une instruction générale, c'est à eux à se consulter pour avancer sur l'ennemi, ou se retirer devant lui, selon que les circonstances le requerront.

« Il faut qu'ils se replient toujours contre des forces supérieures, mais il faut qu'ils sachent aussi profiter des leurs quand ils lui sont supérieurs en nombre.

« Un officier qui commande un détachement, doit premièrement penser à sa sûreté et, s'il y a pourvu, faire des projets sur l'ennemi.

« Tout corps détaché, en présence de forces supérieures, doit successivement les contenir et néanmoins échapper à une lutte inégale en occupant une série de camps avantageux, fortifiés avec intelligence, desquels il menace les communications de l'adversaire ou lui donne d'autres inquiétudes.

« Une grande qualité c'est d'être impénétrable à l'ennemi, de savoir lui dérober ses projets, ses mouvements ; qualité essentielle pour ceux qui commandent à des corps plus faibles que ceux qui leur sont opposés. Cette espèce de défensive consiste à tenir bonne contenance, à imposer à l'ennemi, à arriver à ses fins par toutes sortes de ruses. »

Danger provenant de l'indécision du chef : Finck à Maxen. — Mais le plus grand danger pour un détachement, c'est d'être commandé par un chef indécis qui perd la tête et se laisse cerner. La capitulation en rase campagne est jugée, par Frédéric II, avec la sévérité qu'elle mérite :

« Bien des corps de troupe ont été battus par l'incertitude des commandants, qui ne savent pas se résoudre et se déterminer eux-mêmes ; tout est perdu quand le commandant perd la tête. Que faut-il faire si, étant détaché, on se trouve attaqué, malgré toutes les mesures qu'on a prises pour ne point être surpris ? Il faut vendre sa vie le plus chèrement que l'on peut, faire perdre, par sa défense vigoureuse, à l'ennemi autant de monde que votre corps est fort ; alors votre honneur est sauvé. Mais quiconque capitule à la tête d'un corps est un infâme : ou bien l'attachement à son misérable bagage l'a déterminé à cette lâcheté, ou bien une poltronnerie non moins exécrable. »

Ces lignes font allusion à la capitulation du général de Finck à Maxen, le 20 novembre 1759. Finck commit, en effet, la double faute de se laisser cerner et de capituler en rase campagne sans tenter de se faire jour coûte que coûte ; il s'opposa même à une tentative d'évasion du général Wunsch et le comprit dans la capitulation. Cette conduite a été flétrie avec raison par Frédéric II : Finck fut cassé et condamné à deux ans de détention. Nous étudierons plus loin[1] les conditions dans lesquelles a eu lieu l'affaire de Maxen et nous examinerons si la responsabilité de ce désastre ne remonte pas, en partie, plus haut ; en ce qui concerne Finck, il est certain que, s'il a été détaché un peu à la légère, sa situation aventurée lui faisait un devoir encore plus strict de montrer de l'activité et de l'énergie, et qu'il a manqué à ce devoir.

Quant à Frédéric II, il a violé ses propres maximes relatives aux détachements, maximes qu'il a résumées lui-même en ces mots :

« On me demandera s'il ne faut jamais faire de détachements. Je répondrai qu'il le faut quelquefois, mais c'est toujours une manœuvre fort délicate, qu'il ne faut jamais hasarder que pour des raisons très importantes et il faut la faire à propos. »

---

[1] IIᵉ partie, chapitre XVIII.

Nous terminerons en étudiant l'affaire de Landshut, du 23 juin 1760, qui nous fournira d'utiles enseignements sur la conduite que doit tenir un chef de détachement.

Affaire de Landshut. — Au printemps de l'année 1760, le général Fouquet est détaché avec 12,000 hommes en Silésie et occupe le camp de Landshut pour défendre cette province ; le prince Henri cantonne sur le Bober, entre Lowenberg et Sagan ; il a pour objectif l'armée russe ; Frédéric est en Saxe avec le gros de ses forces.

A la fin du mois de mai, Laudon se concentre sur la frontière de Bohême et de Silésie, près de Kostelctz, et prend l'offensive ; le 31 mai, il arrive à Frankenstein. Fouquet ne recevant aucun renfort, et craignant d'être pris à revers par les forces très supérieures de Laudon, se replie sous Schweidnitz, puis dans la direction de Breslau (6 juin) ; les Autrichiens occupent Landshut et investissent Glatz. Le roi envoie à Fouquet l'ordre de reprendre Landshut ; en conséquence, celui-ci se met en marche le 16 juin, laisse Zieten avec 7 bataillons sur le Ziskenberg pour conserver ses communications avec Schweidnitz, et s'empare des hauteurs de Landshut, que les Autrichiens n'occupent plus que faiblement ; il rappelle à lui 3 des bataillons laissés à Zieten, ce qui porte ses forces à 17 bataillons et 14 escadrons, avec lesquels il organise défensivement la position de Landshut. Laudon se concentre aussitôt pour attaquer Fouquet ; il laisse un corps d'observation devant Glatz et marche, le 21 juin, contre le petit corps prussien avec 52 bataillons et 75 escadrons.

Laissé seul devant des forces triples, Fouquet dispose ses troupes sur les hauteurs de la rive droite du Bober, en formant un demi-cercle de deux lieues d'étendue ; il est attaqué, le 23 au matin, par quatres colonnes autrichiennes qui convergent vers lui, tandis qu'une cinquième passe sur la rive gauche pour lui couper la retraite sur Schmiedberg. Sa gauche est tournée et rejetée sur Landshut, dont les Autrichiens s'emparent ; Fouquet se concentre alors sur les hauteurs du Galgenberg et oppose une dernière résistance aux colonnes qui le pressent de tous côtés. Il se décide enfin, mais trop tard, à franchir le Bober et à battre en retraite : il est assailli par les Autrichiens postés sur la rive gauche, la plus grande partie de ses troupes sont prises et 1500 hommes seulement parviennent à s'échapper ; lui-même est blessé et fait prisonnier.

On a quelquefois comparé l'affaire de Landshut à celle de Maxen ; rien ne nous paraît plus injuste. Fouquet a combattu très honorablement ; il a été pris les armes à la main après avoir reçu trois blessures ; la moitié des Prussiens faits prisonniers étaient eux-mêmes blessés ; son honneur militaire et celui de ses troupes sont donc entièrement saufs. Il nous paraît intéressant de rechercher à qui incombe la responsabilité de ce revers, moins pour élaircir un point d'histoire militaire, intéressant à coup sûr, que pour étudier quelle doit être, en pareil cas, la conduite d'un chef de détachement.

Responsabilités engagées dans cette affaire. — Le roi avait prescrit à Fouquet de reprendre la position de Landshut (Frédéric s'abstient prudemment de faire la moindre allusion à cet ordre dans le récit de ces événements[1]) ; menacé par des forces considérables, Fouquet sollicite en vain, soit des renforts, soit une diversion en sa faveur, et il rend compte de son intention de tenir jusqu'à la dernière extrémité. On ne s'explique pas que le prince Henri, dont le gros n'est qu'à trois ou quatre jours de marche, n'ait pas pris sur lui d'envoyer des renforts à Fouquet ; les Russes étaient encore éloignés et le prince Henri avait le temps, en se joignant à Fouquet, de rejeter Laudon en Bohême avant l'arrivée de Soltikoff.

On ne comprend pas davantage que le roi ait attaché tant d'importance à la position de Landshut ; les 12,000 hommes de Fouquet pouvaient tout aussi bien défendre la Silésie à proximité de Schweidnitz, par exemple, où ils auraient été à l'abri d'un coup de main ; cette solution supprimait, en outre, le petit détachement de Zieten, trop faible pour remplir un rôle quelconque. Il semble donc que le roi et le prince Henri aient eu tort tous les deux, le premier en imposant à Fouquet une tâche évidemment au-dessus de ses forces, le second en le laissant écraser sans chercher à le secourir.

---

[1] Decker dit en propres termes : « Frédéric considérant l'occupation du poste de Landshut comme essentielle pour la conservation de Glatz, y renvoya son général (Fouquet) par un ordre conçu en termes qui n'admettaient aucune objection ».

Manque d'initiative de Fouquet. — Cela posé, quelle devait être la conduite de Fouquet? L'ordre de reprendre la position de Landshut ne pouvait être considéré comme une prescription absolue : si Fouquet eût trouvé les 50,000 hommes de Laudon sur les hauteurs du Bober, il est bien évident que son devoir n'était pas de faire tuer ses hommes jusqu'au dernier pour essayer de reprendre cette position. Le même ordre de reprendre Landshut, en admettant même qu'il eût pu être exécuté, ne pouvait être interprété comme une défense absolue d'abandonner ce poste, au risque d'être entièrement détruit. A la guerre, il y a des ordres qui doivent être exécutés quand même, dût-on y sacrifier jusqu'au dernier homme : c'est au chef qui donne cet ordre d'insister sur l'importance de cette mission et sur la nécessité de l'accomplir coûte que coûte. Souvent il arrive, au contraire, qu'une prescription faite la veille devient inexécutable le lendemain par suite d'un mouvement de l'ennemi ou pour toute autre cause : dans ce cas, le lieutenant chargé de l'exécution doit prendre sur lui de modifier l'ordre reçu et d'en informer sur-le-champ son chef. La guerre est faite de cet imprévu, et la meilleure manière de compter avec lui, c'est d'habituer chaque chef en sous-ordre à une sage initiative.

Dans le cas qui nous occupe, Landshut étant une ville ouverte, dont la possession en elle-même n'a qu'une importance secondaire, il est bien clair que le général prussien risque, en s'y attardant, d'être pris ou détruit sans aucune compensation pour la cause royale. Les 12,000 hommes qu'il commande peuvent être très utiles en manœuvrant autour de Schweidnitz ou de Breslau ; son devoir est donc de se dérober devant l'attaque concentrique qui le menace, ou tout au moins de se dégager assez à temps pour battre en retraite. Enfin, étant donné qu'il accepte la lutte avec toutes ses conséquences, il est à remarquer qu'il occupe un front trop considérable ; c'est une faute également de détacher Zieten avec 4 bataillons à une aussi grande distance.

Enseignements à en tirer. — En résumé, le roi était trop éloigné pour diriger le corps de Fouquet, celui-ci aurait dû être rattaché directement à l'armée du prince Henri ; quant à Fouquet, il a manqué d'initiative et a interprété d'une façon trop étroite l'ordre qu'il avait reçu.

Nous conclurons donc de cette affaire de Landshut :

1° Que tout chef de détachement en rase campagne doit avoir connaissance du but à atteindre et rester libre d'agir d'après les nécessités du moment ;

2° Qu'il faut bien se garder de vouloir diriger de loin les détachements, parce que la situation peut changer à chaque instant et rendre inutile, sinon nuisible, l'exécution d'un ordre envoyé dans ces conditions ;

3° Qu'il convient de placer les détachements sous les ordres directs du chef du groupe le plus voisin, lequel peut seul donner des instructions en connaissance de cause ;

4° Enfin, qu'on ne doit faire de détachements que le plus rarement possible et lorsque leur utilité est absolument hors de doute. Si, en effet, ces détachements ont un effectif considérable, ils affaiblissent l'armée et peuvent engager celle-ci en dehors des vues du général en chef ; si leur effectif est restreint, ils ne sont pas à l'abri d'un coup de main et ne peuvent d'ailleurs obtenir aucun résultat sérieux.

CHAPITRE XV.

DES POINTES.

> « Toutes les guerres qui nous éloignent
> trop des frontières finissent malheureuse-
> ment. »
>
> (Frédéric II.)

Définition. Il faut éviter de faire des pointes. — Dangers qui peuvent
en résulter. — Exemple : campagne de 1744.

Définition. Il faut éviter de faire des pointes. — D'après Frédéric II : « On appelle pousser des pointes lorsque l'armée, en s'éloignant de ses magasins, s'aventure trop en avant dans le pays ennemi sans assurer ses derrières ».

Le roi condamne cette manière d'agir :

« Les plus grands défauts des projets de campagne sont ceux qui vous obligent à faire des pointes, d'aventurer des corps d'armée loin des frontières et de tout soutien.

« C'est une règle qu'il ne faut jamais pousser des pointes, et que les guerres entreprises proche des frontières réussissent toujours plus que celles où les armées s'aventurent trop loin. »

Dangers qui peuvent en résulter. — « Toutes les guerres qui nous éloignent trop des frontières finissent malheureusement; l'éloignement des lieux empêche les recrues, les remontes, les munitions et autres renouvellements de l'armée d'arriver à temps; les communications, quelquefois interceptées, empêchent de lui faire passer les secours nécessaires. Tous les projets de campagne qui visent à la pointe ne valent rien et doivent être rejetés comme mauvais. »

Ces considérations sont très justes et n'ont rien perdu de leur valeur. Frédéric II en a fait l'expérience dans la campagne de 1744. Nous allons voir comment, après s'être laissé entraîner à envahir la Bohême jusqu'à Budweis, il s'est vu obligé de rétrograder précipitamment sur la Sazawa en abandonnant plusieurs garnisons qui ont été faites prisonnières.

Exemple : campagne de 1744. — Au mois d'août 1744, l'armée prussienne, forte de 70,000 hommes, envahit la Bohême et marche sur Prague, qui capitule le 16 septembre. La cour de Vienne a envoyé à la hâte le maréchal de Batthyani avec une vingtaine de mille hommes pour occuper le roi jusqu'à l'arrivée du prince de Lorraine, rappelé en toute hâte des bords du Rhin.

Frédéric II tente d'abord d'enlever les magasins du maréchal de Batthyani établis à Beraun ; celui-ci les transporte à Pilsen. Le roi songe à marcher sur ce dernier point, puis il se décide à prendre pour objectif Tabor et Budweis. Il quitte Prague en ne laissant dans la place que 6 bataillons et néglige même d'y faire transporter les vivres amassés à Leitmeritz ; le 17 septembre, il marche sur Kundratitz ; l'avant-garde, forte de 10 bataillons et 40 escadrons sous le prince de Nassau, prend la route de Tabor ; l'armée suit sur deux colonnes ; à gauche, le maréchal de Schwerin marche derrière l'avant-garde ; à droite, le prince Léopold remonte la rive droite de la Moldau. Un convoi de trente jours de farine suit l'armée.

L'avant-garde s'empare sans coup férir de Tabor, Frauenberg, Budweis ; mais l'armée a la plus grande difficulté à vivre, le pays ne fournit aucune subsistance ; une nombreuse cavalerie ennemie intercepte les communications, ne permet pas aux troupes prussiennes de s'étendre et laisse le roi sans nouvelles. Sur un faux avis de l'approche du prince de Lorraine, Frédéric franchit la Moldau et campe à Wodnian ; il apprend bientôt que la principale armée autrichienne, sous les ordres du prince de Lorraine secondé par le maréchal de Traun, est sur la Wottawa près de Pisek, que les Saxons l'ont rejointe, et qu'elle s'apprête à le couper de ses communications avec la Sazawa et avec l'Elbe. Frédéric repasse en toute hâte la Moldau à Teyn (8 octobre), gagne Tabor, rappelle à lui le général Du Moulin envoyé à Neuhaus, et se met en retraite sur la Sazawa. Schwerin précède l'armée avec 15,000 hommes et s'empare de Beneschau où les Autrichiens ont déjà réuni des approvisionnements ; le roi le rejoint le 14 octobre et séjourne huit jours aux environs de cette ville ; pendant ce temps, 10,000 Hongrois reprennent Budweis et Tabor, et y font prisonniers 3,000 Prussiens.

Cependant l'avant-garde autrichienne arrive à Neweklau et Marsowic ; le 24 octobre, le roi sort de Beneschau et marche contre elle, mais le lendemain il trouve l'armée autrichienne qui l'attend dans une bonne position, et il rentre à Beneschau sans être inquiété. Le 26, le manque de fourrages l'oblige à décamper ; il passe la Sazawa à Poric et campe à Pizely ; le prince de Nassau marche avec 10 bataillons et 30 escadrons sur Kamerburg, d'où il gagne Kolin après un léger engagement. Le prince de Lorraine franchit la Sazawa et marche sur Janowitz pour menacer la retraite des Prussiens ; de son côté, Frédéric II cherche à conserver ses communications avec Prague, d'une part, et avec la Silésie, de l'autre ; il fait occuper les ponts de Nimburg et de Brandeis, et dirige Du Moulin sur Pardubitz avec 8 bataillons et 10 escadrons pour couvrir ce point de ravitaillement important. Lui-même forme le projet de marcher sur Kuttenberg et, au besoin, d'attaquer l'armée autrichienne ; mais, arrivé à Gross-Kbel, il trouve encore une fois cette armée établie fortement dans le voisinage et renonce à l'attaquer ; enfin, le 9 novembre, le roi franchit l'Elbe à Kolin et cantonne sur la rive droite du fleuve.

L'expédition entreprise par Frédéric II dans le sud de la Bohême ne pouvait conduire à rien ; elle était inutile et dangereuse, elle éloignait l'armée prussienne de sa base, laissait Prague isolée avec une faible garnison, et devait donner à l'ennemi la tentation de couper les communications du roi, ce qui a failli arriver. La possession de petits postes tels que Frauenberg, Budweis, Neuhaus, ne pouvait qu'éparpiller les forces du roi et le faire battre en détail ; Frédéric le reconnaît, mais il allègue que ce plan lui a été presque imposé par ses alliés « pour établir une communication avec la Bavière et donner au prince de Lorraine des jalousies sur l'Autriche ». Nous n'avons pas à étudier ici ce problème d'histoire, mais il est permis de s'étonner de ce que le roi de Prusse, libre après tout de diriger ses propres opérations, se soit, de gaieté de cœur et sur un simple désir de ses alliés, exposé à être coupé de ses magasins et de sa ligne de retraite. Il convient donc de lui laisser l'entière responsabilité de sa conduite ; lui-même a, du reste, indiqué très nettement ce qu'il aurait dû faire en cette circonstance : « De tous les partis, le plus sage aurait été de ne point trop s'éloigner de Prague, d'amasser dans cette capitale, ainsi qu'à Pardubitz et dans d'autres villes, des vivres pour les troupes et de voir venir les ennemis ».

Comme toutes les opérations militaires entreprises sans conviction et sans un but précis, cette pointe dans le sud de la Bohême a été conduite mollement. Dès le début, la difficulté de subsister sur le pays se fait sentir et réagit sur la marche des opérations : l'armée traîne à sa suite trente jours de farine, et cet approvisionnement se trouve bientôt réduit à quinze jours par la perte d'une partie des attelages. Le pays est infesté par la cavalerie ennemie ; les Croates et les hussards coupent toutes les communications, les paysans enfouissent leur blé et se cachent dans les bois ; le roi est sans nouvelles de l'ennemi, il ne sait où aller ni que faire. Lorsqu'il commence à voir clair dans la situation, il se met en retraite vers le nord ; mais au lieu d'abandonner le pays sans esprit de retour, il laisse dans les petites villes du sud de la Bohême des garnisons qui sont faites prisonnières ; l'armée prussienne est affaiblie de 3,000 hommes, sa retraite est transformée en défaite, et son prestige gravement atteint. Enfin il perd huit jours à Beneschau et n'ose à deux reprises attaquer l'armée autrichienne, tant les dispositions prises par le maréchal de Traun sont bonnes ; celui-ci « a la sage précaution de choisir toujours des camps inattaquables pour ne point être forcé de combattre malgré lui ». Frédéric affaiblit son armée par plusieurs détachements au moment où une rencontre paraît imminente ; ainsi celui qu'il confie au prince de Nassau ne rejoint l'armée qu'à la fin de novembre, le roi reste même assez longtemps sans nouvelles de lui « tant les troupes légères des Autrichiens avaient par leur nombre la supériorité sur celles des Prussiens ».

Le roi a tiré lui-même la conclusion de ces événements dans les termes suivants :

« Dans les premières années que j'ai pris le commandement de mes troupes, j'étais pour les pointes ; mais tant d'événements que j'ai vu arriver et auxquels j'ai eu ma part, m'en ont désabusé. Ce sont les pointes qui m'ont fait manquer ma campagne de 1744. »

CHAPITRE XVI.

RÔLE DES PLACES FORTES.

> « Ne conservez que celles nécessaires pour
> les vivres et le cas de retraite. »
>
> (Frédéric II.)

Attractions qu'exercent les places fortes sur les armées d'opérations. — Frédéric II n'a jamais cédé à cette attraction ; exemples. — Le prince de Lorraine à Prague. — Conduite à tenir à l'approche d'une armée de secours : Frédéric devant Prague et devant Olmütz. — Danger des places fortes comme appuis d'une armée. — Rôle des places fortes à cette époque et aujourd'hui.

Attraction qu'exercent les places fortes sur les armées d'opérations. — Les places fortes exercent sur les armées d'opérations une sorte d'attraction qui tourne le plus souvent à la perte des unes et des autres.

Si l'armée est inférieure en nombre, ou ébranlée par un échec, ou commandée par un général peu entreprenant et sans confiance en lui-même, elle a une tendance invincible à se réfugier sous le canon de la place. Les prétextes ne manquent pas : il ne s'agit que de refaire l'armée, de compléter ses munitions et ses vivres ; pendant ce temps l'ennemi déborde la place, l'investit et l'isole ; l'armée hésite à s'aventurer en rase campagne, elle tente timidement de rompre l'investissement et finit par succomber. Le chef qui a laissé déprimer le moral de son armée est responsable vis-à-vis du pays du désastre réservé à l'armée d'opérations et à la place.

Frédéric II n'a jamais cédé à cette attraction ; exemples. — Frédéric II n'a jamais commis une faute de cette nature, et cependant les occasions ne lui ont pas fait défaut.

Après la bataille de Hochkirch, il ne songe pas un instant à se retirer sous les murs de Dresde, bien que ce soit sa ligne de communications avec l'armée du prince Henri, qui opère en Saxe : il prend hardiment le parti de marcher sur la Silésie, malgré la proximité de l'armée autrichienne victorieuse.

Après la défaite de Kunersdorf, il ne cherche l'appui ni de Custrin ni d'aucune autre forteresse : il se replie sur Berlin, ville ouverte, y refait rapidement son armée et reprend fièrement la campagne.

Même lorsque l'épuisement de ses forces semble le réduire momentanément à la défensive, Frédéric dédaigne de rechercher pour son armée d'opérations l'appui d'une forteresse : au mois d'août 1760, lorsqu'il marche de Saxe en Silésie au secours de Breslau, il manœuvre hardiment entre les armées de Daun et de Laudon, à proximité de l'armée russe. Il bat Laudon, gagne les Autrichiens de vitesse, empêche leur jonction avec les Russes, et toutes ces opérations il les exécute en rase campagne, sans se refaire un seul instant sous les murs d'une forteresse.

La campagne de 1761 est encore plus instructive à cet égard : elle a pour théâtre principal la Silésie, qui offre à Frédéric l'appui de plusieurs places fortes. L'armée prussienne est épuisée par cinq années de luttes, les vieux soldats et les bons officiers ont en partie disparu ; tout semble inviter le roi à rechercher la protection d'une place, et cependant, au moment où ses affaires paraissent désespérées et où la jonction des Autrichiens et des Russes est un fait accompli, il prend le camp de Bunzelwitz et s'y fortifie avec ses propres ressources, sans songer à se réfugier derrière les remparts de Schweidnitz. Il communique, il est vrai, avec cette place à l'aide de travaux de campagne établis à Tunkendof et à Sabischdorf, mais il conserve sa liberté de mouvement et peut manœuvrer comme en rase campagne sans exposer le sort de la place. Si celle-ci a succombé à un coup de main tenté par Laudon, c'est que le roi, en quittant Bunzelwitz, a laissé dans Schweidnitz des forces insuffisantes en présence de toute l'armée antrichienne. Quant à Frédéric II, il a agi sagement en s'éloignant de Schweidnitz pour ne pas consommer entièrement les approvisionnements de la place, déjà épuisés en partie par suite du voisinage de l'armée prussienne.

Frédéric a compris qu'en s'attardant sous les murs d'une forteresse on risque d'être coupé de ses communications ; on est donc obligé d'abandonner cet abri pour chercher une position plus en arrière avant d'être débordé. C'est ce qu'il explique dans les termes suivants :

« On se met encore sous la protection d'une place forte, comme le fit le maréchal de Neipperg, qui, étant battu à Mollwitz, prit un camp excellent dans la ville de Neisse. Il est vrai qu'un général qui occupe des camps pareils est inattaquable tant qu'il peut s'y maintenir; mais il sera obligé de le quitter lorsque l'ennemi se met en mouvement pour le tourner. Il faut donc qu'il fasse ses dispositions à l'avance, de sorte que, si l'ennemi peut le tourner, il n'ait autre chose à faire que de prendre un autre camp fort sur ses derrières. »

Le prince de Lorraine à Prague. — Si Frédéric II a toujours évité l'appui direct des places fortes, on n'en saurait dire autant de ses adversaires; l'exemple le plus remarquable nous est fourni par la bataille de Prague. Lorsque le roi envahit la Bohême, au printemps de l'année 1757, le prince de Lorraine s'attarde dans la place de Prague au lieu de faire sa jonction avec le maréchal Daun, qui lui amène 30,000 hommes de Moravie. Il peut tout au moins refuser la bataille pendant quelques jours pour donner au maréchal le temps d'arriver : le 6 mai, celui-ci est à Böhmisch-Brod, c'est-à-dire à deux jours de marche de Prague et il n'a devant lui que le corps du duc de Bevern. Mais le prince de Lorraine, mal éclairé, ignore la proximité de l'armée prussienne, et, le jour même où il est attaqué, ses troupes sont au repos, ses chevaux au fourrage.

Parmi les motifs qui ont déterminé la conduite du prince de Lorraine, il faut mettre, sans doute, en première ligne cette sorte de fascination qu'exerce le voisinage d'une place forte sur un général faible et indécis. Prague était un centre d'approvisionnement et une place importante que les Autrichiens avaient grand intérêt à conserver; mais une garnison de quelques milliers d'hommes eût mis la ville à l'abri d'un coup de main pendant que le sort de la place se serait décidé en rase campagne. La présence d'une armée entière sous les murs de Prague ne pouvait qu'épuiser ses ressources en vivres et précipiter le dénouement. Il est probable que Frédéric, sans sa défaite à Kolin, eût contraint la place à capituler : « La bloquade dans Prague, en 1757, d'une armée battue, mais cependant nombreuse, était une entreprise très difficile, mais qui devait réussir si, comme on était informé dès le commencement, l'ennemi n'avait pas eu de si gros magasins de vivres, ou si Daun n'avait pas pu rassembler une armée de secours si nombreuse ». Napoléon considère le projet de Frédéric II, de cerner avec une armée de 50,000 hommes une place comme Prague renfermant 40,000 combattants, « comme une des idées les plus vastes et les plus hardies qui jamais aient été conçues dans les temps modernes ». Nous ferons remarquer que le roi ignorait complètement, au moment où il a bloqué Prague, après la bataille du 6 mai 1757, que la plus grande partie de l'armée autrichienne fût réfugiée dans la place ; il croyait n'avoir devant lui que les débris de cette armée, ce qui diminuait singulièrement la hardiesse de son opération. Du reste, de nombreuses expériences ont démontré qu'une armée réduite à attendre passivement qu'on vienne la délivrer est à peu près certaine de capituler : c'est le sort qui paraissait réservé au prince de Lorraine, si la victoire de son lieutenant dans la plaine de Kolin n'en eut décidé autrement.

Conduite à tenir à l'approche d'une armée de secours : Frédéric devant Prague et Olmutz. — A l'approche d'une armée de secours, l'assiégeant doit manœuvrer contre celle-ci pour la battre ou l'éloigner, en ne laissant devant la place que les forces strictement nécessaires pour maintenir les défenseurs ; il utilisera dans ce but toutes les ressources de la fortification.

En 1757, devant Prague, Frédéric II n'a pas su appliquer franchement cette tactique ; il s'est présenté devant Daun avec des forces insuffisantes et a été battu. Il n'y a pas lieu de le blâmer pour avoir combattu l'armée de secours, mais seulement pour s'être présenté devant elle dans des conditions très défavorables.

L'année suivante, il échoue devant Olmutz sans avoir été battu par l'armée de secours ; mais cette fois il faut attribuer son insuccès à l'impossibilité d'atteindre à la fois trois buts distincts : la reddition de la place, l'éloignement de l'armée de secours et la conservation de sa ligne de communications sur la haute Silésie. Ses forces étaient insuffisantes pour triompher de ces trois obstacles ; si le roi a échoué, ce n'est donc pas parce qu'il a négligé d'attaquer Daun, mais c'est surtout parce que ses moyens matériels d'action ne lui permettaient pas de mener à bien une pareille entreprise.

En résumé, tant que l'armée de secours n'est pas mise hors de cause, le siège de la place passe au second plan, et la reddition même de celle-ci risquerait de transformer simplement l'assiégeant en assiégé ; mais il est bien évident que l'armée assiégeante doit être assez forte pour maintenir l'armée ennemie de secours, sinon il ne lui reste d'autre ressource que de battre en retraite.

« La règle des grands capitaines d'éviter de combattre avec les armées d'observation et de se contenter d'occuper des postes, d'empêcher les secours que l'ennemi pourrait introduire dans la ville assiégée, et de contenir, par des mouvements et des marches savantes, les généraux qui leur étaient opposés, n'est pas absolue ; Turenne, Luxembourg, le prince Eugène, le maréchal de Saxe réussirent en battant les armées de secours ; voilà des exemples suffisants pour justifier la conduite d'un général moderne. »

Danger des places fortes comme appuis d'une armée. — Indépendamment du danger d'immobiliser les armées d'opérations, les places fortes présentent un inconvénient particulier lorsqu'elles servent d'appui à une armée qui livre bataille sous leurs murs : cette armée a souvent une de ses ailes en l'air.

C'est ce qui est arrivé au prince de Lorraine à Prague ; son aile droite, bien que formant un crochet défensif couvert en partie par des marécages, a été tournée par l'armée prussienne, prise à revers et battue ; sa défaite a entraîné celle de toute l'armée autrichienne. A Torgau, le maréchal Daun appuie son aile gauche à la place ; son aile droite est prise à revers par Frédéric II et rejetée sur le centre, ce qui entraîne la perte de la bataille pour les Autrichiens au moment même où le maréchal, se croyant vainqueur, rentre à Torgau et expédie en toute hâte la nouvelle de sa victoire. A Zorndorf, Frédéric ne commet pas la même faute et dédaigne d'appuyer l'une de ses ailes à la place forte de Custrin.

Rôle des places fortes à cette époque et aujourd'hui. — Du temps de Frédéric II, les routes qui permettaient de tourner les places fortes étaient moins nombreuses et moins bonnes qu'aujourd'hui ; la présence d'une forteresse ennemie sur la ligne d'opérations pouvait devenir un obstacle sérieux ; quelquefois même insurmontable ; ainsi l'armée prussienne, débouchant en Moravie par les défilés de la haute Silésie, se trouvait dans l'obligation de réduire ou de masquer la place d'Olmutz, afin d'assurer ses communications. C'est ce qui explique les sièges nombreux entrepris à cette époque : « S'il y a nombre de places fortes, n'en laissez aucune derrière vous sans la prendre ; alors vous cheminez méthodiquement et n'avez rien à craindre pour vos derrières ; démolissez la plus grande partie des places prises afin d'épargner des garnisons ; ne conservez que celles nécessaires pour les vivres et le cas de retraite ».

De nos jours, les armées d'opérations doivent éviter, autant que possible, les places fortes ennemies, les masquer au besoin et n'entreprendre contre elles une attaque de vive force que dans le cas où leur possession est absolument indispensable à la sûreté de la ligne de communications. En territoire national, les places fortes joueront toujours un rôle important sur le front de la ligne d'opérations pour dissimuler les mouvements qui s'exécutent en arrière, et surtout sur les flancs de cette ligne pour inquiéter les communications de l'ennemi et pour offrir au besoin une nouvelle base d'opérations ; mais en aucun cas les places fortes ne doivent être considérées comme des pivots stratégiques autour desquels les armées auraient la tentation de s'immobiliser, et jamais on ne devra y renfermer un nombre de combattants supérieur à celui qui est nécessaire pour en assurer la défense. Le seul, l'unique objectif doit être l'armée ennemie ; les places fortes sont des pièces accessoires sur l'échiquier stratégique, leur possession facilite les ravitaillements et les opérations militaires, mais elle ne doit jamais passer en premier ligne ni faire oublier que le but principal, celui qui s'impose avant tout, c'est de détruire l'armée ennemie.

« Nous devons signaler le danger qui, dans tous les cas, menace une armée qui s'appuie sur une place forte. L'expérience prouve qu'il lui est difficile de saisir à quel moment il importe de la quitter. Ce qui, au début, était avec juste raison considéré comme un moyen, devient peu à peu le but principal, et bientôt les véritables objectifs de la guerre passent au second plan[1] ».

---

[1] Blume, *Strategie*.

« Les camps etranchés pourront devenir pour nos troupes
des centres d'attraction bien dangereux si l'on veut en faire des
pivots de manœuvre et des points d'appui. Ces grands mots ne
serviront jamais qu'à masquer un manque d'énergie chez celui
qui, effrayé par les difficultés d'une lutte en rase campagne et
se défiant de lui-même, cherchera un champ de bataille plus
commode derrière des fortifications, où il ne tardera pas à être
bloqué et affamé [1]. »

---

[1] Général Pierron, *Méthodes de guerre.*

CHAPITRE XVII.

DES BATAILLES AU POINT DE VUE STRATÉGIQUE.

> « Les meilleures batailles sont celles qu'on
> force l'ennemi de recevoir. »
>
> (Frédéric II.)

La bataille est considérée comme un pis aller. — Des campagnes entières se passent sans qu'on livre de bataille. — Il faut imposer la bataille, non la recevoir. — Cas où il faut livrer bataille. — Il faut se concentrer en vue de la bataille. — La bataille a souvent pour but d'empêcher la jonction des armées alliées. — Etude des principales batailles au point de vue stratégique : Mollwitz. — Czaslau, Hohenfriedberg et Soor. — Batailles de Lowositz, Prague et Kolin. — Bataille de Rosbach. — Leuthen, Zorndorf et Hochkirch. — Kunersdorf, Liegnitz et Torgau.

La bataille est considérée comme un pis aller. — La bataille est considérée, à l'époque de Frédéric II, comme l'un des moyens d'obtenir la solution d'une campagne, mais un moyen extrême auquel on n'a recours qu'en cas de nécessité absolue; le but que l'on poursuit c'est, la plupart du temps, la retraite de l'armée ennemie plutôt que sa destruction même, et ce but on peut l'atteindre en manœuvrant, sans courir les risques d'une bataille :

« Ne donnez des batailles qu'autant que leur succès pourra être décisif, et non pour vaincre l'ennemi seulement, mais pour exécuter les suites de votre projet, qui serait arrêté à moins de cette décision.

« Il faut absolument, dans la guerre, en venir à ces actions décisives, soit pour se tirer de l'embarras de la guerre, soit pour y mettre son ennemi, soit pour terminer une querelle qui se prolonge trop... Un général ne donnera jamais bataille s'il n'a pas un dessein important. »

De nos jours, on envisage la bataille à un tout autre point de vue : la destruction des forces ennemies est le but immédiat à atteindre, et le moyen le plus direct est la bataille. Celle-ci n'est donc plus, comme du temps de Frédéric II, une sorte de pis aller, un moyen auquel on a recours accidentellement lorsque les circonstances s'y prêtent; la bataille est devenue l'objectif suprême auquel on tend par tous les moyens; le talent du général consiste à engager l'action en mettant de son côté toutes les chances favorables.

On peut dire que cette conception de la bataille est un des traits qui différencient le plus nettement la stratégie moderne et celle du XVIIIᵉ siècle.

Des campagnes entières se passent sans qu'on livre de bataille. — Pendant la guerre de Sept ans, des campagnes entières se passent en marches et contre marches sans qu'une seule bataille soit livrée; les hostilités, interrompues pendant la mauvaise saison, reprennent, comme d'un commun accord, au printemps suivant.

Ainsi, en 1761, Frédéric II se porte en Silésie et manœuvre pour empêcher Laudon de se joindre aux Russes; il échoue, et la jonction s'opère dans la basse Silésie : le roi se retire dans le camp de Bunzelwitz où les alliés n'osent l'attaquer, et la campagne prend fin sans qu'aucun engagement sérieux ait été livré. L'année suivante, les hostilités ont encore lieu en Silésie, depuis le milieu de mai jusqu'à la fin de novembre, et la seule rencontre importante à signaler est le combat de Peilau, livré par une fraction de l'armée prussienne à trois corps autrichiens.

La guerre pouvait ainsi sévir, à l'état chronique, pendant plusieurs années de suite sur un théâtre très étendu, tantôt en Bohême, tantôt en Silésie, en Moravie, en Saxe et sur les bords de l'Oder; chacun des adversaires, peu pressé de livrer bataille, attendait le moment où il se sentirait une supériorité bien marquée sur son adversaire, ou bien il épiait celui-ci dans l'espoir de lui voir commettre quelque faute dont il pût tirer parti.

« Nous devons puiser nos dispositions pour les batailles dans les règles des sièges; de nos jours, on ne brusque plus l'attaque des chemins couverts minés, parce qu'ils sont hasardeux et meurtriers; de même, il faut renoncer aux engagements généraux, parce qu'on souffrirait trop du feu de mitraille; on serait perdu sans ressources, si l'on était battu. Puisqu'on peut, avec un moindre hasard, parvenir à même fin, il ne faut laisser à la fortune que ce que l'habileté ne peut lui dérober. »

Il faut imposer la bataille, non la recevoir. — Quand la bataille devient nécessaire, il faut l'imposer à l'ennemi :

« Les meilleures batailles sont celles qu'on force l'ennemi de recevoir; car c'est une règle constatée qu'il faut obliger l'ennemi à ce qu'il n'avait pas envie de faire.

« Si un général est forcé de se battre, c'est toujours parce qu'il a commis quelque faute qui l'a réduit à recevoir cette loi de l'ennemi. »

Frédéric II a toujours pris lui-même l'initiative de l'attaque, sauf dans deux batailles : à Hochkirch, où il attendait l'arrivée d'un ravitaillement pour prendre l'offensive, et à Liegnitz, qui est une bataille de rencontre survenue à la suite d'une marche de nuit. Lorsqu'il n'a pas d'autre moyen de se tirer d'un mauvais pas, comme à Mollwitz et à Soor, il prend rapidement son parti et ne cherche pas à se dérober : à Mollwitz, il attaque l'armée ennemie, qui s'est portée sur sa ligne de retraite; à Soor, il interrompt sa marche rétrograde pour battre l'armée autrichienne, puis reprend sa retraite. On peut donc dire que, sauf à Hochkirch et à Liegnitz, qui sont des engagements ayant débuté par une action de nuit, Frédéric II a toujours imposé lui-même la bataille à l'ennemi.

Cas où il faut livrer bataille. — On ne doit pas hésiter à livrer bataille lorsque l'ennemi commet une faute ou lorsqu'une occasion favorable se présente :

« On doit engager le combat lorsqu'on a moins à risquer qu'à gagner ; lorsque l'ennemi se néglige, soit dans ses campements, soit dans ses marches ; ou lorsque, par un coup décisif, on peut le forcer d'accepter la paix.

« Si l'ennemi a ses forces séparées, il faut, quelque infériorité qu'on ait, l'attaquer de suite, ou du moins rendre la réunion impossible.

« Quelquefois, on n'a point l'intention d'engager une affaire ; mais on y est invité par les fautes de l'ennemi, dont il faut profiter pour le punir. »

Au point de vue stratégique, la bataille s'impose quelquefois comme le seul moyen d'obtenir une solution :

« Il y a plusieurs raisons pour lesquelles on donne bataille. C'est, ou pour forcer l'ennemi à lever le siège d'une place qui vous serait convenable, ou pour le chasser d'une province dont il s'est emparé, ou pour pénétrer dans son pays, ou pour faire un siège, ou pour réprimer son opiniâtreté lorsqu'il refuse de faire la paix, ou, enfin, pour le châtier d'une faute. »

Enfin, la bataille peut encore résulter d'un mouvement stratégique qui menace les derrières de l'ennemi, ou simplement du désir des deux adversaires de vider leur querelle dans une rencontre :

« Vous obligerez encore l'ennemi de combattre quand vous viendrez, par une marche forcée, vous mettre sur ses derrières et lui couper ses communications, ou quand vous menacerez une ville dont la conservation l'intéresse. Mais vous vous garderez bien, dans ces sortes de manœuvres, de vous mettre dans le même inconvénient, ni de prendre une position par laquelle l'ennemi puisse vous couper de vos magasins.

« Quelquefois, les deux armées ont envie de se battre ; alors, l'affaire est bientôt vidée. »

Il faut se concentrer en vue de la bataille. — Frédéric II n'a pas toujours rassemblé ses troupes pour livrer bataille ; le désir de couvrir ses communications ou de défendre ses magasins contre les entreprises de l'ennemi l'a souvent entraîné à disséminer ses forces à la veille d'une rencontre. A Soor, il se présente devant l'armée autrichienne avec 20,000 hommes à peine ; à Hochkirch, son aile gauche, trop éloignée du champ de bataille, ne peut prendre part à l'action ; à Prague et à Kolin, il se prive d'une partie de son armée, restée en observation sur la rive gauche de la Moldau. A Kunersdorf, le roi se présente devant l'armée russe avec des forces insuffisantes, et cependant il laisse 6,000 hommes à la garde des ponts de l'Oder : un détachement moins fort eût suffi à cette tâche, car il n'y avait à craindre de ce côté que les incursions de la cavalerie ennemie, toutes les forces austro-russes étant engagées dans la bataille.

La bataille a souvent pour but d'empêcher la jonction des armées alliées. — « C'est encore la coutume de se harceler pour empêcher les corps ennemis de se joindre. Cette raison est assez valable ; mais un ennemi habile aura l'adresse de vous échapper par une marche forcée ou de prendre un parti avantageux. »

La plupart des batailles livrées par Frédéric II ont eu pour objet d'empêcher la réunion de ses adversaires, en mettant l'un d'eux dans l'impossibilité de rejoindre son allié. La bataille de Lowositz a pour but d'arrêter l'armée autrichienne qui marche au secours du corps saxon bloqué dans Pirna; à Prague et à Kolin, le roi veut battre séparément le prince Charles et le maréchal Daun; Zorndorf et Kunersdof sont deux batailles livrées par Frédéric II aux Russes pour rejeter ceux-ci en Pologne et empêcher leur jonction avec les Autrichiens.

Étude des principales batailles au point de vue stratégique. Mollwitz. — Nous allons jeter un coup d'œil rapide sur les principales batailles du règne de Frédéric II et rechercher dans quelles conditions elles ont été livrées au point de vue stratégique.

On a vu qu'à Mollwitz le roi a combattu pour dégager sa ligne de retraite et regagner sa base d'opérations, menacée par l'armée autrichienne. La situation désavantageuse dans laquelle se trouve Frédéric au printemps de l'année 1741, a pour origine le choix des cantonnements prussiens pendant l'hiver précédent : ceux-ci étaient trop disséminés et surtout trop avancés vers le sud. La conquête de la Silésie étant incomplète et mal assurée, il était imprudent de cantonner sur la rive gauche de l'Oppa, avec la rivière et les places fortes de la Neisse à dos, les défilés de la Bohême sur le flanc, et l'armée autrichienne à faible distance. Il eût été préférable de cantonner pendant les mois de janvier et de février sur la rive gauche de la Neisse, en observant la place de Neisse, et d'ouvrir la campagne au printemps, en prenant cette rivière comme base; la Neisse décrit depuis Glatz jusqu'à son confluent une ligne sinueuse et dessine un bastion dont la place forte Neisse occupe le saillant : la possession de cette place forte permettait donc aux Autrichiens de devancer sur Breslau une armée ennemie aventurée sur la rive droite de la rivière. Enfin, en prenant ses quartiers d'hiver en partie entre la Neisse et l'Oppa, le roi rendait les communications difficiles entre ses différents corps : c'est ainsi que le duc d'Holstein, resté isolé, aurait pu être écrasé, et que Frédéric n'a pu être rejoint par toutes ses forces pour livrer la bataille de Mollwitz.

Ces mauvaises dispositions n'ont pas tardé à porter leurs fruits. La place de Neisse et la frontière de Bohême étant au pouvoir de l'ennemi, le roi a dû se concentrer vers Steinau, n'ayant pour base d'opérations que le cours de la rivière entre Neisse et l'Oder : par suite de la direction même de la rivière, qui coule vers le nord après avoir arrosé Neisse, l'armée autrichienne se trouvait sur les communications des Prussiens. Le maréchal de Neipperg a laissé échapper l'occasion d'accabler la petite armée prussienne en l'attaquant avec toutes ses forces à Steinau; le passage de la Neisse lui offrait une deuxième occasion favorable pour livrer bataille; enfin, en voulant couper la retraite au roi, il s'est laissé lui-même surprendre à Mollwitz, perdant ainsi sur le champ de bataille, par de mauvaises dispositions tactiques, tous les avantages que devait lui procurer sa bonne position stratégique.

Czaslau, Hohenfriedberg et Soor. — L'année suivante, à Czaslau, les deux armées en viennent aux mains d'un commun accord. Frédéric II marche contre l'armée autrichienne, qui menace de le couper de l'Elbe, et il se décide à mettre fin par une bataille aux lenteurs et aux hésitations auxquelles l'a entraîné, depuis le commencement de la campagne, sa coopération avec les armées alliées.

Les circonstances qui accompagnent la bataille de Hohenfried-berg présentent un caractère particulier. Le prince de Lorraine s'apprête à envahir la Silésie par les défilés de la Bohême; Frédéric II reste en apparence sur la défensive et fait même courir le bruit de sa retraite sur Breslau; puis il tombe brusquement sur l'armée autrichienne qui s'avance en toute confiance. Ce strata-gème lui réussit, grâce au défaut de vigilance de son adversaire, qui ne tire aucun parti de sa nombreuse cavalerie; mais c'est toujours un calcul dangereux d'escompter les fautes de l'ennemi, et ce procédé, au point de vue stratégique, est sans valeur.

La même année, le roi a pris à son tour l'offensive et pénétré en Bohême; obligé de se replier devant l'armée autrichienne, qui suit son mouvement de retraite, il s'affaiblit par des détache-ments, s'éclaire mal, et, le 30 septembre au matin, il se trouve en face de toute l'armée ennemie au moment où il plie ses tentes pour continuer sa retraite : c'est la bataille de Soor. Les Autri-

chiens ont donc cette fois encore, comme à Mollwitz, l'avantage
stratégique ; ils ont, en outre, une supériorité numérique considérable ; mais ils prennent de mauvaises dispositions tactiques :
le terrain sur lequel ils se déploient est trop étroit et rend inutile
leur supériorité numérique. Frédéric, au contraire, prend rapidement sa formation de bataille et marche hardiment à l'ennemi,
qu'il culbute et met en déroute ; en passant résolument à l'offensive tactique, le roi a repris le dessus sur son adversaire et rendu
la victoire possible.

Batailles de Lowositz, Prague et Kolin. — Lowositz est une
bataille de rencontre : Frédéric II s'éclaire mal et croit n'avoir
devant lui qu'une arrière-garde ennemie en retraite ; l'affaire est
menée mollement, la poursuite est nulle, et le succès du roi de
peu de conséquence. Au point de vue stratégique, le maréchal
Browne reste libre, après comme avant la bataille, de se joindre
à Piccolomini, en masquant le corps du maréchal de Schwerin,
et de se jeter sur Frédéric ou de gagner Pirna : mais Browne,
placé entre le roi et Schwerin, qui ne peuvent combiner leurs
mouvements, ne sait ni manœuvrer contre eux, ni les attaquer
avec la supériorité du nombre, ni se porter avec des forces suffisantes au secours des Saxons, et sa tentative pour débloquer
Pirna, entreprise avec 8,000 hommes seulement, est d'avance
vouée à l'insuccès.

Nous avons déjà signalé le danger des manœuvres qui ont
précédé la bataille de Prague. On sait que l'armée prussienne a
envahi la Bohême en formant plusieurs colonnes qui se sont
réunies sous les murs de Prague ; une partie notable des forces
prussiennes, 22,000 hommes, restent en observation sur la rive
gauche de la Moldau ; enfin, l'armée royale prend l'offensive sur
le champ de bataille et manœuvre contre les Autrichiens, qui
reçoivent passivement le choc. Au point de vue stratégique, la
situation de Frédéric II pouvait devenir critique, car le maréchal
Daun s'apprêtait à marcher sur Prague avec une deuxième
armée, et le corps du duc de Bevern, que le roi lui opposait,
n'était pas en mesure d'arrêter le maréchal. Il faut donc louer
Frédéric d'avoir attaqué vigoureusement et sans perdre de temps
l'armée du prince Charles pour la mettre hors de cause avant
l'intervention de Daun.

Quant à l'insuccès de Frédéric II à Kolin, il est dû à son infériorité numérique et à des causes tactiques sur lesquelles nous aurons l'occasion de revenir [1]. L'idée de marcher à la rencontre du maréchal après la bataille de Prague était juste, mais ce plan demandait à être exécuté avec rapidité et décision : il fallait rejoindre le duc de Bevern avec la plus grande partie des forces prussiennes, en ne laissant sur les deux rives que les troupes strictement nécessaires pour maintenir le blocus avec l'appui de la fortification passagère, et aborder les 40,000 hommes de Daun avec des forces au moins égales; en résumé, bonne conception stratégique, mauvaise exécution tactique.

Bataille de Rosbach. — Nous avons vu [2] les mouvements exécutés par l'armée prussienne les 3 et 4 novembre 1757, avant la bataille de Rosbach; il nous faut maintenant remonter un peu plus haut et entrer dans quelques détails, pour bien apprécier quelle était la situation au moment où cette bataille s'est livrée.

A peine remis de son échec à Kolin, Frédéric II se dirige sur la Saxe, où il fait sa jonction avec le prince Maurice, et il s'avance par Naumburg jusqu'à Erfurt (12 septembre). L'armée franco-impériale se retire au delà de Gotha, que Frédéric occupe le 22 septembre; mais craignant pour sa ligne de retraite dans ce poste avancé, il se replie sur la Saale, où il cantonne jusqu'au 10 octobre sans être inquiété. Cependant, il faut en finir avec l'armée combinée : celle-ci, enhardie par la pointe du général de Haddick sur Berlin, paraît vouloir prendre l'offensive; le roi marche sur Leipzig, que menacent les coalisés, et se joint au maréchal de Keith et au duc Ferdinand de Brunswick, ce qui porte son armée à 22,000 hommes, avec lesquels il va agir vigoureusement contre l'armée des Cercles.

De leur côté, les Alliés ne voulant pas opérer avec la Saale à dos, passent sur la rive gauche, laissent un corps à Merseburg et un à Weissenfels pour défendre le passage de la rivière (29 octobre). Les Prussiens franchissent la Saale de vive force sur ces deux points, tandis que Keith passe par le pont de Halle

---

[1] Voir II° partie, chapitre XXII.
[2] Chapitre VII, *De la Défensive.*

et menace le flanc gauche des alliés, qui se concentrent entre la Saale et l'Unstrutt (3 novembre). Dès lors, les deux partis peuvent s'attendre à une bataille : le roi, maître des ponts de la Saale, a ses derrières assurés; son armée est inférieure en nombre, mais elle est bien disciplinée, bien commandée et admirablement entraînée, tandis que l'armée des Cercles est sans valeur militaire. « C'était un corps sans cohésion, sans discipline, sans approvisionnements, travaillé par les racoleurs du roi de Prusse, composé en majorité de protestants, tout dévoués à la cause contre laquelle il leur fallait combattre. Le prince de Saxe lui-même craignait qu'elle refusât de marcher[1]. » Le corps d'officiers ne valait guère mieux; sans instruction technique, sans expérience des choses de la guerre, il était plein de morgue et de prétentions. Le contingent français, au contraire, était composé de troupes capables de tout sous un bon chef, comme l'avaient prouvé les soldats de Chevert; aussi Frédéric II a-t-il soin, pour relever le prestige de sa victoire, de parler toujours des troupes françaises comme si elles constituaient le gros de l'armée combinée, et de leur chef, le prince de Soubise, comme s'il avait le commandement de l'armée franco-impériale. La plupart des historiens ont commis la même erreur, volontairement ou non : pour eux, le prince de Soubise est seul responsable du désastre de Rosbach; ils n'ont pas assez d'indignation contre son impéritie, sa nullité, et même contre le peu de courage de sa troupe, englobant ainsi les soldats français, qui ont fait, pour la plupart, leur devoir jusqu'au bout, dans la même réprobation que les contingents des Cercles qui ont lâché pied au premier coup de fusil. Or, c'est là une légende créée de toutes pièces par les contemporains, dans le but d'attaquer par-dessus la tête du prince de Soubise la toute-puissante favorite qui dirigeait les affaires en France, légende qu'il est de notre devoir de combattre pour l'honneur des armes françaises, au lieu de l'accréditer nous-mêmes comme l'ont fait la plupart des historiens français.

Il n'entre pas dans le cadre de cette étude de rechercher les

---

[1] MENTION, *Le comte de Saint-Germain et ses réformes*, d'après les archives du Dépôt de la guerre. — Paris, Baudoin.

causes politiques qui exercèrent leur influence sur les opérations militaires en 1757 ; mais — et nous insistons sur ce fait — ce serait une injustice flagrante d'attribuer à Soubise la moindre part de responsabilité dans la journée du 5 novembre. Par une faiblesse, due tout entière à Louis XV et à ses conseillers, le corps français avait été mis à la remorque des contingents de l'Empire et passait sous les ordres du prince de Saxe-Hildburghausen, généralissime de l'armée combinée franco-impériale ; bien plus, une convention conclue à Vienne, le 25 février précédent, avait avili les grades des officiers français, et les exposait à servir sous des officiers de l'armée des Cercles, vrais officiers de cour, sans instruction militaire et sans expérience[1]. Telle était la situation du contingent français par rapport aux troupes impériales à la bataille de Rosbach ; quelle que pût être, d'ailleurs, l'incapacité de Soubise, sa responsabilité n'est donc nullement engagée dans cette affaire ; ajoutons que c'est malgré ses observations, et contrairement à son avis et à celui des généraux français sous ses ordres, les de Broglie, les Saint-Germain, etc., que le prince de Saxe donna l'ordre de marcher à l'ennemi dans la matinée du 5 novembre, cédant sans doute lui-même aux instances de la cour de Vienne. Nous verrons plus loin[2] la belle conduite des deux brigades françaises et de la cavalerie, placées sous les ordres du comte de Saint-Germain, qui arrêtèrent court la poursuite de l'armée prussienne et permirent à une partie de l'armée vaincue de s'écouler par le pont de Freyburg sur la rive droite de l'Unstrütt ; mais nous pouvons conclure ici que l'échauffourée de Rosbach, due aux mauvaises dispositions prises par le prince de Saxe-Hildburghausen, n'engage en rien la responsabilité des généraux français qui y commandèrent en sous-ordre, et n'entache nullement l'honneur de nos armes.

Pour résumer les opérations qui précédèrent la bataille de Rosbach, nous voyons du côté des alliés trois armées agir d'une façon indépendante dans une zone relativement peu étendue : le

---

[1] MENTION, *Le comte de Saint-Germain et ses réformes*, d'après les Archives du Dépôt de la guerre. — Paris, Baudoin.
[2] IIe partie, chapitre XXII.

duc de Richelieu, l'armée franco-impériale et les Autrichiens de
Haddick. Le premier reste impassible à six jours de marche du
champ de bataille où l'armée combinée est écrasée ; le troisième,
après sa pointe sur Berlin, bat en retraite sans lier ses opérations à celles des deux autres. De son côté, Frédéric hésite longtemps ; malgré son infériorité numérique, il fait des détachements, tantôt pour flanquer sa droite et observer Richelieu,
tantôt pour défendre l'Elbe et suivre les mouvements de Haddick ;
il laisse ce dernier s'engager impunément entre l'armée prussienne, qui est sur la Saale, et celle du duc de Bevern, qui est en
Silésie, et tenter un coup de main audacieux sur Berlin. Enfin,
convaincu qu'il ne peut obtenir autrement la solution, il prend
le parti d'en finir avec l'armée combinée, et il se concentre pour
lui livrer bataille.

Leuthen, Zorndorf et Hochkirch. — La victoire de Leuthen
suit de près celle de Rosbach et termine la brillante campagne
de 1757, qui fonde la renommée militaire de Frédéric II. Cette
fois, le roi prend résolument l'offensive et marche à la rencontre
de l'armée autrichienne pour lui livrer bataille. Le temps presse,
en effet ; la saison s'avance et la situation en Silésie est bien
compromise : le duc de Bevern a été battu sous les murs de
Breslau, et cette place forte, le boulevard de la Silésie, est au
pouvoir du prince Charles. Frédéric fait sa jonction le 3 décembre
à Parchwitz avec les débris de l'armée vaincue, dont il relève le
moral ; avec les 22,000 combattants de Rosbach qu'il amène, il
a sous ses ordres environ 35,000 hommes de bonnes troupes
animées du meilleur esprit et pleines de confiance. L'armée impériale est forte de 60,000 à 70,000 hommes, et elle vient de remporter une victoire ; elle est donc dans de très bonnes conditions
pour aborder Frédéric II ; mais le prince de Lorraine commet la
faute de rester sur la défensive et d'attendre passivement le choc
de son adversaire. L'armée autrichienne prend position sur la
rive gauche de la Weistritz pour couvrir Breslau, elle se forme
en bataille et laisse au roi le loisir de manœuvrer contre une de
ses ailes, de l'écraser et de décider ainsi la victoire.

A Zorndorf, Frédéric II marche droit à l'armée russe pour
l'arrêter, empêcher sa jonction avec les Autrichiens, qui opèrent
en Saxe et en Silésie, et la rejeter en Pologne ; déjà un corps au-

trichien, sous les ordres de Laudon, fait mine de se diriger vers la frontière de la Marche pour faire une diversion en faveur des Russes. Les forces de Frédéric II ne lui permettent pas de tenir tête à tous ses adversaires à la fois; il lui faut donc se hâter d'en finir avec les Russes pendant que les Autrichiens s'attardent en Silésie au siège de Neisse. La situation du roi est pleine de périls; s'il échoue sur les bords de l'Oder, l'armée russe, poussant droit devant elle, va envahir la Marche de Brandebourg et occuper le centre des États prussiens; en cas de revers, l'armée russe reste libre de se retirer sur la Pologne, et cette retraite ne compromet nullement les opérations de ses alliés en Saxe et en Silésie. L'avantage, au point de vue stratégique, est donc tout entier du côté des Russes; mais Frédéric fait pencher la balance en sa faveur par son activité et ses bonnes dispositions; il se porte rapidement sur l'Oder, rallie le corps d'observation du comte de Dohna et franchit l'Oder en menaçant la ligne de retraite des Russes sur la Wartha. La victoire de Zorndorf récompense ses efforts, mais ce succès est chèrement acheté, car l'armée russe montre une ténacité et un courage indomptables, et les Prussiens éprouvent des pertes énormes. Frédéric a du moins atteint le résultat qu'il poursuivait : l'armée russe bat en retraite et regagne la Pologne.

Nous avons vu[1] les opérations qui ont précédé la bataille de Hochkirch, l'un des rares engagements dans lesquels Frédéric II ait été attaqué par son adversaire, le lent et méthodique Daun. Après avoir cherché à déborder l'aile droite de l'armée autrichienne, le roi s'attarde quelques jours en avant de Bautzen où est établie sa boulangerie; il attend que son convoi soit prêt pour reprendre sa marche ou pour aborder l'armée autrichienne en portant son principal effort contre son aile droite. Mais cette fois le maréchal prévient son adversaire, l'attaque à la faveur de la nuit et le bat. Frédéric rachète sa faute en reprenant aussitôt l'offensive; il exécute le mouvement tournant qu'il avait médité et gagne la Silésie, conservant ainsi, malgré sa défaite, l'avantage stratégique.

Kunersdorf, Liegnitz et Torgau. — Pendant l'année 1759, le

---

[1] Chapitre XII, *Du Changement de lignes d'opérations.*

duc Ferdinand de Brunswick tient tête dans l'ouest aux armées ennemies et détache même, à la fin de la campagne, des renforts qu'il envoie à Frédéric II ; celui-ci peut donc concentrer ses efforts contre les Autrichiens et les Russes, et son objectif principal va être encore de les battre séparément. Les Russes sont éloignés et ne peuvent commencer leurs opérations avant l'été, vu l'état des routes en Pologne pendant la mauvaise saison ; le roi a donc un répit de trois mois pour agir vigoureusement contre les Autrichiens, mais il perd son temps à les observer et se décide à marcher contre les Russes à la nouvelle de leur arrivée sur l'Oder. Ces lenteurs et ces hésitations ont déjà compromis singulièrement le sort de la campagne ; le roi ne réunit que des forces insuffisantes pour se porter contre les Russes ; c'est dans ces conditions qu'il attaque l'armée russe à Kunersdorf et qu'il essuie une défaite complète. Le désastre de Kunersdorf est, en grande partie, le résultat des fautes stratégiques commises par Frédéric.

Liegnitz est une des rares batailles de rencontre dans lesquelles les deux adversaires se sont abordés sans savoir à qui ils avaient affaire. Laudon a exécuté une marche de nuit sans s'éclairer ; il tombe à l'improviste sur l'armée prussienne qu'il croit en retraite, il la prend pour une arrière-garde et l'attaque en s'engageant à fond. Le roi marche sur l'Oder pour secourir Breslau et empêcher la jonction des Russes avec les Autrichiens ; Daun, avec 90,000 hommes, menace la marche des colonnes prussiennes, mais il laisse battre son lieutenant et n'intervient pas dans l'action qui se déroule sur le plateau de Liegnitz, soit, comme on l'a prétendu, qu'il n'ait pas entendu le bruit de l'engagement, soit que les difficultés du terrain ne lui aient pas permis d'intervenir en temps utile. La victoire de Liegnitz est due en partie aux fautes du maréchal Daun, qui a disséminé ses forces et agi avec mollesse : ce succès a tiré Frédéric II d'une situation stratégique des plus critiques et lui a permis de gagner Breslau sans encombre.

Torgau est la dernière grande bataille livrée par le roi. Cette fois, il prend l'offensive et marche contre le maréchal Daun dans l'espoir de terminer par une victoire éclatante cette longue guerre ; mais le terrain est mal choisi. L'armée autrichienne occupe sur la rive gauche de l'Elbe une bonne position, sa retraite est assu-

rée sur la rive droite par le pont de Torgau, et la manœuvre
exécutée par le roi a pour résultat de scinder l'armée prussienne
en deux fractions qui prononcent chacune une attaque distincte.
La victoire, d'abord indécise, n'a pas eu de résultat stratégique
considérable, et l'armée autrichienne a effectué sa retraite sur la
rive droite de l'Elbe sans être inquiétée. La bataille de Torgau
nous montre que toute rencontre, pour produire des résultats
décisifs, doit être préparée par des manœuvres qui amènent
l'armée assaillante en forces sur les communications ou sur l'un
des flancs de son adversaire, de façon à agir sur le moral de
celui-ci et à le placer, dès le début ou tout au moins au moment
critique de l'engagement, dans un état d'infériorité évident au
point de vue stratégique.

CHAPITRE XVIII.

DES CAMPAGNES D'HIVER.

> « Je blâmerai toujours ceux qui, inconsidé-
> rément, entreprendront des guerres d'hiver. »
>
> (FRÉDÉRIC II.)

Frédéric II n'en était pas partisan. — Les hostilités continuaient quelquefois sous la forme de coups de main. — Inconvénients des campagnes d'hiver. — Précautions à prendre et mesures de détail. — Campagne d'hiver en 1740-1741. — Hiver de 1744-1745. — Fin de l'année 1745. — Autres campagnes d'hiver de Frédéric II.

Frédéric II n'en était pas partisan. — Frédéric II n'aimait pas les campagnes d'hiver, et cependant, de gré ou de force, il a dû en faire un assez grand nombre. Il avait l'habitude de mettre ses troupes en quartiers aussitôt que la mauvaise saison amenait la suspension des hostilités; l'ennemi en faisait autant, et les opérations militaires se trouvaient interrompues comme par un accord tacite. La longueur des guerres rendait cette mesure nécessaire; on employait de part et d'autre cette période de repos à refaire l'armée, à compléter les approvisionnements et à préparer la reprise des hostilités au printemps.

L'habitude de reprendre les opérations au printemps a laissé un souvenir qui s'est perpétué jusqu'à nous : cette époque est encore regardée comme spécialement favorable à l'éclosion d'une guerre. En réalité, la guerre éclate comme un coup de foudre, et la période du printemps n'exerce aucune influence sur la déclaration des hostilités.

Les hostilités continuaient quelquefois sous la forme de coups de main. — Toutefois, il fallait se garder contre les tentatives de l'ennemi et surveiller les abords des cantonnements, surtout lorsque les deux armées avaient pris leurs quartiers d'hiver à proximité l'une de l'autre. Il arrivait fréquemment que les hostilités continuaient sur différents points de la frontière sous la forme de coups de main.

A la fin de l'année 1744, le roi évacue la Bohême et regagne la Silésie pour y prendre ses quartiers. Les Autrichiens tentent un coup de main sur la haute Silésie; ils sont repoussés par le prince d'Anhalt (janvier 1745) et regagnent la Moravie, non sans grandes fatigues : « Dans cette retraite, les Autrichiens couchèrent cinq jours sur la neige; il en périt beaucoup de froid et beaucoup désertèrent ».

A la fin de la campagne de 1759, les deux partis restaient en présence en Saxe. Le roi « marcha droit à Dippoldiswalda avec les Prussiens (janvier 1760). Il délogea tous les détachements de l'ennemi des bords de la Wilde-Weisseritz, de Pretzchendorf et de Frauenstein, où il fit cantonner ses troupes. Sur ce mouvement, le maréchal Daun envoya des secours à Dippoldiswalda, où M. de Maguire fit des retranchements et des batteries... Après avoir bien examiné et discuté le local de ce terrain, on se convainquit de l'impossibilité de tenter de nouvelles entreprises contre les Autrichiens dans cette saison rude et rigoureuse. On enleva donc tous les fourrages des environs, on consuma (*sic*) tous les vivres, pour que l'ennemi ne pût y tenir de gros corps pendant l'hiver; après quoi le roi se retira à Freyberg. L'armée de Wildsruf entra dans des cantonnements resserrés dans les villages les plus voisins de son camp ; cependant les tentes demeurèrent tendues, et six bataillons qu'on relevait y faisaient journellement la garde. Les Autrichiens agissaient de même dans leur camp de Plauen, et c'est peut-être le premier exemple parmi les modernes que deux armées aussi proches l'une de l'autre aient tenu campagne durant un hiver aussi rigoureux ».

Inconvénients des campagnes d'hiver. — Frédéric II signale en ces termes les inconvénients des campagnes entreprises l'hiver; la belle campagne de Turenne en Alsace, pendant l'hiver de 1674, est citée avec raison comme un exemple de ce que peut produire une tentative de ce genre bien étudiée et préparée en secret :

« Les campagnes d'hiver abîment les troupes, tant par les maladies qu'elles y causent, que parce qu'étant obligées d'être toujours dans un mouvement continuel, elles ne peuvent être ni habillées ni recrutées. Le même inconvénient se trouve pour l'attirail des munitions de guerre et de bouche.

« Il est certain que la meilleure armée du monde ne soutiendra pas longtemps de semblables campagnes, et qu'il faut par cette raison éviter les guerres d'hiver, comme celles qui de toutes les expéditions sont les plus condamnables. Mais il peut arriver tels événements qui obligent un général d'en venir là....

« Les marches et les campagnes d'hiver demandent d'être exécutées avec beaucoup de prudence, ou l'on risque de voir abîmer son armée presque sans combattre....

« On doit se garder d'entreprendre une campagne d'hiver dans un pays hérissé de places fortes, car la saison ne vous permettra pas de faire le siège des grandes forteresses, que l'on ne peut emporter par surprise; on doit être persuadé d'avance qu'un tel projet échouera, puisqu'il est impossible à exécuter. »

Les grands froids rendent les opérations militaires plus pénibles, mais ils ne constituent pas un obstacle absolu ; les campagnes même de Frédéric II nous offrent des exemples de places fortes enlevées au cœur de l'hiver, grâce au froid qui permettait aux assaillants de franchir sur la glace les fossés remplis d'eau.

« Si, comme Turenne dans sa campagne de 1674 en Alsace, on parvient à masquer la levée, le rassemblement de ses quartiers, à surprendre rapidement ceux de l'ennemi encore dispersés, à les aborder en détail, et à précipiter leur fuite, on regagnera dans cette saison, et pour ainsi dire sans avoir à combattre, tous les avantages précédemment perdus. Le destin seconde toujours l'habileté, l'audace et la célérité réunies. »

Précautions à prendre et mesures de détail. — Il faut, autant que possible, faire reposer les troupes pendant l'hiver en cantonnements resserrés, le bivouac pendant la mauvaise saison ruinant la santé des troupes; on ne bivouaquera qu'au contact même de l'ennemi.

« Pour ce qui regarde le détail des campagnes d'hiver, il faudra toujours faire marcher les troupes dans des cantonnements bien serrés, et loger dans un village deux à trois régiments de cavalerie mêlés même d'infanterie, s'il peut les recevoir. On fait quelquefois entrer toute l'infanterie dans une même ville.

« Lorsqu'on s'approchera de l'ennemi, on assignera des rendez-vous aux troupes et l'on marchera sur plusieurs colonnes comme à l'ordinaire, et quand on viendra au mouvement décisif de l'affaire, c'est-à-dire d'enfoncer les quartiers de l'ennemi ou de marcher à lui pour le combattre, on campera en bataille les troupes restant à la belle étoile. Chaque compagnie allumera alors un grand feu pour y passer la nuit. Mais comme ces sortes de fatigues sont trop violentes pour que l'homme y puisse résister à la longue, vous emploierez dans ces entreprises toute la célérité possible. Il ne faut point envisager le danger et ne pas balancer, mais prendre une vive résolution et la soutenir avec fermeté. »

En résumé, les campagnes d'hiver sont à éviter autant que possible. Dans les conditions de la guerre au XVIIIe siècle, cette interruption des hostilités pendant la mauvaise saison était chose possible. Frédéric en était partisan convaincu : « Si on a le choix, il faudra donner aux troupes pendant l'hiver autant de repos que faire se pourra, et bien employer ce temps à rétablir l'armée, afin qu'on puisse, au printemps prochain, prévenir l'ennemi à l'ouverture de la campagne ». Nous allons voir cependant que le roi a dû entreprendre souvent des opérations militaires pendant la mauvaise saison, mais ces campagnes d'hiver ont été motivées par des raisons particulières et des nécessités impérieuses.

Campagne d'hiver en 1740-1741. — Ainsi, au début de la guerre, Frédéric II commence les hostilités en plein hiver (décembre 1740), mais c'est qu'il est de toute importance pour lui de mettre la main sur la Silésie, pour en faire au printemps la base de ses opérations.

Frédéric, parti de Krossen, entre en Silésie le 23 décembre 1740 avec 20 bataillons et 36 escadrons, et fait le blocus de Glogau. Le prince d'Anhalt le relève devant cette place avec 6 bataillons et 5 escadrons, et le roi gagne Breslau, ville impériale, qui a refusé d'ouvrir ses portes au général autrichien de Browne lorsqu'il s'est présenté à la tête de 3,000 hommes; la ville, investie par les deux rives de l'Oder, se rend dans les premiers jours de janvier 1741 et devient le principal point d'appui et le centre de ravitaillement de l'armée prussienne. Le roi entre à Ohlau, bloque Brieg et bombarde en vain Neisse; un coup de main sur Glogau échoue également. En même temps, un détachement, sous les ordres du maréchal de Schwerin, flanque la marche du roi du côté de la haute Silésie, en suivant le pied des montagnes par Liegnitz, Schweidnitz, Frankenstein, Jœgerndorf et Troppau, et rejette Browne en Moravie. Cette brusque invasion porte ainsi les Prussiens au cœur de la Silésie.

Cette campagne d'hiver n'a été qu'une surprise, car Browne n'avait avec lui que 3,000 hommes : le gros de l'armée autrichienne était en Hongrie et le reste disséminé en Flandre, en Italie et dans les pays héréditaires ; mais les Autrichiens vont se préparer activement à soutenir la lutte, et la principale place forte de la haute Silésie, Neisse, est encore en leur pouvoir. Les troupes prussiennes cantonnent en Silésie jusqu'au mois de mars, époque où vont commencer réellement les hostilités : « Il n'y avait que deux régiments autrichiens en Silésie.... Si j'avais pris le parti d'attendre le printemps, nous n'aurions emporté qu'après trois ou quatre campagnes difficiles ce que nous gagnâmes par une simple marche ».

Hiver de 1744-1745. — La plupart du temps, les campagnes d'hiver ont été motivées par des opérations qui traînaient en longueur sur une partie du théâtre de la guerre, quelquefois jusqu'au milieu de la mauvaise saison. Ainsi, au mois de novembre 1744, Frédéric évacue le sud de la Bohême et cantonne son armée sur la rive droite de l'Elbe en *quartiers de rafraichissement;* mais, le 19 novembre, le prince Charles de Lorraine surprend le passage du fleuve, et l'armée prussienne est obligée de battre en retraite sur la Silésie, dont elle franchit les défilés le 27 novembre. La garnison de Prague, fortement aventurée, sort de cette place le 26 novembre, arrive le 30 à Leitmeritz et regagne la frontière après des péripéties provoquées par la rencontre d'un détachement saxon, qui rentre en Saxe après avoir quitté à Nachod l'armée du prince de Lorraine. Cependant Frédéric s'est rendu à Berlin, croyant les hostilités terminées; il regagne la Silésie pour défendre cette province menacée d'une invasion autrichienne. Les hostilités continuent sans présenter rien de saillant pendant les mois de janvier et de février; elles ont pour théâtre la haute Silésie et le comté de Glatz où les Autrichiens sont tenus en échec par le général Lehwald et le prince Thierry d'Anhalt. Ce n'est qu'à la fin du mois de février 1745 que les deux armées prennent enfin leurs quartiers d'hiver.

Fin de l'année 1745. — Après la bataille de Soor, l'armée prussienne rentre en Silésie ; elle livre quelques combats d'arrière-garde, arrive le 19 octobre à Liebau et prend ses cantonnements aux environs de Schweidnitz. Mais un dernier effort est nécessaire pour forcer l'Autriche à la paix ; le roi se résout à une campagne d'hiver.

Craignant que le prince Charles ne se joigne à l'Électeur de Saxe pour marcher sur Berlin, il donne l'ordre au prince d'Anhalt de rassembler son armée, forte de 24,000 hommes, à Halle et de marcher sans retard contre les Saxons ; il laisse 5,000 hommes pour garder Berlin, et lui-même, avec 30,000 hommes de bonnes troupes qui cantonnent en Silésie, il s'apprête à prendre à revers l'armée autrichienne quand elle débouchera de la Lusace pour marcher sur Berlin. Le 15 novembre, l'avant-garde ennemie arrive déjà à Zittau ; le 23, l'armée prussienne franchit la Queiss à Naumburg ; le prince de Lorraine abandonne son mouvement offensif, bat en retraite sur la Bohême et franchit la frontière. Le roi dirige immédiatement sur la Saxe le général Lehwald avec 10 bataillons et 20 escadrons pour renforcer le prince d'Anhalt. De son côté, Charles de Lorraine ne renonce pas à la lutte, malgré la saison avancée ; il franchit l'Elbe à Leitmeritz et marche sur Dresde pour se joindre aux troupes de l'Électeur ; à cette nouvelle, Frédéric II se porte aussitôt au secours de son lieutenant en Saxe. Déjà le prince d'Anhalt a franchit l'Elbe à Meissen (12 décembre) et fait sa jonction, le 13, avec Lehwald ; le 14, Frédéric arrive à Kœnigsbrück et marche sur Meissen, mais le lendemain, le prince d'Anhalt trouve l'armée saxonne en position près de Kesselsdorf et la met en déroute ; l'armée autrichienne rétrograde sur la Bohême, et Dresde ouvre ses portes aux Prussiens. La campagne est terminée le 25 décembre par la paix de Dresde.

Autres campagnes d'hiver de Frédéric II. — En 1756, la campagne prend fin de bonne heure (milieu d'octobre) après la capitulation de Pirna. L'année suivante, la bataille de Leuthen, qui met fin aux opérations, est du 5 décembre. En 1758, après la bataille de Zorndorf, le roi se retourne contre les Autrichiens et manœuvre pendant les mois de septembre et d'octobre ; après sa défaite à Hochkirch (14 octobre), il continue les opérations et fait lever le siège de Neisse (7 novembre). Mais la campagne n'est pas encore finie ; le maréchal Daun a fait sa jonction en Saxe avec l'armée des Cercles ; devant des forces aussi considérables l'armée prussienne évacue Dresde, de peur d'y être cernée, et ne laisse dans la place que le nombre de défenseurs strictement nécessaire. Daun, intimidé par la ferme contenance de la petite garnison, n'ose tenter l'assaut. Le roi a le temps d'accourir de Silésie ; il part de Neisse le 8 novembre, le 15 il est à Lauban, le 16 Daun lève le siège de Dresde et se retire à Pirna ; le 17, Frédéric arrive à Weissenberg, renvoie une partie de ses troupes cantonner en Silésie et se dirige avec le reste sur Dresde. Enfin, le 21 novembre, Daun rentre en Bohême et toute l'armée prussienne prend ses quartiers d'hiver.

L'année suivante, les hostilités traînent encore plus longtemps ; le maréchal Daun opère autour de Dresde qui est au pouvoir des Autrichiens ; Frédéric II est tombé malade à Glogau et a dû abandonner au général de Hülsen le commandement de son armée. Celui-ci marche vers la Saxe pour renforcer le prince Henri. Le roi rejoint l'armée le 13 novembre ; l'époque avancée de l'année ne permet plus guère de frapper de grands coups ; tous les efforts du roi vont tendre à reprendre Dresde, mais il ne faut pas songer à enlever de vive force une place sous les murs de laquelle campe une armée ennemie supérieure en nombre. La malheureuse affaire de Maxen, qui survient le 20 novembre, fait perdre au roi tout espoir de recouvrer la Saxe et d'annexer cette riche province lors de la conclusion de la paix, qui paraît de plus en plus prochaine. Les hostilités traînent ainsi jusqu'au mois de janvier 1760, et, après un dernier effort contre les positions ennemies, Frédéric se décide enfin à cantonner ses troupes en face des alliés, retirés eux-mêmes dans leur camp de Plauen.

En 1760, la rigueur de la saison, autant que la bataille de Torgau, met fin à la campagne. L'armée des Cercles se retire le 9 novembre sur Chemnitz et de là derrière la Saale ; Laudon, qui assiège vainement Kosel, évacue la Silésie au milieu de novembre ; l'armée russe, sous les ordres du maréchal de Butturlin, qui remplace Soltykoff malade, se retire sur la Pologne pour y prendre ses quartiers. Enfin, le 11 novembre, un armistice prorogé jusqu'au 26 mai de l'année suivante, abandonne au roi toute la Saxe à l'exception de Dresde, et les deux armées prennent leurs cantonnements : le roi établit son quartier général à Leipzig, et le général von Goltz cantonne en Silésie pour observer les Russes et l'armée de Laudon. On peut donc dire qu'il n'y a pas eu de campagne d'hiver en 1760-61.

Mais, l'hiver suivant, les opérations se poursuivent pendant une partie de la mauvaise saison. Frédéric II, acculé au camp de Bunzelwitz, a été sauvé par la désunion de ses adversaires ; les Russes se sont éloignés, laissant en Silésie un corps de 20,000 hommes sous les ordres de Czernischef (septembre). Laudon enlève Schweidnitz le 1er octobre, mais il ne poursuit pas ce succès et cantonne dans le comté de Glatz, au milieu de novembre. Le roi s'est porté à Strehlen pour se trouver au centre des places fortes de la Silésie, et il fait préparer par précaution un camp retranché près de Breslau ; il prend enfin ses quartiers d'hiver en Silésie dans les premiers jours de décembre. En Poméranie, les hostilités traînent jusqu'au 16 décembre, date de la capitulation de Colberg.

Enfin, en 1762, les opérations terminées en Silésie par la reddition de Schweidnitz (9 octobre), traînent en longueur pendant les mois d'octobre et de novembre ; le 29 octobre, le prince Henri bat l'armée des Cercles à Freyberg et, le 6 novembre, Frédéric II arrive à l'armée de Saxe pour frapper les derniers coups. Il faut encore une incursion du général Kleist en Franconie et jusqu'aux environs de Ratisbonne, où siège la Diète, pour déterminer la signature d'un armistice. Les hostilités cessent le 24 novembre.

Frédéric II pouvait donc dire avec raison : « Je crois avoir fait plus de campagnes d'hiver qu'aucun général de ce siècle ».

CHAPITRE XIX.

DES SUBSISTANCES.

> « Le défaut de vivres est le plus fort argu-
> ment à la guerre. »
>
> (FRÉDÉRIC II.)

Importance de la question des subsistances. — Place qu'elle tient dans les
projets du général. — Influence du directeur des vivres. — Rapacité des
fournisseurs. — Soins à prendre au début de la campagne. — Cas de l'offensive, de la défensive. — Organisation du service : comment on établit
les magasins. — On utilise les rivières et les canaux. — On échelonne les
magasins. — Dépôts de vivres établis sur la même ligne. — Constitution des approvisionnements. — Perfectionnements introduits par le roi ;
caissons de vivres, fours portatifs, moulins à bras, etc. — Importance
qu'attache le roi à la conservation des attelages. — Comment on se procure
le fourrage et les liquides. — Parti à tirer des vivandiers. — Frédéric fait
vivre son armée sur le pays. — Difficultés de l'alimentation sur le pays. —
Garde des magasins et escorte des convois. — Mauvaise organisation du
service en 1744. — Il faut mettre les vivres à l'abri de l'incendie ; exemple :
en 1745. — Rôle stratégique joué par les subsistances à l'époque de Frédéric II : en 1744. — Après la bataille de Hohenfriedberg. — En 1758, levée
du siège d'Olmutz ; le convoi russe à Zorndorf. — Affaire de Hochkirch. —
Les Suédois en Poméranie. — Marche du roi sur Breslau, en 1760. —
L'armée prussienne en Saxe (1760). — Comp de Bunzelwitz en 1761 ; Frédéric menace les magasins des Russes pour accélérer leur retraite. — Perte
de Colberg. — Résumé ; progrès réalisés par le roi. Directoire de guerre.

Importance de la question des subsistances. — La question des
subsistances, si importante à toutes les époques, était capitale
au XVIIIe siècle, car les bonnes routes étaient rares et le service
des transports n'était pas encore organisé d'une façon régulière.
Frédéric II attachait, tout naturellement, la plus grande importance au service des subsistances et des transports :

« L'art de faire subsister les troupes est aussi nécessaire à
présent que le pouvait être autrefois celui de battre l'ennemi.

« Certain général dit que, pour bien établir le corps d'une
armée, il faudrait commencer par le ventre, et que c'est là la
base et le fondement de toutes les opérations.

« Combien de ressorts ne faut-il pas faire jouer à la fois pour
faire subsister et mettre en action ces armées nombreuses que
l'on assemble de nos jours?... Ce sont des nations entières et am-

bulantes qu'il est plus difficile de défendre contre la faim que contre leurs ennemis.

« C'est une chose effrayante que d'être obligé de faire la guerre, même près de chez soi ; une armée a tant de besoins, à chacun desquels il faut pourvoir à l'instant même, sous peine de tout perdre, qu'il est bien difficile d'y suffire, quand même on a des ressources presque sous la main. »

Place qu'elle tient dans les projets du général. — La question des subsistances prend à cette époque une telle importance qu'elle arrive souvent à primer toutes les autres dans les projets du général en chef :

« Le dessein du général se trouve enchaîné à la partie des subsistances ; ses plus grands projets se réduisent à des chimères héroïques, s'il n'a pas pourvu, avant toutes choses, aux moyens d'assurer les vivres.

« Le plus sûr moyen de découvrir les desseins de l'ennemi avant l'entrée en campagne, est de connaître l'endroit qu'il choisit pour le dépôt de ses vivres. »

Influence du directeur des vivres. — De là l'influence considérable qu'exerce celui qui est chargé de la direction supérieure de ce service :

« Celui auquel il (le général en chef) confie cet emploi devient en même temps dépositaire de son secret et tient, par là même, à tout ce que la guerre a de plus sublime et l'État de plus important. »

A cette époque, le mot attribué au financier français Pâris-Duverney : « Les subsistances doivent régler les mouvements de l'armée », ne trouvait que trop souvent son application ; c'était la négation même de toute stratégie, de tout art militaire. Aussi les opérations présentaient-elles le plus souvent un caractère de timidité tel que les armées n'osaient s'éloigner de leur base ni s'aventurer loin de leurs frontières. Un des grands mérites de Frédéric II a été de rompre hardiment avec cette tactique et de donner à ses armées une plus grande mobilité ; c'est grâce aux progrès réalisés dans le service des subsistances qu'il a pu atteindre ce but.

Rapacité des fournisseurs. — Dans une armée dont le chef

était en même temps un prince absolu, habitué à commander en maître et à être obéi sur l'heure, l'antagonisme entre le commandement et l'administration ne pouvait être de longue durée. Et cependant Frédéric se plaint amèrement des fournisseurs de son armée, de leur rapacité, de leur habileté à ne pas se laisser prendre en faute, ce qui, le cas échéant, leur eût valu des châtiments sévères de la part du roi :

« De tous les fripons, les plus rapaces et les plus redoutables, ce sont les fournisseurs d'armée. De combien de manières, avec quelle adresse et persévérance ils volent ! J'en ai fait la triste épreuve pendant la guerre de Sept ans. Je voyais leurs friponneries, j'en avais assez de preuves pour n'en pas douter, pas assez pour les faire condamner, et j'avais besoin d'eux. Il fallait dissimuler et souffrir. »

Soins à prendre au début de la campagne. — Au début de la campagne, il faut réunir les approvisionnements et pourvoir aux transports :

« La première attention, pour tout projet, c'est d'avoir des vivres, non pas pour quinze jours, mais pour la campagne.

« On aura la plus grande attention aux vivres ; on ne se bornera pas à les amasser, mais on pensera d'avance aux moyens de transport, parce que l'on n'exécute rien, avec la plus florissante armée, si elle manque de nourriture. »

Cas de l'offensive, de la défensive. — L'armée qui prend l'offensive doit être bien pourvue de vivres :

« En offensive, un général qui ne se pourvoit pas assez de vivres, fût-il supérieur à César, ne sera pas longtemps héros ; on en commet le soin à un homme intègre, discret et habile ; on se pourvoit de farine pour toute une campagne. Des places fortes, des routes, des rivières assurent leur conservation ou leur transport, et l'armée même en conduit avec elle pour un mois.

« Si l'ennemi veut faire une guerre défensive, il ne peut vous entamer que par vos subsistances ; ses détachements et ses troupes légères sont en campagne à ce dessein, ce qui oblige à employer jusqu'aux précautions superflues pour assurer vos convois, car, si vous êtes vaincu par la misère, vous l'êtes plus que si vous perdiez une bataille. »

« Le plus grand art du général dans la défensive, c'est d'affamer son ennemi ; ainsi, sans rien hasarder, il a tout à gagner ; il ôte au hasard tout ce qu'on peut lui dérober par la prudence et la conduite. La faim vaincra un homme plus sûrement que le courage de son adversaire ; mais la perte d'un convoi ou d'un magasin ne finit pas la guerre ; il faut des batailles pour décider ; l'emploi de l'un et l'autre de ces moyens pour réussir est donc nécessaire. »

Organisation du service : comment on établit les magasins. — Dans l'organisation du service des vivres, il faut tout d'abord songer à établir des magasins sur des points convenablement choisis :

« La première règle est d'établir toujours les magasins les plus considérables sur les derrières de votre armée et, s'il se peut, dans une place fermée.

« Quand on marche dans un pays ennemi, on fait le dépôt de ses farines dans une ville voisine de l'armée où l'on met garnison.

« Pendant la campagne de 1745, notre dépôt de farines était au commencement à Neustadt, puis à Jaromir, et à la fin à Trautenau. Si nous nous étions plus avancés, nous n'aurions trouvé un dépôt assuré qu'à Pardubitz. »

On utilise les rivières et les canaux. — Les cours d'eau offrent de grandes facilités pour le ravitaillement des armées ; Frédéric II les utilisait dans une large mesure. La direction générale de l'Oder, de l'Elbe et de leurs nombreux affluents permettait de diriger des vivres et des munitions par voie d'eau, du centre des États prussiens vers le théâtre habituel des opérations militaires, la Silésie, la Bohême et la Saxe.

« S'il y a des rivières navigables, il faut en profiter, car ce sont elles seules qui peuvent procurer l'abondance dans une armée.

« On a encore des bâtiments construits exprès pour transporter les farines et les fourrages par les canaux et les rivières.

« Dans les guerres de Silésie et de Bohême, nous avons eu notre magasin à Breslau, à cause de la facilité que nous donnait l'Oder de rafraîchir ce magasin. »

A ce même point de vue, Magdebourg a rendu de grands services au roi à cause de sa situation sur l'Elbe.

On échelonne les magasins. — Frédéric prescrit de ne pas placer les magasins trop près de l'armée et de les échelonner les uns derrière les autres:

« Quand on fait des magasins à la tête de l'armée, on risque de les perdre au premier échec, et alors on est sans ressource ; mais si vous établissez ces magasins l'un derrière l'autre, vous faites la guerre avec prudence et un petit malheur ne peut produire votre ruine entière.

« Dans la dernière campagne que nous avons faite en Bohême, Breslau fournissait à Schweidnitz, celui-ci à Jaromir, et de là on transportait les vivres à l'armée. » (1745.)

En principe, la distance entre deux magasins ne doit pas dépasser cinq journées de marche.

Dépôts de vivres établis sur la même ligne. — Toutefois la ligne de communication pouvant varier dans le cours de la campagne, il est quelquefois avantageux de disposer les magasins sur une ligne parallèle au front d'opérations, lorsqu'on peut les mettre à l'abri d'un coup de main. On facilite ainsi un changement de ligne d'opérations et l'on se ménage plusieurs lignes de retraite.

Exemple en 1742, en Bohême

« On établit quelquefois trois et quatre dépôts de vivres sur une même ligne, comme nous avons fait, l'an 1742, en Bohême. Il y avait un magasin à Pardubitz et un autre à Brandeis, pour être en état de marcher à hauteur de l'ennemi et de le suivre à Prague, en cas qu'il se fût avisé d'y aller.

« L'Elbe coulait en ligne parallèle derrière les quartiers des Prussiens, et les magasins étaient distribués de telle sorte que, de quelque côté que vînt l'ennemi, l'armée pouvait se porter à sa rencontre. »

Constitution des approvisionnements. — Pour constituer l'approvisionnement de ces magasins, on a recours soit à des achats directs, soit à l'entreprise ; ce dernier procédé ne devra être employé qu'à défaut du premier.

« On établit les magasins de deux manières. On ordonne à la noblesse et aux paysans de faire charrier aux magasins des grains qu'on leur paye selon la taxe de la Chambre des finances, ou qu'on leur diminue sur les contributions imposées. Si le pays n'est pas abondant en fourrage, on fait des marchés avec des entrepreneurs pour une certaine quantité. C'est au commissariat à faire ces marchés et à les signer.

« Il ne faut jamais se servir d'entrepreneurs que dans le plus grand besoin, parce qu'ils sont plus usuriers que les juifs mêmes ; ils font augmenter le prix des vivres, et les vendent extrêmement cher. »

Perfectionnements introduits par le roi ; caissons de vivres, fours portatifs, moulins à bras, etc. — Pour assurer l'alimentation de l'armée, il faut faire transporter les vivres des magasins aux camps occupés par la troupe : de là de nombreux convois de ravitaillement qui doivent être convenablement escortés ; l'armée doit en outre traîner à sa suite un approvisionnement suffisant pour les besoins immédiats ; enfin elle vit autant que possible sur le pays. Le service des subsistances à l'époque de Frédéric II est donc basé, au fond, sur les mêmes principes qu'aujourd'hui, mais son organisation est tout à fait primitive : le roi s'est efforcé de la rendre moins défectueuse et il a cherché à perfectionner tous les détails concernant la nourriture de la troupe et le service des transports.

En premier lieu, les hommes portent habituellement trois journées de vivres sur le sac.

En deuxième lieu, les régiments sont accompagnés de caissons portant huit jours de pain ; ce premier échelon joue en quelque sorte le rôle du train régimentaire de nos jours.

En troisième lieu, le commissariat est chargé de faire suivre l'armée d'un mois de vivres ; cet échelon représente assez bien le convoi administratif dont nos armées modernes sont pourvues.

Enfin, l'armée traîne à sa suite des fours portatifs pour fabriquer le pain, comme aujourd'hui nous avons les boulangeries de campagne. Il n'est pas jusqu'à notre convoi auxiliaire des subsistances qui n'ait son analogue dans les voitures de réquisition chargées, à l'époque de Frédéric II, de transporter les vivres entre les magasins et l'armée et de suppléer à l'insuffisance des caissons de régiment :

« Outre les caissons des régiments, qui portent du pain pour huit jours, le commissariat a des caissons destinés à transporter des vivres pour un mois.

« Outre les caissons de vivres, l'armée mène encore avec elle des fours de fer dont le nombre, n'étant pas suffisant, a été augmenté. A chaque séjour il faut faire cuire du pain. »

Quant au biscuit, il ne paraît pas avoir eu à cette époque beaucoup plus de succès qu'aujourdhui : « Le biscuit est très bon, mais nos soldats ne l'aiment que dans la soupe et ne savent pas bien s'en servir ».

Frédéric II avait imaginé de faire moudre le blé par les soldats et les avait munis, à cet effet, de moulins à bras : « J'ai fait faire des moulins à bras pour chaque compagnie, qui leur seront fort utiles ; on emploiera à ces moulins des soldats qui porteront la farine au dépôt et y recevront le pain. Avec cette farine vous ménagerez non seulement vos magasins, mais elle vous fera subsister plus longtemps dans un camp que, sans cette ressource, vous seriez obligé de quitter. De plus, on n'aura pas besoin de faire tant de convois et on fournira moins d'escortes ».

Le blé constituait le fond de la nourriture des troupes ; cette denrée était facile à transporter et on pouvait se la procurer facilement par réquisition. Quant à la viande, le système des conserves était inconnu ; le bétail était amené sur pied par des convois :

« Quand on fait venir des convois pour l'armée, on les fait suivre par quelques troupeaux de bœufs destinés à la nourriture des soldats. »

Importance qu'attache le roi à la conservation des attelages. — Le roi apporte le plus grand soin à la conservation des attelages, le mauvais état des animaux pouvant amener la perte du convoi et, par suite, la retraite de l'armée :

« Les caissons doivent être attelés de chevaux. Nous y avons aussi employé des bœufs, mais à notre désavantage. Il faut que les vaguemestres des caissons fassent bien soigner leurs chevaux... Ces chevaux n'étant pas bien nourris n'ont pas assez de forces pour soutenir les fatigues. Et quand vous marcherez vous perdrez non seulement vos chevaux, mais vos caissons et les farines qu'ils portent... Il faut qu'un général ne néglige aucun de ces détails, qui sont fort importants pour lui. »

En septembre 1744, Frédéric mit huit jours à faire transporter les vivres et le matériel de Leitmeritz sur Prague, faute d'attelages. Ce retard aurait pu être très préjudiciable à l'armée prussienne chargée de bloquer Prague, mais les assiégés ne surent pas le mettre à profit pour compléter leurs moyens de défense ; le siège ne dura que six jours.

Comment on se procure le fourrage et les liquides. — Le transport du fourrage à la suite de l'armée exigeant un trop grand nombre de voitures et d'attelages, Frédéric II a coutume de se le procurer autant que possible sur place :

« Rarement une armée osera-t-elle s'éloigner de ses magasins tant qu'elle est obligé de donner du fourrage sec à ses chevaux, parce que le transport est trop embarrassant par le nombre de voitures nécessaire, qu'une province entière ne peut souvent pas fournir.

« Pendant la campagne de Silésie j'ai nourri toute ma cavalerie de fourrage sec, mais nous ne marchions que de Strehla à Schweidnitz, où il y avait un magasin, et de là à Cracau, où nous étions dans le voisinage de Brieg et de l'Oder.

« Quand on a formé le dessein de faire une entreprise pendant l'hiver, on fait ficeler du foin pour cinq jours, que la cavalerie porte sur ses chevaux. Si l'on veut faire la guerre en Bohême ou en Moravie, il faut attendre le temps du vert, sinon vous ruinerez toute votre cavalerie. On fourrage les herbes et les blés dans les champs et, quand la moisson est faite, on fourrage dans les villages. »

Frédéric ne fait aucune mention de denrées analogues à la paille et au foin pressés ; il parle seulement de paille hachée et ne semble pas en conseiller l'emploi : « La paille hachée ne fait que remplir le ventre aux chevaux ; on leur en donne parce que c'est l'usage ».

Quant aux liquides, il faut avoir soin d'en munir amplement les magasins et de s'en procurer sur les lieux, afin que le soldat n'en manque jamais ; l'ivrognerie, produite par l'usage immodéré des boissons alcooliques, était le vice le plus répandu dans les armées de cette époque :

« Si vous voulez faire quelque entreprise sur l'ennemi, il faut que le commissariat fasse ramasser toute la bière et l'eau-de-vie qu'on trouvera sur la route, afin que l'armée n'en manque point, au moins dans les premiers jours. Aussitôt que l'armée entrera dans un pays ennemi, il faut se saisir de tous les brasseurs de bière et d'eau-de-vie, afin que le soldat ne manque pas d'une boisson dont il ne peut pas se passer. »

Parti à tirer des vivandiers. — Le roi conseille aussi d'utiliser les vivandiers, surtout dans les pays où les habitants prennent la fuite ; mais on aura soin de surveiller leurs denrées :

« Pour les vivandiers, il faut les protéger, particulièrement dans un pays où les habitants se sont sauvés et ont abandonné leurs maisons, de sorte qu'on ne peut pas avoir des denrées, même en payant.

« On envoie des vivandiers et des femmes de soldats pour chercher toute sorte de légumes et du bétail ; mais, en même temps, il faut faire attention que les denrées soient vendues à un prix raisonnable, pour que le soldat soit en état de les payer et que le vivandier trouve un profit honnête. »

Les lignes suivantes montrent encore quelle était la sollicitude du roi pour le bien-être de ses troupes :

« J'ajouterai encore ici que le soldat a deux livres de pain par jour et deux livres de viande par semaine, qu'il reçoit gratis en campagne. C'est une douceur que le pauvre soldat mérite bien. »

Frédéric II donne, du reste, l'exemple de la frugalité et de la simplicité ; sa table est toujours servie avec la plus stricte économie et son bagage est des plus modestes.

Frédéric fait vivre son armée sur le pays. — Le roi a pour principe de faire vivre son armée sur le pays ; mais ce mode de subsistance, alors comme aujourd'hui, constitue une exception, un pis aller, et non un système régulier d'alimentation. Le roi a l'habitude, surtout en territoire ennemi, d'épuiser toutes les ressources de la contrée en donnant anx réquisitions la plus grande extension possible ; c'est ce qu'il appelle, d'une façon pittoresque, *manger* le pays :

« Se procurer les vivres aux dépens de l'ennemi est la seule méthode pour soutenir la guerre avec avantage. »

En 1757, après la bataille de Rosbach, Frédéric II part de Leipzig le 2 novembre et arrive à Parchwitz le 28, sans être suivi d'aucun convoi ; pendant ces 26 jours, il vit sur le pays, n'ayant sur sa route aucun magasin pour se ravitailler ; quelques voitures de munitions suivent seules l'armée. Cet exemple ne saurait, sans danger, être donné comme modèle ; dans un pays constamment sillonné de troupes, amies ou ennemies, les vivres sont rapidement épuisés, et il n'est pas prudent d'escompter les ressources de la région pour faire vivre l'armée.

En 1758, après le siège d'Olmutz, Frédéric II marche pendant un mois à travers la Moravie et la Bohême sans aucun convoi de ravitaillement ; il vit sur le pays et consomme le reste de ses approvisionnements. Il est vrai que les Autrichiens commettent la faute de laisser tomber entre ses mains les importants magasins de Leutomischel.

Difficultés de l'alimentation sur le pays. — En pays ennemi, la difficulté de vivre sur le pays se complique encore de la résistance et de la mauvaise volonté des populations : celles-ci font disparaître leurs vivres ou se cachent elles-mêmes.

Dans la pointe que fit l'armée prussienne en 1744 dans le sud de la Bohême, la Cour de Vienne « avait ordonné aux paysans, qui tous sont serfs, d'abandonner leurs chaumières à l'approche des Prussiens, d'enfouir leurs blés sous terre, et de se réfugier dans les forêts voisines, leur ajoutant la promesse de leur bonifier tout le dommage qu'ils pourraient souffrir des Prussiens. L'armée ne trouvait donc que des déserts sur son passage, des villages vides ; personne n'apportait au camp de denrées à vendre, et le peuple, qui craignait la durée rigoureuse des punitions autrichiennes, ne se laissait persuader par aucune somme qu'on offrait de lui donner ».

Garde des magasins et escorte des convois. — Pour garder les magasins et escorter les convois, il faut distraire de l'armée des forces considérables qui font défaut sur le champ de bataille ; avec les armées relativement peu nombreuses de cette époque, c'est un grand danger :

« Le magasin principal est gardé par 3,000 hommes. Des détachements de 3,000 à 7,000 hommes couvrent les convois jusqu'à l'armée et ont chacun une place de retraite assurée. »

En 1742, avant la bataille de Czaslau, « un bataillon (prussien) gardait les magasins de Kœnigingrætz et trois autres couvraient les dépôts de Pardubitz, de Podiebrad et de Nimburg ».

Ces forces avaient déjà une certaine importance pour les armées de cette époque. On s'explique comment des armées de 50,000 à 60,000 hommes arrivaient à s'égrener au point de ne présenter sur le champ de bataille que les deux tiers et même quelquefois la moitié de leur effectif.

De là aussi l'importance que prenaient la petite guerre, les attaques de convoi, les embuscades et ruses de toute nature dont fourmillent les campagnes de cette époque. Non seulement ces affaires de détail pouvaient forcer l'ennemi à battre en retraite si son convoi se trouvait enlevé, mais elles produisaient souvent un effet moral considérable, sans parler des pertes matérielles qui en étaient la conséquence.

Mauvaise organisation du service en 1744. — En 1744, lorsque Frédéric II s'avance dans le sud de la Bohême, la mauvaise organisation du service des subsistances est l'une des principales causes qui le forcent à rétrograder sans avoir combattu.

« L'armée arriva le 26 (septembre) à Tabor... ; mais Posadowsky n'amena que la moitié de ses caissons, c'est-à-dire pour quinze jours de farine ; les chevaux et les bœufs de cet attirail avaient été négligés au point que la moitié en étaient crevés de misère, sans cependant qu'on eût vu l'ennemi pendant toute la marche. Ce fut là le principe de tous les malheurs qui arrivèrent depuis... Si cependant les vivres n'eussent pas manqué, le roi aurait pu se soutenir entre la Sazawa et la Luschnitz ; mais le défaut des vivres est le plus fort argument à la guerre. »

Il faut mettre les vivres à l'abri de l'incendie ; exemple en 1745. — Quelquefois l'ennemi parvient à incendier les magasins, malgré la surveillance exercée par la garnison ; il importe donc de mettre les farines à l'abri de l'incendie, comme le font les Prussiens à Trautenau en 1745, avant la bataille de Soor. Cette ville constitue leur principal dépôt de vivres et a une importance capitale pour l'armée prussienne.

« C'étaient chaque jour de nouvelles entreprises de la part de l'ennemi : il avait la faveur du pays ; il était instruit que le dépôt des vivres et la boulangerie de l'armée étaient établis à Trautenau et cette connaissance lui suffit pour faire mettre le feu aux quatre coins de cette malheureuse ville ; en trois heures de temps les maisons ne firent plus qu'un monceau de cendres. Comme on avait eu la précaution de placer les tonneaux de farine dans des caves bien voûtées, rien ne fut perdu que quelques chariots de bagages que les flammes consumèrent. »

Rôle stratégique joué par les subsistances à l'époque de Frédéric II : en 1744. — Quelques exemples, pris entre cent, mettront en relief l'influence qu'exerçait la question des subsistances sur la direction même des opérations militaires.

Frédéric II attribue en partie l'insuccès de la campagne de 1744 à la mauvaise organisation du service des vivres, faute imputable aux commis des subsistances :

« Aucun général ne commit plus de fautes que n'en fit le roi dans cette campagne. La première de toutes fut certainement de ne pas s'être pourvu de magasins assez considérables pour se soutenir au moins six mois en Bohême ; on sait que qui veut bâtir l'édifice d'une armée doit prendre le ventre pour fondement... Si l'on ne s'y est pas pris avec assez de zèle pour remplir les magasins prussiens, il ne faut point l'imputer au roi, mais aux commis des vivres, qui se faisaient payer les livraisons et laissaient les magasins vides. »

Les conséquences de cette faute se font sentir dès le début de la campagne ; à peine Frédéric II s'est-il emparé de Prague qu'il marche sur Beraun pour enlever les approvisionnements que le maréchal de Batthyani a réunis dans cette ville. Celui-ci les transporte à Pilsen ; le roi veut marcher sur ce point, et il paraît décidé à courir ainsi après les magasins de l'ennemi, lorsque les insistances de ses alliés lui font abandonner ce projet.

Après la bataille de Hohenfriedberg. — Après sa victoire de Hohenfriedberg, Frédéric envahit la Bohême à la suite de l'armée autrichienne, mais la subsistance de ses troupes est si mal assurée qu'il explique par ce motif son inaction près de la frontière de Silésie :

« Cette bataille n'avait pas aplani les montagnes de la Bohême par lesquelles étaient obligés de passer les vivres pour l'armée. On avait perdu, l'année 1744, les caissons des vivres ; les subsistances ne pouvaient donc arriver au camp que sur des chariots de paysans de la Silésie... Les Hongrois allaient se porter sur

les derrières de l'armée et en intercepter les subsistances ; d'ailleurs, le roi ne pouvait s'éloigner qu'à dix milles d'Allemagne
de Schweidnitz, d'où il ne recevait des vivres que de cinq en cinq
jours... Tant de considérations importantes firent que ce prince
resta ferme dans son premier projet, c'est-à-dire de manger les
frontières de la Bohême pour empêcher l'ennemi d'y pouvoir
hiverner. »

Il est juste d'ajouter que des considérations politiques pous-
saient Frédéric II à traîner les opérations en longueur ; il négo-
ciait secrètement à la fois avec l'Angleterre pour entrer en
accommodement, et avec la France pour obtenir des subsides [1].

*En 1758, levée du siège d'Olmutz. — Le convoi russe à Zorn-
dorf.* — Nous avons vu qu'en 1758 le roi a été obligé de lever le
siège d'Olmutz et d'évacuer la Moravie, sans avoir livré de bataille
rangée, par le seul fait de la perte de son convoi au défilé de
Domstadtel. Les Autrichiens, qui se tenaient de parti pris sur
la défensive, ont cherché à couper les convois de l'armée prussienne pour l'affamer ; ils l'ont ainsi forcée à battre en retraite
dans des conditions désavantageuses, et cette retraite a été aussi
préjudiciable aux intérêts de Frédéric II qu'une bataille perdue.

Pendant la bataille de Zorndorf, le convoi russe est resté
séparé de l'armée pendant deux jours. Après avoir exécuté son
mouvement tournant autour des Russes, Frédéric II s'est trouvé
placé avec toute son armée entre les troupes russes et leur convoi, sans rien entreprendre contre celui-ci. Or, l'importance des
convois, pour une armée éloignée de ses magasins, était telle à
cette époque que la prise du convoi russe pouvait décider l'armée ennemie à la retraite, sans que le roi fût obligé de livrer
une bataille dont l'issue était douteuse : « Il lui suffisait de s'en
emparer, a dit Napoléon, pour paralyser toute l'armée russe ».
Nous reviendrons sur ce sujet en étudiant la question des convois [2].

Affaire de Hochkirch. — Le 15 octobre 1758, au matin, l'ar-

---

[1] Voir ci-dessus, chap. IV, p. 48.
[2] Voir ci-après, II⁰ partie, chap. IX.

mée autrichienne attaque à Hochkirch l'armée prussienne qui
occupe en face d'elle une mauvaise position. Le projet du roi
était de gagner le flanc droit de son adversaire en marchant par
Weissenberg sur Gœrlitz; il avait parfaitement conscience du
danger que courait son armée, par suite de l'emplacement choisi
pour son camp, lequel était dominé par les positions autrichiennes, et par suite de l'étendue trop considérable de son
front; mais le roi considérait cet emplacement comme provi-
soire, et il explique sa conduite par la nécessité d'attendre la
nuit du 14 au 15 pour exécuter son mouvement « à cause que
l'approvisionnement de vivres pour l'armée ne pouvait pas être
arrangé plus tôt ». La boulangerie et le dépôt de vivres étaient
établis à Bautzen; avant de se mettre en marche sur la Silésie,
il fallait organiser le convoi qui devait accompagner l'armée,
opération qui demandait un délai de quelques jours. Le roi,
croyant n'avoir rien à craindre de son adversaire pendant ces
quelques jours, laissa son armée dans la position défectueuse
qu'elle occupait; il y fut attaqué et battu. Cette fois encore des
considérations relatives au service des subsistances ont amené
l'insuccès de l'armée prussienne.

Les Suédois en Poméranie. — En 1759, les Suédois qui opèrent
en Poméranie n'ont pas de service régulier de subsistances et
n'obtiennent aucun résultat sérieux :

« Leurs arrangements étaient si vicieux qu'ils n'avaient ni
boulangerie, ni caissons pour le pain et la farine, et qu'ils ne
subsistaient que par les livraisons qu'ils tiraient des contrées où
ils se trouvaient les plus forts. De cette négligence pour les mesures les plus indispensables de la guerre résultaient les plus
graves inconvénients pour les opérations que ces troupes devaient
faire ; de sorte que les généraux prussiens, qu'on opposait aux
Suédois, ne travaillaient qu'à déranger leurs livraisons ; ce qui
obligeait ces ennemis, qui ne vivaient qu'au jour la journée, à
rétrograder incessamment, lorsque les subsistances leur manquaient, et à se rapprocher de leurs frontières. »

En 1761, l'armée suédoise n'a fait aucun progrès sous ce
rapport :

« Ses troupes faisaient la guerre sans établir de magasins et
sans caissons pour leurs vivres, obligées, par conséquent, de se

mettre en petits corps pour subsister. Il se présentait toujours des occasions où l'on pouvait les battre en détail. »

Marche du roi sur Breslau en 1760. — Au mois d'août 1760, le roi quitte la Saxe pour marcher au secours de la Silésie, que menacent les Russes ; il se dirige sur Bunzlau pour gagner Breslau avant le maréchal Daun et le corps de Laudon qui suivent à peu près la même direction que lui. Arrivé à Bunzlau, il a le choix entre deux partis : ou filer sur Lœwenberg, Hirschberg et Landshut pour gagner Schweidnitz, s'y ravitailler et donner la main au prince Henri qui défend Breslau ; ou marcher directement sur la Katzbach et se frayer un passage jusqu'à l'Oder, en évitant un engagement général et en cherchant à surprendre un des corps ennemis isolés. On sait que Frédéric II choisit ce dernier parti, et qu'il fut assez heureux pour gagner Breslau, après avoir battu Laudon à Liegnitz ; néanmoins, il estime qu'il eût été préférable d'adopter le premier plan pour des raisons tirées des subsistances, et il s'en explique lui-même de la façon suivante :

« Le roi fit sans contredit une bévue en se portant avec ses troupes à Goldberg, où le maréchal Daun voulait se rendre avec toute son armée ; les Prussiens auraient dû montrer une tête de ce côté et se porter avec toutes leurs forces par Lœwenberg à Hirschberg, pour y ruiner la boulangerie et le dépôt considérable de vivres que les Autrichiens y avaient établis. De là, il n'avait qu'à se porter sur Landshut pour gagner Schweidnitz. Cette manœuvre aurait obligé l'ennemi, sans qu'on l'eût combattu, à se rejeter dans les montagnes de la Bohême pour trouver du pain et des subsistances. La véritable raison pourquoi on ne tenta point cette entreprise, fut qu'on ignorait que les Impériaux eussent fait des établissements pour leurs vivres à Hirschberg ; c'est ce qu'on apprit plus tard. »

On a peine à comprendre aujourd'hui l'importance qui s'attachait à cette époque à la conservation d'un centre de ravitaillement pour une armée d'opérations. Cette importance était extrême, surtout aux yeux d'un général méthodique comme le maréchal Daun. Frédéric lui-même, malgré les progrès qu'il avait réalisés, a été sur le point, dans cette marche sur Breslau, de rebrousser chemin ; la veille de la bataille de Liegnitz il ne lui restait plus que trois jours de vivres, et il songeait déjà à abandonner la direction de Breslau pour aller se ravitailler à Glogau. Une menace sur Hirschberg eût peut-être décidé Daun à s'arrêter pour couvrir son magasin et eût ainsi tiré le roi d'embarras. Pareille manœuvre avait réussi au prince Henri dans la campagne précédente et avait empêché les Autrichiens d'opérer leur jonction avec les Russes après la bataille de Kunersdorf.

L'armée prussienne en Saxe (1760). — En octobre 1760, les Austro-Russes ont évacué Berlin à l'approche de Frédéric II; mais sur les derrières de l'armée prussienne l'armée des Cercles occupe la Saxe et borde la rive gauche de l'Elbe; le roi ne peut plus se ravitailler qu'en s'appuyant sur le bas Elbe; il n'hésite pas à subordonner ses opérations à cette nécessité :

« Il ne restait pas un seul magasin dans toute la Saxe aux Prussiens. L'armée du roi vivait au jour la journée; elle tirait quelque peu de farine de Spandow; ces provisions mêmes allaient s'épuiser; avec cela l'ennemi occupait toute la Saxe. Le maréchal Daun allait arriver à Torgau, les Cercles bordaient le cours de l'Elbe, et le duc de Wurtemberg occupait les environs de Dessau. Pour se délivrer de tant d'ennemis, le roi fit marcher M. de Hülsen et le prince de Wurtemberg à Magdebourg pour y passer l'Elbe et pour convoyer les bateaux chargés de farine qui devaient se rendre à Dessau, où le roi résolut de passer l'Elbe avec la droite de son armée pour se joindre à M. de Hülsen. »

Camp de Bunzelwitz, en 1761; *Frédéric menace les magasins des Russes pour accélérer leur retraite.* — En septembre 1761, lorsque l'armée prussienne, acculée au camp de Bunzelwitz, est sur le point d'être écrasée par ses adversaires, le gros des forces russes se retire en prenant pour prétexte le manque de vivres :

« Les armées passèrent le reste du temps à s'entre-regarder, jusqu'au 10 de septembre, que M. de Buturlin décampa et prit le chemin de Jauer, parce que les Autrichiens n'avaient pas de magasins assez considérables ni des troupeaux assez nombreux pour lui fournir le pain et la viande ».

Il convient d'ajouter que la mésintelligence survenue entre les alliés contribua beaucoup à la retraite des Russes; Frédéric II s'empressa d'accélérer cette retraite en menaçant les magasins de l'armée russe sur la rive droite de l'Oder :

« Le roi détacha le même jour M. de Platten pour Breslau...
sous prétexte d'amener un convoi à l'armée. Le véritable but de
sa destination était de passer l'Oder et de forcer de marches
pour ruiner le grand magasin que les Russes avaient dans une
petite ville du Palatinat de Posnanie, nommée Kobylin... M. de
Platten détruisit l'amas de Kobylin ; il y prit 5,000 chariots,
5 bataillons, 42 officiers et 7 canons. Il s'avança de là sur Posen,
où il ruina tout ce qui appartenait aux Russes... Cette expédition hâta la retraite de M. de Buturlin .. Il se pressa de repasser
l'Oder pour regagner la Pologne. »

Perte de Colberg. — La même année, les Prussiens perdent
Colberg, par suite des mauvaises dispositions prises par le gouverneur, le prince de Wurtemberg, pour approvisionner la place :

« Le prince de Wurtemberg... n'avait qu'un reproche à se
faire, qui était de n'avoir pas fourni les magasins d'approvisionnements aussi abondants qu'on le lui avait recommandé ; il mé-
nagea même les environs de son camp, où il savait que les
Russes allaient arriver ; en un mot, le peu d'attention qu'il eut
pour les subsistances fut cause de tous les malheurs qui arrivèrent
en Poméranie. »

Résumé ; progrès réalisés par le roi ; Directoire de guerre. —
En résumé, les divers modes d'alimentation en usage aujourd'hui
étaient déjà employés du temps de Frédéric II. Ce prince a porté
toute son attention sur la question des vivres ; les progrès qu'il
a réalisés dans ce domaine ont été pour beaucoup dans le succès
de ses opérations. Au lieu de rester, comme ses adversaires,
rivé à sa ligne de communications, il a su employer habilement
le système des magasins en rendant ceux-ci mobiles et en les
déplaçant à la suite de l'armée ; il a combiné ce système, d'une
part, avec une organisation plus complète des convois de ravitaillement qui reliaient les magasins à l'armée, et, d'autre part,
avec une application très étendue de la méthode des réquisitions,
laquelle lui permettait de tirer tout le parti possible des ressources du pays : « Frédéric a su accomplir de grandes choses
malgré les obstacles que lui opposait ce système étroit de vivre
sur des magasins ; mais il est certain qu'il en eût fait de plus
grandes encore s'il avait eu sa pleine liberté d'action. Il fut aidé,

en outre, par cette circonstance que ses adversaires suivaient le même système, mais ne surent pas même en tirer aussi bien parti que lui [1] ».

Aussi, grâce aux améliorations importantes introduites dans le service des subsistances, a-t-il joui dans tous ses mouvements d'une indépendance relative et d'une mobilité qui lui ont donné, au point de vue stratégique, une supériorité marquée sur les lourdes armées de ses adversaires. Ce sont ces progrès dans le mode d'alimentation et de ravitaillement des troupes qui lui ont permis d'exécuter les longues marches grâce auxquelles il débordait les flancs de l'ennemi, le gagnait de vitesse et le forçait finalement à la retraite, malgré sa propre infériorité numérique, qui était souvent considérable.

Ajoutons, en terminant, qu'il avait introduit dans les rouages de cette administration, des réformes destinées à mettre une limite aux vols des fournisseurs. Il avait organisé un *Directoire de guerre* chargé de la direction générale du service des vivres, lequel se subdivisait lui-même en un certain nombre de commissariats. Ceux-ci avaient chacun une branche du service à exécuter, l'un la boulangerie, l'autre la viande, un troisième l'habillement, etc. Quand l'armée avait pris ses quartiers, elle vivait sur le pays et fournissait des états de consommation qui étaient visés par les généraux commandant les arrondissements et par le commissariat ; ces états, envoyés ensuite au Directoire établi à Torgau ou à Leipzig, étaient déduits des impositions. Ce système supprimait un grand nombre d'employés et diminuait les frais de magasin, ainsi que les déchets dans les approvisionnements et les non-valeurs dans les effectifs. Enfin, le roi conservait ainsi toute sa liberté d'esprit et se trouvait déchargé en partie des mesures de détail que nécessitaient la nourriture et l'entretien des troupes [2].

---

[1] Bronsart von Schellendorf.
[2] Albert Duruy, *L'Armée royale en* 1789.

CHAPITRE XX.

DE LA DISCIPLINE.

> « La prospérité d'un État est fondée sur
> la discipline de son armée. »
>
> (Frédéric II.)

Sur quoi repose la discipline. — Le mode de recrutement nuit à la discipline.
De la désertion. — Recommandations du roi. — Éloge de la discipline des
troupes prussiennes. — Du pillage : Zorndorf. — Gratifications aux gradés :
petits profits de l'officier.

Sur quoi repose la discipline. — L'obéissance pour le soldat,
le sentiment de l'honneur pour l'officier, telles sont les véritables
bases de toute discipline :

« C'est l'obéissance qui familiarise le soldat avec le danger, le
rend intrépide, et lui donne la capacité nécessaire pour prendre
sa résolution sur-le champ ; c'est par elle que le soldat s'accou-
tume aux incommodités de la guerre ; il prend son métier à
cœur, parce qu'il voit que cette obéissance l'avance par degrés.
Elle apprend à vivre avec le simple soldat, concilie son amitié et
son estime, et fait exécuter à celui-ci, dans la plus grande rigueur
et avec zèle, les ordres de ses supérieurs.

« L'officier voit facilement que l'honneur est le seul mobile de
la fortune : c'est lui qui doit être le but de toutes ses actions, et
son courage le fera parvenir aux plus grandes charges. »

Le mode de recrutement nuit à la discipline. — La composition
des armées, à l'époque de Frédéric II, et la manière dont elles
étaient recrutées nuisaient singulièrement à la discipline ; le roi
ne se faisait pas d'illusions à cet égard :

« Nos régiments sont composés moitié de gens du pays, moitié
d'étrangers qui ont été enrôlés pour de l'argent. Ces derniers
n'ayant rien qui les attache, n'attendent que la première occasion pour s'en aller. Il s'agit donc d'empêcher la désertion. »

De la désertion. — La désertion était, en effet, la plaie des armées de cette époque. Le système, appliqué couramment, d'incorporer dans l'armée prussienne les prisonniers ennemis, ne contribuait pas peu à augmenter la désertion et à ébranler la discipline. Il en était de même du mode de recrutement en vigueur pendant les quartiers d'hiver en pays ennemi :

« Si l'armée est en quartiers en pays ennemi, c'est au général d'armée d'avoir soin que les recrues nécessaires lui soient fournies.

« Si les États du pays veulent eux-mêmes fournir les recrues, il n'en sera que mieux, sinon, on y emploiera la force. »

Dans de telles conditions, il n'est pas surprenant que le nombre des déserteurs atteigne des proportions considérables. Aussi Frédéric II insiste-t-il sur les moyens propres à prévenir ces désertions; ces moyens se résument d'une part dans une étroite surveillance, d'autre part dans un soin continuel de tout ce qui touche au bien-être du soldat. Voici les principales mesures prescrites, à cet effet, par le roi; elles donnent une idée de ce qu'étaient les armées de cette époque au point de vue de la discipline et de l'esprit militaire :

Éviter de placer les camps trop près des bois, faire plusieurs appels par jour, multiplier les patrouilles, doubler les postes la nuit, empêcher la débandade, punir rigoureusement la maraude, surveiller de près les hommes en corvée, faire observer une sévère discipline de marche, éviter les marches de nuit, redoubler d'attention dans la traversée des bois et des défilés; s'assurer que les hommes reçoivent régulièrement les vivres et la solde auxquels ils ont droit, etc. Nous verrons plus loin[1] que le roi faisait également fortifier son camp dans le but d'empêcher la désertion.

Recommandations du roi. — Le roi recommande aux généraux de surveiller par eux-mêmes et de très près la discipline et tous les détails du service :

« La composition de nos troupes exige une attention infinie de la part de ceux qui les commandent. Il faut leur faire observer toujours la discipline la plus exacte et avoir grand soin de leur conservation...

---

[1] Voir II° partie, chap. VI.

« L'entretien de la discipline n'exige pas moins de soins ; il ne suffit pas que les colonels y tiennent la main... il faut que tout soit au mieux dans une armée et que l'on voie que ce qui s'y fait est l'ouvrage d'un seul homme...

« La plus grande partie d'une armée est composée de gens indolents ; si le général n'est sans cesse à leurs trousses, toute cette machine si ingénieuse et si parfaite se détraquera vite, et le général n'aura plus qu'en idée une armée disciplinée. Il faut donc s'accoutumer à travailler sans relâche ; il y a tous les jours à réprimer des abus qui ne sont pas aperçus de ceux qui ne s'appliquent pas à les connaître. Cette application continuelle et pénible paraîtra dure à un général ; mais il en sera récompensé par la suite.

« Ne pardonnez pas au militaire la moindre négligence en ce qui tient au service, et ne la tolérez même pas chez les étrangers, de crainte que leurs exemples n'influent sur les habitudes de votre armée.

« Je me flatte donc que tous les généraux étant convaincus de la nécessité et de l'avantage de la discipline, tâcheront d'entretenir toujours la nôtre et de la perfectionner, tant en temps de guerre qu'en temps de paix. »

Eloge de la discipline des troupes prussiennes. — Frédéric II fait l'éloge de la discipline et du courage de ses troupes :

« En un pays où le premier état est le militaire, où la fleur de la noblesse sert dans l'armée, où tous les officiers sont gens de naissance, où des citoyens même sont soldats, c'est-à-dire des fils de bourgeois et de paysans, on doit se persuader qu'il y a de l'honneur dans des troupes ainsi composées.

« J'ai vu des officiers et de simples soldats, dangereusement blessés, qui, nonobstant cela, ne quittaient pas leur poste et ne voulaient pas se retirer pour se faire bander leur plaie. Avec des troupes pareilles, on ferait la conquête du monde entier. »

La composition du cadre des officiers, qui appartenaient presque tous à la noblesse, contribuait à leur donner de l'autorité sur leurs troupes et à maintenir la discipline. Frédéric encourageait par tous les moyens les nobles à servir dans son armée et, comme la carrière des armes était la seule qui leur fût ouverte sous peine de déroger, on comprend que tous se soient

empressés d'adopter une profession qui leur offrait en perspective de l'avancement, des honneurs et de l'argent : « En temps
de paix, j'admets le moins possible de roturiers dans le corps
d'officiers... Il ne faut pas disconvenir, cependant, que quelquefois on rencontre du mérite et du talent chez les personnes sans
naissance ; cela est rare, et, dans ce cas, on fait bien de les
conserver ; mais, en général, il ne reste de ressource à la
noblesse que de se distinguer par l'épée ».

Il convient cependant d'ajouter quelques ombres à ce tableau
et il faut reconnaître que la discipline a souvent laissé à désirer,
de l'aveu même de Frédéric. Au plus fort de la guerre il écrit à
son frère : « Si le brigandage et le désordre des femmes et des
goujats continue, il sera bon de faire un exemple et de faire
pendre quelques-uns de cette canaille. » (5 juillet 1758.)

Mais c'est surtout vers la fin de la guerre que la discipline
devient difficile à maintenir ; l'armée prussienne est épuisée par
cette longue lutte, les vieux soldats ont en grande partie disparu,
le roi lui-même sent sa confiance ébranlée et se tient volontiers
sur la défensive : « L'état délabré où se trouvaient les troupes
obligeait de les employer avec beaucoup de circonspection... car
que pouvait-on faire d'un amas d'hommes moitié paysans saxons,
moitié déserteurs de l'ennemi, conduits par des officiers qu'on
avait engagés par nécessité et faute d'en trouver d'autres ? »
(1760.)

Du pillage : Zorndorf. — Bien que sévèrement interdit, le
pillage était quelquefois pratiqué, même au milieu de l'action.
A la bataille de Zorndorf, les troupes prussiennes s'arrêtent dans
un pli de terrain pour piller :

« On voulut faire passer ce fond aux troupes à différentes
reprises ; mais elles revenaient après un court espace, sans que
du commencement on en comprît la raison. La caisse de guerre
des Russes et tout l'équipage de leurs généraux étaient dans ce
fond ; les troupes, au lieu de le passer, comme elles le pouvaient,
s'amusaient à piller, et revenaient dès qu'elles étaient bien chargées de butin. »

En principe, les bagages enlevés à l'ennemi étaient abandonnés
aux troupes qui s'en étaient emparées ; en novembre 1745, à
l'affaire de Hennersdorf, les équipages des Saxons battus furent

partagés entre les hussards « qui avaient bien mérité cette petite récompense ».

Gratifications aux gradés; petits profits de l'officier. — Si le pillage était interdit en principe, le roi ne négligeait pas les intérêts matériels de ses troupes et surtout ceux des officiers les plus élevés en grade :

« Les circonstances voulant absolument que l'on prenne les quartiers d'hiver dans son pays, alors il faut que les capitaines et les officiers subalternes aient une gratification proportionnée aux douceurs ordinaires qu'ils reçoivent dans leurs quartiers d'hiver. Le soldat aura le pain et la viande gratis.

« Mais les quartiers d'hiver étant dans un pays ennemi, le général en chef des troupes aura 15,000 florins, les lieutenants généraux 7,000 et les majors généraux 5,000. Les capitaines de cavalerie auront chacun 2,000 florins, ceux de l'infanterie 1800, et les subalternes 100 ducats ou 400 à 500 florins. Le soldat aura du pain, de la viande et de la bière gratis que fournira le pays, mais point d'argent, parce qu'il favorise la désertion.

« Le général en chef tiendra la main pour que cela se fasse en ordre et ne permettra aucun pillage ; mais *il ne chicanera pas l'officier pour quelque petit profit qu'il pourrait faire.* »

Cette façon de battre monnaie et d'enrichir les chefs de l'armée au détriment du pays occupé, n'était pas de nature à leur inspirer ces idées d'abnégation et de sacrifice qui font la grandeur de la profession des armes. Quant aux *petits profits* sur lesquels le roi ne veut pas que l'on chicane ses officiers, ils sont restés de tradition dans l'armée prussienne : sur ce chapitre également, Frédéric II a fait école.

Que nous sommes loin de ces belles paroles par lesquelles le roi définissait la guerre :

« La guerre est un métier de gens d'honneur quand les citoyens exposent leurs jours pour leur patrie. Mais si l'intérêt s'en mêle, ce noble métier dégénère en brigandage. »

CHAPITRE XXI.

ÉLOQUENCE MILITAIRE.

> « Votre sort est entre vos mains ; les dis-
> tinctions et les récompenses attendent que
> vos belles actions les méritent. »
>
> (FRÉDÉRIC II.)

Frédéric II a coutume de parler à ses généraux. Discours à l'ouverture des hostilités. — Comment le roi ranime la confiance de ses troupes après une
défaite. — Discours avant la bataille de Torgau.

*Frédéric II a coutume de parler à ses généraux. Discours à
l'ouverture des hostilités.* — Frédéric connaissait l'art de parler
aux hommes, d'exciter leur ardeur ou de relever leur courage
après une défaite. Il avait coutume, avant l'action, de réunir ses
généraux, tant pour leur donner ses instructions que pour
échauffer leur zèle et leur communiquer la confiance qui l'ani-
mait lui-même.

Au début des hostilités, au mois de décembre 1740, au moment
d'envahir la Silésie, le roi assemble avant son départ les officiers
de la garnison de Berlin et leur parle en ces termes :

« J'entreprends une guerre, Messieurs, dans laquelle je n'ai
d'autres alliés que votre valeur et votre bonne volonté ; ma cause
est juste et mes ressources sont dans la fortune. Souvenez-vous
sans cesse de la gloire que vos ancêtres se sont acquise dans les
plaines de Varsovie, à Fehrbellin et dans l'expédition de la
Prusse. Votre sort est entre vos mains ; les distinctions et les
récompenses attendent que vos belles actions les méritent. Mais
je n'ai pas besoin de vous exciter à la gloire ; vous n'avez qu'elle
devant les yeux, c'est le seul objet digne de vos travaux. Nous
allons affronter des troupes qui, sous le prince Eugène, ont eu
la plus grande réputation : quoique ce prince n'existe plus,
d'autant plus d'honneur y aura-t-il à vaincre, que nous aurons à
mesurer nos forces contre de braves soldats. Je vous suivrai
incessamment au rendez-vous de la gloire qui nous attend. »

Comment le roi ranime la confiance de ses troupes après une défaite. — Frédéric savait comment on relève le courage d'une armée vaincue. En décembre 1757, il rejoint les débris de l'armée du duc de Bevern, qui vient d'être battue à Breslau, et il marche aussitôt contre les Autrichiens pour leur livrer la bataille de Leuthen : il relève le moral de ses troupes, les réunit à celles qui viennent de vaincre à Rosbach et se trouve bientôt à la tête d'une armée pleine d'ardeur et de confiance :

« Cette armée (du duc de Bevern) était découragée et dans l'accablement d'une défaite récente. On prit les officiers par le point d'honneur ; on leur rappela le souvenir de leurs anciens exploits ; on tâcha de distraire les idées tristes, dont l'impression était fraîche, par la gaieté ; le vin même fut une ressource pour ranimer ces esprits abattus. Le roi parla aux soldats ; il leur fit distribuer des vivres gratis ; enfin on épuisa tous les moyens que l'imagination pouvait fournir et que le temps permettait, pour réveiller dans les troupes cette confiance sans laquelle l'espérance de la victoire est vaine. Déjà les physionomies commençaient à s'éclaircir, et ces troupes, qui venaient de battre les Français[1] à Rosbach, persuadèrent à leurs compagnons qu'ils devaient prendre bon courage. Quelque peu de repos refit le soldat, et l'armée se trouva disposée à laver, aussitôt que l'occasion se présenterait, l'affront qu'elle avait reçu. »

Discours avant la bataille de Torgau. — Le 2 novembre 1760, veille de la bataille de Torgau, le roi réunit ses généraux pour ranimer leur zèle, que la longueur de cette guerre risquait fort d'affaiblir, et il leur parla en ces termes :

« Je vous ai assemblés, Messieurs, non pas pour vous demander votre avis, mais pour vous dire que j'attaquerai demain le maréchal Daun. Je sais qu'il est dans une bonne position ; mais en même temps il est dans un cul-de-sac, et si je le bats, toute son armée est prise ou noyée dans l'Elbe. Si nous sommes battus,

---

[1] Cette fois encore Frédéric II affecte de croire qu'il n'avait devant lui que des Français à Rosbach ; nous avons fait voir plus haut (chap. XVII) que la direction des opérations n'appartenait pas à leur chef ce jour-là, et qu'on ne saurait, en toute conscience, rendre le général français responsable du désastre de Rosbach.

nous y périrons tous, et moi le premier. Cette guerre m'ennuie, elle doit vous ennuyer aussi ; nous la finirons demain. »

Le lendemain l'armée autrichienne était battue, mais elle n'était ni prise ni noyée dans l'Elbe, et la guerre n'était pas finie : elle devait encore durer deux ans. Toutefois le but immédiat que poursuivait le roi était atteint : il avait obtenu la victoire. L'éloquence militaire n'a pas d'autre objet.

CHAPITRE XXII.

MARINE.

> « Une marine me coûterait beaucoup et
> me serait peu utile. »
>
> (Frédéric II.)

La Prusse ne peut encore songer à avoir une marine. — Frédéric II développe
la navigation intérieure.

La Prusse ne peut encore songer à avoir une marine. — Le moment n'est pas venu pour la Prusse de se créer une marine ni de songer à son expansion coloniale. Sous Frédéric II elle en est encore à la période de la lutte pour l'existence :

« Je n'ai point de possessions au delà des mers ; une marine me coûterait beaucoup et me serait peu utile. »

Frédéric II développe la navigation intérieure. — Mais l'absence d'une marine de guerre rendait précaire la navigation sur la mer Baltique, dont les côtes étaient en grande partie au pouvoir des Russes et des Suédois ; pour passer d'un fleuve dans l'autre les Prussiens ne pouvaient employer cette voie. Aussi ne doit-t-on pas s'étonner de voir Frédéric II développer la navigation intérieure dans ses États et créer des communications artificielles entre les grands cours d'eau de son royaume ; la construction des canaux était facilitée, du reste, par la nature du pays dans le Brandebourg et la Posnanie :

« Frédéric II s'est attaché à développer la navigation intérieure dans ses États. C'est dans ce but qu'il a fait construire le nouveau canal de Bromberg. Sans ce canal il faudrait transporter les grains de la Pologne de Kœnigsberg, ou au moins d'Elbing ou de Dantzig, à Stettin pour les faire entrer dans l'Oder. Dans une guerre où la Prusse aurait pour ennemis les Russes, ou quelque autre puissance du Nord munie d'une marine, cette communication aurait de graves inconvénients ; elle pourrait même être totalement interceptée. A présent cela n'est pas possible : on peut trans-

porter par eau tout ce que l'on veut, depuis Memel jusqu'à
Breslau, ou de Magdebourg jusqu'au sein des États du roi de
Prusse. De Memel on communique, par Tapiau et Labiau à l'intérieur, avec Kœnigsberg ; on va de Kœnigsberg, à couvert de la
langue de terre qui coupe le Frische-Haff, à Elbing où l'on entre
dans la Vistule ; on remonte cette rivière jusqu'à Bromberg ; de
là on va sur le canal jusqu'à Nackel, où il aboutit dans la Netze.
La Warta, enfin, tombe dans l'Oder à Kustrin, d'où l'on remonte
par ce fleuve jusqu'à Breslau. Pour aller à Magdebourg, on peut
prendre deux chemins : remonter jusqu'à Mühlrose, entrer dans
le canal d'où l'on passe dans la Sprée, et de là, par Berlin, dans
la Havel, ou descendre l'Oder jusqu'à Oderberg, où l'on arrive au
canal qui mène droit dans la Havel à Liebenwalde, d'où le canal
de Plauen conduit dans l'Elbe [1]. »

---

[1] MIRABEAU, cité par le général PIERRON, *Stratégie et Grande Tactique*.

DEUXIÈME PARTIE.

TACTIQUE DES TROIS ARMES.

CHAPITRE PREMIER.

TACTIQUE DE L'INFANTERIE.

L'infanterie prussienne avant Frédéric II. — Accroissement et progrès de l'infanterie sous Frédéric II; sa plus grande mobilité. — Diminution de la
profondeur des formations. — De l'ordre mince ; ses avantages. Infanterie sur deux rangs. — Formation du bataillon prussien. — L'infanterie
manœuvre à rangs serrés. — Le feu et la baïonnette; opinion de Frédéric.
— Le roi prescrit de marcher autant que possible sans tirer. — L'infanterie prussienne à Hohenfriedberg. Prise de Lowositz à la baïonnette. —
Charge du maréchal de Schwerin à Prague. — Infanterie contre cavalerie :
Mollwitz, Kolin, Zorndorf, Torgau. — Infanterie contre artillerie : Soor. —
Utilisation des abris ; exemples. — Des troupes légères d'infanterie.

L'infanterie prussienne avant Frédéric II[1]. — L'infanterie
prussienne date de 1619, époque à laquelle l'Électeur de Brandebourg Georges-Guillaume organisa le premier *régiment à pied*.
Le même Électeur dota ses troupes, en 1631, d'un uniforme de
couleur bleue; en 1638, sa petite armée comptait 9 régiments
d'infanterie, d'un effectif total de 8,000 hommes. Les régiments
ne comprenaient pas le même nombre de bataillons; ceux-ci
étaient formés à 5 compagnies ; les hommes, armés de piques,
hallebardes et mousquets, se plaçaient sur six rangs.

---

[1] ELIE MOURIN, *Histoire sommaire de l'Infanterie prussienne*.

Son successeur, Frédéric-Guillaume, le grand Électeur (1640), mit un peu d'ordre dans les régiments d'infanterie : chacun d'eux fut formé de 2 bataillons à 4 compagnies ; celles-ci, composées de 3 pelotons, se formaient encore sur six rangs : les deux pelotons des ailes avaient le mousquet, celui du centre la pique. A ces troupes régulières vinrent bientôt s'adjoindre des soldats étrangers, racolés un peu partout, autant que le permettaient les finances du grand Électeur. C'est en 1676 seulement que celui-ci put allouer aux soldats prussiens une solde régulière fixée à 18 centimes par jour. C'est aussi le grand Électeur qui adjoignit aux régiments d'infanterie des pièces d'artillerie, à raison de deux pour 1000 hommes ; il régla également le feu de l'infanterie en prescrivant que les hommes ne sortiraient plus du rang pour tirer, mais que chaque fraction tirerait au commandement de son chef.

A sa mort, en 1688, l'infanterie prussienne comprenait 35 bataillons et 18 compagnies de garnison, soit environ 23,700 hommes.

Frédéric Ier réduisit la profondeur de l'infanterie à quatre rangs et adopta le fusil muni d'une baïonnette ; dès lors, l'infanterie prussienne se distingua dans plusieurs campagnes, notamment aux deux batailles de Hochstœtt, en Italie, en Flandre, à Lille, Oudenarde, Tournai, Malplaquet, etc. A la mort de Frédéric Ier (1713), elle comprenait 24,000 hommes.

Enfin, Frédéric-Guillaume Ier, le prédécesseur de Frédéric II, celui qui a mérité le surnom de Roi-Sergent, a employé une grande partie de ses ressources à réunir une superbe armée de 50,000 hommes, recrutée à grands frais parmi les plus beaux hommes de son royaume, et même parmi les étrangers, qu'il racolait quelquefois de force. Il eut l'idée de diviser le pays en cantons, correspondant chacun à un régiment et chargés de fournir le nombre d'hommes nécessaires pour entretenir l'effectif de ce régiment ; ce système, perfectionné par Frédéric II, peut être considéré comme l'origine du mode actuel de recrutement de l'armée prussienne.

Aidé par le prince Léopold d'Anhalt-Dessau, Frédéric-Guillaume améliora l'infanterie et fit paraître, en 1726, un règlement de manœuvres qui réalisait des progrès notables : le régiment, composé de 2 bataillons à 6 compagnies, dont une de grenadiers, se formait sur quatre rangs; le pas uniforme était introduit dans les manœuvres; on exécutait le feu de haie sur deux rangs, on chargeait sur trois rangs, le premier rang seul ayant la baïonnette au bout du canon. La solde fut portée à 24 centimes par jour; chaque compagnie eut deux chevaux de bât pour porter son campement.

Accroissement et progrès de l'infanterie sous Frédéric II. — C'est cette organisation militaire que Frédéric II trouva à son avènement, et il ne l'améliora que peu à peu, afin de ne pas ébranler la stabilité de ces institutions, encore toutes récentes. Il conserva, en la perfectionnant, la division du territoire en cantons ou districts de recrutement et rendit le service obligatoire à partir de 18 ans : chaque régiment tenait le contrôle des jeunes gens de sa circonscription et chargeait un officier de faire la tournée du canton pour choisir les hommes aptes au service ; une partie du contingent était renvoyée dans ses foyers après neuf ou dix mois de service, et ces hommes étaient astreints plus tard à des périodes d'exercices de trois mois chaque année. Ce système était complété par le recrutement, à prix d'argent, de soldats étrangers, qui formaient une proportion considérable, environ les deux tiers de l'armée [1].

Frédéric II consacra tous ses efforts à l'accroissement de son armée ; dès son avènement, il créa 16 nouveaux bataillons et quelques régiments de garnison ; en 1742, après la conquête de la Silésie, son infanterie compta 106 bataillons ; l'année suivante, il créa 4 régiments de plus. En 1755, nouvelle augmentation de 13 bataillons ; en 1759, on comptait 141 bataillons ; mais, à partir de ce moment, les ressources du roi, épuisées par la guerre, diminuèrent rapidement, et, en 1762, il ne pouvait plus recruter ses troupes dans ses États ; il était réduit à embaucher les troupes étrangères licenciées par les puissances voisines, notamment l'Autriche.

La paix d'Hubertsbourg n'arrêta pas les efforts de Frédéric II : il porta les compagnies à 162 hommes, fixa à 720 par régiment le nombre de soldats prussiens, et réunit ses troupes dans des

---

[1] Voir Ire partie, chapitre III.

camps d'instruction pour les réorganiser et leur donner de la cohésion. En 1768, l'armée prussienne comptait 186,000 hommes, on la porta, par des augmentations successives, à 218,000 hommes ; enfin, en 1773, l'infanterie comprenait 141 bataillons de campagne, 36 de garnison et 22 bataillons francs (infanterie légère). A la mort de Frédéric (1786), l'infanterie prussienne était forte de 120,000 hommes, répartis en 55 régiments et 21 bataillons de fusiliers ou infanterie légère ; les régiments étaient à 3 bataillons, 2 de mousquetaires et 1 de grenadiers, et chaque bataillon comprenait 4 compagnies, fortes d'environ 160 hommes [1].

La tenue de l'infanterie consistait dans une tunique bleue, un gilet et une culotte claire, un bonnet de grenadier ou un chapeau à cornes sur une perruque à queue. Les hommes des 2e et 3e rangs portaient 10 pelles ou 5 pioches par compagnie pour les travaux de fortification passagère ; 24 haches par compagnie servaient aux travaux de campement. Les vivres, les tentes et les bagages étaient transportés par 3 chariots et quelques chevaux de bât ; enfin, un fourgon par bataillon transportait une réserve de munitions.

Au point de vue tactique, l'infanterie constitue à l'époque de Frédéric II la partie principale du corps de bataille ; mais son armement est encore défectueux, ce qui permet souvent à la cavalerie de jouer le premier rôle sur le champ de bataille. Frédéric s'efforce dès le début de perfectionner son infanterie ; celle que lui laisse son père a été dressée avec soin par le prince d'Anhalt, qui s'est attaché à la faire manœuvrer avec ensemble et cohésion ; mais cette infanterie est encore lourde et rigide. Le roi l'asssouplit, la rend mobile, manœuvrière, et en fait une des meilleures infanteries de l'Europe ; il la dresse à se ployer et à se déployer avec une rapidité remarquable pour l'époque, et à marcher en bataille sans se découdre ; plus tard, n'ayant pas obtenu de bons résultats des colonnes serrées et de leur déploiement, il leur préfère la colonne à distance entière par sections ou demi-pelotons, et il passe de cette colonne à l'ordre en bataille par de simples mouvements de conversion.

---

[1] Élie Mourin, *loc. cit.*

Le roi porte aussi son attention sur l'exécution des feux ; déjà,
le chargement de l'arme est devenu plus rapide depuis que le
prince d'Anhalt a substitué une baguette de fer à la baguette de
bois (1730) ; la forme cylindrique de cette baguette permet de
s'en servir pour bourrer sans la retourner, et la lumière du fusil
est évasée en tronc de cône, de telle sorte que l'arme s'amorce
elle-même pendant la charge ; enfin, grâce à l'allongement du
coude de la baïonnette, dû également au prince d'Anhalt, le
soldat peut faire feu sans retirer la baïonnette du fusil : on arrive
ainsi à tirer, dans les circonstances les plus favorables, jusqu'à
six coups à la minute. Le roi essaie même de faire exécuter des
feux de charge en marchant, pratique à laquelle on renonce aussitôt. En principe, le feu s'exécute sur place sous forme de feux
de pelotons ou même de bataillons. Dans ce dernier cas, tout le
bataillon tire au commandement de son chef ; dans le premier
cas, les pelotons impairs, puis les pelotons pairs tirent alternativement, de la droite à la gauche, en se portant un peu en avant,
le premier rang faisant feu habituellement à genou et les deux
autres debout.

Diminution de la profondeur des formations. — Frédéric II a
modifié profondément la tactique de l'infanterie : aux formations
profondes, encore en usage dans les autres armées, il a substitué
la formation sur trois rangs, formation logique, basée sur ce
principe que la longueur du fusil permettant de tirer seulement
sur trois rangs, il convenait, pour donner au feu tout son développement, de ne pas dépasser cette profondeur. C'est ce qu'un
des premiers écrivains militaires de cette époque a fait ressortir
en excellents termes : « Je veux que la profondeur de l'ordon-
nance soit déterminée par l'espèce d'armes et par la protection
que ces armes peuvent porter au premier rang. Or, trois hommes
l'un derrière l'autre et bien exercés peuvent tirer avec facilité ;
les baïonnettes du second et du troisième rang peuvent, lorsque
les rangs se serreront, former frise et appui pour le premier.
Donc, je veux qu'on se forme sur trois rangs et dans aucun cas
sur quatre ou six ; car, au delà de trois hommes de profondeur
on ne tire ni feu ni augmentation de force des rangs qui se
trouvent derrière les trois premiers ». (GUIBERT, *Considérations
sur l'Artillerie.*)

D'un autre côté, en réduisant davantage la profondeur, on eût risqué d'enlever à l'infanterie prussienne, munie d'un fusil médiocre, la cohésion et la force de résistance nécessaires pour repousser les nombreuses attaques de cavalerie qui signalaient les guerres de cette époque.

De l'ordre mince : ses avantages. — *Infanterie sur deux rangs.* — Telle est l'origine de ce fameux *ordre mince*, qui souleva pendant trente années de si vives discussions dans les armées européennes et qui finit par prévaloir dans toutes. On sait quel développement ces controverses atteignirent en France : le chevalier de Folard, Maizeroy, de Mesnil-Durand, de Broglie soutenaient les avantages de l'ordre profond, tandis que l'ordre mince trouvait des défenseurs aussi convaincus dans Guibert, Saint-Germain, Rochambeau. L'expérience tentée au camp de Vaussieux, en Normandie, entre le maréchal de Broglie et Rochambeau, tourna au profit des idées nouvelles.

La formation sur trois rangs rendait l'infanterie beaucoup plus maniable : elle permettait à l'infanterie prussienne de passer rapidement de l'ordre de marche à l'ordre en bataille, soit par de larges déploiements, ce qui était rare, ou par des mouvements de flanc, soit plutôt par des mouvements de conversion, ce qui était la tactique habituelle du roi; enfin, elle augmentait les effets du feu. Aussi, dès le début des campagnes de Frédéric II, à Mollwitz, le feu de l'infanterie prussienne prend-il une importance qu'il ne possède encore dans aucune autre armée européenne. Ce n'est déjà plus cette *tirerie* dont se plaignait le maréchal de Saxe et qui faisait, disait-il, plus de bruit que de mal.

Quelquefois même l'infanterie prussienne se forme sur deux rangs : c'est lorsqu'elle doit repousser une attaque de cavalerie en fourrageurs, mode de combat employé fréquemment par la cavalerie légère autrichienne : « Lorsque notre infanterie n'a affaire qu'à des hussards, elle se met quelquefois sur deux rangs pour présenter un plus grand front et pour faire ses décharges plus aisément. En général, on fait bien de l'honneur aux hussards quand on leur présente un corps d'infanterie sur deux rangs. »

Remarquons, en terminant ce sujet, qu'on a souvent attribué à l'adoption de l'ordre mince une importance exagérée; pour expliquer la supériorité de l'armée prussienne sous Frédéric II, il faut tenir compte des efforts de ses prédécesseurs et du travail effectué pendant la longue période de paix qui a précédé son avènement : « Les succès des Prussiens ne peuvent s'attribuer qu'à leur application et à l'excellence de leur discipline et de leurs méthodes. On y a travaillé en Prusse pendant l'espace de quarante années, avec une application sans relâche sous deux rois, aidés par des généraux habiles qu'aucun objet de fortune ou de plaisir ne distrait des fonctions dont ils sont chargés. » (Maréchal DE SAXE.)

Comme on le voit, la situation de l'armée prussienne à l'avènement de Frédéric II offre beaucoup d'analogie avec celle de la même armée au XIXe siècle lorsqu'éclate la lutte entre la Prusse et l'Autriche. Le maréchal de Moltke a été, comme le prince d'Anhalt, le réformateur silencieux de l'armée prussienne; mais entre ces deux époques il y eut les grandes guerres napoléoniennes, dont l'état-major prussien a su tirer des enseignements et des leçons.

Formation du bataillon prussien. — Le bataillon prussien comprenait six compagnies, cinq de fusiliers et une de grenadiers. Ces compagnies étaient commandées par des capitaines en premier ou en second, sauf l'une des compagnies de fusiliers qui était sous les ordres d'un lieutenant. La compagnie de grenadiers combattait habituellement détachée; le plus souvent on réunissait les compagnies de grenadiers de quatre bataillons pour en former un bataillon de grenadiers. On groupait ainsi huit ou dix bataillons de grenadiers pour former une sorte d'avant-garde appuyée par une battterie de grosse artillerie. Cette avant-garde marchait à l'attaque en avant de l'infanterie, entamait l'action et se portait contre l'ennemi à la baïonnette, entraînant par son exemple le reste de l'infanterie.

Au début, les cinq compagnies de fusiliers, formées sur trois rangs, se fractionnaient en quatre divisions, formant elles-mêmes chacune deux pelotons, soit huit pelotons pour l'ensemble du bataillon, système bizarre qui plaçait certains hommes d'une compagnie sous les ordres d'officiers d'une autre compagnie. Frédéric vit l'inconvénient de cette organisation et divisa le bataillon en cinq parties égales, de telle sorte que la compagnie se confondit avec la division ; la compagnie prussienne, quand elle était isolée, se subdivisait en quatre sections.

Dans l'intervalle des pelotons et au premier rang, se plaçaient les officiers, ayant derrière eux un bas-officier ; tous les officiers et bas-officiers qui ne pouvaient trouver place entre les pelotons se tenaient sur un seul rang, à quatre pas en arrière, en serre-files.

La médiocre qualité des soldats était compensée par de bons cadres ; le nombre des sous-officiers s'est élevé parfois jusqu'à 26 par compagnie de 200 hommes.

Les drapeaux étaient placés au centre du bataillon ; devant eux se tenait le chef de bataillon ; les trois files voisines, de chaque côté du drapeau, devaient toujours conserver leur feu.

L'infanterie manœuvre à rangs serrés. — Frédéric II recommande de ne pas éparpiller l'infanterie, ce qui lui enlèverait sa cohésion et sa force ; cette tactique était parfaitement justifiée par l'efficacité relativement faible des feux d'artillerie et d'infanterie, et surtout par l'intervention fréquente et subite de grandes masses de cavalerie sur le champ de bataille :

« L'infanterie n'a de force que tant qu'elle est tassée et en ordre ; lorsqu'elle est séparée et presque éparpillée, un faible corps de cavalerie qui tombe sur elle suffirait pour la détruire. »

« La meilleure infanterie de l'univers peut être repoussée et mise en désordre dans les lieux où elle a à combattre le terrain, l'ennemi et le canon. »

Le feu et la baïonnette ; opinion de Frédéric. — Partisan convaincu de l'offensive en tactique comme en stratégie, Frédéric considère le feu de l'infanterie comme ayant surtout un caractère défensif ; pour lui, le véritable mode d'attaque de l'infanterie, c'est la baïonnette.

« Le feu de l'infanterie est pour la défensive, et sa baïonnette pour l'offensive. » Cette maxime résume toute la tactique du roi en ce qui concerne l'emploi de l'infanterie sur le champ de bataille. En 1754, le comte de Browne faisait exécuter, au camp de Kolin, des manœuvres auxquelles prenaient part 42 bataillons et 22 escadrons autrichiens. Frédéric II trouvait ces manœuvres trop compliquées, et il exprimait, dans les termes suivants, son opinion sur l'efficacité du feu et l'emploi de la baïonnette :

Il dit « qu'il n'y avait de bon à la guerre que ce qui était le plus simple ; que marcher en avant, bien aligné, avec une bonne contenance, était ce qui faisait gagner les batailles ; que ce feu prussien, dont on parlait tant, était ce dont il faisait le moins de cas dans le fond de l'âme, parce que, dans une affaire, il n'est plus question, à la longue, de ces beaux pelotons dont la précision faisait tant de plaisir à l'exercice ; qu'il n'avait gagné ses batailles que quand il était parvenu à faire porter le fusil à ses soldats ; qu'il n'avait garde de dire son secret, parce que la vivacité du feu devenait utile dans une infinité de cas, et que la confiance de ses soldats dans leurs fusils faisait une partie de leur bravoure [1] ».

Le roi prescrit de marcher autant que possible sans tirer. — Dans l'esprit du roi, c'est l'effet moral qui donne la victoire, plutôt que la perte matérielle infligée à l'ennemi ; l'infanterie, tout en utilisant, le cas échéant, son feu, ne doit pas hésiter à quitter ses abris et à marcher à l'ennemi. Chaque fois que ce sera possible, elle s'avancera en ordre sans tirer.

« Je permets que les troupes prussiennes, aussi bien que les autres, occupent des postes avantageux et s'en servent pour un moment et pour tirer avantage de leur artillerie ; mais il faut qu'elles quittent tout d'un coup ce poste pour marcher fièrement à l'ennemi, qui, au lieu d'attaquer, est attaqué lui-même et voit son projet renversé ; car tous les mouvements que l'on fait en présence de son ennemi, sans qu'il s'y attende, sont d'un très bon effet...

« Dans ces conditions, je défendrais à mon infanterie de tirer, car cela ne fait que l'arrêter, et ce n'est pas le nombre des ennemis tués qui vous donne la victoire, mais le terrain que vous avez gagné.

« Le moyen le plus sûr pour remporter la victoire est de marcher fièrement et en ordre à l'ennemi et de gagner toujours du terrain. »

---

[1] Camille Rousset, *Le comte de Gisors.*

Les prescriptions suivantes ne laissent aucun doute sur les idées du roi à cet égard :

« L'infanterie marchera à grands pas à l'ennemi. Les commandants des bataillons auront attention de percer l'ennemi, de l'enfoncer, et de ne faire usage de leur feu que quand il aura tourné le dos.

« Si les soldats commençaient à tirer sans ordre, on leur ferait remettre leurs armes sur l'épaule et ils avanceraient sans s'arrêter.

« On fera des décharges par bataillon lorsque l'ennemi commencera à plier. Une bataille engagée de cette façon sera bientôt décidée. »

Dans la pratique, les choses ne se passaient pas toujours aussi simplement, et il fallait souvent avoir recours au feu de l'infanterie. Nous verrons dans les instructions données par Frédéric II avant la bataille de Hohenfriedberg, qu'il avait prescrit de fondre sur l'ennemi à la baïonnette et de ne faire feu qu'à 150 pas. En principe, on admettait que l'infanterie, marchant sur l'ennemi à 200 pas, tirait six cartouches et arrivait ainsi à 50 pas, puis se précipitait à la baïonnette sur l'adversaire.

L'infanterie prussienne à Hohenfriedberg. — Prise de Lowositz à la baïonnette. — A cette bataille, la cavalerie saxonne ayant été taillée en pièces par la cavalerie prussienne, l'infanterie prussienne attaque à son tour l'infanterie saxonne qui forme l'aile gauche de l'armée ennemie : « Alors les grenadiers prussiens et le régiment d'Anhalt attaquèrent l'infanterie saxonne dans ces bouquets de bois où elle commençait à se former; ils la poussèrent et la délogèrent d'une digue où elle voulait se former; de là, ils traversèrent un étang pour attaquer la seconde ligne sur un terrain marécageux. Ce combat, plus meurtrier que le premier, fut terminé aussi vite : les Saxons furent encore obligés de s'enfuir ».

A la bataille de Lowositz, deux régiments prussiens, qui ont brûlé toutes leurs munitions, entrent dans le village de Lowositz la baïonnette baissée, et forcent « neuf bataillons tout frais, que M. de Browne y avait envoyés, à leur céder la place et à prendre honteusement la fuite ».

Charge du maréchal de Schwerin à Prague. — Il convient de ne prononcer la charge à la baïonnette qu'à bonne distance, sous peine de la voir échouer complètement, comme il arriva à l'infanterie du maréchal de Schwerin à la bataille de Prague. Celle-ci ayant marché en ligne, la baïonnette croisée, plus de 400 pas, fut décimée par le feu des Autrichiens et surtout par le tir à mitraille de leur artillerie; l'infanterie prussienne fut rejetée en désordre, et c'est en la ramenant à la charge que le maréchal fut tué.

Le feu constituait donc déjà, à cette époque, un facteur avec lequel il fallait compter sur le champ de bataille lorsqu'on entrait dans la zone efficace du tir; mais alors, comme aujourd'hui, le dernier mot restait à la baïonnette. Quels que soient les progrès de l'armement, l'attaque à l'arme blanche, bien préparée, menée avec vigueur et à bonne distance, sera toujours le moyen le plus sûr de rester maître du champ de bataille.

Infanterie contre cavalerie : Mollwitz, Kolin, Zorndorf, Torgau. — L'arme très imparfaite que possédait l'infanterie à cette époque la mettait dans un état d'infériorité marquée vis-à-vis la cavalerie; la tactique de celle-ci consistait à gagner les flancs de l'infanterie et à l'attaquer brusquement sans lui donner le temps de se former. Cependant, l'infanterie prussienne résista plusieurs fois à l'excellente cavalerie autrichienne ou russe; ainsi, à Mollwitz, les escadrons autrichiens victorieux tombent sur les bataillons prussiens de l'aile droite : « Cette infanterie fut vigoureusement attaquée à trois reprises; des officiers autrichiens tombèrent blessés entre ses rangs; elle désarçonna à coups de baïonnette des cavaliers ennemis, et, à force de valeur, elle repoussa les Autrichiens qui perdirent beaucoup de monde... Cependant le feu de l'infanterie de la droite durait depuis près de cinq heures avec beaucoup de vivacité : les munitions des soldats étaient consommées, et ils dépouillaient les fournitures (*sic*) des morts pour trouver de la poudre à charger. La crise était si violente que de vieux officiers croyaient les affaires sans ressource et prévoyaient le moment où ce corps sans munition serait obligé de se rendre à l'ennemi; mais il n'en fut pas ainsi..., car non seulement l'infanterie se soutint, mais elle gagna du terrain sur l'ennemi. Le maréchal de Schwerin qui s'en aperçut fit alors un mouvement avec sa gauche qu'il porta sur le flanc droit des Autrichiens. Ce mouvement fut le signal de la défaite des ennemis ; leur déroute fut totale ».

A la bataille de Kolin, l'infanterie prussienne de l'aile gauche, engagée sur le plateau de Krezor, lutte péniblement contre des forces supérieures, lorsque la cavalerie autrichienne la prend en flanc, l'oblige à lâcher pied et à battre précipitamment en retraite : une partie de l'infanterie prussienne met bas les armes.

A Zorndorf, au début de l'engagement, l'infanterie prussienne de l'aile gauche prête le flanc à la cavalerie russe, qui la charge et la ramène jusqu'au village de Zorndorf.

A Torgau, l'aile gauche prussienne, sous les ordres directs du roi, prononce son attaque au fur et à mesure que les colonnes débouchent de la forêt de Dommitsch ; la première colonne, composée d'infanterie, lutte seule contre l'infanterie et la cavalerie autrichiennes : elle se forme sur trois lignes, dix bataillons de grenadiers et une brigade d'infanterie, qui composent les deux premières lignes, sont sabrés et poursuivis par les carabiniers autrichiens ; la brigade qui forme la troisième ligne se déploie et arrête la poursuite, mais le maréchal Daun se jette sur cette ligne avec dix escadrons de cuirassiers, tandis que deux régiments de cavalerie débordent la gauche des Prussiens qui sont rejetés dans le bois. A ce moment on peut croire que l'armée autrichienne est victorieuse.

Infanterie contre artillerie : Soor. — En principe, l'infanterie cherche à gagner les flancs de l'artillerie ou à la tourner pour éviter les pertes que ferait subir une attaque de front en terrain découvert ; toutefois, le feu de l'artillerie, à l'époque de Frédéric II, n'était pas tellement redoutable qu'une attaque de front, menée avec vigueur, n'eût des chances de réussite.

A la bataille de Soor, l'aile droite prussienne prend sa formation de bataille « sous le feu de 28 pièces de canon que les ennemis avaient disposées en deux batteries et d'un bon nombre de grenades royales qu'ils jetaient parmi la cavalerie... La première brigade de l'infanterie de la droite des Prussiens se hâta trop d'attaquer ces batteries : 28 canons chargés à mitraille éclaircirent dans un moment les rangs des assaillants et les firent plier. 5 bataillons, dans lesquels consistait la réserve, arrivèrent fort à propos ; ceux qui avaient été repoussés se reformèrent auprès d'eux, et, d'un effort commun, ces deux bataillons emportèrent la batterie ».

Utilisation des abris ; exemples. — La faible portée des armes à feu et l'habitude de manœuvrer à rangs serrés diminuaient l'importance des abris du sol ; toutefois, l'infanterie ne dédaignait pas d'utiliser ces abris, soit pour se garantir des attaques de la cavalerie, soit pour s'approcher le plus possible des lignes ennemies avant de prononcer son attaque à la baïonnette, soit, enfin, pour se maintenir en position en attendant des renforts.

A Hohenfriedberg, l'infanterie autrichienne, assaillie au moment où elle s'avance à travers les bosquets de Rohnstock, utilise les fossés qui séparent les propriétés des paysans : « Les grenadiers des Autrichiens se servirent avec intelligence de ces fossés, et ils auraient pu mettre de la règle dans leur retraite si le régiment des Gardes ne les eût chassés deux fois à coups de baïonnette ».

A Lowositz, les vignes et les murs qui garnissent le mont Lobosch jouent un rôle important dans le combat d'infanterie que livre l'aile gauche prussienne. Celle-ci, après avoir repoussé les Croates, est assaillie à son tour par l'infanterie autrichienne et résiste derrière les obstacles du terrain jusqu'au moment où elle reprend vigoureusement l'offensive et rejette l'ennemi dans Lowositz.

A Kolin, l'aile gauche prussienne échoue contre le bois de Radowenitz que défendent les Autrichiens. Cette aile épuisée, laissée sans secours et chargée par la cavalerie autrichienne, recule et lâche pied. Au centre de la ligne, les Croates, embusqués dans les vignes, ouvrent le feu contre les bataillons prussiens ; ceux-ci se laissent entraîner peu à peu à répondre au feu de cet ennemi presque invisible et finissent par s'engager dans un combat de front contre les fortes positions autrichiennes, contrairement aux intentions de Frédéric.

Avant la bataille de Leuthen, l'infanterie de l'avant-garde prussienne se glisse dans le bois de Borna et tombe dans le flanc de l'avant-garde autrichienne du général de Nostitz, pendant que la cavalerie prussienne la charge de front ; à la même bataille, l'armée autrichienne utilise le bois de Nypern pour dissimuler le point d'appui de son aile droite.

A Hochkirch, le maréchal Daun prépare, à l'abri de la forêt de Hochkirch, l'attaque de nuit qui doit lui donner la victoire.

A la bataille de Kunersdorf, l'armée prussienne couvre son mouvement de flanc par la forêt de Kunersdorf ; les Russes utilisent les hauteurs du Mühlberg, du Spitzberg, le ravin de Kühgrund, pour opposer à Frédéric II une résistance que les efforts désespérés de l'armée prussienne ne parviennent pas à vaincre.

Enfin, à la bataille de Torgau, le roi dissimule, à l'aide des forêts de Torgau et de Dommitsch, le mouvement tournant qu'il exécute avec toute son aile gauche pour prendre à revers la position autrichienne.

Des troupes légères d'infanterie. — Frédéric II considère les troupes légères comme bonnes pour entamer l'action, mais comme incapables de décider seules la victoire.

« On peut tirer un parti admirable des troupes légères d'infanterie. Ces corps, quels qu'ils soient, deviennent utiles quand on les emploie bien. Cependant, il ne faut jamais confier des postes importants, et qui doivent être stables, à cette espèce de troupes, parce qu'elle manque de solidité. »

« Dans les attaques, donnez à l'infanterie légère la première ligne ; il faut qu'elle aille tête baissée sur l'ennemi pour attirer son feu et mettre quelque confiance parmi ses troupes, ce qui facilite la seconde attaque, qui, venant serrée et en bon ordre, aura meilleur marché de lui. Toutefois, quand on veut attaquer avec des bataillons francs, il faut qu'ils aient de l'infanterie pesante et réglée derrière eux, et que la crainte de ses baïonnettes les oblige d'attaquer avec ardeur. »

L'infanterie légère ne prit jamais un grand développement dans l'armée prussienne : son origine date du grand Électeur, et elle fut composée, tout d'abord, des gardes forestiers du Brandebourg qu'on appelait à l'activité, en temps de guerre, sous le nom de francs-tireurs ou chasseurs. En 1740, Frédéric II employa les chasseurs comme guides ; en 1756, il en forma un bataillon de 400 hommes ; en 1760, ce bataillon, fort de 3 compagnies et de 800 hommes, fut augmenté de 300 hommes ;

d'après une instruction spéciale, en date de 1759, ils devaient être employés au service d'avant-postes.

En 1773, le bataillon de chasseurs fut porté à 5 compagnies ; le quart des hommes étaient armés d'une carabine, les autres avaient le fusil. Enfin, en 1784, on forma un deuxième bataillon, et, deux ans plus tard, à la mort de Frédéric II, on réunit ces deux bataillons en un régiment qui prit le nom de régiment de chasseurs. Nous avons vu, qu'à cette époque, toute l'infanterie légère comprenait 21 bataillons francs.

CHAPITRE II.

TACTIQUE DE LA CAVALERIE.

« Ce sont vos oreilles et vos yeux. »
(Frédéric II.)

Importance et progrès de la cavalerie sous Frédéric II. — Mode d'action de la
cavalerie ; interdiction de faire feu à cheval. — Nécessité d'abriter la cavalerie. — Choix du terrain sur lequel elle doit agir. — Cavalerie contre
infanterie. — Coup de main sur Gotha. — Cavalerie contre cavalerie.
Opinion de Frédéric II. — Avantages de l'offensive. — La cavalerie prussienne à Czaslau. — Belle conduite de la cavalerie prussienne à Hohenfriedberg. — Charges de Lowositz. Combats de cavalerie à la bataille de
Prague. — La cavalerie prussienne à Kolin. — Seydlitz à Rosbach et à
Hochkirch. — Le général de Driesen à Leuthen. — Les charges de Seydlitz
à Zorndorf. — La cavalerie prussienne à Kunersdorf et à Torgau. — Importance du rôle de la cavalerie pour éclairer l'armée. — Emploi de la cavalerie légère. — Cavalerie mélangée à l'infanterie : Mollwitz. — Combats
de nuit : Hochkirch. — Des paniques : Czaslau. — Du combat à pied :
Seydlitz à Pegau. — Attaque de Freyburg, de Neumark. — Un régiment de
cavalerie prussienne en 1758. — Biographie de Seydlitz. — Le général de
Zieten. — Conclusion.

Importance et progrès de la cavalerie sous Frédéric II. — La
cavalerie était l'arme de prédilection de Frédéric II; admirablement commandée et bien entraînée, elle lui a valu ses plus beaux
succès.

Elle comprenait des régiments de cuirassiers, de dragons et
de hussards ; les régiments de cuirassiers avaient cinq escadrons, ceux de dragons cinq ou dix, ceux de hussards dix. Un
régiment de cinq escadrons comptait dans le rang de 700 à 1000
sabres ; l'escadron était divisé en deux compagnies, la compagnie en deux pelotons.

Au début du règne de Frédéric II, la cavalerie laissait beaucoup à désirer ; mais il ne négligea rien pour lui inspirer la plus
grande confiance en elle-même, et pour lui donner cette brillante
valeur, ces grandes qualités manœuvrières qui en ont fait une
des premières cavaleries de l'époque. Il a été aidé dans cette
tâche par des généraux de cavalerie hors ligne, tels que Driesen,

Zieten et surtout Seydlitz, dont les brillantes charges, notamment
à Zorndorf, sont restées justement célèbres.

La faible efficacité des armes à feu de cette époque explique
suffisamment le grand développement donné à la cavalerie et sa
supériorité sur le champ de bataille.

« Si, à l'époque de Frédéric le Grand, la cavalerie avait dans
les batailles une importance plus grande que de nos jours, tandis
que le contraire se présente pour l'artillerie, cela s'explique
facilement. Les pièces étaient alors plus lourdes, le tir était plus
incertain et les chemins étaient plus mauvais qu'aujourd'hui.
Par contre, la cavalerie pouvait passer sur le ventre d'une infanterie intacte et décider la victoire [1]. »

Mode d'action de la cavalerie ; interdiction de faire feu à che-
val. — Au début, la cavalerie prussienne agit sur trois rangs, le
troisième servant surtout à combler les vides des deux premiers.
Les cavaliers chargent le sabre élevé horizontalement à la hauteur des yeux pour parer le premier coup, et agissent immédiatement de la pointe ; il n'y a, en somme, que le premier rang
qui combat, mais comme les files s'entr'ouvrent en chargeant, le
second rang bouche les intervalles qui se forment dans le premier, et le troisième remplit les vides ; ce troisième rang constitue donc une sorte de réserve qui supplée à l'allongement
du front, de telle sorte que la cavalerie prussienne agit en réalité
sur deux rangs. Après Rosbach, elle se forme sur deux rangs
seulement.

Loin de l'ennemi, la cavalerie marche par le flanc ou en
colonne par pelotons ; près de l'ennemi, elle marche en colonne
par escadrons afin de se déployer plus facilement. En général,
les escadrons conservent pendant la charge un léger intervalle
entre eux ; mais quelquefois ils chargent sans intervalle, en
muraille.

Le choc étant le véritable mode d'action de la cavalerie, Frédéric lui interdit absolument de faire feu à cheval :

« Vous ne sauriez croire ce que ma cavalerie m'a coûté à
exercer. Elle avait la fureur de tirer, et le propre feu de la cava-

---

[1] BLUME, *Stratégie.*

lerie est plus dangereux pour elle que celui des ennemis... Il a
fallu que je fisse faire des hommes de paille pour apprendre à
mes cavaliers à les sabrer et que je fisse tirer contre, pour leur
prouver combien peu leur feu faisait d'effet. »

Nécessité d'abriter la cavalerie. — La tactique du roi, en ce
qui concerne l'emploi de la cavalerie sur le champ de bataille,
consiste à l'abriter des feux de l'ennemi jusqu'au moment où
elle doit entrer en action; elle s'engage alors à fond en évitant
les terrains défavorables, et elle cherche à prendre à revers l'infanterie de l'ennemi ou à gagner les flancs de sa cavalerie.

« Comme tout est devenu dans nos guerres affaires de postes
et combats d'artillerie, il faut avoir grand soin de ne point
exposer notre cavalerie mal à propos à ce feu terrible, qui la
détruirait sans qu'elle eût seulement occasion de se défendre. Il
lui faut donc choisir des fonds qui lui servent d'abri contre le
canon et la réserver toute fraîche pour le moment où son tour
viendra d'être employée. Ce moment est celui où le canon de
l'adversaire commence à se ralentir, où son infanterie a déjà
tiré; alors, si votre infanterie n'a pas décidé l'affaire, et si la
montée à l'ennemi n'est pas trop âpre, faites charger votre cavalerie en colonne sur cette infanterie, comme à Zorndorf et à
Torgau; vous obtiendrez la victoire... »

« Ne point exposer les hommes de cheval, soit au feu des
petites armes, soit à celui du canon, qui leur fait perdre leur
première ardeur; mais ménager cette troupe pour réparer le
combat, pour l'employer à la poursuite de l'ennemi, où l'on en
tire le plus grand service. »

Choix du terrain sur lequel elle doit agir. — Il convient,
non seulement d'abriter la cavalerie avant de la faire agir,
mais aussi de choisir avec soin le terrain sur lequel elle doit
charger.

« Vous ne devez jamais faire agir la cavalerie dans des terrains
marécageux où elle s'embourberait sans pouvoir avancer; l'employer dans de grandes forêts où elle ne pourrait agir; la faire
attaquer dans un terrain dont le fond est traversé par de pro-
fonds chemins creux; la rapprocher des bois d'où l'infanterie la

fusillerait. Ne lui faites jamais, surtout, passer des défilés en présence de l'ennemi, où elle est sûrement battue, à moins qu'on ne seconde ce passage par l'infanterie et le feu du canon. La cavalerie ne peut point agir dans des rochers ou des hauteurs escarpées; ses attaques sont des carrières, il faut donc que le terrain soit uni devant elle. »

A Zorndorf, au début de l'engagement, le roi utilise d'abord le terrain pour masquer sa cavalerie aux vues de l'ennemi : « On se servit de quelques ravins à l'abri desquels on couvrit la cavalerie de la gauche contre l'artillerie de l'ennemi et où, toutefois, elle était à portée d'agir dès que cela se serait trouvé nécessaire ».

A Lowositz, la cavalerie prussienne, entraînée à la poursuite de la cavalerie autrichienne, trouve un fossé large de dix pieds qu'elle franchit et vient donner sur un deuxième fossé plus profond qui abrite de l'infanterie et de l'artillerie ennemies ; elle est est obligée de battre en retraite.

Cavalerie contre infanterie. — La cavalerie ayant à aborder une infanterie intacte cherchera à la tourner : « Si la cavalerie trouve, à côté de l'infanterie qui est en déroute, une infanterie formée, elle la doit attaquer sans hésiter si elle peut la prendre à dos; ce sont toujours les attaques les plus sûres pour la cavalerie et elle n'y court aucun risque. Il faut que ces choses se passent avec la plus grande vitesse, afin que l'ennemi n'ait pas le temps de parer à ces mouvements. »

Ces prescriptions, appliquées par la cavalerie prussienne bien commandée, très mobile et habituée à manœuvrer avec ordre et rapidité, lui ont donné maintes fois l'avantage sur l'infanterie autrichienne, lourde et compassée. Pendant les campagnes de Frédéric II, on ne citerait pas un engagement où la cavalerie n'ait eu à intervenir de la sorte en tombant brusquement dans le flanc ou sur les derrières de l'infanterie ennemie.

Mais, lorsque les circonstances l'exigeaient, le roi n'hésitait pas davantage à lancer sa cavalerie de front contre une infanterie ennemie en position; dans les moments critiques où il fallait, par un dernier sacrifice, arracher la victoire à l'ennemi, la cavalerie prussienne s'engageait résolument et tombait comme un ouragan sur les lignes d'infanterie de l'adversaire,

Coup de main sur Gotha[1]. — En 1757, avant Rosbach, Seydlitz, posté près de Gotha avec une vingtaine d'escadrons, se trouve en face d'un corps ennemi très supérieur en nombre, composé d'infanterie et de cavalerie ; il parvient à le tromper sur ses forces, il l'attaque avec audace, le repousse et fait occuper Gotha, où il est sur le point de faire prisonnier le prince de Soubise.

« Un homme médiocre qui se serait trouvé dans de pareilles circonstances, découragé par l'appareil imposant des ennemis, se serait retiré à leur approche et aurait perdu la moitié de son monde dans une affaire d'arrière-garde, que cette cavalerie supérieure aurait engagée au plus vite. »

Cavalerie contre cavalerie. Opinion de Frédéric II. — Dans le combat de cavalerie contre cavalerie, Frédéric dispose habituellement ses escadrons déployés sur trois lignes ; il les fait charger en muraille et prescrit d'aborder toujours l'ennemi avec la plus grande vigueur, de gagner autant que possible ses flancs, ou de l'attaquer en même temps sur son front et sur l'un de ses flancs. Voici comment il s'exprime à cet égard :

« Quant à la cavalerie, la première ligne ne doit avoir que deux objets : celui de l'impulsion et celui de gagner le flanc de l'ennemi ; la seconde doit veiller à la sûreté de la première en se jetant toujours sur le flanc quand le terrain s'élargit... Je mets mes officiers en avant du rang, parce qu'étant dans le rang ils sont simples cavaliers et obligés de se laisser entraîner au torrent de l'escadron. J'en mets derrière pour tomber sur le corps de ceux qui voudraient fuir. Je ne laisse aucun intervalle entre mes escadrons, parce que des escadrons séparés les uns des autres prêtent autant de flancs à l'ennemi. Je les fais charger au grand galop, parce que la peur porte les poltrons en avant, sûrs comme ils le sont, pour peu qu'ils s'arrêtent au milieu de la carrière, d'être écrasés par l'escadron. Je veux que l'impétuosité de leur charge force l'ennemi à plier avant qu'ils puissent se mêler avec lui ; les officiers redeviennent simples cavaliers dans une mêlée ; plus d'ordre, plus d'ensemble. La cavalerie de l'en-

---

[1] Voir le détail de ce coup de main au chapitre *Ruses de guerre*, ci-après.

nemi mise en déroute, forcée à plier par la masse de la mienne, alors je suis maître de profiter plus ou moins de la confusion qui règne parmi elle, et je détache un certain nombre d'escadrons à sa poursuite; mais je ne veux jamais que la ligne s'y abandonne en se désunissant [1]. »

Avantages de l'offensive. — Dans la charge de cavalerie contre cavalerie, celle qui prend l'offensive a pour elle l'avantage de l'impulsion et de la vitesse, sans parler de l'effet moral.

Le général Lloyd, qui a combattu contre Frédéric II avant d'entrer au service de la Prusse, raconte, ainsi qu'il suit, un incident des guerres de cette époque :

« Il est certain qu'alors la troupe en mouvement a un grand avantage sur celle qui reste en repos et qu'en ajoutant la vitesse à l'impulsion, elle pénétrera celle-ci et la renversera. J'en ai vu un exemple bien frappant près de Görlitz, en Lusace. Les hussards de Zieten étaient venus charger les carabiniers autrichiens et étaient repoussés, mais se voyant soutenus par l'armée prussienne qui avançait, ils se rallièrent et renouèrent la charge. Les carabiniers avaient eu l'imprudence de les attendre, au lieu d'aller au-devant; ils furent renversés et culbutés dans un marais où il y en eut quelques centaines de tués ou de pris, et tout cela se fit si vite, à la vue même l'avant-garde autrichienne forte de 8,000 à 10,000 hommes, qu'elle n'eut pas le temps d'y porter remède [2]. »

La cavalerie prussienne à Czaslau. — L'idée d'offensive, inculqué par Frédéric II à sa cavalerie, lui a valu de nombreux succès : placée sous les ordres de généraux audacieux, elle a accompli nombre de beaux faits d'armes ; nous citerons seulement les principaux.

A la bataille de Czaslau, la cavalerie de l'aile gauche prussienne n'ayant pu, à cause du terrain, se former entre le village de Chotusitz et le parc de Sbislau, traversa le ruisseau, en partie par le village, en partie sur des ponts, pour prendre sa formation :

---

[1] C. ROUSSET, *loc. cit.*
[2] LLOYD, *De la Composition des différentes armées anciennes et modernes.*

« En débouchant, elle trouva M. de Batthyani tout formé, avec la cavalerie autrichienne devant elle. Alors, les régiments de Prusse, de Waldow et de Bredow, pénétrèrent à travers la première et la seconde ligne de l'ennemi, hachèrent en pièces les régiments d'infanterie qui formaient la réserve des Autrichiens, et, s'apercevant que leur ardeur les avait emportés trop loin, ils se firent jour par la seconde, ensuite par la première ligne de l'infanterie ennemie et revinrent ainsi, chargés de trophées, rejoindre l'armée ».

Belle conduite de la cavalerie prussienne à Hohenfriedberg. — Au début de la bataille de Hohenfriedberg, « les Prussiens, après deux charges successives, culbutèrent la cavalerie saxonne qui s'enfuit à vau-de-route ».

A l'aile opposée, la cavalerie prussienne franchit le ruisseau de Striegau pour aborder l'aile droite autrichienne.

« La cavalerie de cette gauche avait essuyé un contre-temps. A peine Kyau, avec sa brigade de dix escadrons, avait-il passé le pont du ruisseau de Striegau, qu'il se rompit. Kyau prit le parti d'attaquer la cavalerie ennemie avec la sienne ; le général de Zieten le rejoignit avec la réserve, culbuta devant lui tout ce qui voulut lui résister, et donna à M. de Nassau, qui commandait cette gauche, le temps de la faire passer à gué. Dès que M. de Nassau eut formé son aile, il donna sur ce qu'il y avait encore de cavalerie ennemie devant lui et la mit en déroute... M. de Gessler, qui commandait en deuxième ligne, voyant qu'il n'y avait là aucun laurier à cueillir, fit faire une ouverture à l'infanterie, la passa, et se formant sur trois colonnes, il fondit sur les Autrichiens avec une vivacité incroyable ; les dragons en massacrèrent un grand nombre. »

Charges de Lowositz. — Combats de cavalerie à la bataille de Prague. — C'est surtout pendant la guerre de Sept ans que la cavalerie prussienne accomplit ses plus beaux faits d'armes.

A la bataille de Lowositz, au début de l'action, la cavalerie prussienne charge les escadrons autrichiens dans la plaine de Lowositz et les ramène jusque sous le feu de leur artillerie et de leur infanterie. Elle se réforme et charge une seconde fois avec impétuosité, culbute la cavalerie ennemie et ne se retire que sous le feu de soixante pièces autrichiennes.

A la bataille de Prague, soixante-cinq escadrons prussiens chargèrent, près de l'étang de Micholup, contre cent-quatre escadrons autrichiens. La situation des Prussiens était critique : leur cavalerie, outre sa grande infériorité numérique, avait le désavantage du terrain ; en cas d'insuccès, elle pouvait être rejetée dans les bas-fonds marécageux situés à l'est de Sterboholy, et détruite.

Une première charge du général de Schöneich enfonce la première ligne autrichienne ; mais les escadrons prussiens, après avoir dépassé l'étang de Micholup qui couvre leur gauche, se voient débordés de ce côté et sont ramenés en arrière ; le général de Schöneich charge une deuxième fois sans succès. L'arrivée de cinq escadrons de hussards, dirigés par le colonel de Warnery au sud de l'étang, menace le flanc droit de la cavalerie autrichienne et produit une diversion qui donne à Zieten le temps d'accourir. Enfin, une dernière charge, dirigée par toute la ligne prussienne, culbute la cavalerie ennemie et la met en déroute; ce succès décide du gain de la bataille.

La cavalerie prussienne à Kolin. — Au début de la bataille de Kolin, la cavalerie de Zieten culbute celle du général de Nadasty, qui forme l'extrême droite de la ligne autrichienne et la met hors de combat; mais elle est elle-même prise en flanc par le feu de l'aile droite autrichienne et obligée de se replier. A ce moment, le manque d'infanterie, au centre de la ligne prussienne, se fait sentir et compromet gravement la situation du roi. Celui-ci a l'idée, pour remédier à cette insuffisance, d'employer quatre régiments de cuirassiers à boucher les ouvertures qui se sont produites entre les bataillons prussiens ; mais tous les efforts de cette cavalerie échouent contre les forces supérieures que l'ennemi met en ligne. Le roi charge lui-même à la tête de sa cavalerie; il est obligé de battre en retraite.

Seydlitz à Rosbach et à Hochkirch. — On connaît le rôle de la cavalerie prussienne à Rosbach : conduite par Seydlitz, elle masque son mouvement derrière des plis de terrain, contourne la colline de Janus, et tombe sur le front et les flancs de la colonne ennemie qui s'avance sans s'éclairer. Les 43 escadrons de Seydlitz viennent facilement à bout des 5 régiments qui essayent en vain de protéger le déploiement de l'armée franco-impériale.

Nous ne saurions mieux caractériser le rôle joué par la cavalerie prussienne à Rosbach qu'en citant l'appréciation de Canitz :

« Cette journée passe, à juste titre, pour une des plus belles de la cavalerie prussienne et de son illustre chef (Seydlitz, qui y fut grièvement blessé). Tout ce qui pouvait contribuer à la victoire de cette arme s'y trouve admirablement réuni. C'est avec une prompte résolution que sont prises les mesures qui doivent faire tomber le danger sur la tête de l'ennemi. Les mouvements s'effectuent par le chemin le plus facile et le plus court ; la cavalerie se met en marche au trot, par pelotons à gauche, pour se porter sur le lieu du combat. Arrivée là, elle se forme en bataille par une conversion et immédiatement commence une attaque vigoureuse. Cependant, malgré la rapidité des mouvements, la prudence n'est pas négligée : un régiment de hussards couvre la marche ; le terrain sur lequel on doit combattre est observé et jugé d'un coup d'œil rapide et pénétrant. Ce ravin, près de Reichertswerben, qui aurait pu devenir fatal aux Prussiens comme il le fut à l'ennemi, Seydlitz l'évite avec prudence ; enfin, la cavalerie profite des hauteurs entre Reichertswerben et Rosbach pour cacher sa marche à l'ennemi, et l'artillerie pour y prendre position et protéger l'attaque. Si, au lieu de ce qui s'effectua, on se représente un tout autre emploi de la cavalerie ; si, par exemple, son chef eût trouvé urgent de couvrir le terrain, de prendre une position menaçante, de faire une démonstration pour inquiéter l'ennemi, etc., ou s'il eût craint de s'aventurer avant l'arrivée de l'infanterie, les généraux français n'eussent-ils pas eu le temps de réfléchir et de former convenablement leur armée ? Le moment favorable était passé ; il en serait résulté une de ces batailles telle qu'il en existe tant, où, par suite des demi-mesures adoptées de part et d'autre, on voit se déployer péniblement un demi-résultat [1]. »

A Hochkirch, Seydlitz sauve l'armée prussienne vaincue en lui permettant de battre en retraite. Ses escadrons, disposés en

---

[1] De Canitz, *Histoire des Exploits et des Vicissitudes de la Cavalerie prussienne dans les campagnes de Frédéric II.*

échiquier sur deux lignes, couvrent la retraite de Frédéric II et maintiennent à distance la cavalerie ennemie : « La cavalerie descendit la première des hauteurs dans la plaine pour couvrir la marche de l'infanterie... La cavalerie autrichienne attaqua la nôtre à différentes reprises, mais elle fut vigoureusement repoussée par M. de Seydlitz et par le prince de Wurtemberg ».

Le général de Driesen à Leuthen. — A la bataille de Leuthen, le général de Driesen tombe sur les cuirassiers autrichiens qui se forment dans la plaine près du village de Leuthen.

« La mêlée ne fut pas longue : les Impériaux furent dispersés et s'enfuirent à vau-de-route. Une ligne d'infanterie, qui s'était formée à côté de ces cuirassiers, derrière Leuthen, fut prise en flanc par le régiment de Bayreuth, qui, la rejetant sur les volontaires de Wunsch, en prit deux régiments entiers avec officiers et drapeaux. »

A cette même bataille, les cuirassiers de Seydlitz poursuivirent l'ennemi et ramenèrent des prisonniers « par bandes ».

Les charges de Seydlitz à Zorndorf. — A Zorndorf, la première attaque de l'infanterie prussienne contre le carré russe a d'abord échoué : « L'attaque fut repoussée et l'infanterie revint en assez grande confusion ; mais comme l'ennemi y était aussi, le roi fit ordonner à M. de Seydlitz de le charger incontinent ; il forma trois colonnes qui percèrent en même temps le carré, et, en moins d'un quart d'heure, tout le champ de bataille fut déblayé d'ennemis ».

Cette charge allait être bientôt suivie de plusieurs autres ; celles-ci, menées avec la même vigueur, décideront enfin du succès.

« Après une première action couronnée de succès, il (Seydlitz) se trouvait à la tête de 23 escadrons formés sur trois lignes déployées à distance d'escadron et débordant la droite de l'armée russe ; il marcha devant lui avec ces trois lignes ; arrivé à hauteur des troupes ennemies, il commanda : *Escadrons à droite, marche*, puis : *En avant, au galop*, et : *Chargez*. Se trouvant ainsi formé sur plusieurs lignes de trois escadrons chacune, ou, ce qui revient au même, sur trois colonnes accolées par escadrons à distance entière, il tomba sur le flanc de la cavalerie russe, culbuta toute la droite de l'armée et s'empara de son artillerie; mais exposé à un feu très vif, il se retira au pas, en trois colonnes, derrière Zorndorf.

« Plus tard, le roi réunit sous le commandement de Seydlitz 61 escadrons, donnant un total de 7,000 chevaux. Il les forma sur trois lignes, distantes entre elles de 250 pas, et comprenant, la première 18 escadrons de cuirassiers, la deuxième 15 escadrons de dragons, la troisième 23 escadrons de hussards. Sa tactique est bonne à connaître, car ce pourrait être aujourd'hui celle d'une de nos divisions de cavalerie indépendante. « Tous les soins de Seydlitz, dit son biographe Bismarck, tendaient à conserver dans toute sa force sa première ligne de cavalerie, destinée à accomplir le choc efficace. » En conséquence, la première ligne reçut l'ordre de marcher serrée et de s'avancer en muraille, ne s'occupant que de renverser sans s'arrêter; la deuxième ligne (dragons) serra à 100 pas de la première et prit, entre les escadrons, de grands intervalles, afin d'être à même de boucher les trouées faites dans la première ligne; enfin, les hussards suivaient à 250 pas des dragons pour ramasser les prisonniers et les canons. Les trois lignes agirent simultanément sans réserve, prenant le trot au commandement de *Marche*. La cavalerie russe s'enfuit, et les trois lignes de Seydlitz se trouvèrent en face de quatre lignes d'infanterie, soutenues par cent bouches à feu. Malgré le tir de mousqueterie et la mitraille, la charge se fit avec un élan irrésistible, et, après un combat acharné, les quatre lignes russes furent enfoncées. Frédéric, profitant du succès de sa cavalerie, se mit alors à la tête de toute l'infanterie et décida la victoire par une charge générale[1]. »

La cavalerie prussienne à Kunersdorf et à Torgau. — A Kunersdorf, les efforts de la cavalerie prussienne échouent contre un ennemi supérieur en nombre et retranché dans une forte position. Frédéric II n'ayant pu enlever le ravin du Kuhgrund, lance sa cavalerie contre le village de Kunersdorf pour faire une diversion et entamer la ligne ennemie de ce côté; malgré des charges intrépides, elle ne peut enlever qu'une partie du village;

---

[1] Général Thoumas, *Les Transformations de l'Armée française.*

Seydlitz est blessé. De nouvelles charges dirigées contre le Spitzberg échouent également ; la bataille est perdue.

A Torgau, la cavalerie de l'aile gauche prussienne, forte de
55 escadrons, sous les ordres du duc de Holstein, forme une
colonne distincte qui exécute son mouvement tournant à travers
la forêt de Dommitsch ; les difficultés du terrain retardent sa
marche et compromettent le sort de la journée en laissant l'infanterie du roi lutter seule contre les Autrichiens. Le duc de
Holstein débouche enfin de la forêt vers 3 heures ; la cavalerie
prussienne déboîte à droite et tombe vigoureusement sur l'infanterie ennemie, qui se replie ; dix escadrons autrichiens accourent,
et, après un engagement général, la cavalerie prussienne reste
maîtresse du terrain ; une partie de celle-ci tente même de
déborder l'aile ennemie par Wœlsau, mais elle est obligée de se
replier. Ainsi, grâce à sa cavalerie, le roi a pu rétablir ses affaires
gravement compromises à l'aile gauche, et les progrès de Zieten
à l'aile droite achèvent de décider la victoire en faveur de Frédéric II.

Importance du rôle de la cavalerie pour éclairer l'armée. —
A cette époque comme aujourd'hui, le rôle de la cavalerie était
d'éclairer les armées au loin et de couvrir la marche des colonnes ;
sur le champ de bataille, elle cherchait les points d'appui des
ailes de l'ennemi, inquiétait ses flancs et observait avec soin ses
mouvements, prête à intervenir dans l'action.

Ce rôle d'éclaireurs avait alors la même importance que de
nos jours ; pour l'avoir négligé, plusieurs généraux ont été battus
ou ont failli l'être.

Avant la bataille de Hohenfriedberg, le prince de Lorraine
débouche de Bohème en Silésie sans éclaireurs ; il est parvenu
sur les hauteurs de Hohenfriedberg, c'est-à-dire à moins de trois
lieues de l'armée prussienne, sans se douter que derrière les
bois se cache toute l'armée ennemie ; il aperçoit bien « de petits
corps de l'armée prussienne », mais il croit à la présence de
troupes légères chargées d'épier ses mouvements.

Avant la bataille de Soor, Frédéric II commet la même faute ;
il s'éclaire mal et, le 30 septembre 1745, au point du jour, au
moment où il plie ses tentes pour se mettre en marche, il est
attaqué par l'armée autrichienne. Il explique ce fait par l'insuffi-

sance numérique de sa cavalerie : « On disait qu'au moins le roi aurait dû être averti de la marche des Autrichiens ; il répondait à cette accusation que l'ennemi lui étant de beaucoup supérieur en troupes légères, il ne pouvait aventurer fort loin les 500 hussards qui lui restaient après tous les détachements qu'il venait de faire ».

A la bataille de Prague, une partie de l'armée prussienne s'est engagée sur un terrain marécageux qui n'avait pas été reconnu d'avance et dans lequel l'infanterie a failli rester embourbée.

Frédéric a donc eu raison de dire de la cavalerie : « Ce sont vos oreilles et vos yeux », et telle était l'importance qu'il attachait à ce rôle d'éclaireurs qu'il ne craignait pas d'ajouter : « En guerre, une bonne cavalerie vous rend maître de la campagne ».

Emploi de la cavalerie légère. — Le rôle d'éclaireurs convient surtout à la cavalerie légère.

« Un excellent usage des hussards est de les envoyer recueillir des nouvelles ; par eux on connaît le pays, les chemins, les mouvements de l'ennemi, en avant, de côté et sur les derrières... »

Mais si la cavalerie légère est bonne pour éclairer, ses entreprises sont peu à redouter en temps ordinaire et elles aguerrissent les troupes.

« Dans le cours d'une campagne, si ce n'est en retraite par un pays difficile, on n'a guère à appréhender de l'effort des troupes légères dont le butin est le but ; elles fatiguent vos troupes par les escortes et les fourrages où vous êtes obligé d'employer le triple du monde ; mais ces escarmouches continuelles vous aguerrissent, vos officiers se forment, tandis que l'ennemi, dans un camp tranquille, s'impressionne à l'approche d'une bataille. »

Les troupes légères qui combattent en fourrageurs, comme les Cosaques, sont facilement tenues à distance :

« Quiconque fait bonne contenance vis-à-vis des Cosaques n'a pas grands risques à courir ; un régiment de hussards, attaqué par une nuée de trois à quatre mille Cosaques, doit partager en deux ses escadrons pour mieux garnir leur front et couvrir leurs flancs ; devant chaque troupe faire avancer un bas-officier et dix hussards, avec ordre de demeurer serrés et immobiles et de ne se défendre qu'à coups de carabine en escarmouchant ; aussitôt que les Cosaques feront mine de fondre sur ces petites troupes détachées, les escadrons qui sont derrière elles les soutiendront, le sabre à la main, sans cependant s'engager. »

A la même époque, le général Lloyd a compris comme Frédéric II le rôle de la cavalerie légère et en a fait l'application dans les rangs de l'armée autrichienne :

« Je poserai donc comme maxime que les troupes légères, jetées en avant de l'armée, ne sont pas là pour combattre mais pour guetter l'ennemi, pour observer ses moindres mouvements et en faire passer à temps l'avis à l'armée...

« Si j'ose me citer moi-même, je dirai que pendant toute la campagne de 1760, me trouvant à la tête d'un corps de 200 chasseurs et de 100 dragons, je me suis constamment tenu si près de l'armée prussienne, que je ne crois pas l'avoir perdue de vue une heure, quoique l'armée autrichienne et le corps dont j'étais détaché fussent constamment à deux ou trois marches en arrière de moi ; j'étais toujours à la vue de l'ennemi ; il ne s'est pas passé un jour peut-être sans escarmouche, et cependant, dans toute la campagne, je n'ai pas eu 20 hommes tués ; un seul fut fait prisonnier parce que, étant resté derrière, il s'était amusé à boire [1]. »

Cavalerie mélangée à l'infanterie : Mollwitz. — L'infanterie et la cavalerie doivent se prêter en toute circonstance un mutuel appui, mais chacune de ces armes a son mode d'action distinct et il ne convient, en aucun cas, de les mélanger, sous peine d'annihiler leurs qualités respectives.

A Mollwitz, pour suppléer à son insuffisance en cavalerie, Frédéric II avait eu l'idée de placer deux bataillons de grenadiers entre les escadrons des ailes afin de les renforcer. Bien que Gustave-Adolphe ait employé cette tactique à la bataille de Lutzen, c'est là un expédient qui ne peut qu'arrêter l'élan de la cavalerie et entraver son action ; Frédéric l'a reconnu et n'y a plus eu recours. Si l'emploi simultané des deux armes peut produire de bons résultats, c'est à la condition expresse que chacune d'elles reste libre d'agir suivant ses procédés particuliers, tout en appuyant l'action de l'autre ; par exemple, l'infanterie occupera en arrière de la cavalerie des positions qui serviront de

---

[1] Lloyd, *loc. cit.*

repli à celle-ci, ou encore la cavalerie attendra à l'abri de l'infanterie le moment d'intervenir dans la lutte.

Combats de nuit : Hochkirch. — L'obscurité paralyse l'action de la cavalerie; toutefois, nous trouvons dans les campagnes de Frédéric II des exemples de charges exécutées même la nuit.

A Hochkirch, pendant la sanglante mêlée de nuit qui a eu pour théâtre le cimetière et le village de Hochkirch, la cavalerie prussienne, hussards de Zieten et dragons de Zetteritz, soutenus par les cuirassiers de Schöneich et les dragons de Normann, charge les grenadiers autrichiens, les culbute et leur fait 500 prisonniers. Mais, prise en flanc et à revers par la cavalerie autrichienne qui débouche de Steindörfel, elle est obligée de battre en retraite. La bataille avait commencé à quatre heures du matin dans la nuit du 13 au 14 octobre 1758 : « Les ténèbres étaient si épaisses qu'on ne voyait pas à un pas devant soi ». Cependant, l'incendie du village de Hochkirch devait projeter quelques clartés sur le terrain où eut lieu cet engagement de cavalerie entre Hochkirch et Steindörfel.

Des paniques : Czaslau. — Les paniques se produisent la plupart du temps sans motif appréciable, à la suite d'une surprise ou d'un malentendu, souvent même au milieu d'un succès.

« Vous aurez peine à croire qu'à Czaslau mon aile droite de cavalerie, après avoir enfoncé celle des ennemis, n'eut pas l'esprit de donner un coup de sabre, et puis, saisie d'une terreur panique, s'enfuit au loin comme si elle avait été battue. La poussière était si grande que quelques escadrons de cavalerie, mis en potence pour tomber sur le flanc des ennemis, tombèrent sur ma propre cavalerie, dont le désordre fut encore augmenté par un régiment de hussards que j'avais placé en troisième ligne pour balayer les ennemis qui pourraient se couler à mon flanc droit, l'ayant pris pour des Autrichiens. »

Ailleurs, Frédéric semble attribuer cette panique à une erreur provoquée par l'uniforme d'un régiment de nouvelle formation : « Les hussards de Bronikowski, nouvellement formés, avaient été de l'avant-garde du roi; la cavalerie ne les connaissait pas ; ils étaient habillés de vert, on les prit pour des ennemis; un cri s'éleva : *Nous sommes coupés !* et cette première ligne victorieuse s'enfuit à vau-de-route ».

Du combat à pied : Seydlitz à Pegau. — La cavalerie prussienne n'hésitait pas, au besoin, à combattre à pied, lorsque l'infanterie faisait défaut ; mais ce mode d'action était considéré, avec raison, comme exceptionnel, toute la force de la cavalerie résidant dans son choc. Les dragons étaient principalement employés de la sorte ; ainsi, le roi prescrit de faire soutenir les hussards, détachés au loin, par des dragons, qui occuperont un défilé en arrière et mettront pied à terre « pour protéger la retraite par leur feu ».

En septembre 1757, des cavaliers prussiens mettent pied à terre pour attaquer la ville de Pegau :

« Cette ville est située de l'autre côté de l'Elster, sur laquelle un pont de pierre aboutit à la porte. L'ennemi avait garni cette porte et quelques toits des maisons voisines pour en défendre l'entrée. M. de Seydlitz fit mettre pied à terre à une centaine de hussards, qui forcèrent la porte ; le gros du régiment les suivit et entra dans Pegau en pleine carrière. »

Attaque de Freyburg, de Neumark. — Après Rosbach, les dragons prussiens mettent pied à terre pour attaquer les jardins de Freyburg, sur la rive droite de l'Unstrutt, dans lesquels se défend l'arrière-garde du comte de Saint-Germain.

La veille de la bataille de Leuthen, le roi arrive devant Neumark avec une avant garde de cavalerie : « La hauteur située au delà de Neumark donnait un avantage considérable à l'ennemi, si on lui permettait de l'occuper ; la difficulté était de prendre ce lieu ; l'infanterie n'était point arrivée et ne pouvait joindre l'avant-garde qu'au soir ; on n'avait point de canon ; les seules troupes dont on pouvait tirer parti étaient des hussards : on se résolut à faire de nécessité vertu. Le roi, ne voulant pas souffrir que le prince de Lorraine vînt se camper à sa barbe vis-à-vis de lui, fit mettre pied à terre à quelques escadrons de hussards ; ils enfoncèrent la porte de la ville ; un régiment qui les suivait à cheval y entra en pleine carrière ; un autre régiment, qui fit le tour des faubourgs, gagna la porte de Breslau, et l'entreprise réussit, au point que 800 Croates furent pris prisonniers (*sic*) par les hussards. »

Un régiment de cavalerie prussienne en 1758. — Voici, à titre d'exemple, le résumé des opérations et des marches d'un régiment de cavalerie prussienne pendant la campagne de 1758 ; on pourra juger du degré d'entraînement auquel était parvenue la cavalerie de Frédéric II pendant la guerre de Sept ans.

Le 7e régiment de dragons fait partie, au printemps de 1758, du corps d'observation du général comte de Dohna devant Stralsund. Au moment où l'armée russe marche sur l'Oder, le régiment passe sur la rive droite de ce fleuve, pousse des pointes sur Sternberg, Drossen, Zielensitz, Dechsel, et escarmouche chaque jour avec la cavalerie russe. Le 25 août, il prend part à la sanglante bataille de Zorndorf ; le 16 septembre, il marche sur Berlin, y arrive le 19, et passe sous le commandement du général de Wedell, qui opère contre les Suédois. Il s'avance jusqu'à Boitzenburg, après avoir repoussé l'ennemi dans de nombreuses rencontres, puis rejoint à Pyritz le corps de Dohna, qui se dirige sur la Saxe ; le 14 novembre, il est à Torgau ; le 15, il bat l'ennemi à Eilenburg et le poursuit au delà de Rochlitz jusqu'au 23 novembre. Il se remet en marche le 28 pour opérer en Poméranie ; il traverse la Saxe et la Marche, arrive le 26 décembre à Gnoien, se bat contre les Suédois, qui sont rejetés dans Stralsund, et prend enfin ses quartiers d'hiver, le 27 janvier 1759, aux environs de Barth.

Pendant cette période, le 7e régiment de dragons a fait 87 journées de marche, parcouru plus de 2,000 kilomètres, campé 137 fois, presque toujours aux avant-postes, et pris part à une grande bataille, à onze combats et à de très nombreuses escarmouches. Il a perdu 6 officiers, 173 hommes et 231 chevaux [1].

Biographie de Seydlitz. — Il n'est pas possible de parler de la cavalerie prussienne sans consacrer quelques lignes de biographie aux deux généraux que l'on appelle encore en Allemagne les deux cavaliers par excellence : Seydlitz et Zieten [2].

Le baron de Seydlitz (Frédéric-Guillaume) est né le 2 février 1721, à Kalkar, dans le duché de Clèves, où son père était capitaine de dragons. Entré comme page, à l'âge de 14 ans, chez le

---

[1] Von Kaehler, dans le *Militär-Zeitung* de 1881.
[2] D'après le *Militar-Wochenblatt* de 1881.

margrave de Schwedt, neveu du roi de Prusse Frédéric Ier, il se fait bientôt remarquer par son audace et son habileté comme cavalier; à 17 ans, il est nommé cornette dans le régiment de cuirassiers du margrave. Pendant la campagne de 1741, en Silésie, il défend un village pendant dix heures avec 30 cuirassiers à pied, aux environs de Ratibor; fait prisonnier et enfermé à la forteresse de Raab, il dresse en secret le plan de cette forteresse et, une fois en liberté, le porte à Frédéric II, qui le nomme capitaine aux hussards blancs de Natzmer. Il est nommé major après Hohenfriedberg et, après la bataille de Soor, il reçoit du roi un sabre turc de grand prix; en 1753, il commande les dragons de Rochow.

On connaît son rôle à Rosbach; il en fut récompensé par l'ordre de l'Aigle noir et bientôt après par le grade de lieutenant général : il avait 36 ans. La bataille de Zorndorf met le sceau à sa réputation; blessé grièvement à Kunersdorf, il se retire à Berlin, où il épouse la fille du gouverneur militaire, le général Hacke. En 1761, il commande la cavalerie du prince Henri; bientôt après, il dirige lui-même les opérations contre le maréchal Serbelloni et prend part à la victoire de Freyberg, qui termine la guerre de Sept ans.

Seydlitz est mort à Ohlau, le 8 novembre 1773, à l'âge de 52 ans; il est enterré près d'Ohlau, dans le parc de sa terre de Minkowski, où un mausolée lui a été élevé; son portrait a été placé, avec une inscription, dans l'église d'Ohlau. Son médaillon figure parmi ceux des huit généraux qui ornent le monument élevé par les soins du prince Henri dans le parc de Rheinsberg; au-dessous on lit cette inscription en français :

« *Le général de Seydlitz*. — Il se distingua dès sa jeunesse et servit dans toutes les campagnes de la guerre de Sept ans. Dans toutes les occasions, il se couvrit de gloire. L'habileté et l'intrépidité, jointes à la célérité et à la prudence, rendaient toutes ses opérations funestes à l'ennemi. Lowositz, Kolin, Rosbach, Hochkirch, Zorndorf, Kunersdorf et Freyberg lui doivent des trophées. Il fut souvent très dangereusement blessé. On reconnut partout en lui le grand capitaine. La cavalerie prussienne doit à ses soins cette perfection qu'admirent les étrangers. Cet homme rare, survivant à tant de périls, mourut au sein de la paix. »

Frédéric II lui a élevé une statue, le 2 mai 1781, sur la Wilhelmplatz de Berlin; cette œuvre magistrale, due au ciseau du sculpteur Tassaert, le représente en cuirassier avec le cordon de l'Aigle noir en sautoir.

La hardiesse et l'intrépidité de Seydlitz sont restées légendaires en Allemagne. On prétend que dans sa jeunesse il montait les chevaux les plus difficiles et jusqu'à des cerfs. Comme capitaine de hussards il faisait, dit-on, entourer les abreuvoirs d'une grille de trois pieds de haut, que chaque cavalier devait franchir, même en hiver, pour faire boire son cheval; lui-même, dans les dernières années de sa vie, ne rentrait jamais à son habitation de Minkowski sans sauter un large fossé plein d'eau; les plantons et ordonnances n'entraient chez lui qu'en franchissant une barrière toujours fermée.

Le général de Zieten. — Si Seydlitz incarne plus spécialement le cuirassier prussien, bien qu'il ait servi également aux hussards, Zieten est resté, en Allemagne, le modèle du cavalier léger, le hussard par excellence, le *hussarissime*, comme l'appellent les Allemands.

Ses commencements ont été des plus difficiles et des moins brillants. Il sert d'abord dans l'infanterie, où il est réformé, prend du service dans les dragons, se fait casser et obtient enfin par grâce un brevet de lieutenant dans une compagnie de hussards de nouvelle levée. C'est le 8 octobre 1730 que commence ainsi la véritable carrière de Zieten ; il a déjà 31 ans, mais il va rattraper le temps perdu et mettre à profit la rude expérience que lui ont value ses nombreux déboires militaires. Dès le 1er mars suivant, le roi Frédéric-Guillaume le nomme capitaine. On raconte que son colonel ayant trouvé cinq chevaux de son escadron indisponibles pour cause de blessures, rendit compte au roi qui punit Zieten d'un mois d'arrêts de rigueur et lui adressa une remontrance dont il fit son profit. En 1734, Zieten commande un escadron de hussards qui est désigné pour faire partie des troupes auxiliaires envoyées au prince Eugène sur le Rhin. Il part de Berlin le 19 avril 1735 et arrive le 12 mai à Wiesbaden sans avoir un cheval blessé; après l'expédition il rentre en Prusse, au mois de décembre, et, le 29 janvier 1736, il est nommé major. L'avènement de Frédéric II, en ouvrant une longue période de guerres, va enfin permettre à Zieten de donner l'essor à ses brillantes qualités ; dès la première bataille, à Mollwitz, Frédéric n'a que des éloges pour ses hussards qui, dit-il, « ne lâchent jamais l'ennemi et ne cessent de *housarder* ». Le 16 mai 1741, Zieten est nommé lieutenant-colonel ; la même année, il prend part à un coup de main dirigé contre les hussards hongrois qui coupent les convois prussiens en Silésie ; la réussite de cette expédition lui vaut l'Ordre pour le Mérite et attire sur lui la faveur royale. Le 10 juin, nouveau succès à l'affaire d'Olbendorf, nouvelle récompense pour Zieten : il est nommé colonel (22 juillet) et prend le commandement d'un régiment qui n'a cessé depuis de porter son nom ; son fils le commandait en 1812 en Russie, et un autre colonel de Zieten a été tué en 1870 en chargeant à Rezonville à la tête du même régiment de hussards. En douze ans, Zieten avait donc refait sa fortune militaire et avait su se faire apprécier de Frédéric II, qui le considérait comme l'un de ses meilleurs officiers de cavalerie.

Au début de la campagne de 1742, Zieten est à l'avant-garde et pousse une pointe hardie jusqu'aux portes de Vienne ; il combat ensuite contre les corps francs hongrois et dans la haute Silésie, puis rejoint le roi en Bohême, après la bataille de Czaslau. Pendant la campagne de 1744 il se distingue de nouveau, surtout dans la retraite de l'armée prussienne du sud de la Bohême vers l'Elbe et dans la campagne d'hiver en Silésie ; Frédéric II le récompense par le brevet de général-major, antidaté du 1ᵉʳ février 1744, avec cette mention flatteuse : « A celui qui, dans la présente campagne, a trouvé tant d'occasions de se distinguer » ; le 30 décembre, il reçoit du roi une pension de 1200 thalers.

Au printemps de 1745, Zieten exécute sa célèbre marche de Jœgerndorf (98 kilomètres en 22 heures) pour dégager le margrave Charles, et il protège sa retraite sur Löbschnitz ; quelques jours après il se couvre de gloire à Hohenfriedberg ; la même année, à l'affaire de Katolisch-Hennersdorf, son régiment reçoit comme distinction honorifique des timbales d'argent.

Pendant l'intervalle de paix qui précéda la guerre de Sept ans, le caractère irascible de Zieten faillit amener une rupture entre le roi et lui. Nommé lieutenant général le 12 août 1756, il part de Berlin le 21 et entre en Saxe où il est chargé de surveiller le corps saxon retiré dans le camp de Pirna. L'année suivante, il est à l'avant-garde de l'armée lorsque le roi marche sur Prague et il couvre l'armée prussienne jusqu'à sa jonction avec le corps du maréchal de Schwerin ; il reçoit l'Ordre de l'Aigle noir. Sur le champ de bataille de Prague, il dirige les grandes charges de cavalerie de l'aile gauche prussienne et assure la victoire. A Kolin, il est blessé en chargeant contre la cavalerie autrichienne de Nadasty, et il couvre la retraite de l'armée. A Leuthen, il commande la cavalerie de l'aile droite et retrouve devant lui les escadrons de Nadasty sur lesquels il prend sa revanche de Kolin. A Hochkirch, il soutient en pleine nuit le premier choc de l'armée autrichienne et permet au roi de rallier ses troupes pour faire tête à l'ennemi ; à Liegnitz, il contient le maréchal Daun et couvre les flancs de l'armée prussienne qui combat contre Laudon ; il est nommé général de cavalerie sur le champ de bataille. Enfin, à Torgau, il commande l'aile droite prussienne et soutient le combat de front pendant que le roi exécute avec l'aile gauche un mouvement tournant contre les positions ennemies.

Zieten n'a pas été seulement un général de cavalerie audacieux, il a maintes fois opéré seul avec des troupes de toutes armes et a montré qu'il était digne de commander en chef ; on peut dire qu'à l'école du grand Frédéric il est devenu l'un des premiers généraux de son temps. Toutefois, il est resté légendaire surtout par la brusquerie, la hardiesse, quelquefois même par la témérité de ses attaques. Il résumait lui-même en quelques mots sa manière de combattre : « Reconnaître l'ennemi, ses forces et sa position, lui courir sus, le joindre et le battre ». Aujourd'hui encore, en Allemagne, pour dire « tomber à l'improviste », on se sert de l'expression « comme Zieten sortant du bois ». C'est le surnom que ses troupes lui avaient donné : *Zieten aus dem Busch !*

Conclusion. — En résumé, la cavalerie a joué sous Frédéric II le rôle le plus brillant ; à cette époque comme aujourd'hui l'action de cette arme s'exerçait de deux manières distinctes : dans le service d'exploration et de sûreté, d'une part ; sur le champ de bataille, d'autre part. Frédéric II a su employer sa cavalerie conformément aux principes mêmes de la tactique moderne ; aussi l'étude de ses campagnes nous fournit-elle à cet égard des exemples utiles à méditer. Les officiers de cavalerie trouveront dans son *Instruction secrète* d'excellents conseils sur toutes les opérations qui constituent la petite guerre. Sans doute l'efficacité de plus en plus grande des armes à feu rend de nos jours le rôle de la cavalerie plus difficile à remplir, mais cette arme conserve toute son importance ; elle peut seule éclairer les armées, seule elle peut produire par sa brusque apparition sur le champ de bataille un effet moral considérable ; elle reste enfin l'arme de la poursuite par excellence.

La tactique de la cavalerie sous Frédéric II a été parfaitement résumée dans les lignes suivantes : « Dans la plupart des batailles de Frédéric on voit dominer le principe de l'attaque, de l'initiative. Son but n'était pas de repousser l'ennemi à l'aide de manœuvres menaçantes, mais de l'anéantir, et dans toutes ses batailles la tâche de la cavalerie était de contribuer à ce résultat. Jamais, ou du moins bien rarement, on voit dans les campagnes de ce prince la cavalerie rester témoin du combat sans y prendre une part active [1] ».

On peut donc dire que la tactique de la cavalerie n'a pas subi de modifications profondes depuis Frédéric II ; l'adjonction de l'artillerie à cheval, entrevue déjà par le roi, a augmenté les moyens d'action de la cavalerie sans en modifier la nature. Aujourd'hui encore, on peut étudier avec fruit les maximes de Frédéric II sur l'emploi de la cavalerie et le parti qu'il a su tirer de cette arme, parce que l'action de la cavalerie consistait à cette époque comme aujourd'hui dans la vigueur du choc, la hardiesse et la soudaineté de l'attaque.

On peut dire que la tactique de la cavalerie allemande de nos jours n'est autre que celle de Frédéric II ; les derniers règlements de manœuvre de cette arme, celui de 1876 et surtout celui de 1886, se sont entièrement inspirés de la tactique frédéricienne dans l'esprit, et en grande partie dans la forme ; on peut en dire autant du règlement mis en essai par ordre de Cabinet du 6 avril 1893.

---

[1] De Canitz, *loc. cit.*

CHAPITRE III.

TACTIQUE DE L'ARTILLERIE.

> « L'habileté du général consiste à faire
> approcher ses troupes sans qu'elles soient
> détruites..... Il faut qu'il fasse taire le feu
> de l'ennemi par la supériorité de celui qu'il
> lui oppose. »
>
> (Frédéric II.)

Importance croissante de l'artillerie. — Augmentation du nombre des canons.
— Comment Frédéric II conserve néanmoins à son armée toute sa mobilité. — Composition de l'artillerie. — Rôle de l'artillerie. — Principe de la
tactique de l'artillerie. — Efficacité du feu de l'artillerie. — Mode d'emploi
du canon. — Du tir à mitraille. — Action combinée de l'infanterie et de
l'artillerie. — Nécessité de ménager les munitions. — Choix de l'emplacement des batteries. — Mettre hors de service les pièces abandonnées. —
Éviter les mauvais terrains. — Concentration des feux. — Emploi du
canon dans la défensive. — Frédéric II entrevoit le rôle de l'artillerie à
cheval. — Résumé. — L'armée prussienne après les réformes de Frédéric II.

Importance croissante de l'artillerie. — L'artillerie ne constituait pas encore, pendant la période que nous étudions, une
arme proprement dite, distincte des deux autres; en intercalant
le canon dans les lignes d'infanterie, on lui enlevait la plus
grande partie de sa mobilité, on en faisait un accessoire, presque
un *impedimentum.*

Sous Frédéric II, l'artillerie acquiert cependant une importance jusqu'alors inconnue; de cette époque date pour elle le
commencement de ces transformations successives qui l'ont
amenée à jouer sur le champ de bataille un rôle si considérable.
Déjà le canon de 4 porte à plus de mille toises, et il est devenu
assez mobile pour se déplacer et se mettre en batterie sur tous
les terrains; la concentration des feux de l'artillerie devient
possible et permet d'obtenir des effets considérables pour
l'époque.

Augmentation du nombre des canons. — L'artillerie de campagne comprenait trois parties distinctes : l'artillerie régimen-

taire, l'artillerie de brigade et l'artillerie de réserve. Les seules
pièces pour lesquelles on eût adopté des proportions fixes étaient
celles de l'artillerie régimentaire ; cette proportion fut d'abord
de deux pièces, puis de trois par bataillon. Frédéric II la porta
à quatre par bataillon : « Il n'y a point de troupe qui puisse
tenir sous un feu aussi formidable, si l'on n'en a pas qui puisse
répondre à proportion [1] ».

Le roi comprenait la nécessité d'une artillerie nombreuse ; en
1754, causant avec le comte de Gisors de l'augmentation de l'artillerie autrichienne, augmentation que le maréchal autrichien
de Neipperg paraissait blâmer, Frédéric II s'exprimait de la
façon suivante : « Il aurait bien pu vous dire cela, mon cher,
pour vous dissuader d'en avoir, vous autres Français, et si vous
ne pressez pas votre père d'en faire donner à l'infanterie, ce sera
un désavantage notable qu'elle aura vis-à-vis des troupes autrichiennes. Conjurez-le de ma part de faire attention à cela et
représentez-lui-en la nécessité avec toute la vivacité dont vous
êtes capable [2] ».

*Comment Frédéric II conserve néanmoins à son armée toute sa
mobilité.* — Mais cette énorme quantité d'artillerie était de nature
à diminuer singulièrement la mobilité des armées ; ce résultat
était surtout visible dans les armées russes et autrichiennes,
déjà peu manœuvrières. L'armée russe traînait avec elle jusqu'à
600 pièces de canon ; aussi sa pesanteur était telle qu'elle recevait toujours la bataille et ne l'imposait jamais ; les Autrichiens,
qui avaient aussi une nombreuse artillerie, cherchaient à réduire
la guerre à des affaires de postes. Cette considération ne doit
pas être perdue de vue quand on étudie la guerre au XVIIIe
siècle, car elle explique, en partie, la lenteur des opérations
militaires.

Frédéric II, au contraire, faisait la guerre avec les jambes de
ses soldats et ne négligeait aucun des moyens propres à alléger
son armée, tout en donnant à son artillerie une grande extension. Pour obtenir ce résultat, il plaçait son artillerie en réserve

---

[1] Lettre du maréchal de Belle-Isle (1758).
[2] CAMILLE ROUSSET, *loc. cit.*

dans ses places de guerre, d'où il la tirait au fur et à mesure de
ses besoins ; c'est ainsi qu'il pouvait réparer ses désastres et
envoyer du canon à ses armées, ou renforcer certains points,
places fortes ou positions défensives, dont il faisait le pivot de
ses opérations. Cette tactique lui permettait de perdre et de remplacer son artillerie, d'exécuter des marches rapides, de Saxe en
Silésie, de Silésie sur le bas Oder, etc., sans traîner à sa suite
une réserve d'artillerie ; il trouvait du canon dans les places
qu'il rencontrait sur son passage ou dans le voisinage de son
armée.

Ajoutons que Frédéric II se rendait parfaitement compte du
défaut capital de son artillerie, et de toutes les artilleries de cette
époque, je veux dire son peu de mobilité, et qu'il s'efforça d'y
remédier. C'est ainsi qu'il chercha d'abord à séparer nettement
l'artillerie de campagne de l'artillerie de siège ; il y parvint
malgré l'opposition que ces idées nouvelles rencontraient parmi
un grand nombre de ses généraux. Il fit diminuer le poids des
pièces et rendit l'artillerie de campagne d'autant plus légère ;
mais les partisans des pièces lourdes ne désarmèrent pas et cher-
chèrent plus d'une fois à entraver les réformes projetées par le
roi : « A Leuthen, les pièces de 12, prises à Glogau, ayant rendu
de grands services, les artilleurs saisirent cette occasion de van-
ter au roi ce calibre et de chercher à sauver la pesanteur affec-
tionnée de leurs canons [1] ».

Composition de l'artillerie. — Chaque bataillon avait, au
début, deux pièces de 3 ou de 6 ; on y ajouta un obusier de 7,
soit trois pièces par bataillon, et Frédéric porta cette proportion
à quatre pièces par bataillon. Les pièces, dirigées par un sous-
officier d'artillerie, étaient servies par des hommes choisis et se
plaçaient dans l'ordre en bataille à droite du bataillon ; elles se
portaient en avant pour faire feu.

L'artillerie de brigade appartenait à l'arme de l'artillerie et
comprenait des brigades ou batteries de dix pièces de calibre
plus fort que les pièces de bataillon : c'étaient des canons de 12
et des obusiers de 10. La place de ces batteries était sur le front
ou sur les flancs de la ligne de bataille.

---

[1] DECKER, *loc. cit.*

Enfin, l'artillerie de réserve, organisée dans les dernières années, comprenait des canons de gros calibre destinés à soutenir les troupes placées aux ailes de la ligne de bataille.

Voici, à titre d'exemple, la composition de l'artillerie d'un corps d'armée en 1760. Ce corps d'armée composé de 59 bataillons formant 9 brigades, d'un effectif total de 50,000 hommes, comprenait 248 bouches à feu réparties de la façon suivante : aux 59 bataillons, 118 canons de petit calibre (3, 4 ou 6); aux 9 brigades d'infanterie des deux lignes d'attaque, 90 canons de tout calibre, soit 10 par brigade, les deux brigades des ailes de la deuxième ligne ayant chacune 10 obusiers ; au quartier général, 10 canons servis par la *batterie d'artillerie légère* récemment créée; enfin, à la réserve, 30 canons de gros calibre répartis en trois divisions. Comme on le voit, c'est une moyenne de près de 5 bouches à feu par 1000 hommes.

Rôle de l'artillerie. — Frédéric II a compris l'importance du rôle de l'artillerie et la nécessité de suivre les progrès de cette arme en modifiant sa tactique :

« Attaquer l'ennemi sans l'avantage du feu, c'est se battre avec des bâtons contre des armes.

« La découverte de la poudre à canon a changé entièrement la façon de faire la guerre. Maintenant c'est la supériorité du feu qui décide de la victoire : les exercices, les règlements et la tactique ont été refondus pour les conformer à cet usage ; récemment l'abus énorme des nombreuses artilleries, qui appesantissent les armées, nous force d'adopter cette mode, tant pour nous soutenir dans nos postes, que pour attaquer l'ennemi dans ceux qu'il occupe. »

Avant Frédéric II l'artillerie se mettait en batterie à 500 pas de l'ennemi et tirait à mitraille à 350 pas ; le roi lui prescrivit de commencer le feu à 600 ou 700 pas et de prendre pour objectif l'infanterie ennemie : contre les charges de la cavalerie elle devait continuer le feu le plus longtemps possible et compter sur la cavalerie amie pour la dégager. En principe, l'artillerie devait rechercher non les points culminants, mais les pentes douces : « Il faut avoir le plus d'artillerie possible, mais pour cela on a besoin d'occuper des hauteurs d'une pente douce ou d'être placé en plaine ».

Principe de la tactique de l'artillerie. — Le principe de la tactique de l'artillerie : faire taire le feu de l'ennemi pour permettre l'entrée en action de l'infanterie, est nettement indiqué par Frédéric II.

« Au temps des Turenne, des Condé, des Luxembourg, les victoires se remportaient par la valeur et par la force; maintenant l'artillerie décide tout; l'habileté du général consiste à faire approcher ses troupes de l'ennemi sans qu'elles soient détruites avant de commencer à l'attaquer. Pour se procurer cet avantage, il faut qu'il fasse taire le feu de l'ennemi par la supériorité de celui qu'il lui oppose. ».

Efficacité du feu de l'artillerie. — Dès que la distance et le terrain s'y prêtent, le feu de l'artillerie acquiert une efficacité considérable.

« Essayer de former ses troupes à découvert sur un glacis doux, à 1000 pas des batteries ennemies occupant les extrémités de ce glacis, c'est s'exposer à en perdre la moitié avant de pouvoir joindre l'ennemi...

« Sur le même terrain, malgré toutes les précautions que l'on peut prendre et les couverts propres à protéger la formation des troupes à 800 pas des batteries ennemies, celles-ci, si elles sont supérieures, désorganisent troupes, pièces, chevaux, trains et artilleurs, avant que les obstacles aient été atteints...

« Ne jamais s'établir à portée de canon d'une hauteur dominante que l'artillerie ennemie peut occuper. »

A Kolin, les batteries autrichiennes écrasent successivement les diverses lignes d'infanterie prussienne : « 9 bataillons du troisième échelon perdent 2,000 hommes avant d'avoir pu aborder l'infanterie ennemie »[1].

Mode d'emploi du canon. — Voyons comment Frédéric II emploie son artillerie :

« Je fais une distinction entre le gros canon et les pièces de campagne qui sont attachées aux bataillons. Le gros canon sera

---

[1] Decker, *loc. cit.*

placé sur les hauteurs et les petites pièces à 50 pas en avant du front des bataillons.

« Il faut que l'un et l'autre visent bien et tirent de même.

« Quand on se sera approché à 500 pas de l'ennemi, les petites pièces seront traînées par des hommes et resteront, pour continuer à tirer sans relâche en avançant.

« Si l'ennemi commence à fuir, le gros canon avancera, pour faire encore quelques décharges et pour lui souhaiter bon voyage.

« A chaque pièce en première ligne, il faut qu'il y ait six canonniers et trois charpentiers de régiment. »

En résumé, l'artillerie devait appuyer le mouvement offensif de l'infanterie et ne pas craindre de s'approcher à bonne portée de l'ennemi ; le gros canon formait réserve.

Du tir à mitraille. — Le tir à mitraille ou à cartouches, comme on disait à cette époque, était employé aux petites distances contre les troupes ; il a souvent produit des résultats considérables. Frédéric II attribuait une grande efficacité à ce genre de feu :

« J'ai oublié de dire qu'à 350 pas le canon commence à tirer à cartouches.

« Dans une attaque de poste, il n'y a rien de si redoutable que les batteries chargées à cartouches, qui font un terrible carnage pour les bataillons. »

A la bataille de Soor, 28 canons tirant à mitraille arrêtent une brigade d'infanterie prussienne qui a pris l'offensive à l'extrême droite ; l'arrivée de cinq bataillons de réserve permet à cette infanterie de se porter en avant et d'enlever la batterie autrichienne.

A Kesseldorf, 24 canons chargés à mitraille font reculer l'infanterie prussienne qui attaque le village.

A Kolin, « le régiment de Prusse-Cavalerie attaque un gros de l'infanterie ennemie et l'aurait détruit, si une batterie chargée à mitraille n'eût pas été exécutée à propos contre lui ; il rebroussa chemin en confusion ».

A Kunersdorf, l'infanterie prussienne est sur le point de s'emparer d'une grande batterie russe qui défend le Spitzberg et que les Russes ont abandonnée ; mais Laudon occupe la batterie avec sa réserve, fait charger les canons à mitraille et repousse les

Prussiens ; ceux-ci furent en même temps chargés par la cavalerie autrichienne et s'enfuirent en désordre.

Action combinée de l'infanterie et de l'artillerie. — En principe, l'artillerie prépare l'action de l'infanterie en prenant pour objectif, soit l'artillerie, soit l'infanterie de l'adversaire, suivant le cas.

A la bataille de Breslau, l'artillerie autrichienne sut admirablement combiner son action avec celle de l'infanterie. A cet effet, 320 bouches à feu, placées sur un terrain en glacis, prennent pour objectif l'artillerie prussienne et démontent ses canons un à un, préparant ainsi l'attaque de l'infanterie autrichienne et assurant le succès du prince de Lorraine.

On doit avoir le plus grand soin de ne lancer l'infanterie à l'attaque qu'après une préparation suffisante par le feu de l'artillerie. A Kunersdorf, l'attaque de l'infanterie prussienne contre l'aile gauche russe, appuyée par le feu de 72 pièces, réussit quoique la préparation eût été insuffisante ; mais ce résultat doit être attribué à ce fait que l'infanterie prussienne trouva un abri dans le terrain qui formait un angle mort au pied des hauteurs occupées par les Russes. Lorsque ceux-ci eurent formé en arrière une deuxième ligne, ayant de bonnes vues sur le terrain d'attaque, tous les efforts des Prussiens vinrent échouer contre ce nouvel obstacle.

Dans l'action combinée de l'infanterie et de l'artillerie, la première devait toujours démasquer le feu de la seconde, sinon l'artillerie se trouvait dans l'obligation de suspendre son tir, comme cela est arrivé aux Autrichiens à Leuthen et à Kesseldorf ; c'est qu'en effet le canon ne pouvait, à cette époque, tirer sans danger par-dessus l'infanterie.

A Leuthen, l'infanterie autrichienne se replie en désordre sur son artillerie, masque le feu de celle-ci et la réduit au silence.

A Kesseldorf, « nous ne nous sommes emparés des batteries de l'ennemi que par sa faute ; notre infanterie, qui les attaquait, étant à moitié écrasée, commençait à plier ; l'infanterie ennemie la voulant poursuivre quitta son poste. Par ce mouvement, leur canon n'osa plus tirer, et nos troupes, qui talonnaient l'ennemi, arrivèrent en même temps que lui aux batteries et s'en emparèrent ».

Nécessité de ménager les munitions. — La nécessité de ménager les munitions s'imposait d'autant plus aux armées de cette époque, que le transport de ces munitions à la suite des colonnes était organisé d'une façon tout à fait rudimentaire et qu'aucune règle ne présidait au ravitaillement sur le champ de bataille.

A la bataille de Torgau, l'artillerie de l'aile droite autrichienne, ayant devant elle un champ de tir en glacis, arrête, par un feu bien nourri, tous les efforts de l'aile gauche prussienne, qui cherche à déboucher des bois pour prendre pied sur le plateau, au nord de Siptitz. D'abord repoussés, les Prussiens reçoivent des renforts et reviennent à la charge : « Le feu terrible que les Impériaux avaient fait avec leurs canons avait consommé leurs munitions trop vite. Ils avaient laissé leur réserve d'artillerie de l'autre côté de l'Elbe, et le resserrement de leurs lignes ne leur permettait pas de faire passer entre deux les chariots de munitions et de les distribuer aux batteries. Le roi profita du moment que leur feu commençait à se ralentir pour faire attaquer leur infanterie ».

Choix de l'emplacement des batteries. — Sur le champ de bataille, on placera les batteries de telle sorte que l'infanterie ennemie ne puisse se glisser jusqu'à elle en s'abritant du terrain; la cavalerie ou l'infanterie doit veiller à la sûreté de l'artillerie. Les cinq bataillons prussiens qui, à la bataille de Soor, ont enlevé les 28 pièces placées à l'aile gauche autrichienne, se sont avancés dans l'angle mort formé par la hauteur sur laquelle cette batterie était établie.

Frédéric II plaçait quelquefois lui-même son artillerie. A la bataille de Hochkirch, surpris en pleine nuit, il perd la batterie de 12 pièces qui défend le village de Hochkirch; mais il a la présence d'esprit de tirer du canon des autres batteries. Il les place lui-même sur une position choisie en arrière et permet ainsi à son infanterie de se reformer et de battre en retraite en bon ordre, sous la protection de sa cavalerie.

Mettre hors de service les pièces abandonnées; éviter les mauvais terrains. — Si l'on est obligé d'abandonner des pièces à l'ennemi, il faut avoir soin de les mettre hors de service. A Kunersdorf, 97 bouches à feu russes, postées sur le Muhlberg, sont enlevées par l'infanterie prussienne, qui s'est emparée de cette hauteur au début de la bataille ; mais les *artilleurs russes* ont emmené les avant-trains et enlevé les armements, et les Prussiens ne peuvent tirer aucun parti de toute cette artillerie.

Moins encore que la cavalerie, l'artillerie ne peut manœuvrer dans les marécages, les bois, les mauvais chemins, etc. A Torgau, lorsque l'avant-garde de l'aile gauche prussienne débouche sur le Striebach, les deux batteries de gros calibre (20 pièces de 12) ne peuvent la suivre dans le bois pour appuyer son déploiement ; elles essaient de s'établir sur la gauche du bois, mais le feu de l'artillerie autrichiennne, qui tire à mitraille, est tellement meurtrier que ces deux batteries sont anéanties en un clin d'œil.

A Zullichau, le général de Wedell a été battu en grande partie, parce qu'il n'a pu opposer assez de canons à l'ennemi ; son artillerie était restée en arrière, les chemins ayant été rendus impraticables par la pluie : « Si l'artillerie avait eu un chef en mesure de se faire écouter, il aurait observé que, s'il est toujours possible de faire entrer l'artillerie dans un bourbier, il est impossible de l'en faire sortir et que, lorsqu'on veut mettre la réserve d'artillerie en mouvement, il faut auparavant reconnaître le terrain [1] ».

Concentration des feux. — Vu la portée peu considérable du canon, la concentration des feux ne pouvait s'obtenir que par la réunion d'un certain nombre de pièces sur le champ de bataille ; cette réunion n'avait lieu qu'exceptionnellement. Rosbach nous en offre un exemple ; l'artillerie prussienne fut réunie en deux groupes principaux : l'un, placé sur le mont Janus, prit de front les têtes de colonne de l'armée franco-impériale ; l'autre groupe était placé de façon à prendre en flanc le gros de l'armée ennemie pour empêcher celle-ci de se former en bataille. Quant à l'artillerie adverse, mise en batterie dans un bas-fonds, elle tire de bas en haut sans produire d'effet.

Emploi du canon dans la défensive. — Dans la défensive, on emploiera le canon de la façon suivante :

---

[1] Decker, *loc. cit.*

« Il faut que vous lardiez de canon les principaux points d'attaque de votre poste, que vos batteries tirent en écharpe, que les canonniers visent bien, qu'ils connaissent toutes les distances et se servent à propos de la mitraille, qu'on fasse ricocher les canons de six livres et qu'on avertisse à temps les canonniers quand on veut lâcher de la cavalerie sur l'ennemi. »

Frédéric II a eu rarement l'occasion d'appliquer lui-même ces prescriptions, son principe étant de prendre toujours l'offensive sur le champ de bataille; toutefois, au mois d'août 1761, pressé de tous côtés par des adversaires supérieurs en nombre, il se retire dans le camp de Bunzelwitz, qu'il organise défensivement à l'aide de travaux de campagne défendus par toute son artillerie. Les Russes, au contraire, avaient pour habitude de livrer des batailles défensives; à Kunersdorf, par exemple, ils occupent une forte position formée par les hauteurs des Juifs, le Spitzberg, le Muhlberg, qu'ils couvrent de retranchements; ils placent de puissantes batteries aux saillants de cette ligne, notamment au Spitzberg, qui forme le centre de la position, et au Muhlberg, qui est le point d'appui de l'aile gauche.

Frédéric II entrevoit le rôle de l'artillerie à cheval. — Outre les progrès qui ont été, pour ainsi dire, ébauchés dans l'artillerie sous le règne de Frédéric II, on peut porter à l'actif de ce prince l'idée première de faire appuyer la cavalerie par du canon, c'est-à-dire le premier essai d'artillerie à cheval. Déjà, à la bataille de Kunersdorf, une batterie à cheval prussienne aurait été enlevée, paraît-il, par les Russes, et, à l'affaire de Maxen, parmi les troupes que la capitulation livra aux Autrichiens, se serait trouvée également une batterie de cette nature. Quelques auteurs veulent même faire remonter jusqu'à Rosbach l'emploi de cette sorte d'artillerie, et ils considèrent comme des batteries à cheval les pièces légères qui accompagnèrent la cavalerie de Seydlitz à cette bataille.

On trouve dans les prescriptions de Frédéric II des indications relatives à l'action de l'artillerie chargée de soutenir la cavalerie envoyée au loin en reconnaissance; dans ce cas, les dragons mettent pied à terre pour faire le coup de feu et protéger, de concert avec le canon, la cavalerie légère : « Lorsqu'on détache les hussards et qu'ils ont une grande traite à faire, il faut garnir

quelque défilé par où ils sont obligés de retourner; on y envoie
des dragons avec quelques petits canons; c'est pour leur tenir le
dos libre et pour ne pas les exposer à être détruits au retour.
Ces dragons peuvent mettre pied à terre et protéger la retraite
par leur feu ».

C'est à la fin de la guerre de Sept ans que nous voyons apparaître d'une façon certaine des batteries légères chargées d'accompagner les escadrons prussiens, origine de cette artillerie à
cheval destinée à décupler la force et les moyens d'action de la
cavalerie. Cette artillerie ne formait pas encore des groupes distincts, attachés spécialement à la cavalerie, mais le roi se réser-
vait de l'employer suivant les circonstances et la gardait ordinairement auprès de lui.

Au combat de Peilau, en 1762, Frédéric II avait formé une
brigade d'artillerie légère annexée aux cinq régiments de cavalerie commandés par le prince de Wurtemberg. La cavalerie
de O'Donnell, composée de 46 escadrons, ayant débouché du
village de Peilau pour couvrir le flanc gauche de l'armée autrichienne, « reçut une bordée de 15 pièces de 6 livres de l'artillerie légère, dont on avait formé une batterie à la hâte.
Cela acheva de répandre de la confusion parmi son monde ».
Cette cavalerie ainsi ébranlée fut chargée, mise en déroute, et
sa retraite dégarnit le flanc de l'armée autrichienne qui dut se
retirer.

Résumé. — En résumé, l'artillerie prussienne a joué souvent
un rôle offensif sur le champ de bataille, comme à Leuthen où
l'attaque contre l'aile gauche autrichienne était appuyée par une
batterie de 20 pièces, et où une seconde batterie, de 20 pièces
également, prit part à l'attaque dirigée au centre contre le village
de Leuthen. On peut dire néanmoins d'une façon générale que
le rôle de l'artillerie à cette époque était surtout considérable
dans la défensive. A Kolin, à Torgau, les canons autrichiens ont
infligé des pertes sanglantes aux troupes prussiennes; à cette
dernière bataille, les Autrichiens avaient établi une batterie de
80 à 100 canons à 800 pas de la lisière du bois par lequel devait
déboucher l'aile gauche prussienne : « Les Prussiens n'eurent
même pas le temps de charger leurs pièces; les officiers, les
canonniers, les hommes du train et les chevaux étaient déjà tués

ou hors de combat[1] ». A Kunersdorf, après la perte du Muhlberg, les Russes portent sur leur gauche l'artillerie devenue inutile à leur aile droite, et mitraillent les Prussiens qui ne peuvent
emporter cette position et éprouvent une défaite complète.

Faute d'une mobilité suffisante, le canon possède donc surtout
des propriétés défensives; le mérite de Frédéric II est d'avoir
entrevu la vraie tactique de l'artillerie, celle qui consiste à
donner au canon un rôle nettement offensif sur le champ de
bataille, en combinant son action avec celle des autres armes et
en lui laissant le choix des moyens pour concourir au but
commun.

L'armée prussienne après les réformes de Frédéric II. — Tels
sont les principaux progrès accomplis sous Frédéric II dans la
tactique de l'infanterie, de la cavalerie et de l'artillerie. Grâce
aux réformes du roi et aux soins incessants qu'il apportait à l'instruction des troupes, on peut dire que l'armée prussienne était
devenue l'une des meilleures et des plus solides de l'Europe; elle
comprenait, sur le pied de paix, environ 200,000 hommes répartis en 35 régiments et 21 bataillons d'infanterie, 35 régiments
de cavalerie, 4 d'artillerie et un corps de pionniers; les régiments
étaient groupés en inspections et toute l'armée formait 16 com-
mandements.

En temps de paix, les officiers se recrutaient parmi les sous-
officiers gentilshommes au nombre de deux au moins par compagnie; l'un de ces sous-officiers était fourrier, l'autre porte-
drapeau (il y avait un drapeau par compagnie); ils n'étaient
nommés enseignes qu'après trois ans de service. En principe
donc, les officiers étaient tous nobles; leurs armes étaient l'épée
et l'esponton; les sous-officiers étaient armés de la hallebarde et
devaient s'en servir pour empêcher les hommes de quitter le
rang. Les capitaines étaient choisis avec soin et recevaient une
solde en rapport avec l'importance attachée à leurs fonctions, de
5,000 à 6,000 francs par an.

On doit aussi à Frédéric II la création de l'Hôtel des Invalides
(1745) et celle de l'Académie des Nobles où 15 cadets choisis

---

[1] Tempelhof.

avec soin étaient admis chaque année; le premier directeur de l'Académie fut le général de Buddenbrock. En 1740, Frédéric avait créé l'*Ordre pour le Mérite,* qu'il substitua à celui de la .Générosité.

Nous avons vu comment Frédéric recrutait son armée, comment il la préparait pour la guerre, quelle importance il attachait à tout ce qui concernait l'instruction technique de ses troupes, et celle de ses officiers en particulier; à ceux-ci le roi sut inspirer cet esprit militaire qui, greffé sur l'esprit de caste, caractérise encore de nos jours l'officier prussien. C'est de Frédéric II que date la prédominance de l'élément militaire sur l'élément civil en Prusse; le corps d'officiers, englobant toute la noblesse, donna à l'armée le pas sur toutes les autres institutions du pays et en fit un élément distinct dans la nation. Cet esprit particulier, qui anime encore de nos jours l'armée prussienne, remonte donc, lui aussi, à Frédéric II.

CHAPITRE IV.

> « Si votre armée est forte, faites une fausse
> attaque d'un autre côté pour diviser l'atten-
> tion de l'adversaire. »
>
> (Frédéric II.)

Principe des formations en bataille. — Choix du terrain; règles générales. —
Répartition de la cavalerie; exemples tirés des principales batailles livrées
par Frédéric II. — Nombre de lignes constituant l'ordre de bataille;
exemples. — Nécessité d'une réserve. — Intervalles, distances, front de
combat. — Nécessité d'appuyer les ailes. — Infanterie aux ailes de la
cavalerie. — De la formation en échiquier. — De l'ordre oblique; comment
Frédéric en comprend l'emploi. — Exemples : bataille de Soor; emploi de
l'ordre oblique à Leuthen; l'ordre oblique à Zorndorf. — Principes généraux
du combat. — Commencement de l'action : on cherche à brusquer
l'attaque. — Il ne faut pas se déployer prématurément. — Il faut lier les
attaques, ne pas perdre les distances. — De l'attaque par surprise. — Des
carrés. — Des ordres pour le combat. — Exemples : ordres pour les
batailles de Hohenfriedberg, de Kunersdorf, de Torgau. — De la transmission
des ordres. — Des combats contre les hauteurs; exemples. — Attaque et
défense des villages; exemples. — Des changements de front. — Des
attaques de front : Kolin, Zorndorf. — Attaque sur les deux ailes :
difficulté de lier les attaques; Hochkirch. — Attaque de front et sur une
aile. — Attaque sur une aile ; manœuvre favorite de Frédéric II. — Des
mouvements tournants; exemple : bataille de Torgau. — Des marches de
flanc. — Exemples : avant la bataille de Prague; marche de flanc à Kolin,
à Leuthen, à Zorndorf et à Kunersdorf. — Avantages et dangers des
marches de flanc exécutées par le roi. — Physionomie habituelle du combat
à cette époque.

Principe des formations en bataille. — Frédéric II établit de
la façon suivante le principe de toute formation en bataille :

« L'art de distribuer les troupes sur leur terrain est de savoir
les placer de façon qu'elles puissent agir librement et être utiles
partout.

« Il faut bien se garder de mettre les troupes dans un terrain
où elles ne puissent pas agir. »

A la bataille de Soor, les mauvaises dispositions prises par le
prince de Lorraine ont beaucoup aidé au succès des Prussiens;
le terrain sur lequel il a déployé son armée a rendu inutile sa
supériorité numérique.

« On ne peut attribuer le gain de cette bataille qu'au terrain étroit par lequel le prince de Lorraine vint attaquer le roi; ce terrain ôtait à l'ennemi l'avantage de la supériorité du nombre. Les Prussiens purent lui opposer un front aussi large que celui qu'il présentait. La multitude des soldats devenait inutile au prince de Lorraine, parce que ses trois lignes, presque sans distance, pressées les unes contre les autres, n'avaient pas la facilité de combattre et que, la confusion s'y mettant une fois, elle rendait le mal irrémédiable. »

Choix du terrain; règles générales. — « La connaissance et le choix du terrain sont deux choses très essentielles; mais il faut savoir en profiter pour distribuer les troupes dans les endroits qui leur conviennent...

« Toute une armée doit être mise en bataille selon le terrain qui lui est convenable. On choisit la plaine pour la cavalerie, mais cela ne suffit pas; car si la plaine n'a que mille pas de front et qu'elle soit bornée par un bois où l'on suppose que l'ennemi ait jeté de l'infanterie afin que, protégé par son feu, il puisse rallier sa cavalerie, alors il faudra changer sa disposition et mettre à l'extrémité de ses ailes de l'infanterie pour qu'elle soutienne à son tour la cavalerie.

« Il faut toujours se régler sur le terrain où l'on est. Dans un pays montagneux, je placerai ma cavalerie en seconde ligne et je ne m'en servirai dans la première que dans les endroits propres pour la faire agir, hormis quelques escadrons pour prendre en flanc l'infanterie ennemie qui viendrait m'attaquer.

« Les ordres de bataille en rase campagne doivent être partout également forts; car, tous les mouvements de l'ennemi y étant libres, il pourrait bien se réserver un corps qu'il emploierait à vous donner de la besogne.

« Si vous placez votre cavalerie derrière un marais, elle ne vous sera d'aucun usage, et si vous la mettez trop près d'un bois, l'ennemi y peut avoir des troupes qui fusilleront votre cavalerie et la mettront en désordre sans qu'elle puisse se défendre. Le même inconvénient arrivera avec votre infanterie si vous l'aventurez dans une plaine sans assurer ses flancs; car l'ennemi ne manquera pas de profiter de votre faute pour attaquer cette infanterie du côté où elle ne pourra pas se défendre. »

Répartition de la cavalerie; exemples tirés des principales batailles livrées par Frédéric II. — Frédéric II place habituellement sa cavalerie sur les deux ailes et en conserve une fraction en réserve; il laisse, du reste, la plus grande latitude à cet égard, ces dispositions dépendant essentiellement du terrain, comme on l'a vu plus haut.

« Quelquefois, on porte toute sa cavalerie sur une de ses ailes; dans un autre temps, on ferme les ailes de la cavalerie par une ou deux brigades d'infanterie. »

A Mollwitz, les deux ailes de l'armée prussienne sont composées de cavalerie à laquelle sont mélangés deux bataillons de grenadiers, disposition défectueuse qui a pour but de contrebalancer la supériorité des Autrichiens en cavalerie.

A Czaslau, la cavalerie occupait également les deux ailes de la ligne; mais celle de l'aile gauche était mal établie et a failli faire perdre la bataille en franchissant tardivement la rivière de Chotusitz et en se subdivisant en deux fractions dont l'une, retardée par le terrain, a été assaillie et culbutée par des forces supérieures. Le terrain coupé de petits ruisseaux, qui s'étend sur la rive droite de la rivière, aurait dû être occupé par de l'infanterie en arrière de laquelle la cavalerie prussienne aurait pris position en débordant cette infanterie.

A Hohenfriedberg, outre la cavalerie placée aux deux ailes, trente escadrons sont en réserve derrière le centre de la deuxième ligne; un régiment de cavalerie est placé en troisième ligne derrière chaque aile pour l'empêcher d'être prise en flanc.

A Lowositz, la cavalerie manœuvre dans la plaine, abandonnant à l'infanterie le soin d'occuper sur les deux ailes les hauteurs de Lobosch et de Radostitz; cette fois la cavalerie occupe donc le centre de la ligne de bataille. Fidèle à son principe, le roi a placé l'infanterie sur les hauteurs et la cavalerie en plaine; on voit que Frédéric savait adapter ses formations au terrain et leur donner toute la souplesse compatible avec la rigidité des lignes de bataille employées à cette époque.

A la bataille de Prague, nous trouvons la cavalerie prussienne aux deux ailes et à la réserve. A Kolin, elle est répartie tout entière entre les deux ailes de l'armée; lorsque celle-ci exécute sa marche de flanc à la sortie de Planian, une partie de la cavalerie, sous les ordres de Zieten, prend les devants; le reste forme

une colonne destinée, une fois l'attaque prononcée, à soutenir
les efforts de l'aile gauche; dix escadrons seulement restent à
l'aile droite.

Au combat de Reichenberg, livré le 21 avril 1757 par le duc
de Bevern au comte de Kœnigseck qui veut l'empêcher de déboucher en Bohême, les deux cavaleries ennemies évoluent dans la
plaine au centre du champ de bataille, entre la Neisse et le ruisseau de Partzdorf; les deux ailes de la position occupée par les
Autrichiens sont boisées et escarpées, et ne se prêtent pas à l'emploi de cette arme.

A Rosbach, l'armée prussienne n'a pas eu à prendre son ordre
de bataille régulier.

A Leuthen, la cavalerie prussienne forme les deux ailes et la
réserve; dans la marche de flanc qui précède la bataille, elle
marche à la tête et à la queue de chacune des colonnes.

A Zorndorf, dans la marche qui précède l'engagement, la
cavalerie forme une colonne distincte qui traverse la Mitzel au
pont de Kersten; mais une fois la marche sur Zorndorf exécutée,
le gros de la cavalerie vient se former à l'aile gauche de l'armée,
où le terrain se prête mieux à son action; deux régiments de
cavalerie seulement occupent l'aile droite. On sait que, pendant
l'action, le roi a été obligé de retirer de la cavalerie de l'aile
gauche pour la porter au secours de son aile droite compromise.

Hochkirch et Liegnitz ont été des surprises qui n'ont pas laissé
à Frédéric II le temps de prendre une formation de bataille régulière.

A Kunersdorf, toute la cavalerie est rassemblée derrière l'aile
gauche prussienne; cette disposition s'explique par la configu-
tion du terrain qui est limité à droite par un ruisseau, le Hüner-
fluss; elle s'explique aussi par le projet d'attaquer le Mühlberg
en portant en avant l'infanterie de l'aile droite; mais une partie
de la cavalerie aurait dû être conservée en réserve à portée de
l'aile droite. Après la prise du Mühlberg, le manque de cavalerie
à l'aile droite se fit sentir et le roi dut en envoyer chercher à son
aile gauche, mais il était trop tard.

A Torgau, il n'y a pas eu de formation en bataille proprement
dite du côté des Prussiens, mais deux actions distinctes, l'une
dirigée par Zieten, l'autre par le roi.

En résumé, on voit que la répartition de la cavalerie aux ailes, avec une réserve au centre, était la formation qui répondait le mieux à toutes les exigences de la lutte, sauf dans certains cas où le champ de bataille avait une configuration particulière, comme à Lowositz. Chaque fois que le roi a choisi un autre mode de répartition de sa cavalerie, il a eu à le regretter.

Nombre de lignes constituant l'ordre de bataille; exemples. — Frédéric II place habituellement son armée sur trois lignes, la troisième formant réserve, quelquefois sur deux lignes seulement.

L'armée est généralement répartie en deux ailes, composées chacune d'infanterie et de cavalerie, l'infanterie au centre. Chaque aile comprend ainsi la moitié de chacune des deux lignes, la troisième ligne qui forme réserve constituant d'habitude un groupe distinct. Cette formation théorique se modifie, du reste, suivant le terrain et les nécessités du moment. Les bagages et les *impedimenta* sont éloignés du champ de bataille et parqués dans la direction probable de la ligne de retraite.

A Mollwitz, l'armée prussienne est formée sur deux lignes, l'infanterie au centre ; mais la cavalerie de l'aile droite n'ayant pas laissé assez de place à l'infanterie, celle-ci porte trois de ses bataillons en potence sur la droite ; nous verrons plus loin le rôle considérable joué par ces trois bataillons.

A Czaslau, l'armée prussienne forme trois lignes composées chacune d'infanterie et de cavalerie ; la cavalerie de la troisième ligne déborde un peu les flancs afin de s'opposer à un mouvement tournant.

A Hohenfriedberg, l'armée prussienne est formée également sur trois lignes, la troisième, composée de trente escadrons, servant de réserve derrière le centre.

A Soor, les Prussiens se sont formés sur deux lignes seulement ; cette formation mince et étendue facilitait le mouvement de conversion à droite exécuté dès le début de l'engagement ; mais elle était faible partout et elle aurait pu entraîner la défaite des Prussiens très inférieurs en nombre si, de son côté, l'armée autrichienne n'eût été formée sur un mauvais terrain où ses trois lignes étaient trop rapprochées et hors d'état d'agir.

A Lowositz, le roi croyait n'avoir devant lui qu'une forte arrière-garde ennemie ; il fait attaquer les hauteurs par deux colonnes d'infanterie et porte sa cavalerie au centre dans la plaine. La résistance qu'il éprouve sur tout son front lui fait comprendre qu'il a devant lui toute l'armée autrichienne; le brouillard qui se dissipe découvre la position de cette armée, et la lutte s'engage à fond sans avoir été précédée, de part et d'autre, d'un de ces déploiements méthodiques dont les batailles de cette époque nous offrent de si fréquents exemples.

L'ordre de bataille de l'armée prussienne à Prague et à Kolin comporte deux lignes et une réserve qui, à Kolin, ne comprend que quatre bataillons; les deux ailes sont flanquées par quelques bataillons.

A Rosbach, avant d'exécuter le mouvement rétrograde qui l'amènera sur le flanc de l'armée franco-impériale, Frédéric II place son armée dans une formation particulière qui lui permet de couvrir son front et ses flancs contre une surprise. Sa droite est appuyée au village de Bedra, sa gauche vers Rosbach; son front est couvert par une ligne de collines peu élevées au pied desquelles coule le ruisseau de Schortau qui forme comme un fossé devant ce front et enveloppe les deux ailes de l'armée; les bords marécageux de ce ruisseau, les collines et les bois dont la plaine est parsemée se prêtent à une guerre de surprise et d'embuscade. L'armée prussienne forme un triangle dont la base est tournée vers l'ennemi; sa première ligne comprend 21 bataillons; l'artillerie, encadrée par deux bataillons sur chaque aile, forme la deuxième ligne; 43 escadrons constituent la troisième; un bataillon et vingt escadrons sont en réserve. Ainsi ramassée sur elle-même et dissimulée derrière les obstacles du terrain, elle attend, elle guette en quelque sorte sa proie.

A Leuthen, l'armée forme deux lignes; chacune d'elles constitue une colonne à distance entière pendant la marche de flanc qui précède la bataille; les deux colonnes s'arrêtent vis-à-vis l'aile gauche ennemie et se reforment en bataille sur deux lignes par un mouvement de conversion à gauche.

A Zorndorf, l'armée prussienne prend sa formation de bataille après avoir exécuté autour de l'armée russe une vaste conversion : l'infanterie marche sur deux colonnes, la gauche en tête, et la cavalerie forme une troisième colonne à la gauche des deux autres; à la sortie de la forêt de Massin, l'infanterie de l'avant-garde, renforcée par dix-huit escadrons, forme une quatrième colonne qui marche à la droite de l'armée ; enfin, à hauteur du village de Zorndorf, l'armée s'arrête et se forme en bataille par le mouvement de : pelotons à droite. L'infanterie forme alors trois lignes ; une partie de la cavalerie encadre la deuxième ligne ; le gros des escadrons se porte à l'aile gauche qu'elle déborde, et le reste de la cavalerie passe en réserve. Quant aux bataillons d'avant-garde, encadrés par deux batteries de dix pièces, ils se placent en avant de la première ligne, devant l'aile gauche ; une centaine de pièces d'artillerie sont réparties sur tout le front de la ligne de bataille.

La formation de l'armée prussienne à Hochkirch était des plus défectueuses : elle occupait un terrain trop étendu et formait deux lignes, la cavalerie couvrant en partie la trouée du centre. Frédéric II ne pensait pas être attaqué sur ce terrain, et l'offensive n'était pas, du reste, dans les habitudes du maréchal Daun ; le roi avait conscience du danger qu'il courait à proximité des fortes positions ennemies et il s'apprêtait à changer ses dispositions lorsqu'il fut subitement attaqué pendant la nuit.

A Kunersdorf, le roi forme d'abord son armée sur trois lignes, sur les hauteurs de Bischofsee ; le lendemain il exécute un mouvement de flanc par la gauche et vient se former dans la forêt de Kunersdorf, vis-à-vis l'aile gauche des Russes qu'il prend pour objectif. Son armée est rangée d'abord sur cinq lignes, trois d'infanterie et deux de cavalerie ; le gros de cette cavalerie est à l'aile gauche et quelques escadrons de dragons restent seuls derrière la troisième ligne. Il emploie alors la première ligne et une partie de la deuxième à l'attaque du Mühlberg qui est enlevé, mais l'artillerie prussienne n'a pu suivre le mouvement rapide de l'infanterie et l'aile droite manque de cavalerie ; tous les efforts des Prussiens échouent contre la nouvelle position prise par les Russes.

A Liegnitz, l'armée prussienne, obligée de se former à la hâte, combat sur deux lignes, couverte par la cavalerie qui se porte ensuite en réserve avec quelques bataillons.

A Torgau, le roi entend le canon sur sa droite et croit que son aile droite, sous les ordres de Zieten, prononce son attaque ; il s'empresse d'engager ses colonnes au fur et à mesure qu'elles débouchent de la forêt de Dommitsch, sans prendre une formation régulière de combat.

En résumé, la formation sur deux lignes, la cavalerie aux ailes, avec une réserve plus ou moins forte formant une troisième ligne et placée derrière le centre, était celle que préférait Frédéric II, et elle peut être considérée comme son ordre de bataille normal.

Nécessité d'une réserve. — Frédéric II établit ainsi l'obligation de constituer une réserve :

« C'est une règle générale que dans toutes les armées bien menées on forme une réserve de cavalerie, si c'est dans un pays de plaine, et une réserve d'infanterie mêlée de quelques escadrons de dragons et de hussards, si c'est dans un pays coupé et de chicanes.

« Dans la plaine, il faut qu'il y ait toujours derrière le centre des bataillons une réserve de cavalerie qui doit être commandée par un officier de tête, puisqu'il faut qu'il agisse par lui-même, soit en portant du secours à l'aile qu'il verra en avoir besoin, soit en prenant en flanc l'ennemi qui poursuivra l'aile qui aura été mise en déroute, et donner par là le temps à la cavalerie de se rallier. »

Le roi n'avait pas de troupes spéciales destinées à ce rôle; il constituait la réserve avec les corps qu'il avait sous la main. Ces principes n'ont pas cessé d'être vrais; du temps de Frédéric, les canons marchaient avec les bataillons auxquels ils étaient attachés, de telle sorte que la réserve comprenait, comme de nos jours, les différentes armes, mais la cavalerie y entrait dans une proportion plus forte, son rôle sur le champ de bataille étant des plus importants.

Les exemples que nous avons cités plus haut montrent avec quel soin Frédéric constituait sa réserve; ainsi, à Prague, la réserve comprenait surtout de la cavalerie (50 escadrons et un seul bataillon); à Kolin, l'absence presque complète de réserve (4 bataillons seulement), due à l'infériorité numérique des Prussiens, a été l'une des causes de leur défaite; à Leuthen, l'ordre oblique adopté par Frédéric II rendait moins nécessaire la présence d'une réserve : l'aile gauche, placée obliquement, pouvait jusqu'à un certain point tenir lieu de réserve. A Zorndorf, la masse de cavalerie, mise à l'aile gauche de l'armée, devait former, dans l'esprit du roi, une véritable réserve : cette disposition était défectueuse et le roi s'en aperçut bientôt lorsqu'il voulut puiser dans le corps de cavalerie pour renforcer son aile droite, manœuvre difficile à exécuter avec rapidité au milieu d'un engagement. Il s'en aperçut encore à Kunersdorf, où les escadrons restés à l'aile gauche ne purent arriver à temps au secours de son aile droite.

Intervalles, distances, front de combat. — Les intervalles, les distances et le front de combat étaient très restreints, comme il convenait à une époque où le peu d'efficacité et de portée des armes à feu ne permettait que le combat rapproché.

« Un usage reçu est de donner quinze pas d'intervalle aux escadrons dans un terrain difficile et coupé; au lieu que, dans un terrain uni, ils se forment sur une ligne pleine.

« L'infanterie ne gardera pas d'autres intervalles que ceux qu'il faut pour le canon.

« Le général qui commandera la deuxième ligne observera une distance de 300 pas entre elle et la première, et s'il s'aperçoit de quelques intervalles dans la première ligne, il y fera entrer des bataillons de la seconde. »

Ces distances étaient suffisantes pour mettre la deuxième ligne à l'abri des feux d'artillerie dirigés contre la première. En donnant à son armée une profondeur et un front restreints, le roi avait ses troupes complètement dans la main; dans les batailles où, contrairement à sa tactique habituelle, il a trop étendu son front, il a été battu comme à Hochkirch, ou n'a remporté qu'un succès peu décisif comme à Lowositz.

Nécessité d'appuyer les ailes. — Cette formation l'exposait, il est vrai, à être débordé; mais il avait soin, pour parer à ce danger, de disposer ses troupes en crochet ou en échelons aux ailes.

« Vous appuierez toujours vos ailes, ou au moins celles qui doivent faire les plus grands efforts.

« En cas que l'une des ailes ne fût pas appuyée, le général qui commande la seconde ligne doit envoyer des dragons pour déborder la première ligne, sans en attendre l'ordre, et les hussards tirés de la troisième ligne viendront déborder les dragons.

« La raison en est que, si l'ennemi fait un mouvement pour prendre la cavalerie de première ligne en flanc, vos dragons et vos hussards feront à leur tour la même chose à l'ennemi.

« On verra..... que je fais placer trois bataillons dans l'intervalle des deux lignes de l'aile gauche de mon infanterie, c'est pour mieux assurer cette aile; car supposez que votre cavalerie fût battue, ces bataillons empêcheront toujours que l'infanterie ne soit entamée, comme nous en avons eu l'exemple à Mollwitz. »

Nous avons vu qu'à cette bataille le roi avait placé trois bataillons en potence à son aile droite. Ce sont eux qui ont sauvé la situation; en effet, trente escadrons ayant assailli vigoureusement l'aile droite prussienne pour donner le temps à l'armée autrichienne de se former en dehors de ses cantonnements, les dix escadrons prussiens furent en un instant culbutés et mis en déroute; mais tous les efforts de la cavalerie ennemie vinrent échouer contre les trois bataillons prussiens et cette résistance donna aux renforts le temps d'arriver, jusqu'à ce que le maréchal de Schwerin eût décidé la victoire par un mouvement en avant de toute son infanterie.

A la bataille de Soor, l'armée prussienne occupait une position forte au centre et bien appuyée à l'aile gauche, mais l'aile droite était en l'air, « dans un fond, dominé par une hauteur qui n'en était éloignée que de mille pas ». Cette disposition était d'autant plus dangereuse que l'aile droite se trouvait exposée à l'attaque principale des Autrichiens; la nature du terrain, dans cette région couverte de bois, facilitait encore les entreprises de l'ennemi. Pour parer à ce danger, Frédéric II a pris franchement l'offensive par son aile droite, pendant que le reste de son armée exécutait un changement de direction à droite pour aborder l'armée autrichienne.

On peut dire que Frédéric II a toujours eu soin de protéger ses ailes, principalement à l'aide de corps de cavalerie convenablement placés; ce soin est visible dans toutes les batailles où il a eu le loisir de prendre sa formation de combat. Dans les rares occasions où il ne s'est pas conformé à cette règle, il s'en est mal trouvé.

Infanterie aux ailes de la cavalerie. — On peut aussi appuyer une aile en y plaçant de l'infanterie chargée de renforcer et de soutenir au besoin la cavalerie de cette aile.

« On peut employer encore un nouvel ordre de bataille, différent des autres en ce qu'il y a des corps d'infanterie aux extrémités des ailes de la cavalerie. Les bataillons sont destinés à soutenir la cavalerie et à fouetter, au commencement de l'affaire, avec leurs canons et celui des ailes de l'infanterie, la cavalerie ennemie, afin que la nôtre ait plus beau jeu en allant l'attaquer. Une autre raison est que, si votre aile a été battue, l'ennemi n'osera la poursuivre, car il se mettrait entre deux feux.

« Lorsque votre cavalerie, selon toute apparence, sera victorieuse, cette infanterie s'approchera de celle de l'ennemi ; les bataillons qui sont dans les intervalles feront un quart de conversion et se mettront sur vos ailes, pour de là prendre l'infanterie ennemie en queue et en flanc ; de sorte que vous en aurez meilleur marché. »

Cette infanterie joue donc un peu le rôle que remplira plus tard l'artillerie à cheval : elle appuie de son feu l'action de la cavalerie ; mais l'infanterie ne peut remplir cette mission que bien imparfaitement, vu la lenteur de ses mouvements et la faible portée de son arme. Quant à l'artillerie de cette époque, elle n'a pas la mobilité nécessaire pour venir en aide sérieusement à la cavalerie, malgré l'essai timide tenté par Frédéric II vers la fin de ses campagnes pour constituer une sorte d'artillerie à cheval.

De la formation en échiquier. — Le roi permet aussi la formation en échiquier ; mais, craignant sans doute qu'elle diminue la cohésion de l'armée, il en restreint l'emploi à des cas particuliers.

« L'expérience m'a fourni l'idée qu'il faudrait suivre en pareil cas l'exemple de ce que nos troupes ont fait, en formant leur attaque sur deux lignes en échiquier, soutenues en troisième ligne par quelques escadrons de dragons. On donnera l'ordre à la première ligne de n'attaquer que faiblement et de se retirer par les intervalles de la seconde, afin que l'ennemi, trompé par cette retraite simulée, se mette à la poursuivre et abandonne son poste. Ce mouvement sera le signal de marcher en avant et d'attaquer avec vigueur...

« Il n'y a que dans les attaques des retranchements, dans

celles des batteries et des villages, et aussi dans les arrière-
gardes de retraite qu'on place la cavalerie et l'infanterie en
échiquier, pour renforcer tout d'un coup la première ligne, en
faisant entrer la deuxième ligne dans les intervalles de la première, pour que les troupes puissent se replier sans désordre et
se soutenir les unes les autres ; ce qui est une règle que l'on doit
toujours observer. »

De l'ordre oblique. Comment Frédéric en comprend l'emploi. —
Voici comment Frédéric II préconise l'emploi de l'ordre oblique :

« Ma première règle regarde le choix du terrain et la seconde
la disposition de la bataille même. C'est ici où l'on peut faire
une application utile de mon ordre de bataille. Car on refuse
une aile à l'ennemi, et l'on renforce celle qui doit faire l'attaque.
Par là vous portez toutes vos forces sur l'aile de l'ennemi que
vous voulez prendre en flanc... Par cette disposition vous aurez
l'avantage : 1º de faire tête avec un petit nombre de troupes à un
corps supérieur ; 2º d'attaquer l'ennemi du côté où l'affaire sera
décisive, et 3º votre aile ayant été battue, une partie seulement
de votre armée sera entamée, les autres trois quarts des troupes,
qui seront encore fraîches, serviront pour faire votre retraite.

« Le principe constant que je suis dans toutes mes attaques
est de refuser une aile ou de n'engager qu'un détachement ;
mon armée sert de base à ce qui attaque ; elle ne doit s'engager
que successivement, selon les apparences que j'ai de réussir.
Cette disposition me donne l'avantage de ne risquer qu'autant
que je le trouve à propos ; l'armée ne doit être regardée que
comme la réserve des attaques de ce côté, ne servant qu'à
nourrir et rafraîchir les troupes menées à la charge. Si je
remarque quelque empêchement physique ou moral à mon
entreprise, je suis maître de l'abandonner en repliant mes
colonnes d'attaque sur mes lignes et en retirant mon armée,
la mettant toujours sous la protection de mon canon, jusque
hors de portée du feu de l'ennemi. L'aile qui a été le plus près
de lui se replie ensuite derrière celle que j'ai refusée, qui
devient ma ressource et me couvre lorsque je suis battu. Vainqueur, ma victoire en est plus brillante ; battu, ma perte en est
moindre... »

Cette tactique a fait en son temps beaucoup de bruit ; les

admirateurs de Frédéric II en ont exagéré les mérites : quelques-
uns en ont fait une sorte de panacée devant produire infailible-
ment la victoire. Il nous faut donc examiner rapidement l'emploi
que Frédéric a fait de l'ordre oblique dans ses principales batailles.

Exemples : Bataille de Soor. — On a voulu voir la première
application de cette tactique dès 1745 à la bataille de Soor ; or,
le roi n'avait certainement pas l'intention d'expérimenter un
nouveau mode de formation lorsqu'il fut obligé, le 30 septembre 1745, de livrer bataille au moment où il levait le camp
pour continuer son mouvement de retraite. Il a simplement
exécuté un changement de front rendu nécessaire par la direction de l'attaque que l'armée autrichienne prononçait contre lui ;
pour protéger l'entrée en ligne successive des corps du centre
et de l'aile gauche, il a pris vigoureusement l'offensive avec son
aile droite ; il en est résulté que sa ligne de bataille s'est trouvée
oblique par rapport à la direction de la ligne ennemie ; mais on
ne saurait voir dans ce fait l'emploi d'un ordre de bataille particulier. Ce serait plutôt, à proprement parler, le prince de Lorraine qui aurait exécuté une attaque en ordre oblique, mais le
terrain se prêtait mal à cette opération et le prince n'a pas su
mener cette attaque à bonne fin ; ce qui montre une fois de plus
qu'à la guerre les meilleures conceptions ne valent que par la
façon dont elles sont exécutées.

A Prague, la victoire qui, du reste, a été un moment indécise,
doit être attribuée en grande partie à ce fait que toute l'aile
gauche autrichienne n'a pu prendre part à l'action ; c'est à
l'attaque d'aile, et non à la formation en ordre oblique, que le
roi a dû son succès.

A Kolin, l'attaque en ordre oblique n'a pas même pu se produire et a dégénéré de suite en une manœuvre de front, qui
s'est terminée par le plus lamentable échec.

Emploi de l'ordre oblique à Leuthen. — Leuthen est la première bataille dans laquelle Frédéric II ait appliqué d'une façon
bien nette la formation en ordre oblique. Après avoir surpris à
Borna l'avant-garde autrichienne que commandait le général de
Nostitz, le roi dirige son armée vers l'aile gauche autrichienne,
pendant qu'une partie de son avant-garde attaque l'aile droite

ennemie pour faire diversion ; l'armée prussienne se forme en
ligne par un mouvement de conversion et s'établit en bataille
en face de l'aile gauche autrichienne sur un front oblique à
celui de l'ennemi. Tel est, en substance, le mouvement exécuté
par Frédéric II le 5 décembre 1757 au début de cette bataille de
Leuthen que Napoléon appelle « un chef-d'œuvre de mouvements, de manœuvre et de résolution ».

Une fois ce mouvement exécuté, Frédéric forme son infanterie
en échelons par la droite, les bataillons à cinquante pas les uns
des autres ; une forte batterie de 20 pièces soutient l'attaque,
tandis qu'une fraction de l'avant-garde forme crochet défensif à
droite pour empêcher l'aile droite des Prussiens d'être prise à
revers. En disposant ainsi son armée obliquement par rapport à
l'armée ennemie, et en agissant par efforts successifs contre
l'aile gauche autrichienne, le roi appliquait les véritables règles
de la tactique. Il avait, en effet, surtout à craindre d'être débordé sur sa gauche et coupé de sa ligne de retraite naturelle :
or, la disposition en échelons, la droite en avant, était la meilleure formation pour parer à ce danger ; elle permettait au roi
de refuser son aile gauche et de faire soutenir les différentes
fractions de son armée les unes par les autres. Agir autrement
et aborder l'ennemi sur une ligne pleine oblique au front de
l'armée autrichienne, c'eût été risquer soi-même d'être débordé
sur son aile gauche et pris à revers par un mouvement de conversion de la droite autrichienne, mouvement qui fut ébauché,
mais mollement et trop tard ; c'eût été engager l'armée prussienne sur tout son front à la fois, peut-être prématurément,
comme cela avait eu lieu à Kolin, tactique dangereuse en face
d'un ennemi supérieur en nombre. En adoptant la formation
oblique par échelons la droite en avant, Frédéric II appliquait
les principes essentiels de la tactique de combat, puisqu'il se
garantissait contre un mouvement tournant ou une attaque à
revers dans la direction de sa ligne principale de retraite. Il est
donc oiseux de se livrer à ce propos, comme on l'a fait si souvent, à de longues dissertations sur les avantages de l'ordre
oblique[1]. Ce qui fait l'originalité des dispositions adoptées par

---

[1] C'est ainsi que Jomini lui-même n'hésite pas à dire : « Cet ordre oblique,
au jugement de bien des militaires instruits, devait décider de la victoire ».

Frédéric II à Leuthen, c'est ce mélange de hardiesse et de circonspection qui lui faisait exécuter, à faible portée de son adversaire, une marche de flanc pour aller attaquer l'aile gauche ennemie, tout en se garatissant, par une formation oblique en échelons, contre le danger d'être lui-même menacé sur sa gauche dans la direction de sa ligne de retraite naturelle.

L'ordre oblique à Zorndorf. — On a voulu voir également une application de l'ordre oblique dans le dispositif de l'aile gauche prussienne à Zorndorf. Cette aile était d'abord formée en échelons, mais la fraction placée en tête, ayant conversé à droite, a découvert le flanc gauche de la ligne qui a été chargée par la cavalerie russe. On ne saurait trouver dans cette disposition rien d'analogue à ce qui s'est passé à Leuthen. Du côté de l'aile droite prussienne, nous trouvons, au contraire, une application intelligente des principes de la tactique. Averti par le demi-échec qu'il vient d'éprouver à son aile gauche, le roi change ses dispositions avec une promptitude et une décision qui lui font le plus grand honneur. Au lieu de persister dans son attaque par la gauche, il fait avancer son aile droite et aborde la position ennemie obliquement et en la débordant. Cette fois nous retrouvons donc l'ordre oblique, cher à certains auteurs didactiques, ou plutôt nous retrouvons une application judicieuse de ce principe fécond : essayer d'ébranler l'une des ailes de l'ennemi, celle que l'on juge la plus vulnérable, à l'aide d'un mouvement enveloppant bien lié à l'attaque de front.

A Kunersdorf, Frédéric a pris pour objectif l'aile gauche ennemie et l'a attaquée en refusant sa propre aile gauche; mais les Russes ayant porté de ce côté leurs forces restées sans emploi à l'aile droite, le roi a éprouvé un échec complet.

En résumé, on peut dire que l'attaque en ordre oblique et en échelons, sans posséder aucune vertu particulière, constituait pour cette époque une manœuvre hardie; combinée avec une attaque d'aile, cette tactique avait des chances de réussite, surtout en face d'adversaires tels que les Autrichiens et les Russes, peu habitués à manœuvrer sur le champ de bataille, encore moins à modifier leurs dispositions primitives de combat, s'il survenait un incident quelconque.

Principes généraux du combat. — En tactique, comme en stratégie, Frédéric II est un partisan convaincu de l'offensive. Voici les principes généraux qu'il pose pour l'attaque :

« Celui qui assaillit doit faire attention à toutes les buttes de terre qui peuvent couvrir ses attaques contre le feu du poste; il ne doit négliger aucune hauteur susceptible de recevoir du canon; il entourera de feux croisés la partie de l'armée ennemie qu'il attaque, autant que le terrain et les dispositions de l'adversaire le lui permettent, pour se procurer la supériorité du feu, bien soutenir les attaques par son armée qui leur sert de base; s'il y a moyen de diriger une de ces attaques à dos de l'ennemi, il ne doit pas négliger cet avantage qui peut devenir décisif. »

Ces prescriptions font ressortir trois points principaux : la nécessité pour l'assaillant d'utiliser convenablement le terrain, d'obtenir par la concentration la supériorité du feu et d'aborder autant que possible l'ennemi à revers; ces principes résument encore aujourd'hui les principales règles du combat.

Sauf à Hochkirch, où il a été surpris par une attaque de nuit préparée avec une rare habileté, Frédéric II a toujours pris l'offensive sur le champ de bataille, même lorsqu'il a dû recevoir le combat, comme à Soor et à Liegnitz. A Soor en particulier, malgré son énorme infériorité numérique, il prend hardiment l'offensive contre l'armée autrichienne qui croit le surprendre et qui se trouve elle-même obligée de combattre sur un terrain défavorable où elle ne peut déployer toutes ses troupes. A Liegnitz, réveillé en sursaut par l'attaque que Laudon dirige contre son camp, le roi prend à la hâte ses dispositions de combat et passe à l'offensive; les colonnes autrichiennes sont assaillies et rejetées en désordre dans la vallée de la Katzbach. Dans toutes les autres rencontres, Frédéric prend dès le début la direction de l'engagement et marche fièrement à l'ennemi.

Commencement de l'action : on cherche à brusquer l'attaque. — Nous avons vu que l'armée prussienne prenait généralement son ordre de bataille avant de commencer l'action; toutefois, le roi conseille de brusquer l'attaque lorsqu'on peut espérer surprendre l'ennemi. Lui-même, à Lowositz, croyant n'avoir affaire qu'avec une partie de l'armée autrichienne, il engage directement ses colonnes d'infanterie contre les hauteurs de Lobosch et de Kinitz, tandis que sa cavalerie se mesure dans la plaine avec les escadrons autrichiens.

« Il n'est pas toujours nécessaire d'attendre que toute l'armée soit en bataille pour commencer l'attaque. L'occasion vous présente souvent des avantages que vous perdrez mal à propos en retardant d'en profiter.

« Cependant, il faut qu'une bonne partie de l'armée soit en bataille, et vous aurez particulièrement pour objet la première ligne, sur laquelle vous réglerez l'ordre de bataille. Si les régiments de cette ligne ne sont pas tous présents, ils seront remplacés par d'autres de la seconde. »

A Mollwitz, Frédéric II, qui en est encore à ses débuts, commet la faute de se former méthodiquement en bataille au lieu d'attaquer brusquement les Autrichiens avant qu'ils aient eu le temps de se former en dehors de leurs cantonnements; il le reconnaît lui-même en ces termes : « Arrivé à Mollwitz, où l'ennemi cantonnait, au lieu de marcher avec vivacité pour séparer les cantonnements des troupes de la reine, il perd deux heures à se former méthodiquement devant un village où aucun ennemi ne paraissait; s'il avait seulement attaqué ce village de Mollwitz, il y eût pris toute cette infanterie autrichienne ».

Il ne faut pas se déployer prématurément. — La plupart du temps, les armées opposées à Frédéric II prenaient méthodiquement leur ordre de bataille sur un terrain choisi d'avance et attendaient passivement son attaque; c'est ainsi qu'a procédé l'armée autrichienne à *Prague*, à *Kolin*, à *Leuthen*, à *Torgau*, et l'armée russe à *Zorndorf* et à *Kunersdorf*.

La tactique de Frédéric II consistait, au contraire, à manœuvrer sur le champ de bataille de manière à dérouter l'ennemi et à le tenir jusqu'au dernier moment dans l'incertitude de ses projets. Le roi restait donc libre de choisir son point d'attaque d'après le terrain et les dispositions prises par son adversaire, et de placer ses troupes de manière à les faire agir en masse contre le point choisi. Mais il convenait de ne pas déployer son armée prématurément et de tenir ses desseins cachés jusqu'au dernier moment; à la bataille de Lowositz, le roi, trompé par le brouillard, a effectué son déploiement et commencé l'action sans être suffisamment édifié sur la position, les forces et les projets de l'ennemi.

« Le lendemain, 1er octobre, on fut reconnaître, dès la pointe du jour, ce camp qu'on avait découvert la veille; un brouillard épais étendu sur la plaine empêcha de distinguer les objets. On voyait comme à travers un crêpe la ville de Lowositz et, à côté, de la cavalerie en deux troupes dont chacune paraissait être de cinq escadrons. Sur cela, on déploya l'armée. »

Il faut lier les attaques, ne pas perdre les distances. — Quand on aborde l'ennemi, il est nécessaire de ne pas perdre les distances afin que les attaques soient bien liées :

« Si vous marchez en colonne à une bataille, soit par la droite ou par la gauche, il faudra que les bataillons et les divisions se suivent de près, pour que vous puissiez promptement vous mettre en bataille lorsque vous commencerez à vous déployer. Mais si vous marchez de front, les bataillons observeront bien leur distance, afin qu'ils ne se serrent ni s'ouvrent trop. »

A Kolin, l'insuccès de Frédéric II serait dû en partie[1] à un faux mouvement exécuté par l'un des généraux prussiens. Inquiété par le feu des tirailleurs croates postés dans les blés, ce général fit faire front à un bataillon pour chasser ces tirailleurs, au lieu de serrer sur les bataillons qui marchaient devant lui; il en résulta que les bataillons placés en arrière firent front également et s'engagèrent aussitôt, de telle sorte qu'un vide se produisit au milieu de la ligne de bataille.

A Zorndorf, dans la première attaque dirigée contre le carré russe, l'avant-garde prussienne, qui formait échelon en avant de l'aile gauche, devait lier son mouvement à celui de la première ligne; mais, par suite d'une légère erreur de direction, cet échelon exécuta une petite conversion à droite et découvrit complètement le flanc gauche de la première ligne qui fut sabrée par la cavalerie russe.

De l'attaque par surprise. — Pour réussir, les surprises doivent être préparées dans le plus grand secret; on devra connaître en

---

[1] D'après Jomini.

détail le pays et régler ses dispositions sur la configuration du terrain.

« Avant que de former aucun projet, il faut commencer par bien connaître le pays et la position de l'ennemi.

« On examinera les chemins qui mènent au camp et l'on formera là-dessus la disposition générale... Vous destinerez les chasseurs les plus intelligents et les plus instruits des chemins pour conduire les colonnes.

« Ayez grande attention à cacher votre dessein. Le secret est l'âme de toutes ces entreprises.

« Pendant la marche, on gardera un profond silence et l'on défendra au soldat de fumer

« Lorsque l'attaque commencera et que le jour paraîtra, l'infanterie formée sur quatre ou six colonnes marchera tout droit au camp pour soutenir son avant-garde. On ne tirera pas avant la pointe du jour, car on risquerait de tuer ses propres gens; mais aussitôt qu'il fera jour, il faudra tirer sur les endroits où l'avant-garde n'a pas percé, particulièrement sur les ailes de la cavalerie, pour obliger les cavaliers n'ayant pas le temps de seller ni de brider leurs chevaux de s'en aller et de les abandonner.

« Il faut que vous donniez aux généraux qui sont sous vos ordres une instruction sur tous les événements qui pourront arriver, afin que chacun d'eux sache ce qu'il aura à faire alors. »

Dans le cas où l'on est soi-même attaqué par surprise, il faut former les troupes le plus tôt possible et laisser la plus grande initiative aux généraux, qui agiront d'après les circonstances :

« En supposant que, malgré toutes les précautions, l'ennemi puisse s'approcher de l'armée, je donnerais le conseil de mettre en toute diligence les troupes en bataille sur le terrain qui leur sera marqué; d'ordonner à la cavalerie de tenir ferme à ses postes et de faire son feu de peloton jusqu'à l'arrivée du jour. Alors les généraux examineront s'il faut avancer, si la cavalerie a été victorieuse, si elle a été repoussée et ce qu'il y aura à faire.

« En de pareilles occasions, il faut que chaque général sache prendre son parti et agir par lui-même, sans attendre pour cela les ordres du général en chef. »

Des carrés. — En général, le bataillon prussien, lorsque ses ailes ne sont pas appuyées, forme le carré pour résister à la cavalerie ennemie. Les pelotons directement menacés par la charge font feu droit devant eux ; ceux de droite et de gauche se replient en arrière et battent de leur feu les ailes du bataillon. Ainsi formé en carré, le bataillon compte surtout sur son feu pour repousser la cavalerie ennemie. Lorsque les ailes sont appuyées, on reçoit la cavalerie en ligne.

La formation en carré trouve encore son emploi quand on est obligé de battre en retraite ; comme c'est surtout la cavalerie ennemie qui est à craindre dans ce cas, l'infanterie se forme en carré lorsque celle-ci devient trop pressante, et elle reprend sa marche rétrograde lorsque ses feux ont arrêté à bonne distance les escadrons ennemis. On emploiera, du reste, pour flanquer ces carrés et protéger la retraite, toute la cavalerie dont on peut disposer soi-même :

« Vous ramasserez tout ce qui vous restera de votre cavalerie et, si vous voulez, vous formerez un carré pour protéger votre retraite.

« Nous trouvons deux carrés célèbres dans l'histoire : l'un, fait par le général de Schulenbourg après la bataille de Frauenstadt, au moyen duquel il se retira au delà de l'Oder sans que Charles III pût le forcer, et celui du prince d'Anhalt, lorsque le général de Styrum perdit la première bataille de Hochstædt. Ce prince traversa une plaine de deux lieues, sans que la cavalerie française osât l'entamer. »

Des ordres pour le combat. — Les instructions que le roi donne à ses généraux avant le combat ont pour objet de leur indiquer d'une façon générale le résultat qu'il se propose d'atteindre et les dispositions d'ensemble qu'il croit devoir adopter dans ce but ; c'est ce qu'on peut appeler des *directives*, pour employer l'expression usitée aujourd'hui. Chaque général en sous-ordre peut ainsi concourir à l'action et prendre, de sa propre initiative, toutes les mesures de détail que nécessitent les divers incidents de la lutte.

« Il faut que vous donniez aux généraux qui sont sous vos ordres une instruction sur tous les événements qui pourront arriver, afin que chacun d'eux sache ce qu'il aura à faire alors...

«... En de pareilles occasions, il faut que chaque général

sache prendre son parti et agir par lui-même, sans attendre pour cela les ordres du général en chef. »

Voici quelques exemples d'ordres donnés par Frédéric II avant le combat.

Exemples : Ordre pour la bataille de Hohenfriedberg. — Dans la nuit qui précéda la bataille de Hohenfriedberg, à 2 heures du matin, le roi réunit « les principaux officiers de l'armée pour leur donner la disposition du combat ». Il s'exprima en ces termes :

« L'armée se mettra incessamment en marche sur deux lignes; elle passera le ruisseau de Striegau; la cavalerie se mettra en bataille vis-à-vis de la gauche de l'ennemi, du côté de Pilgramshayn; le corps Du Moulin couvrira sa droite; la droite de l'infanterie se formera à la gauche de la cavalerie, vis-à-vis des bosquets de Rohnstock; la cavalerie de la gauche s'appuiera au ruisseau de Striegau, gardant au loin, à son dos, la ville de ce nom; dix escadrons de dragons et vingt de hussards, qui composent la réserve, se posteront derrière le centre de la deuxième ligne pour être employés où il sera besoin; derrière chaque aile de la cavalerie un régiment de hussards se formera en troisième ligne, pour *garantir le dos et le flanc de la cavalerie si le terrain va en s'élargissant, ou pour servir à la poursuite;* la cavalerie chargera impétueusement l'ennemi l'épée à la main; elle ne fera point de prisonniers dans la chaleur de l'action; elle portera ses coups au visage. Après avoir renversé et dispersé la cavalerie contre laquelle elle aura choqué, elle se retournera sur l'infanterie ennemie et la prendra en flanc ou à dos, selon que l'occasion s'en présentera. L'infanterie prussienne marchera à grands pas à l'ennemi; pour peu que les circonstances le permettent, elle fondra sur lui avec la baïonnette; s'il faut charger, elle ne tirera qu'à 150 pas. Si les généraux trouvent quelque village sur les ailes ou devant le front de l'ennemi qu'il n'ait pas garni, ils l'occuperont et le borderont extérieurement d'infanterie, pour s'en servir, si les circonstances le permettent, à prendre l'ennemi en flanc; mais ils ne fourreront (*sic*) de troupes ni dans les maisons, ni dans les jardins, pour que rien ne les gêne et ne les empêche de poursuivre ceux qu'ils auront vaincus. »

Cette instruction, on le voit, entre dans des détails sur le mode d'action de la cavalerie et de l'infanterie, sur l'occupation des villages, etc...., ce qui s'explique par ce fait que Hohenfriedberg est une des premières batailles rangées livrées par Frédéric II.

Ordre pour la bataille de Kunersdorf. — L'ordre pour la bataille de Kunersdorf ne contient plus d'instructions tactiques, mais il indique nettement et sommairement à chacun ce qu'il doit faire.

La veille de la bataille, le roi reconnaît des hauteurs de Trettin les positions ennemies et donne à son armée l'ordre suivant :

« Si l'ennemi reste dans sa position, l'armée marchera au point du jour par lignes et par la gauche. Le général Finck fera des démonstrations sur les hauteurs avec une tête de colonne pour faire croire aux Russes que le roi a l'intention de les attaquer sur ce point. Mais il attendra pour s'engager que l'armée du roi commence le feu; alors il couronnera les hauteurs de Bischofsee et de Trettin avec de l'infanterie et beaucoup d'artillerie. La cavalerie de ce corps prendra une position intermédiaire dans la plaine, afin de soutenir au besoin l'infanterie et de profiter des moments favorables pour charger l'ennemi. Pendant que ceci s'exécutera, l'armée continuera son mouvement sur deux lignes par la gauche : Seidlitz, avec la cavalerie de l'aile gauche, précédera la première ligne d'infanterie, et le prince de Wurtemberg, avec celle de l'aile droite, la suivra. Ces deux généraux se formeront en troisième ligne lorsque l'infanterie se mettra en bataille, les hussards de Kleist débordant le flanc droit. En général, on aura attention de refuser la gauche pour faire effort par la droite. »

Cet ordre insiste sur trois points principaux : la diversion confiée au général Finck, le rôle de la cavalerie pendant la marche de l'armée et l'ordre oblique adopté pour l'attaque. Ces instructions supposaient que l'ennemi resterait immobile; s'il se mettait en retraite, l'armée prussienne devait le suivre :

« Si l'ennemi marchait dans la nuit à Reppen, l'armée le suivrait, à 3 heures du matin, sur trois colonnes, par lignes. »

Le roi devait ensuite modifier son ordre, après avoir reconnu la nouvelle position occupée par les Austro-Russes.

Ordre pour la bataille de Torgau. — A Torgau, Frédéric donne des instructions spéciales à Zieten, qui avait un commandement presque indépendant; puis il rassemble ses généraux et leur fait connaître ses intentions dans les termes suivants :

« L'armée partira demain, 3 novembre, à 6 h. 1/2, sur quatre colonnes par la gauche ; les dragons de Schorlemmer, les hussards de Mohring, de Dingelstedt et les dragons francs resteront en observation à Weidenhayn. Comme il doit exister un corps ennemi vers Pretsch, ils auront soin de prendre position de manière à faire feu partout. Notre aile gauche attaquera les Autrichiens; en conséquence, les généraux veilleront à ce que les bataillons marchent serrés et puissent s'engager à temps pour se soutenir. Les lignes seront éloignées de 250 pas.

« Aussitôt que l'ennemi sera chassé des vignes, on y établira des batteries de gros canon, et les bataillons se reformeront. Si l'on demande de la cavalerie, on ne fera avancer que le nombre d'escadrons qui pourraient agir. Sa Majesté se repose sur la bravoure des officiers et ne doute pas qu'ils ne fassent tous les efforts pour remporter une victoire complète. »

On voit avec quel soin le roi couvrait tous ses mouvements à proximité de l'ennemi, et quelle importance il attachait à avoir son armée bien dans la main; de là cette recommandation de faire marcher les bataillons serrés et de les engager à temps pour qu'ils puissent se soutenir; malgré cette recommandation, et en raison des difficultés de la marche sous bois, les troupes de l'aile gauche n'arrivèrent que successivement sur le champ de bataille et faillirent être détruites en détail.

De la transmission des ordres. — La transmission des ordres doit être assurée avec le plus grand soin et confiée à des officiers dont on est sûr, car la moindre erreur peut amener des méprises de la plus grande gravité. Frédéric II cite un fait de cette nature qui se produisit à la bataille de Hohenfriedberg :

« J'ordonnai à un de mes aides de camp d'aller dire au margrave Charles de se mettre, comme le plus ancien général, à la tête de ma seconde ligne, parce que le général Kalckstein avait été détaché à l'aile droite contre les Saxons. Cet aide de camp fit un quiproquo et porta l'ordre au margrave de former la seconde ligne de la première. Je m'aperçus heureusement de cette méprise et j'eus le temps de la réparer.

« On doit, par conséquent, être toujours sur ses gardes et songer qu'une commission mal exécutée peut gâter votre affaire. »

Des combats contre les hauteurs; exemples. — Frédéric II reconnaît combien il est difficile d'attaquer directement une hauteur, et il indique comment il convient de procéder à cette opération :

« Les attaques des hauteurs sont ce qu'il y a de plus difficile, parce qu'un ennemi habile occupe son terrain de façon à ne pas être tourné et qu'il vous oblige à des points d'attaque hérissés de difficultés presque insurmontables. Mais, s'il y a nécessité de hasarder une pareille entreprise, que faut-il faire ? 1° bien reconnaître la disposition de l'ennemi; 2° si cela se peut, l'attaquer à dos, tandis que de front on lui présente l'armée ; 3° si cela ne se peut pas, attaquez le lieu le plus élevé de son camp ; 4° placez vos batteries sur toutes les hauteurs qui peuvent produire un feu croisé, et formez vos attaques de manière à embrasser ce poste capital. Observez surtout de tenir votre armée hors du feu de mitraille et attaquez la hauteur vigoureusement. Si votre armée est forte, faites une fausse attaque d'un autre côté pour diviser l'attention de l'adversaire. »

Les hauteurs ont joué un rôle important dans la plupart des batailles livrées par Frédéric II. A Czaslau, son aile droite s'appuie au mamelon de Saint-Boniface, et le roi tire parti de cette circonstance pour essayer de prendre à revers l'aile gauche des Autrichiens : la bataille débute, en effet, par un grand combat de cavalerie à l'aile gauche autrichienne et celle-ci se replie bientôt en exécutant un changement de front en arrière.

A Hohenfriedberg, le roi utilise à son aile droite la hauteur de Spitz ; il y place six pièces d'artillerie qui canonnent les Saxons, tandis que la cavalerie prussienne les prend en flanc au moment où ils débouchent paisiblement sur Striegau.

A Soor, au moment où l'armée prussienne a été attaquée, son aile droite était « dans un fond dominé par une hauteur qui n'en était éloignée que de mille pas ». Pour permettre à son armée d'exécuter son changement de front à droite, le roi prend l'offensive avec son aile droite et la porte contre cette hauteur, que les Autrichiens ont garnie de vingt-huit pièces d'artillerie; pendant ce temps, la cavalerie du maréchal Buddenbrock se jette sur les escadrons autrichiens placés à l'aile gauche ennemie. Ce n'est qu'après deux attaques successives que l'infanterie prussienne enlève la hauteur, et ce succès décide en grande partie du sort de la journée.

A Lowositz, l'armée autrichienne a sur son front une ligne de hauteurs boisées ou couvertes de vignes, formant deux groupes principaux séparés par une plaine de 700 à 800 mètres d'étendue : au nord le mont Lobosch, au sud les hauteurs de Kinitz, Radostitz et Homolka. Ces collines constituent de bonnes positions avec de nombreux couverts et de forts points d'appui, tels que les villages de Kinitz et de Radostitz. Les Autrichiens, qui paraissent battre en retraite, occupent par leur arrière-garde les pentes du Loboschberg. Le roi se décide à brusquer l'attaque et lance contre ce point une colonne d'infanterie, sous les ordres du duc de Bevern ; celui-ci réussit à repousser les Croates, qui se retirent en défendant pied à pied les vignes et les murs de pierres du Loboschberg; mais le maréchal Brown fait filer onze bataillons par Lowositz, le long de l'Elbe, pour reprendre cette position et tomber à revers sur l'aile gauche prussienne. Cette tentative échoue, et les bataillons autrichiens lancés contre les pentes du mont Lobosch ne peuvent réussir à chasser l'infanterie prussienne, bien embusquée derrière les obstacles du terrain. Pendant ce temps, à l'aile droite prussienne, une batterie placée sur le Homolkaberg soutient l'attaque que dirige le prince Henri contre le village de Sulowitz. Les Autrichiens restent maîtres de ce village, mais ils échouent dans une tentative contre le Homolkaberg. Le succès de l'aile gauche prussienne, qui enlève Lowositz, met fin à la lutte.

A la bataille de Prague, le prince de Lorraine avait établi son armée face au nord sur une ligne de hauteurs qui s'appuient à gauche au mont Cziska, près de l'Elbe, et qui s'étendent à droite vers le village de Kyge; cette position était très forte, mais pouvait être facilement tournée par son aile droite, malgré le crochet défensif formé de ce côté par la cavalerie et une partie de l'infanterie autrichienne. Frédéric II évita l'attaque des hauteurs en portant tout son effort contre l'aile droite ennemie, sur les larges plateaux de Sterboly et de Micholup, qui permettaient l'action de la cavalerie.

A Kolin, l'armée autrichienne avait pris position sur un terrain peu accidenté; le roi a prétendu que cette position était inattaquable sur son front, et il expliqua par ce motif son plan d'attaque contre l'aile droite ennemie : « Il fut résolu d'attaquer la droite de l'ennemi parce qu'elle était mal appuyée et parce que c'était l'endroit le plus facile; le front des Autrichiens s'étendait sur des rochers âpres et escarpés, au pied desquels quelques villages semés dans la plaine étaient farcis de pandours; plus ils étaient inexpugnables dans cette partie, moins ils l'étaient à leur droite ». Or Jomini, qui a visité ce champ de bataille, déclare qu'il n'y a vu aucune hauteur ayant un relief appréciable : « Je l'ai parcouru, dit-il, et n'y ai vu qu'un assemblage de trois ou quatre grands plateaux d'une pente presque imperceptible ».

A Rosbach, Frédéric II utilise le mont Janus en y plaçant une partie de son artillerie qui prend en flanc l'armée franco-impériale.

A Zorndorf, l'armée russe occupe le plateau de Quartschen qui se termine en glacis du côté du village de Zorndorf et se prête à l'action de la cavalerie.

Avant Hochkirch, le roi, ne croyant pas être attaqué, est resté plusieurs jours dans une position défectueuse, dominée par des hauteurs au pouvoir de l'ennemi. Napoléon le lui reproche durement : « Le roi ne pouvait pas camper à Hochkirch sans être maître du Hochkirchberg. Aucun adjudant de régiment n'eût négligé cette précaution et n'eût fait camper son bataillon sur un terrain dominé par les batteries de l'ennemi... Le roi n'osait pas attaquer les hauteurs de Hochkirch parce qu'elles étaient soutenues par toute l'armée autrichienne; il devait donc prendre un autre camp ». (Napoléon.)

A Kunersdorf, l'armée russe occupe, près de Francfort, une série de collines couvertes de retranchements et garnies d'artillerie, principalement aux saillants formés par le Mühlberg et le Spitzberg; cette position très forte de front peut être tournée du côté du Mühlberg situé à l'aile gauche. Frédéric attaque, en effet, de ce côté et enlève la hauteur, mais tous ses efforts viennent se briser contre la ténacité des Russes qui résistent sur une deuxième ligne en arrière du Mühlberg, ainsi que dans le village de Kunersdorf et sur la crête du Spitzberg.

Enfin, à Torgau, les Autrichiens défendent le plateau de Siptitz contre l'aile droite prussienne commandée par Zieten, et celui-ci n'arrive qu'après de grands efforts à prendre pied sur le plateau, à la tombée de la nuit.

Attaque et défense des villages; exemples. — Frédéric II n'est pas d'avis d'attaquer directement les villages.

« Les attaques de villages coûtent tant de monde que je me suis fait une loi de les éviter, tant que je n'y serai point absolument forcé; car on risque l'élite de son infanterie. »

Quand un village sert de point d'appui à l'ennemi, on peut le rendre inabordable en y mettant le feu; à cette époque, la plupart des villages étaient couverts de chaume et faciles à incendier. Quant aux maisons solidement construites, on les occupe avec soin.

« Je ferais mettre le feu à tous les villages qui se trouveraient à la tête de l'armée et aux ailes, si le vent ne portait pas la fumée dans notre camp.

« S'il y avait quelques bonnes maisons de maçonnerie en avant du front, je les ferais garder par de l'infanterie pour incommoder l'ennemi pendant la bataille. »

Les batailles livrées par Frédéric offrent de nombreux exemples de combats dans les villages. Nous citerons les principaux.

A la bataille de Czaslau, le village de Chotusitz devait couvrir le centre de l'armée prussienne, mais celle-ci n'avait pas eu le temps de mettre ce village en état de défense. L'infanterie autrichienne attaque Chotusitz, l'enlève et y met le feu; mais la fumée gêne les assaillants et protège la retraite de l'infanterie prussienne. L'infanterie autrichienne contourne alors le village au sud pour mettre à profit le mouvement de recul des Prussiens; ceux-ci tiennent bon, et leur cavalerie, prenant en flanc l'infanterie autrichienne, la fait plier.

A Soor, le centre de l'armée autrichienne tente contre le village de Burkersdorf une attaque qui, menée à fond, aurait pu arrêter les progrès de l'armée prussienne; en effet, les troupes prussiennes sont encore en arrière du village et un seul bataillon en occupe la lisière; mais la ferme résistance de ce bataillon, combinée avec l'incendie des maisons voisines, et aussi la mollesse de l'attaque donnent à l'infanterie prussienne le temps d'accourir et de repousser les assaillants.

A Lowositz, aussitôt le combat orienté, l'effort principal des deux armées se porte sur le mont Lobosch, puis sur la petite ville de Lowositz; les tentatives des Autrichiens pour déboucher de la ville et pour reprendre le Loboschberg échouent, et un dernier effort des Prussiens les rend maîtres de Lowositz où ils entrent pêle-mêle avec les Autrichiens. Pendant ce temps, ceux-ci tiennent bon au centre dans le village de Sulowitz que l'infanterie prussienne a essayé en vain d'enlever, et ils ne battent en retraite que devant une menace dirigée contre leur aile gauche vers la fin de la journée.

Les villages de Hortlorzes, Malleschitz, Kyge, à la bataille de Prague, pouvaient offrir au prince de Lorraine de bons points d'appui dans le cas d'une attaque de front, que la configuration du terrain rendait, du reste, peu probable. Frédéric II ayant tourné l'aile droite de son adversaire pour porter la lutte sur les larges plateaux de Sterboholy et de Micholup, l'occupation des villages situés sur le front des Autrichiens ne pouvait donner aucun supplément de force à ceux-ci.

A la bataille de Kolin, le maréchal Daun place sa droite à Krezor, son centre en arrière de Chotzemitz et sa gauche vers Brezan; ces trois villages retranchés et défendus par de l'artillerie constituent d'excellents centres de résistance. En avant de l'aile droite autrichienne, le village de Kudlirz, faiblement occupé, est enlevé par l'infanterie du général de Hülsen qui attaque ensuite le village de Krezor et s'en empare après avoir subi de grandes pertes; mais cette infanterie épuisée ne peut plus progresser et le roi, qui n'a aucune réserve sous la main, voit en même temps son centre plier; la bataille est perdue pour lui.

A la bataille de Leuthen, le village de ce nom, placé au centre de la ligne autrichienne, est le théâtre d'un combat acharné qui décide du sort de la journée.

Le village de Hochkirch a joué un rôle encore plus considérable à la bataille de ce nom. Construit sur une petite éminence au pied du Hochkirchberg, il est entièrement dominé par les hauteurs boisées qui s'élèvent au sud, et il est entouré de terrains

accessibles et découverts au nord et à l'ouest. Le 15 octobre
1758, à 5 heures du matin, les Autrichiens attaquent Hochkirch
de front et à revers; les bataillons prussiens qui occupent le village sont surpris et battent en retraite après une résistance opi-
niâtre; les bataillons de deuxième ligne accourent en toute hâte,
mais tous leurs efforts pour reprendre Hochkirch restent impuis-
sants. Le jour paraît; le brouillard couvre le champ de bataille
et la lutte continue acharnée de part et d'autre dans le village,
dans le cimetière, dans les jardins, qui sont tour à tour pris,
perdus, repris par les Autrichiens. Frédéric II dirige successivement sur Hochkirch tous les bataillons dont il peut disposer : le
maréchal Keith, le prince François de Brunswick sont tués, le
prince Maurice est blessé mortellement, le margrave Charles et
Frédéric II lui-même sont atteints légèrement; tous les efforts du
roi pour reprendre le village de Hochkirch qui est en flammes
viennent échouer contre la supériorité numérique de ses adversaires.

A Kunersdorf, l'armée austro-russe occupe une ligne très forte
dessinant à son extrême gauche une sorte de bastion, le Mühlberg, que le ravin de Kuhgrund sépare du reste de la position;
ce ravin escarpé n'est lui-même que le prolongement du vallon
dans lequel est construit le village de Kunersdorf. Aussi le roi,
après avoir enlevé le Mühlberg, essaye-t-il de prendre pied dans
Kunersdorf pour pénétrer de ce côté au cœur même de la position
ennemie; mais tous ses efforts échouent et, après une effroyable
mêlée, les Russes restent maîtres du champ de bataille.

A Torgau, Zieten, qui commande l'aile droite prussienne,
attaque le village de Siptitz, construit sur les pentes d'un plateau
au pied duquel coule le ruisseau de Rohrgraben; son attaque
échoue. Entendant le canon de l'armée royale sur sa gauche, il
appuie de ce côté pour se rapprocher du roi et il essaye d'enlever
le village de Siptitz par l'ouest; cette deuxième tentative échoue
encore. Enfin, vers 5 heures, Daun ayant tiré des renforts de
Siptitz pour s'opposer aux progrès du roi, Zieten s'empare d'une
digue abandonnée par les Autrichiens, franchit le ruisseau et
prend pied sur le plateau de Siptitz au moment où la réserve de
l'aile gauche prussienne débouche du côté de Neiden. Les Autrichiens résistent jusqu'à la tombée de la nuit, et Lascy tente même
de reprendre les hauteurs de Siptitz; mais les deux ailes de

l'armée prussienne ont fait leur jonction sur le plateau et restent maîtresses de la position.

Des changements de front. — Les changements de front s'opèrent soit au début de l'engagement pour rectifier la position de combat prise par l'armée, soit au cours de la lutte par suite des progrès ou du mouvement de retraite d'une aile.

A Soor, l'armée autrichienne est amenée par la direction même de sa marche à se former sur une ligne oblique par rapport à l'armée prussienne dont l'aile droite est ainsi menacée d'être prise à revers. Frédéric II fait prendre rapidement les armes à ses troupes, leur fait exécuter un changement de front à droite pour les amener face à l'armée autrichienne et marche droit à celle-ci ; acculés à un terrain désavantageux, les Autrichiens perdent l'avantage du nombre et sont battus.

Cette manœuvre, toujours délicate en face d'un ennemi vigilant, doit être secondée par un vigoureux effort des troupes qui occupent le pivot ; c'est pour ce motif que, à Soor, Frédéric II a pris vivement l'offensive avec son aile droite afin de gagner le temps nécessaire pour déployer son armée dans la nouvelle direction. C'est sous la protection de cette aile droite que le centre et l'aile gauche des Prussiens, sans prendre le temps de plier leurs tentes, se sont portés en avant en pivotant à droite, de façon à faire face à l'armée autrichienne, l'aile gauche restant un peu refusée. On peut donc dire que l'attaque prononcée par l'aile droite prussienne a rendu le changement de front possible. Cette manœuvre, exécutée avec audace sous les yeux d'une armée ennemie de force double, fait le plus grand honneur au roi et aux troupes qui l'ont menée à bonne fin « avec un ordre et une célérité inconcevables ».

A Hohenfriedberg, l'aile droite des Prussiens tombe sur le corps saxon qu'elle force à la retraite, puis elle se rabat sur l'aile gauche autrichienne qu'elle menace de prendre à revers ; pendant ce temps, l'aile gauche des Prussiens a subi un temps d'arrêt, de telle sorte que l'armée prussienne a exécuté un changement de front à gauche.

A Zorndorf, par suite des vicissitudes du combat, il s'est trouvé que, à la fin de la journée, les Prussiens avaient exécuté un changement de front central, l'aile droite en avant.

A Lowositz, l'armée prussienne gagne du terrain par son aile gauche qui enlève Lowositz, tandis que l'aile droite se heurte à Sulowitz que les Autrichiens défendent avec succès; l'armée royale exécute ainsi, par la force même des choses, un changement de front à droite.

Enfin, à Torgau, Zieten gagne du terrain par son aile gauche pour donner la main au roi et exécute peu à peu un changement de front à droite.

Des attaques de front : Kolin, Zorndorf. — L'attaque de front offre toujours des difficultés particulières et doit, en thèse générale, être soigneusement évitée. En effet; ce genre d'attaque laisse l'ennemi sans inquiétude pour ses communications; celui-ci peut donc jeter jusqu'au dernier moment toutes ses forces dans la lutte et, en cas d'insuccès, sa retraite reste assurée. En supposant même que l'attaque de front ait réussi à percer le centre de la ligne ennemie, l'assaillant se trouve placé entre les deux ailes de l'ennemi, et un coup de vigueur de celui-ci peut lui rendre l'avantage. Aussi Frédéric conseille-t-il, une fois le centre enfoncé, de porter tout l'effort contre les ailes pour empêcher celles-ci de prendre en flanc les troupes d'attaque.

« Il y a des généraux qui disent qu'on ne saurait mieux attaquer un poste que dans son centre...; il est certain que les ailes seront perdues lorsque vous forcerez le centre et que, par de pareilles attaques, on pourra remporter les victoires les plus complètes.

« J'ajoute que quand vous aurez percé, vous doublerez votre attaque pour obliger l'ennemi de se replier par sa droite et par sa gauche. »

Le roi se rendait si bien compte des difficultés d'une attaque de front qu'il n'a jamais livré de son plein gré un combat de cette nature. Si, à Kolin, tout son centre s'est engagé dans une attaque de front contre les positions autrichiennes, c'est contrairement à ses instructions et à sa volonté. Son but était de porter l'aile gauche en avant pour faire effort contre la droite autrichienne, et de maintenir sa propre aile droite un peu en arrière afin qu'elle ne pût s'engager prématurément. Ces instructions n'ont pas été suivies et toute l'armée prussienne, inférieure en nombre et privée de réserves, est venue s'engager dans un véritable combat de front dont l'issue ne pouvait être douteuse. Frédéric II attribue la faute commise à l'un de ses lieutenants, M. de Manstein, qui, voulant faire taire le feu des tirailleurs ennemis, engagea inconsidérément ses troupes. Cette assertion, si elle est exacte, suffirait à montrer combien le plan du roi était défectueux, puisqu'il suffisait d'une circonstance fortuite pour en amener la ruine; cette circonstance elle-même était facile à prévoir, car le centre de l'armée prussienne, qui défilait à faible portée des Autrichiens, pouvait être arrêté d'un moment à l'autre par le feu de ceux-ci et obligé de s'engager. C'est de cette façon que Napoléon explique l'attaque de front de l'armée prussienne : « Les tirailleurs des troupes (autrichiennes) postées dans les villages se portèrent en avant; la fusillade s'engagea entre les Croates et l'armée prussienne qui cependant voulut toujours continuer son mouvement.....; la fusillade devint si vive qu'elle dut faire halte, se former à droite en bataille et marcher au pas de charge pour repousser les tirailleurs ».

A Zorndorf, la nature du terrain, qui était découvert devant la face principale du carré russe, a sans doute motivé l'attaque de front tentée par Frédéric II au début de l'engagement et qui a complètement échoué; cet insuccès a pu être réparé grâce à l'intervention de la cavalerie prussienne, et une nouvelle attaque dirigée contre l'aile gauche des Russes a réussi.

Attaque sur les deux ailes, difficulté de lier les attaques : Hochkirch. — L'attaque sur les deux ailes exige en principe la supériorité numérique et présente le grave inconvénient de rendre la liaison des attaques très difficile.

Frédéric II n'a pas employé ce mode d'action, mais le maréchal Daun y eut recours à Hochkirch et l'a combiné avec une surprise de nuit qui a complètement réussi. Encore le maréchal n'a-t-il pu échapper complètement au danger que nous venons de signaler : les deux actions n'ont été nullement reliées entre elles. Tandis que l'attaque principale, dirigée par le maréchal en personne contre l'aile droite prussienne, bien préparée par une marche de nuit et bien exécutée, réussissait entièrement, le combat livré par le prince de Durlach contre l'extrême gauche prussienne, mené mollement et sans liaison avec le reste de l'armée autrichienne, n'a produit aucun résultat.

Ce genre d'attaque nécessite une diversion contre le centre de la ligne, afin de relier les deux actions principales; de telle sorte qu'en définitive l'assaillant doit donner à sa ligne un développement considérable. Il risque donc d'être lui-même attaqué avec vigueur sur l'un des points de cette ligne et coupé en deux. A Hochkirch c'était le duc d'Arenberg qui était chargé de relier les deux attaques de l'armée autrichienne; sa tâche était singulièrement facilitée par les dispositions que Frédéric II a été obligé de prendre pour parer à la violente attaque dirigée contre le village de Hochkirch; ce prince dut porter de ce côté toutes ses troupes disponibles, et cependant le duc d'Arenberg ne fit presque rien, sans doute parce qu'il ignorait ce qui se passait aux deux ailes et qu'il hésitait à s'engager à fond. Cet exemple fait ressortir le vice de cette tactique, lequel consiste essentiellement dans la difficulté de lier les deux actions conduites séparément contre les ailes ennemies.

Il n'en est plus de même lorsque l'adversaire appuie fortement ses deux ailes et dégarnit son centre; il peut devenir nécessaire de prononcer alors deux attaques d'aile : c'est ce qui est arrivé à Lowositz. Tandis que les cavaleries ennemies luttaient dans la plaine au centre du champ de bataille, les Prussiens tentèrent d'enlever aux deux ailes les villages de Sulowitz et de Lowositz.

On peut encore citer comme exemple le combat de Reichenberg livré par le corps autrichien du comte de Kœnigseck au duc de Bevern, qui envahit la Bohême par la vallée de la haute Neisse (21 avril 1757). Kœnigseck appuie son aile droite à la Neisse, sa gauche à un petit ravin et à un bois dont la lisière est fortifiée par des abatis ; le duc de Bevern lance sa cavalerie au centre contre celle des Autrichiens et dirige le général de Lestwitz par la rive droite de la Neisse pour prendre à revers l'aile droite autrichienne; mais celle-ci étant fortement retranchée, Bevern prend le parti de tourner l'aile gauche de son adversaire en utilisant les couverts du terrain. Il chasse les Autrichiens de la forêt, menace leur ligne de retraite sur Liebenau et les force à abandonner leur position.

Attaque de front et sur une aile. — Une attaque de front, combinée avec une attaque contre l'une des ailes, est le mode d'action qui paraît, en principe, le plus avantageux. Le combat de

front, qui peut n'être qu'une démonstration, maintient l'adversaire sur sa position et, pendant ce temps, l'aile assaillante
atteint le flanc de l'ennemi et menace ses derrières. Les deux
actions, cette fois encore, doivent être bien liées et se prêter un
mutuel appui, afin que l'ennemi ne puisse, en réunissant ses
forces, accabler successivement les deux fractions qui lui sont
opposées.

A Hohenfriedberg, le roi maintient le centre de l'armée autrichienne et bat son aile gauche formée par le corps saxon, puis
se retourne avec toutes ses forces contre les Autrichiens.

A Rosbach, l'armée combinée est attaquée à la fois de front et
de flanc. A Zorndorf, après l'insuccès de sa première attaque, le
roi combine une action de front avec une attaque contre l'aile
gauche des Russes, et il obtient la victoire. A Torgau, Frédéric II
divise son armée en deux fractions : l'une confiée à Zieten attaque
de front les positions autrichiennes, l'autre sous les ordres
directs du roi se porte contre l'aile droite du maréchal Daun
pour la prendre à revers; mais ces deux actions restent sans
liaison entre elles et l'on peut dire que le roi a exécuté ce jour-là
un véritable mouvement tournant à travers la forêt de Dommitsch, plutôt qu'une attaque d'aile proprement dite.

Attaque sur une aile : manœuvre favorite de Frédéric II. —
L'attaque sur une aile est la manœuvre favorite du roi ; il la
combine habituellement avec une disposition oblique de sa ligne
de bataille, grâce à laquelle il enfonce son aile offensive comme
un coin dans l'armée ennemie. Les fractions de l'armée prussienne sont ordinairement placées en échelon, de manière à se
soutenir, à se flanquer et à ne s'engager qu'au fur et à mesure des
besoins. Cette tactique donne à l'assaillant une grande supériorité pour écraser l'aile ennemie prise comme objectif, mais elle
ne décide pas seule du sort de la journée; car si l'ennemi manœuvre à son tour avec son aile restée intacte, soit pour renforcer l'aile menacée, soit pour envelopper son adversaire ou
pour diriger contre lui une contre-attaque, il peut encore rétablir
ses affaires et reprendre le dessus. Après une première victoire
partielle, l'assaillant voit surgir devant lui des troupes fraîches et
tout est remis en question. C'est précisément ce qui est arrivé à
Kunersdorf. Cette tactique demandait donc, pour réussir, que

l'ennemi restât impassible sur ses positions, comme les Autri-chiens à Prague et à Leuthen. Frédéric II lui a dû ses plus beaux succès et quelques revers; il l'a employée dans la plupart des batailles qu'il a livrées, comme nous le verrons avec plus de détails au chapitre XVIII de la III⁰ partie; signalons seulement ici l'emploi de ce mode d'attaque à Soor, où Frédéric II écrase l'aile gauche autrichienne; à Prague, où il attaque de front et à revers l'aile droite du prince de Lorraine; à Kolin, où il tente sans succès d'écraser l'aile droite du maréchal Daun; à Leuthen, où il porte toutes ses forces contre l'aile gauche de l'armée autri-chienne; à Kunersdorf enfin, où il prend pour objectif l'aile gauche des Austro-Russes.

On peut dire que l'attaque sur une aile constitue une tactique de combat incomplète qui pouvait être bonne vis-à-vis des armées peu manœuvrières de cette époque, mais qui a besoin d'être complétée par une attaque de front destinée à tromper l'adversaire jusqu'au dernier moment et à le maintenir sur sa position primitive. Les plus belles victoires de Frédéric II, Prague, Leuthen, ont été un instant indécises : la première, mal-gré la faute commise par le prince de Lorraine, qui a laissé une partie de ses forces immobiles à son aile gauche; la seconde, malgré le succès du roi, qui enfonce, dès le début, l'aile gauche ennemie prise pour objectif, mais se heurte ensuite au village de Leuthen, centre de la position autrichienne.

Des mouvements tournants; exemple : bataille de Torgau. — On confond quelquefois, quand on étudie les campagnes de Fré-déric II, les marches de flanc avec les mouvements tournants et ceux-ci avec les changements de ligne d'opérations. Nous dési-gnerons, sous le nom de mouvement tournant, la manœuvre tac-tique qui consiste à diriger une partie de l'armée, autant que possible, à l'abri des vues de l'ennemi, de façon à tourner l'une de ses ailes; cette fraction opère généralement à proximité, mais en dehors des atteintes de l'ennemi, et n'est pas tenue de rester liée au reste de l'armée qui livre le combat de front ou qui lutte contre l'autre aile de l'adversaire. Lorsque le mouve-ment tournant est exécuté loin de l'ennemi et par une fraction notable de l'armée, il constitue ce que nous avons appelé un changement de ligne d'opérations (1ʳᵉ partie, chapitre XII); si, au contraire, cette manœuvre a lieu dans le rayon d'action de l'ennemi, elle constitue une marche de flanc, car l'armée qui exécute ce mouvement dangereux, prête elle-même le flanc à son adversaire.

Frédéric II blâme les mouvements tournants.

« Il y a des généraux qui détachent des troupes lorsqu'ils attaquent l'ennemi pour venir le prendre en queue quand l'affaire est engagée; mais c'est un mouvement fort dangereux, puisque ces détachements s'égarent ordinairement et viennent trop tôt ou trop tard. »

A la bataille de Torgau, Frédéric s'est chargé de justifier sa propre maxime et de faire ressortir, d'une manière frappante, les dangers des mouvements tournants : le manque de liaison entre l'aile gauche prussienne, dirigée par le roi, et l'aile droite, placée sous les ordres de Zieten, a failli amener la défaite de l'armée prussienne.

Le 3 novembre 1760, l'armée autrichienne occupe, sur la rive gauche de l'Elbe, une position comprise entre Torgau et la forêt de Dommitsch; Frédéric II, jugeant que l'aile gauche est inabordable, prend le parti de tourner l'aile droite en traversant la forêt de Dommitsch, pendant que Zieten, avec 20 bataillons et 52 escadrons, attaquera les villages de Zinna et de Siptitz pour maintenir l'armée ennemie sur ses positions.

Le roi se met en marche à 5 heures du matin sur trois colonnes; Zieten s'arrête sous bois pour donner à l'aile gauche le temps d'exécuter son mouvement tournant. La première colonne de l'aile gauche prussienne débouche du bois vers 1 heure de l'après-midi; à ce moment, Zieten, parvenu au pont de Lange-Dambach, attaque le détachement autrichien qui défend ce pont et il le rejette sur la cavalerie de Lascy. Le roi, entendant à sa droite le canon de Zieten, croit que celui-ci prononce son attaque de front avec toutes ses forces, et il donne lui-même l'ordre d'attaquer, mais il n'a encore sous la main que les bataillons de tête de sa première colonne avec un seul régiment de cavalerie. Ces troupes essayent de franchir le ruisseau de Striebach et sont écrasées; la première colonne s'engage en entier et lutte péniblement; elle est rejetée dans le bois; l'arrivée de la deuxième colonne dégage un instant l'armée royale, mais celle-ci manque toujours de cavalerie. Enfin, à 3 heures, le duc de Holstein apparaît avec la cavalerie prussienne qui, après plusieurs charges brillantes, reste maîtresse du terrain ; à 5 heures, au moment où le jour commence à baisser, les deux ailes de l'armée prussienne n'ont pas encore opéré leur jonction et la victoire est toujours indécise.

Concluons donc que les mouvements tournants doivent être évités en principe ; mais si l'on se décide à tenter cette manœuvre, il faut que le mouvement ne soit pas trop large, que le commandement en soit confié à un homme de tête, qui ne se laisse pas intimider en entendant le canon sur son flanc et même sur ses derrières ; il faut enfin que toutes les mesures de précaution soient prises pour que les deux groupes de l'armée puissent combiner leur action. Malgré tout, cette manœuvre est l'une des plus dangereuses qui puissent être tentées en présence d'un ennemi vigilant ; si le détachement qui exécute le mouvement tournant est peu considérable, il risque d'être détruit et n'obtiendra, en cas de réussite, qu'un résultat à peu près nul ; s'il comprend une grande partie de l'armée, comme c'était le cas à Torgau, l'attaque de front, livrée à elle-même, peut échouer complètement et entraîner la perte de la bataille, l'ennemi restant libre d'accabler successivement les deux fractions de l'armée. La difficulté de lier l'action des deux groupes principaux suffirait à elle seule pour rendre cette manœuvre dangereuse ; ces principes ont trouvé maintes fois leur application pendant les grandes guerres de la Révolution et de l'Empire ; ils n'ont pas cessé d'être vrais.

Des marches de flanc ; exemples : avant la bataille de Prague. — Pour exécuter sa manœuvre habituelle, qui consistait à gagner l'une des ailes de son adversaire, Frédéric II accomplissait ordinairement une marche de flanc à faible distance de l'armée ennemie en position ; l'armée prussienne marchait par lignes et en colonne à distance entière, la droite ou la gauche en tête, suivant qu'elle devait, pour faire face à l'ennemi, opérer une conversion à gauche ou à droite. Elle gagnait ainsi l'aile ennemie choisie pour objectif, se remettait en ligne par une conversion simultanée de toutes les subdivisions et se trouvait formée régulièrement en bataille ; elle entamait aussitôt l'action pour accabler l'aile ennemie avant que l'adversaire eût eu le temps de se reconnaître.

Le 6 mai 1757 au matin, Frédéric II ayant opéré sa jonction avec le maréchal de Schwerin sur le plateau de Gebel, près de Prague, dispose son armée sur deux lignes, la droite vers Streziskow, la gauche vers Sattlitz, la cavalerie aux ailes et en réserve. La première ligne rompt à gauche et se met en marche vers Stoboholy en exécutant une conversion autour des étangs de Kyge et de Hostawitz; la deuxième ligne suit la première, la réserve renforce la cavalerie qui a pris la tête de la première ligne. La marche de l'armée est retardée par les difficultés du terrain, et les têtes de colonne sont d'abord tenues en échec par les grenadiers autrichiens; la cavalerie prussienne se forme à l'aile gauche et attaque à son tour les escadrons ennemis. A ce moment, l'armée prussienne a achevé son mouvement; la droite s'est arrêtée au sud de l'étang de Hostawitz, la tête de la deuxième ligne débouche vers Stoboholy, l'action s'engage sur tout le front, et le maréchal de Schwerin prononce la vigoureuse attaque dans laquelle il trouve la mort.

Remarquons que le prince de Lorraine n'a rien fait pour s'opposer à la marche de flanc de l'armée prussienne, ni pour parer au danger dont son aile droite était menacée. Toute son aile gauche est restée en position et n'a pris aucune part à la bataille, ce qui a facilité singulièrement la manœuvre hardie exécutée par Frédéric.

Marche de flanc à Kolin, à Leuthen, à Zorndorf et à Kunersdorf. — Le 18 juin 1757, à la pointe du jour, l'armée prussienne campée face à l'est, la gauche vers le village de Planian, rompt par la gauche et change de direction à droite à hauteur de Planian pour se diriger vers Kolin; le but de Frédéric II est d'arrêter son armée face à droite et de l'établir en bataille vis-à-vis l'armée autrichienne qui occupe une ligne de collines entre Krezor et Brezan.

L'avant-garde se porte en avant sous les ordres de Zieten; l'armée suit, en colonne à distance entière, sur deux lignes, chaque ligne composée de trois colonnes, deux d'infanterie à droite, une de cavalerie à gauche; les colonnes de droite marchent sur la chaussée de Kolin, les autres se dirigent parallèlement à cette chaussée. En débouchant de Planian, les Prussiens aperçoivent sur leur droite l'armée autrichienne qui couronne les

collines situées au sud de la route ; le roi arrête ses têtes de
colonne à Novimiest et se porte à l'avant-garde, à hauteur de
Zlatysluntz, pour prendre ses dispositions de combat. Sa résolution arrêtée, vers midi, il porte son armée jusqu'à hauteur de
Kudlirz et la forme en bataille face à droite par un mouvement
de conversion de chaque subdivision l'action ; commence vers
1 heure.

Napoléon blâme le roi d'avoir voulu tourner la droite de Daun
en faisant une marche de flanc à proximité des hauteurs que
couronnait l'armée ennemie. Il fait ressortir ce que cette opération avait de téméraire et de contraire aux règles de la tactique :
« S'il eût attaqué la gauche de l'armée autrichienne, dit-il, il
était parfaitement placé pour cela ; mais défiler sous la mitraille
et la mousqueterie de toute une armée qui occupe une position
culminante, pour déborder une aile opposée, c'est supposer que
cette armée n'a ni canons ni fusils ».

Nous avons vu que, le 5 décembre 1757, Frédéric II se porte
de Neumark contre l'armée autrichienne en position à Leuthen
et change de direction à droite pour venir attaquer l'aile gauche
de cette armée. Il marche sur deux lignes, chaque ligne formant
quatre colonnes, deux d'infanterie au centre et une de cavalerie
à chaque aile ; chacune de ces colonnes est formée à distance
entière ; une forte avant-garde éclaire la marche et une arrière-
garde protège les derrières. Ainsi formée, l'armée prussienne se
présente comme un vaste carré mouvant, couvert de cavalerie
sur ses flancs, protégé en avant et en arrière, défiant toute surprise et prêt à se former en bataille ou à fondre lui-même sur un
point de la ligne ennemie.

Après avoir atteint Borna, la première ligne fait un changement de direction à droite pour se diriger vers l'aile gauche
ennemie et exécute ainsi une marche de flanc à faible distance
de l'armée autrichienne en position. Chacune des quatre colonnes,
qui composent cette première ligne, exécute pour son propre
compte le changement de direction, et les quatre colonnes s'em-
boîtent l'une dans l'autre pour n'en plus former qu'une seule
composée de cavalerie en tête et en queue et d'infanterie au
centre. La deuxième ligne exécute le même mouvement et forme
aussi une seule colonne qui marche à la droite de la précédente.
L'armée prussienne est éclairée sur sa gauche par les hussards

qui côtoient la marche de l'armée ; le roi marche avec eux pour observer les Autrichiens et reconnaître le terrain ; enfin les deux colonnes s'arrêtent en face de l'aile gauche ennemie et dans une direction oblique à cette ligne, et elles se forment en bataille face à gauche par un mouvement simultané des différentes subdivisions.

On a beaucoup discuté sur cette marche de toute une armée à proximité d'un ennemi supérieur en nombre ; Frédéric II n'amène avec lui que 35,000 hommes, les Autrichiens en ont de 60,000 à 70,000. Ceux-ci, prévenus par la surprise de Borna, ne peuvent ignorer la présence de l'armée prussienne, et cependant ils laissent exécuter devant leurs yeux cette longue marche de flanc sans essayer d'intervenir. « Si le prince de Lorraine », a-t-on fait remarquer judicieusement, « s'était fait éclairer sur son front à Leuthen, il aurait su que Frédéric, au lieu de menacer sa droite, avait changé de direction à Borna et se portait sur sa gauche. Marchant alors par lignes et par sa gauche dans une direction perpendiculaire à celle que suivait l'ennemi, il aurait pu se former en temps opportun ; les colonnes prussiennes seraient venues se heurter contre une armée en bataille et se seraient trouvées dans une situation semblable à celle des alliés à Rosbach ; mais il resta dans l'inaction : le roi put lui dérober sa marche et se porta sur son extrême gauche qu'il enfonça[1] ». Il est juste de remarquer que la marche des Prussiens à Leuthen n'offrait pas les mêmes dangers que celle de l'armée francoimpériale à Rosbach ; Frédéric II s'éclairait avec soin, se couvrait dans toutes les directions et se tenait prêt, en cas d'incident, à se former rapidement en bataille, toutes précautions que le prince de Saxe-Hildburghausen avait complètement négligé de prendre à Rosbach.

En résumé, en face d'adversaires plus audacieux que le prince de Lorraine et le maréchal Daun, Frédéric n'eût peut-être pas osé entreprendre une manœuvre aussi hardie qui témoignait d'un certain mépris pour ces adversaires et qui était contraire aux règles de la tactique, malgré tout ce qu'on a pu dire pour la justifier après coup. C'est le cas d'appliquer à cette tactique le

---

[1] Général BERTHAUT, *Principes de Stratégie.*

jugement que portait Frédéric II sur sa propre conduite à la guerre : « La méthode que j'ai employée ne s'est trouvée bonne que par les fautes de mes ennemis, par leur lenteur qui a secondé mon activité, par leur indolence à ne jamais profiter de l'occasion. Elle ne saurait être proposée pour modèle; la loi impérieuse de la nécessité m'a obligé de donner beaucoup au hasard ».

Frédéric II a aussi exécuté une marche de flanc avant les batailles de Zorndorf et de Kunersdorf. A Zorndorf, l'infanterie prussienne franchit la Mitzel au pont de Damsche avant la pointe du jour et marche sur deux colonnes, à distance entière, la gauche en tête; la cavalerie franchit le ruisseau au pont de Kersten et forme une colonne séparée, à l'aile gauche; l'armée traverse ainsi une partie de la forêt de Massin, se dirigeant sur Batzlow et Wilkersdorf, et elle va se former en bataille près de Zorndorf, au sud du plateau de Quartschen où l'armée russe a pris position. Remarquons que, pendant toute cette marche, l'armée russe est restée immobile et s'est contentée d'envoyer des cosaques observer le mouvement des Prussiens et brûler quelques villages. La bataille ayant commencé à 9 heures, toute la matinée a été employée par le roi à exécuter autour de la position russe une marche de flanc d'environ 13 kilomètres à travers un terrain difficile, boisé en partie ou coupé d'étangs. Le point de départ, Damsche, n'est qu'à 3 kilomètres de la position russe, le point d'arrivée, Zorndorf, n'en est qu'à 1800 mètres, le plus éloigné, Batzlow, à 4 kilomètres, et le général de Fermor n'a rien tenté contre l'armée prussienne! En se portant en forces sur Zicher, alors que les troupes prussiennes achevaient de déboucher de Damsche, le général russe obligeait le roi à suspendre son mouvement et à livrer bataille dans de mauvaises conditions, avec la Mitzel et la forêt de Massin à dos, tandis que lui-même se rapprochait de sa ligne de retraite sur Landsberg. Mais l'armée russe était incapable de manœuvrer sur le champ de bataille, elle manquait de la mobilité nécessaire; Frédéric II le savait, et il mit hardiment à profit cette circonstance. On ne peut que louer son esprit d'entreprise, son audace. Ajoutons que lui-même s'attendait si peu à être sérieusement inquiété pendant sa marche, qu'il avait expressément défendu de riposter aux coups de feu des cosaques.

Nous n'insisterons par sur la marche de flanc qui a précédé la bataille de Kunersdorf, elle ne nous apprendrait rien de nouveau au point de vue des procédés tactiques employés par Frédéric II. C'est toujours le même principe. L'armée marche par la gauche et sur trois lignes pour venir prendre position en face de l'aile droite des Russes et se forme en bataille par un mouvement de conversion à droite; pendant ce temps, Finck fait une diversion contre le Mühlberg. Cette fois, la manœuvre de Frédéric s'explique par la nature du terrain et la situation relative des deux armées. La marche s'exécute en dehors des vues de l'armée russe, qui s'est retranchée solidement sur sa position et ne songe pas à en sortir; des étangs et des bois couvrent le mouvement des Prussiens; mais, faute d'avoir reconnu suffisamment le terrain, l'armée perd toute la matinée et arrive harassée sur ses positions, après une marche de sept heures à travers un pays difficile; mauvaises conditions pour enlever des positions retranchées, garnies de canons et défendues par la ténacité et le courage indomptable du soldat russe !

Avantages et dangers des marches de flanc exécutées par le roi. — La façon d'opérer que nous venons d'étudier constitue en partie l'originalité de la tactique de Frédéric II; elle permettait au roi d'avoir toujours son armée dans la main, de la diriger facilement, de l'éclairer avec soin, de l'arrêter à l'endroit choisi, enfin de la former immédiatement en bataille pour frapper son adversaire au point qui lui paraissait le plus vulnérable. C'était un précieux résultat obtenu à une époque où les armées étaient si lourdes, si peu manœuvrières. Tout en rendant à Frédéric II la justice qui lui est due, il faut bien reconnaître que cette manœuvre présentait des dangers et ne pouvait réussir qu'en face d'un adversaire incapable lui-même de manœuvrer; c'est ce que le roi avait parfaitement saisi, avec sa grande intelligence des choses de la guerre, et il eût peut-être hésité à employer les mêmes moyens dans des circonstances tout autres. En terminant ce sujet, nous ferons ressortir deux des principaux dangers qu'offrait cette tactique, le premier a été signalé par le général de Clausewitz, grand admirateur de Frédéric II; le second n'a pas encore été mis, nous semble-t-il, suffisamment en lumière.

Pour que la marche, telle que le roi l'exécutait avant la

bataille, permît de prendre immédiatement la formation de combat, il fallait que l'armée marchât par lignes et par la gauche, si le roi voulait attaquer l'aile droite de son adversaire, ou par la droite s'il prenait pour objectif l'aile gauche ennemie. Or, au moment où cette marche commençait, Frédéric ignorait généralement la situation exacte de l'armée ennemie, la répartition de ses forces, le fort et le faible de sa position et même la configuration précise du champ de bataille. Après avoir amené son armée en face de la position ennemie, il lui faisait changer de direction pour gagner l'aile choisie comme point d'attaque; cette manœuvre n'eût donc pas permis une prompte formation en bataille dans l'ordre prescrit et arrêté d'avance si l'armée, voulant gagner l'aile droite ennemie, par exemple, avait été disposée la gauche en tête. C'est ce que Clausewitz fait remarquer en ces termes :

« Prenons-en pour exemple la marche qui conduisit le grand Frédéric sur le champ de bataille de Leuthen. Son armée s'avançait sur une ligne de quatre colonnes, la droite en tête. Le hasard voulut que, lorsque le roi rencontra les Autrichiens, ce fut précisément sur leur aile gauche qu'il trouva opportun d'opérer. C'est ce qui explique la grande facilité avec laquelle son armée se forma à gauche en bataille par ligne, mouvement que les historiens ont tant admiré... Mais si, au contraire, le roi eût voulu tourner les Autrichiens par leur aile droite, il eût naturellement dû tout d'abord exécuter une contre-marche, comme il le fit à Prague[1]. » C'est précisément dans cette nécessité d'une contre-marche à proximité de l'ennemi que résidait l'un des principaux dangers de cette manœuvre.

Le second point sur lequel il nous reste à attirer l'attention est le suivant.

L'armée prussienne, pendant qu'elle exécutait sa marche de flanc, pouvait bien se former instantanément en bataille face à droite ou à gauche, mais elle n'était pas en état de recevoir une attaque sur son front de marche, celui-ci n'étant, en définitive, que le flanc de l'armée transformé provisoirement en front pendant la marche. Aussi le roi cherchait-il par tous les moyens à atténuer cet inconvénient. Comme le danger était plus grand

---

[1] CLAUSEWITZ, *Théorie de la Grande guerre.*

lorsque l'armée se dirigeait par le flanc perpendiculairement à
la ligne ennemie, Frédéric avait soin de quitter cette direction
assez à temps et de marcher presque parallèlement à l'ennemi;
d'habitude, ce changement de direction se faisait presque à angle
droit, comme à Prague, à Kolin, à Leuthen, à Zorndorf, à
Kunersdorf. En second lieu, le roi utilisait les obstacles du terrain pour couvrir sa marche : les étangs à Prague, une petite
ligne de crêtes à Leuthen, la forêt de Massin à Zorndorf, la forêt
de Kunersdorf à Kunersdorf. Enfin il protégeait sa marche pendant cette période critique à l'aide d'une forte avant-garde, de
flanqueurs et d'une arrière-garde, et il faisait même quelquefois
attaquer un point de la ligne ennemie pour opérer une diversion,
comme à Kunersdorf.

Malgré toutes ces précautions, le front de marche de l'armée
prussienne, pendant l'exécution du mouvement de flanc, restait
exposé aux entreprises de l'ennemi, ce qui constituait le grand
danger et le défaut capital de la manœuvre du roi. Rien ne fait
mieux ressortir ce défaut que la journée de Rosbach; l'armée
franco-impériale marchait sur trois colonnes dans l'ordre adopté
par Frédéric II, mais sans prendre aucune des précautions auxquelles le roi avait recours. Aucun obstacle sérieux ne la séparait
de l'armée prussienne, aucune avant-garde, aucuns flanqueurs
ne l'éclairaient à bonne distance. Le roi, qui connaissait le faible
de cette manœuvre, ne se contenta pas de tomber brusquement
dans le flanc de l'armée combinée, comme un autre général eût
été tenté de le faire, ce qui eût peut-être permis à cette armée
de prendre tant bien que mal son ordre de bataille. Frédéric fit
exécuter à une fraction de ses troupes une marche en retraite et
un demi-tour pour l'amener contre le front de marche de l'armée
franco-impériale; ce front étroit et sans défense fut facilement
débordé et rejeté sur les colonnes qui commençaient à se former
et qui furent mises dans l'impossibilité de combattre.

Ce jour-là, Frédéric II a retourné contre ses adversaires le
défaut de sa propre manœuvre habituelle; celle-ci était comme
une arme à deux tranchants qui doit être maniée avec adresse et
circonspection. Il eût été intéressant de voir l'un des adversaires
du roi tenter contre lui la même expérience et diriger une attaque
sérieuse contre son front de marche pendant qu'il exécutait son
mouvement favori.

Physionomie habituelle du combat à cette époque. — En résumé, la tactique habituelle de Frédéric II était la suivante. L'armée prussienne était disposée généralement sur trois lignes, la cavalerie aux ailes et en réserve; le roi marchait à l'avant-garde pour reconnaître l'ennemi; l'armée suivait par lignes et par subdivisions à distance entière. Arrivée près de l'ennemi, l'armée changeait de direction et marchait vers une des ailes de l'adversaire choisie pour point d'attaque; par un mouvement de conversion simultané de toutes les subdivisions, elle prenait rapidement sa formation en bataille vis-à-vis de cette aile et s'établissait dans une direction oblique par rapport au front de l'ennemi. L'avant-garde protégeait cette manœuvre, puis constituait une sorte d'avant-ligne, ou se plaçait à l'une des ailes. Le roi portait son principal effort contre l'aile ennemie choisie comme objectif et cherchait à la déborder; il maintenait une partie de ses forces en échelons en arrière, de façon à parer à une attaque imprévue ou à un mouvement débordant. L'infanterie ne commençait le feu qu'à bonne portée, puis devait agir à la baïonnette; la cavalerie surveillait les flancs de l'infanterie et cherchait à gagner ceux de l'ennemi. Les grands combats de cavalerie avaient une importance considérable et décidaient souvent du sort de la journée; la portée des armes à feu permettait à la cavalerie d'épier sur le champ de bataille même le moment d'intervenir. La poursuite dépassait rarement les limites du champ de bataille. En cas de revers, le roi arrêtait les débris de son armée à une faible distance, la remettait tant bien que mal en ordre et battait en retraite sur une position choisie d'avance; l'absence à peu près complète de poursuite facilitait cette opération.

ERRATA

		Au lieu de :	Lire :
Page	27 (Note)	Voir IIᵉ partie, chapitre XX,	Voir IIIᵉ partie, chapitre XVI.
—	39 —	— XVIII,	— XIV.
—	43 —	— XIX,	— XV.
—	72 —	— XXII,	— XVIII.
—	132 —	— XXII,	— XVIII.
—	139 —	— XVII,	— XIII.
—	166 —	— XVIII,	— XIV.
—	189 —	— XXII,	— XVIII.
—	191 —	— XXII,	— XVIII.
—	216 —	— IX,	— V.
—	223 —	— VI,	— II.

TABLE DES MATIÈRES

Pages.

CHAPITRE XIV.

DES DÉTACHEMENTS.

CHAPITRE XV.

DES POINTES.

CHAPITRE XVI.

RÔLE DES PLACES FORTES.

CHAPITRE XVII.

DES BATAILLES AU POINT DE VUE STRATÉGIQUE.

CHAPITRE XVIII.

DES CAMPAGNES D'HIVER.

CHAPITRE XIX.

DES SUBSISTANCES.

CHAPITRE XX.

DE LA DISCIPLINE.

CHAPITRE XXI.

ÉLOQUENCE MILITAIRE.

CHAPITRE XXII.

MARINE.

DEUXIÈME PARTIE.

TACTIQUE DES TROIS ARMES.

CHAPITRE PREMIER.

TACTIQUE DE L'INFANTERIE.

CHAPITRE II.

TACTIQUE DE LA CAVALERIE.

CHAPITRE III.

TACTIQUE DE L'ARTILLERIE.

CHAPITRE IV.

TACTIQUE DE COMBAT DES TROIS ARMES.

CROQUIS.

Paris. — Imprimerie R. Chapelot et Cⁱᵉ, 2, rue Christine.

9 782019 939212